扬州中学校史资料长编·上编

第九册

《扬州中学校史资料长编》编委会 编

凤凰出版社

图书在版编目（CIP）数据

扬州中学校史资料长编. 上编. 第九册 / 《扬州中学校史资料长编》编委会编. -- 南京 : 凤凰出版社, 2020.3
ISBN 978-7-5506-3112-0

Ⅰ. ①扬… Ⅱ. ①扬… Ⅲ. ①扬州中学－校史－史料 Ⅳ. ①G639.285.33

中国版本图书馆CIP数据核字(2020)第041680号

书　　名	扬州中学校史资料长编(上编)(第九册)
编　　者	《扬州中学校史资料长编》编委会
责任编辑	卞　岐　韩凤冉
出版发行	凤凰出版社(原江苏古籍出版社) 发行部电话025-83223462
出版社地址	南京市中央路165号,邮编:210009
出版社网址	http://www.fhcbs.com
照　　排	南京凯建文化发展有限公司
印　　刷	江苏凤凰通达印刷有限公司 南京市六合区冶山镇,邮编:211523
开　　本	787×1092毫米　1/16
印　　张	29
字　　数	860千字
版　　次	2020年3月第1版　2020年3月第1次印刷
标准书号	ISBN 978-7-5506-3112-0
定　　价	200.00元

(本书凡印装错误可向承印厂调换,电话:025-57572508)

《扬州中学校史资料长编》编委会

扬州中学校史资料长编

例　言

一、本书是江苏省扬州中学校史资料的总汇。历史是人类的良师和益友,我校作为百年名校,既有其别处难以复制的独特性,也有其基础教育方面的普遍性和代表性。本校校史工作,自上世纪八十年代初始,筚路蓝缕,黾勉从事。工作中深感历史资料的可贵与难得,尤其原始资料,劫后孑遗,吉光片羽,每一实录都是一个生命对另一个生命的启示。无奈由于种种原因,资料又容易散失。虽然编有一些纪念册和校史书籍,但是这些只是校史中的小部分。又虑及改革开放以来,本校的教育教学和科研,理念领先,成果丰硕,日后不致再生"斯文不幸"之叹。于是就有"扬州中学校史资料长编"(以下简称"长编")的编辑,广泛收集,不遗余力,现将业已收集到的校史材料汇编成册,出版发行,公诸于世。

二、本书意欲尽最大可能囊括历年来本校的独特办学风格和教育教学成果。光绪二十八年(壬寅,1902),扬州仪董学堂创立,风气初开,中西并重,系颇具现代意义的中学,是为本校源头。两淮中学堂、扬州府中学堂、淮扬合一中学、江苏省立第八中学和尊古学堂、两淮师范学堂、江苏省立第五师范学校,均为本校前身。1927 年合并"五师""八中"建立的江苏省立扬州中学,承先人余烈,自主办学,推进革新,"科学陶冶,人格感化",开始了扬州中学最辉煌的时期。抗战八年,辗转办学,弦歌不辍,薪火相传,特别是办在大后方四川的国立二中,培养了大批人才。1949 年后的江苏省扬州中学,实验性与示范性突出,系省内"四大名旦"之一(其它为南师附中、苏州中学、常州中学)。新时期的扬州中学,秉持"科学人文相融合"的理念,继往开来,生机蓬勃。综观百年扬中,积淀丰厚,人才辈出,青春常在。"长编"希望能为本校师生进一步光大优良传统,创造世纪辉煌,乃至为研究中国基础教育者，提供相当的帮助与便利。面向未来，与时俱进，继承、吸收、创新，人类只能在历史提供的条件下自由创造，不断发展。

三、本书资料来源。上世纪八十年代初，广泛联系各地校友，跑上海图书馆徐汇藏书楼、南京大学图书馆、南京师范学院图书馆、南京图书馆清凉山古籍部等处，抢救第一手校史资料。九十周年校庆和百周年校庆补充一些资料。近几年来，又重跑各地图书馆，访问校友，甚至逛旧书摊，并通过扬州大学图书馆、华师大友人网上联络等多种渠道，从北京大学、北京师范大学、南京师范大学、复旦大学、华东师范大学、国家图书馆、上海图书馆、南京图书馆、扬州市图书馆、扬州市档案馆等处，复制了一批材料。新收集到一些珍贵资料，如《仪董学堂章程》、《江苏省立第五师范学校校友会杂志·第一期》(原件)及第二第三合期、《一年来之扬中》(原件)、《三周纪念刊》(原件)和三十几本《扬中校刊》(原件和复印品)等等。有的辗转购自北京、上海，有的从收藏者手中购得；值得一说的是《江苏省立第五师范学校校友会杂志·第一期》和《一年来之扬中》，前者是张镇安校友在地摊上高价购得，无偿赠给母校，后者系校友胡宇锋的大学同学汪立耕同志在北京潘家园地摊上购得，无偿转赠，非常感人。周厚枢校长生平资料，包括他的八中毕业证书、校长任命书和蒋中正写的亲笔挽幛，由周校长的后辈从台北跨海捐赠，连同原先黄泰老师家藏本《十周纪念刊》和朱白吾老师家藏的珍贵资料如《五周纪念》特刊等，也由其哲嗣捐赠给学校，十分宝贵。本校在职和退休教职员也以主人翁的姿态参与征集论文论著的工作，充实了校史资料。

四、本书的资料内容与编排。主要内容是目前所能搜寻到的本校相关档案材料，上世纪二三十年代国内邮政挂号公开出版发行的本校校刊、纪念册、校友会杂志和本校老师编撰的部分教材，以及各个时期本校教育教学的相关文稿等等，少量早期校友的回忆文章因其难觅也编入其中。不薄今人爱古人，长江后浪推前浪。新时期以来，本校老师的著述、教育教学和科研的资料，入选的也相当可观，或编专集或节选或存目。大量后期校友的回忆文章拟另行编入《扬中往事》。

“长编”分三编，前编、上编、下编。

前编，按年代先后编录学校各个时期的概貌、概况性质的图表和文字,也可以说是比较感性直观的扬州中学简史,以较多相对集中的图文区别于上编、下编。

上编(1902—1949)——第一册、第二册,第三册……

下编(1950—)——第一册、第二册,第三册……

编排体例采取开放结构,随着时日推移,资料的增添,以及旧资料的新发现,可接着续编。

排版采用横排简化字排印,除适应横排基本规则外,具体版式大致参照原样,不强求统一,文字上一般不作改动,漫漶之处,以方框代替,尽可能保存资料原貌。校对时,本校青年教师对原来未曾断句的文章给予继句或标点,有些文章的标点符号也作了必要的改动,更符合当代习惯,其勤奋精神可嘉。众擎易举,共襄其成。

五、"一切历史都是当代史",然而真理并不是现成的自明的恒常存在,如果没有人参与激活传统,真理便无缘生成和呈现,文本的内在意义也就无法得到传承和延续。至于有些具体文章,总会打上一定的时代印记,作者也有他特定的写作环境,读者明鉴,当会区分根本精神和时局附加的派生条件,历史地公允地正确对待,这一点毋庸编者赘言。

本书共三编。目前,数百万字的前编(1册)、上编(7册),终能先期编就出版问世,是与各方人士的亲切关怀、热情鼓励和鼎力帮助分不开的,这种强烈的文化意识和高度社会责任感,令人感佩,我们于此深致谢忱。限于编者水平,见闻不广,加之时间仓促,书中难免疏漏失当之处,诚恳地期待着读者批评指教。

《扬州中学校史资料长编》编委会

2012.9

为迎接115周年校庆,《扬州中学校史资料长编》,继业已出版的8册之后,今年又续编4册,即上编第八册和下编的第一册、第二册、第三册。拟明年再出版4册,以期学校在不断继承创新中永葆青春。

《扬州中学校史资料长编》编委会

2016.10

《扬州中学校史资料长编》(前·上·下),业已出版12册。今年又续编6册,即上编第九册和下编的第四册、第五册、第六册、第七册、第八册。开放的体例不变,以期学校在新时代不断继承创新中砥砺前行。

《扬州中学校史资料长编》编委会

2018.10

简要说明

本册为《扬州中学校史资料长编》上编第九册，共两大部分五个单元。收录：扬州府官立中学堂文物孑遗、省立八中《中学国文述教》、八中《壬戌纪念册》、省立五师《文字源流》讲义、八中五师学生作文选、周厚枢校长生平原始资料照片、《毕业纪念手册》（民国廿五年初三）、抗战胜利后《扬州中学还校纪念专刊》等校史资料。

上编第九册

目　录

【1902——1927】

（一）扬州府官立中学堂

（二）江苏省立第八中学校

（三）江苏省立第五师范学校

【1927——1949】

（四）江苏省立扬州中学

（五）江苏省立扬州中学·苏北分校

【1902—1927】

（一）

扬州府官立中学堂

·文物孑遗·

1. 扬州府中学堂·学生时殿元修业文凭·宣统二年六月(1)

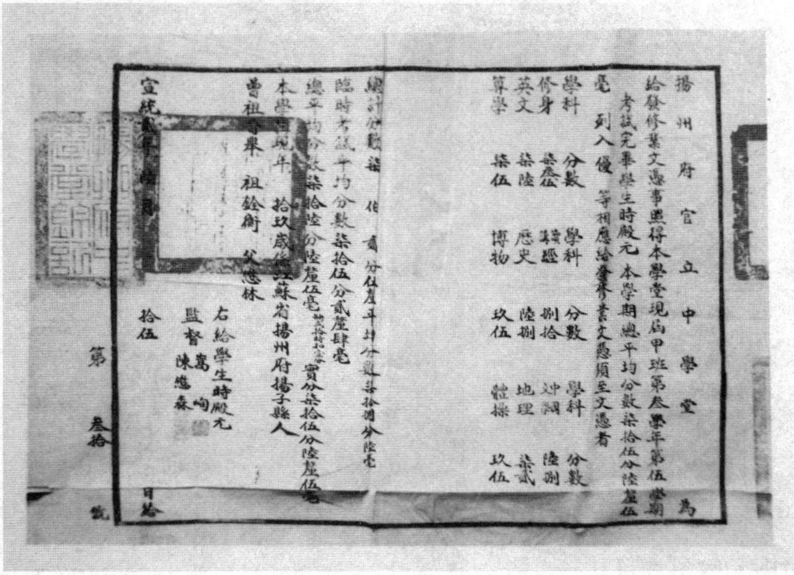

揚州府官立中學堂 為
給發修業文憑事照得本學堂現屆甲班第叁學年第伍學期
考試完畢學生時殿元 本學期總平均分數柒拾伍分陸釐伍
毫 列入優 等相應給發修業文憑須至文憑者
學科 分數 學科 分數 學科 分數
修身 柒叁伍 讀經 捌拾 中國文學 陸捌
英文 柒陸 歷史 陸捌 地理 柒貳
算學 柒伍 博物 玖伍 體操 玖伍
總計分數柒佰[illegible]貳分伍釐 平均分數柒拾[illegible]分陸毫
臨時考試平均分數柒拾伍分貳釐肆毫
總平均分數柒拾陸分陸釐伍毫 實分柒拾伍分陸釐伍毫
本學堂現年拾玖歲係江蘇省揚州府揚子縣人
曾祖[illegible]舉 祖銓衡 父懋林
右給學生時殿元
監督 高峋 陳懋森
宣統貳年陸月 拾伍 日給
第叁拾號

修业文凭·宣统二年(2)

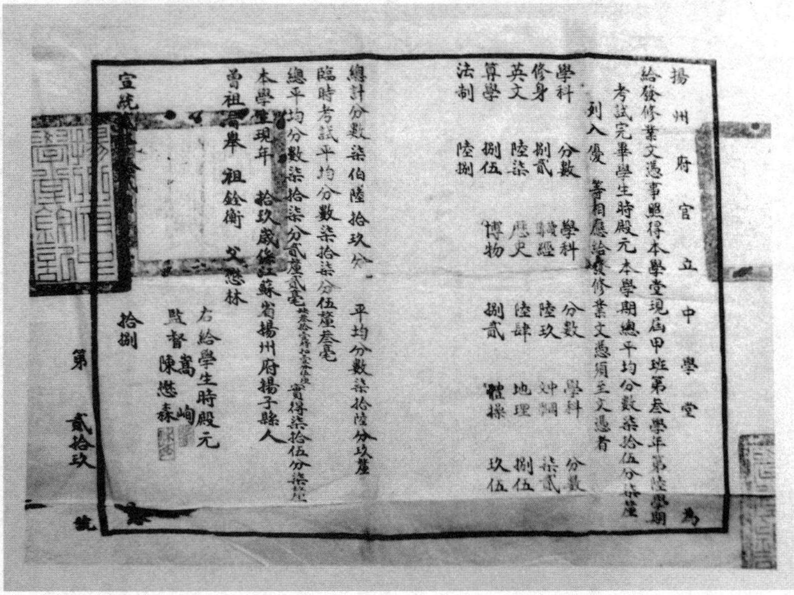

揚州府官立中學堂 為
給發修業文憑事照得本學堂現屆甲班第叁學年第陸學期
考試完畢學生時殿元本學期總平均分數柒拾伍分柒釐
列入優 等相應給發修業文憑須至文憑者
學科 分數 學科 分數 學科 分數
修身 捌貳 讀經 陸玖 中國文學 柒貳
英文 陸柒 歷史 陸肆 地理 捌伍
算學 捌伍 博物 捌貳 體操 玖伍
法制 陸捌
總計分數柒佰陸拾玖分 平均分數柒拾陸分玖釐
臨時考試平均分數柒拾柒分伍釐叁毫
總平均分數柒拾柒分貳釐貳毫 實得柒拾伍分柒釐
本學堂現年拾玖歲係江蘇省揚州府揚子縣人
曾祖[illegible]舉 祖銓衡 父懋林
右給學生時殿元
監督 高峋 陳懋森
宣統貳年 拾捌 日給
第貳拾玖號

2. 扬州府中学堂·时殿元毕业文凭·民国元年正月

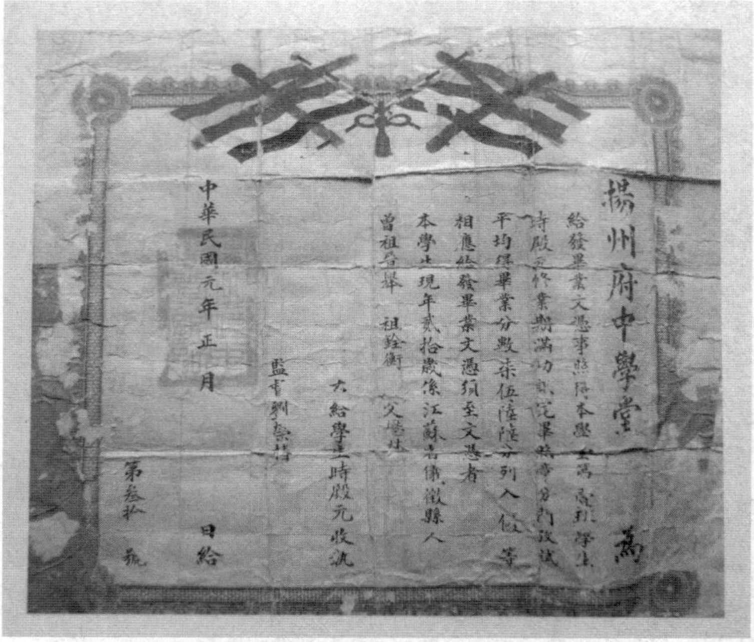

揚州府中學堂 為
給發畢業文憑事照得本學[illegible]學生
時殿元修業期滿功課完畢照章分門考試
平均得畢業分數柒拾伍陸陸分列入[illegible]等
相應給發畢業文憑須至文憑者
本學生現年貳拾歲係江蘇省儀徵縣人
曾祖[illegible] 祖[illegible] 父[illegible]
右給學生時殿元收執
監督劉[illegible]
中華民國元年正月 日給
第叁[illegible] 號

3. 时殿元教员许可状

教員許可狀 第[illegible]號
茲許可時殿元為高等小
學校本科正教員此狀
江蘇省檢定委員會
中華民國七年 月 日

4. 时殿元教员委任状

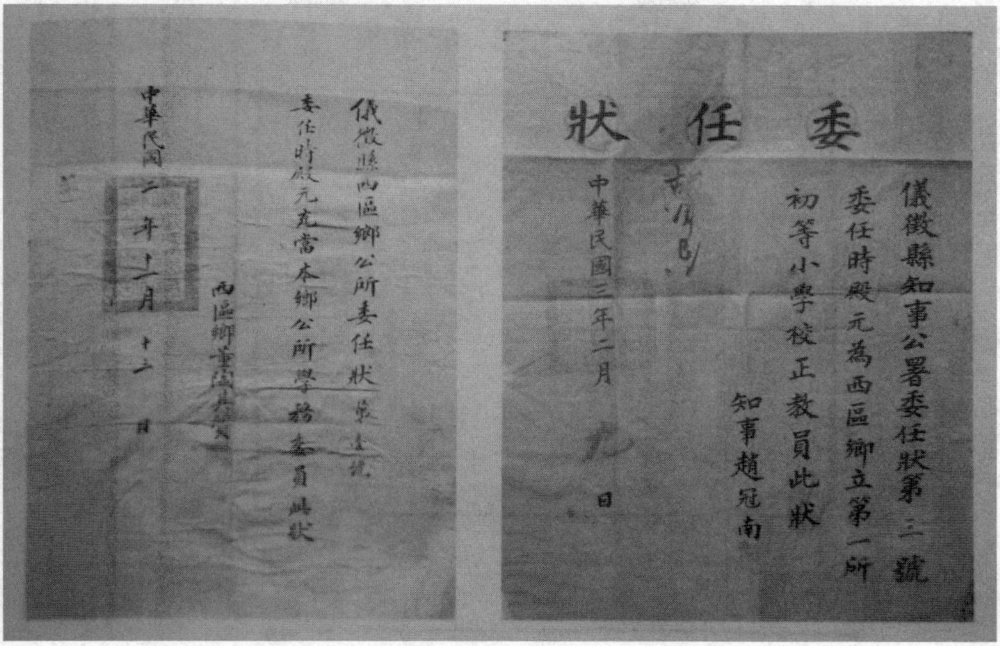
委任狀
儀徵縣知事公署委任狀第三號
委任時殿元為西區鄉立第一所
初等小學校正教員此狀
知事趙冠南
中華民國三年二月九日
儀徵縣西區鄉公所委任狀
委任時殿元充當本鄉公所學務委員此狀
中華民國二年十一月十二日

（二）

江苏省立第八中学

張震南 王範矩
范耕研 李荃 編

中學國文述教

商務印書館發行

中学国文述教

目　次

自序

(一)本书所述,咸同人等在扬州第八中学校时所试行者也。其时校中正拟编印“《丛刊》”分述校事;中有“《国文之部》”本书特其中之一篇耳。会校中改组,编成之稿,皆不果印;编辑任君中敏亦就职他处,布稿于校中,(谓第八中学)不久即已零落。同人思八中之《丛刊》既不复印;而前所述亦颇脱略,尚有余蕴,未能尽宣。因取旧稿,增删数处,订成本书,先行刊布,以就正于当世之君子;即令八中《丛刊》再印,则内容既殊,亦无患于骈枝矣。

(二)本书所述,虽曾试行于八中;其是非当否,未敢自决;然亦仅编者三人之事,至共事诸先生,教授之旨,未能一致;且先后数年间,办法繁颐,具载《附录》。其时新学制尚未施行,故本书所述,概属旧制;惟新制亦得以此类推耳。

(三)八中国文分选科及必修科;而必修科又分范文,札记,作文,文字学,文法,国音,习字等。本书对于前四者既已详述主张,余如文法国音等,同人亦认为重要;特教授之余,曾少发挥,故阙略弗道耳。至于选科各课程,同人无担任者,虽略有所见,而未施诸事实,惧蹈空谈之讥,故亦不论及之。

(四)八中所编《丛刊国文之部》,曾载学生所作札记二十余首,一以示学生成绩,一以明札记之功效。本书初拟载入,以为参考;惜《丛刊》原稿,既已散佚,而札记更一首不存;同人移书索取,久已无可追寻。嗣当向各生分索;惟同人既已去职,势甚散漫,而缮写亦艰;故不及附载,是所憾也。

(五)本书已成,尚有余意,未及详尽者,随笔杂举,得若干条,约略以类相次,名为余论,附于卷末。

(六)人之识解,时有变迁;事之利钝,难于逆睹。故覆按本书,正多自悔。特本书所述,重在经验;虽意见已非,而事实未见者,则不以空言相眩。倘异日再获寸进,尚当续述,就正君子。

编者识

中学国文述教

总说第一

述者曰:居今日而言教学国文,其难盖十倍于他科矣;不学如同人而从事焉,斯科之缺憾也。以目的言:昔之塾师,闭门课业,无在而非国文之事,用力专而笃,时间又十倍于今时;叩其所以,为干禄也。今之中学校,教学是科,至少亦当有目的三:一,略知前圣造字之意,与其流变,俾减讹误而归雅正;二,略智文法而得其会通,有充量之练习,使得自由发表,适应所需;三,因其程度,选读相当图籍,涵养研究之天趣,窥见学问之途径。此三者,看来容易,其实烦难;以语时间,又不逮塾课甚远。外国文理数诸科,昔之所屏而不学者,今则与国文分庭抗礼;年级愈高,夺学者之心力愈甚,而国文几等于无。欲遂吾望不其难哉!使于此时而有成法有定程焉,由之则治,不由则乱,使吾侪得以奉之而周旋,学者得以日起而有功,则岂惟教学上不生困难,即斯述亦可以无作;而无如其不能也。即让一步有其法矣,而能切理而厌心者几何?旧日相传世守之法门,曰:“多读多看多作”,粗发其大凡耳,而所以为之之道卒无有也。论文之书,盈箱而积案,其言下手功夫,则曰:“养气也,俟其机也,通乎神也,养其根而希其光也,……”其尤神閟者,品以阴阳,区以柔刚,若道书之调伏龙虎,炼合坎离。读之者徒惊其立论之高妙,而惧其门墙之峻整,究其终也,茫然不得方法之所在,三欢而置之,佩服而已;其所以佩服之者,犹非心声,特人皆服之,已亦因而服之云尔,若此者,其能供吾侪教学法之采用乎哉?若夫晚出之书,论及教法,吉光片羽,时亦足珍:然而持说有新故,皆非所非而是所是,则辨之者为难也;说可信矣,而语焉不详,粗言凡例,不究功夫,则从之者为难也;工夫备矣,然辞理虽优,用之则窒碍横生,不可据为定程,则行之者为虽也。而晚近名流,又大率高谈学理,不屑屑于方术琐细之谈;小学教科书,固言教法,然拘于段阶,执焉则不化,通之则程度有异,无可变通。坐是种种,乃迄无一劳永逸之良法,可以利赖而率循者,此连年所引为恨事者也。至晚近学者之于国文,除特优者外,大都敬而远之,曰:“以古文名世者,旷代而一二人;眇予小生,非所能与于文事者也。”非然则曰:“国文,腐余耳,几曾见入中学而志在国文者,英文算学耳。”其父兄则曰:“入学数年,国文犹稚弱乃尔,奈何不见效也?其师之惰乎!”为之师者,乃百口而无繇自解。是何也?轻视国文之积习成之于前;而教者旁皇歧路,因仍则有所歉,变革则不知所可,有以使其然也。若是者乌可以不言法哉?

抑吾侪之厕身学校，又薜苫而遊于广陵，其承乏是科之时间，短者匝一岁，较长者历三年矣。其始至也，迄于致事北归之时，为教之法，不能一言尽也。同人自信无所长，于是科尤隔膜；然惟其隔膜也，乃愈不敢执一以拳拳。时贤之论列虽多，而同人以非头脑所固有，袭而取之，惧不能化，且或蒙盲目之讥于是奇想横发，思杜撰一法，别辟一径，以驰我车乘，为试验之地。斯述之作，固万不敢代表尔时全校国文之教法，即同人相互间，亦时见出入之点也。昔人之视学生也，自居于教授人，同人则自侪于受试验者。学生之目的在进步，时时省察其程度，即时时考验教者之方法；教者实施其杜撰之方法，一有不适，即回车易辙焉。其究也，往往推陈出新，高出故步，一就个人言一盖失败即改良也。惟其实施之方法为杜撰，故述中所立名称，多羌无故实，随意生造，有愧通雅。又好于学年之始，仿法家言，立为规约以俾共循，一之不足，则媵以补充规约；大抵每学期变更，恒有修改删增之处。又或遇特别情形，制为表格，使各填造，俾知教授之通窒，与学者心理之好恶者，时亦有之。良以天下之事，惟实施为最难洽惬也。夫法无新故，要在教者之有弘毅之愿力而已。昔之时，家塾课徒，不立规约，不斤斤于教学方法，而成效有可惊者，由愿力之弘毅也。彼之期其徒也：岂惟成章，甚欲成家；岂惟似我，甚欲夺蓝；故诚之所积，而教法之改善即寓其中。今之世，盖亦有虚中饰外，借花样之多以自炫鬻而迷人视听者矣。若是者，岂惟见笑于迂阔之塾师，吾侪实深耻之，且深惧偶丧良知，而堕于炫鬻之境；尤惧一得自是，以误我子弟而不自觉。盖青年子弟，质如素丝，中虚而易受，先入者为主。谬说流传，往往毕世食其恶果，固不得不加谨也。

嗟乎！国文者，造岸之筏而已，寄书之邮而已。苟于学未窥其蕴，即使人握灵蛇之珠，家抱卞生之玉；其于社会，价值又有几何？而世顾有终身治之，其程度犹患弗能通诸家之学百兼自达其意；是虽欲造岸而无其筏，虽欲寄书而无其邮，此近人所以病国文之虽治也。虽然，使其天质于此道为绝缘，则诚不必强所弗能，而悬难中之的以苦孱者。苟或质非下愚，徒以人事未尽，遂至无效果可言，则教者有难卸之责矣！若同人者，其于文之所诣，虽粗能自達其意；而日日以筏度人，自身犹茫然未得道岸之所在。斯编所陈，虽扪索之余，不无心得可言；而实施未久，更迭频仍，即有寸效，不敌所牺牲者之巨：每一念及，如何勿悔？第结习未忘，求正是亟，故笔之于书，以质有道。又以比者教育思潮，颇倾向道尔顿制；同人不敏，尝试行课内读书于二年之前，敢云开路，或供参证世间贤達君子，有能以勘讨所得祛其疵瑕者乎？同人实拜其赐矣！

附录一　第十一届乙组第一学年第一学期国文科讲习规约(十年九月一日)

第一条：本规约包括本组国文科课内讲授，及课外练习之全部事项；依本校《学则》所规定必修科国文第一二级五项一读文，文法，国语，作文，习字一施行。

第二条：读文，系预选体裁或材料相近之文，分正附两篇。

第三条：正篇未授时，先略讲学文应具之知识或文法，次乃讲授本篇，均由学生自行笔记；俟讲毕后，分音义，典实，文法，结构，附录，五部，以次清缮；每次任指若干人提缴，核其勤惰记分，作为平时成绩之一部。

第四条：附篇，由学生自行预习，其有实难了解者，酌加辅导；俟正篇教授既毕，即接续讨论，并订正补充之。

第五条：正附篇应同一致力，无所歧异。

第六条：正附篇所占教授时间，不以一周为限。

第七条：国语，先授注音字母，及声音学大要。

第八条：考核方法，除第二条所规定外，分左列二项：一，笔试：读文之默写，述意，及音释，每正附篇讲毕时行之；文法及国语之笔试时期，则临时宣布。二，口试：读文之讲解，文法之演述，国语之练习等。

第九条：前条各项考核之分数，亦作为平时成绩之一部。

第十条：学生笔记簿及练习簿，各备一册，以供纪录或考核之用。

第十一条：作文，依本校《学则》所规定，每四周作文三次，缴札记一次。

第十二条：作文规格如下：一，题目低二格，附题低三格，文顶格写。二，注明周次。三，遵用部颁标点符号。四，字体应全用真书。

第十三条：札记，应就附表所开，择定数项，搜集材料，从事组织，附加句读，并逐记次数，及原书题目页数，作者姓名于篇首。

第十四条：札记之方法，分全录，摘钞，提要，表解，参证，发挥等，每次任择行之。

第十五条：札记之宗旨如下：一，牖导必需之知识。二，养成读书之习惯。三，增进判别取舍之能力。四，练习行文时之比较节约分合诸作用。

第十六条：札记有下列情形之一者，酌量扣分：一，杂钞数理诸科学者。二，字体潦草，不可辨认者。三，所记不满八页者。

第十七条：札记分数，以下开各项为准，与作文分数同归入平时成绩：一，取材之纯驳。二，约举之精粗。三，记录之多寡。四，发表之有无。

第十八条：作文簿与札记簿，应各备一册，循环用之。

第十九条：遇必要情形，得临时变通之。

附表从略。

附录二　第十届一年级乙组第一学期国文科学生研究状况调查表(九年十二月十四日)

<table>
<tr><td>学生姓名</td><td colspan="3"></td><td colspan="3">年　岁</td><td>住址</td><td colspan="2"></td><td>家庭职业</td><td></td></tr>
<tr><td rowspan="6">入本校前</td><td rowspan="2">就学处＼项目</td><td rowspan="2">年数</td><td colspan="3">读　书</td><td colspan="2">作　文</td><td colspan="2">习　字</td><td colspan="2" rowspan="2">备　注</td></tr>
<tr><td colspan="2">曾读何书</td><td>爱读何书</td><td>常作何体</td><td>爱作何体</td><td>大字</td><td>小字</td></tr>
<tr><td rowspan="3">私塾</td><td></td><td>经</td><td></td><td></td><td></td><td></td><td></td><td></td><td colspan="2"></td></tr>
<tr><td></td><td>史</td><td></td><td></td><td></td><td></td><td></td><td></td><td colspan="2"></td></tr>
<tr><td></td><td>古文</td><td></td><td></td><td></td><td></td><td></td><td></td><td colspan="2"></td></tr>
<tr><td>小学</td><td></td><td colspan="2"></td><td></td><td></td><td></td><td></td><td></td><td colspan="2"></td></tr>
<tr><td rowspan="7">入本校后</td><td rowspan="3">读文</td><td rowspan="2">与前此教法有何异同</td><td colspan="2">爱读何篇</td><td colspan="2">最难领会者何篇</td><td rowspan="2">每日探究时间</td><td colspan="2">文　法</td><td colspan="2">国　音</td></tr>
<tr><td>举例</td><td>分数</td><td>举例</td><td>分数</td><td>透彻否</td><td>参考</td><td>常注意否</td><td>何处欠明了</td></tr>
<tr><td></td><td></td><td></td><td></td><td></td><td></td><td></td><td></td><td></td><td></td></tr>
<tr><td rowspan="3">练习</td><td colspan="6">作　文</td><td colspan="4">札　记</td></tr>
<tr><td colspan="2">爱作何类</td><td>易犯之弊何在</td><td>自视进退何如</td><td colspan="2">自验得力处何在</td><td>注重何类</td><td>觉有益否</td><td>有无困难</td><td>曾否定有时间</td></tr>
<tr><td colspan="2"></td><td></td><td></td><td colspan="2"></td><td></td><td></td><td></td><td></td></tr>
<tr><td>未尽事项或意见</td><td colspan="10"></td></tr>
</table>

附录三　第九届三年级乙组国文科附设讨论会简章(十年十一月十五日)

第一条:本会由九届三年级乙组全体同学组织而成。

第二条:本会以交换知识练习语言为宗旨。

第三条:本会每二周举行一次,即以本组《国文讲习规约》内札记时间为开会时间。

第四条:每次讨论题目,除由本组国文教者宣布外,在不违背本会宗旨范围内,会员得自由选择发挥。

第五条:每次讨论题目,由本组国文教者于开会五日前宣布。

第六条：开会时，出席发言人数无限制。

第七条：本会会员，在开会三次内，至少须发言一次。

第八条：凡出席者言论未终止时，他会员不得离席发言。

第九条：讨论时，应使用国语；但在练习未熟时，得参用方言，仍以力避土俗为要。

第十条：每次宣布讨论终结后，由教者评判之。

第十一条：凡会员于每次开会时讨论各节，须各备笔录簿纪录之。

第十二条：凡本校教职员及同学来会旁听者，本会须请为指导并评判之。

第十三条：本简章自宣布之日实行。

范文第二

一

天下有习为之而不知其所持之已狭者，其惟学校之于范文乎！吾闻有沈涵典籍而出其所获以为文者矣，未闻终朝埋首，以讽诵前人之宿作为事者也。盖文不徒为，贵有其本。即如一篇之作，不能不用字，字则小学所诒我也；不能不成章，章则文法为我师也；不能无发挥，发挥又不能无藉于博览与约取也。人皆知欧公之能为古文辞，其道在取范《昌黎文集》，斯说诚信。然使永叔不观他籍，但读韩文，则其议论必不能如所存之恢彉；至多不过与昌黎形神俱似，便造极诣，则亦何贵有此赝鼎？人知学诗而但读诗，其所诣必有限；使学文而但读范文，又安得有佳文也？

盖人性之习于苟简而不肯作根本之图，非至近世而始然矣！根本之圖，其致力绝艰，而其效又不易即见；热中功名之士，所难为也。有狡者出，揣时流之所尚，辑若干篇之成文，以号于众曰："熟此一卷，欲售于主司不难也。"苟简之士，久欲以一岁之耕，谋三岁之获，欣其说之可便吾私，于是尊信而受持之，夫而后范文之实乃立。其始取法乎上，虽未通深际，犹有典刑；及其衰也，轮廓徒具，气息僅存。夫文章之妙，何止气之一端？今不求胜于理而但务乎气，文字之败坏自此始矣！

今科举废矣，而世之重视范文，不衰于昔。凡稺畜而不能属文者，其父师必以埋首读文为训饬之归宿点。学校中语及国文科目，则尽知其中包括范文与作文二事，绝无所用其考虑于其间。吾不敢谓学校绝不当课诵范文，然吾固深知范文之难副厥望也。其学识之有待储胥，文字文法之有待探究，姑暂勿论。即卑以求之，仅欲其熟练机调而止，亦未见其尽能有若何之功效。盖人之材性，万有不齐，家塾尚可因材而督，学校不能人授一篇—其说详后。即使能之，彼高材者脱不读文而但博观，其效不仅与读文同，且将迈乎读文；低能者即使熟读万遍，终其身而不暂忘，亦无救于下笔之窘涩而迟滞也。况实施之顷，尚有二难：

第一，材料难得。范文一端，其中心点全在选材；非材之难，难在过多。昔人谓"落花水面皆为文章"，此系状物象之妙，诚不可牵入范文方面；然即古今妙文而论，汗简流传，奚止五车？吾人授国文而操选事，其方法不外就古人选本而覆选之而已。选本文字有三蔽：一曰，专选所宗之派，拘于一偏，而古今有关学术或经济之文，转摈不列;二曰,提倡君权,崇信神物,悖于论理,不可通于今;三曰,专书不选,生存人不选,今之语体文亦无之,势难敷用。故欲所授之文悉適所需而惬于怀,则必于诸家别集中自立标准而选出之,于体裁文法文字学文学史及常识等五方面,皆悉为严密之注意而后可;一然谈何容易哉?第一,总集大致备矣,而别集收藏未富,无由博取;第二,按标准以选文不难,而标准多端,又须与先后次第适合,则大难事;第三,每选一篇,必审查数四,乃可作定,而教授生活,固无如许长时问也。以是诸因,故教材终难得当。

第二,程度难合。一级之中,有成年者;有未冠者;非特齿有长幼也,夫程度亦有之。同一范文也:浅者畏其深;深者厌其浅。同一讲解也:有未语而意已明者,有强聒不舍而迄未能释然者;当其强聒不舍也,深者已厌之矣。进语其内容,更多殊致:同一说理之文,或视为沉闷,或好其恢奇;同一述情之文,或悦其缠绵,或恶其纤琐。盖教者选读一篇,表同情者十之二三而已。他尚无碍,惟文字浅深不合,害实甚大;盖授之而彼不能受,此时间即无殊浪费也。又其甚者,惟以已之所怡悦者,选而授之,虽全体不解所谓,面亦不之顾;自审从前,往往犯之,此则縻时之尤者矣。或谓救济之法,宜师执两用中之智。此虽差善,而所牺牲者亦多:高材者无以策进,低能者瞻望弗及,亦非良策。今之教育家,有"能力编级法"之创行,八中亦曾开会议决,但尔时尚未实施;比较而观之,此法或救济之一策也。

此二难者非偶然也,由范文本非尽善法门,故实施之际,随在而生其荊棘如此。今既不得已而言教学范文,则其道当何从耶?吾今请分四项而言其标准:

一曰内容:内容者,范文之实质也。文以载道,而今无之,故识者目之为虚车而耻言乎文。然使范文而有其实质,则虽犹逊于读书,固自有相当之价值在也。以严格论:凡作一文,皆应有内容可言;苟无内容,且不能作。然同是文章,而含义每有纯驳;以课功言,吾必当择其纯者而置其驳者。大凡有文于此:其说之通达无碍者可读,守拘墟之说而不化者则不可读;其立论之方,验之逻辑而有合者可读,非然者则不可读。读其不可读者,则染于卑陋之见而不自知;及其为文,一摇笔而即挟腐气以俱来,其害于道也甚矣!虽形貌可观,究何取焉?或谓文之所包,不止论说,若记叙诗歌之类,又安有内容之纯驳可言?不知记叙不能向壁以造,诗歌不能无病而呻;夫既不能,则又何尝无内容哉?特于积理方面,不若论说文之亟耳。

二曰时代:以时代为标准而言文学,可以三类区别之:一,本然之古文,周秦汉魏之文也;二,摹仿之古文,唐宋以后之古文也;三,合于语法之文字,现在行世之语体文也。在昔选文,止有前两类,统曰古文;今则三亦附焉。自语体文兴,而文语之争乃烈,此谓彼为赝鼎,彼谓此为郫讴,拊剑疾视,莫能相下。然编者之意,则谓居中学校而言及此,实非至难解决之事,观点既立,数言决耳。盖今之旧制中学,高小毕业生入焉;新制中学,六年小学毕业生入焉。其未入校也,所读者十九语体文也,于国语知识大略已具,且甚娴习,但乏系统之观念与审美之修饰耳。中学校生,以升学为原则,其治国文也,非徒为练习文言之基本,实亦为进读古书之借径。若平时毫无素养,专事语文，必至明清人之论著，亦不能读，故家旧说，瞠然莫喻；其为懊憾，当何如者？况语文之倡，甫数年耳，其中著作，妙者纷罗，可读诚多；然以与年深日久之古文著作相拟，则何止十一之与千百？即以人生幸福而言，亦不当尽弃其故常矣。是故中学初年级，除古文外，惟当授语体文法，以整齐已有之知识，使之下笔明确而不误；更进则取近人名译或创作之短篇小说与剧本，兼及时贤对于国语之论著，选而授之，使知去俗而就雅——语文亦有雅俗之分——避粗率而趋高尚渊永之境。自三年级起，语体文即不列正课时间之内，俾学者专与古文相亲狎，此我对于时代文字上之臆说也。

三曰体裁：范文之有裨于学者三：曰文机，曰文法，此世人之所共知者也；曰文体，则非读者所尽能注意者也。欲谈文法而无例证，则莫如取证于范文；谈体裁亦然。特吾之所谓，非欲求各体之具备，而在选择体裁之得宜。今之选本，往往好标各体具备字样；其实文之为体，流变万殊，虽名家选本，不能无所漏缺，安在其能具备也？必求具备，固时有不敷，且其效亦有难睹。盖每体但举一例，除明体而外，了无可言；譬之目录学家，其胸中之书名诚不少，然谓其能兼通诸家之学，未必然也。中学选文，于体裁宜注意者如下：

一，已死之文体—如九锡文，符命；及难治之文体—如骚，七，连珠，不入教材。

二，典志或论著之文，勒为专书者，视年力酌加选授，以引起读本书之兴趣，兼发其神识。

三，常选体裁近似之文，使知比较而得异同。

四，各体之流变及异同，于学期末整理而总括之。

五，体裁编配之先后，依下节之表为之。

四曰次第：教材渊浩，非预为编配不可，所谓次第是也。人之疾视选本。为夫以主观标准而定文也；然若信手拈取，掉以轻心，漫无联络，并此主观标准而亦无之，则重复偏枯，害亦难免。选之者止计一时教材之有无，以为无论何篇，咸可取范；然试叩以古文万数，何为独取此篇？此篇于范文中，何为偏宜在某年级？此年级中，何以独位在某体之先某篇之后？则吾知其常难乎为答也。在昔选家，盖亦自有其次第矣，曰："先选近代文，次选古代文；而古代之中，又以近古中古上古为次。"顾以著者所窥，则以时代定先后，实非必要，徒乱人意而已。

以浅深耶？近代文有特深者，章太炎刘申叔之文，中学教师犹间病其难读，觉古代文之《孟子》《荀子》，平易多多。以模仿之难易耶？浅深既与时代无关，又安有难易之可判？后之人一切师古，于义理则绳墨三代，于文法则陈陈相因，久或失真，反不如升堂哜胾之為善。惟取常识应用及近时名流之作为标准，则以多选近代文为宜，然此与次第无关涉也。以我观之，选授范文之次第，不当问其时代，而惟当视体裁及其他诸方面为标准，表列于下以俟贤哲：

旧制学年	总时数	分时数	主教材	助教材	附注
第一年	八	读文四 文法一 书法一 作文二	叙记 记人物记游论说 论事论文	诗歌	选语体文十之一
第二年	八	读文四 读书二 札记二 作文二	论说 论政论学 叙记 记事记营造	书简	同第一年
第三年	四	读文一 札记二 作文一	一切学术政典之文	赠序序跋	无语体文教材
第四年	四	读书四 札记四			本年无读文时间课外设左列两组自由加入 一、应用文组 二、美术文组

附说明：

一，每学年主教材，为体不逾二类，欲其专而不纷也；第二年中，主教材有与第一年同其体裁者，其名同其内含异也。

二，读书札记详后。

三，前后次序，或圆周，或直进，而要以无一篇合掌之文体为宜。

四，教材文字，必以平易与切实为主；初年级时，宜取充畅者使之萌达，勿贪矜炼之作，致陷入窘迫伪饰之涂。

五，每次选材，必华实相间，枯腴相间，如急徽之后，继以缓响。

六，论说取其通；叙记取其肖。

二

范文中之最须讨论者，则教学方法是矣。何也？诸科率有成法可循，而范文无是也。著者欲取前此所受教于先师者以为法，则今昔异宜，不可追仿；欲参观同人实施之状况，又罕得其机会；欲求之于书，则困难殊多，前于《总说》已言之矣。用是诸因，遂不避"师心自用"之讥，而惟就三数人杜撰之教法，著于本节；先述范文之种别，次及教学之顺序：

第一，范文之种别：范文，有授于课内者，又有授于课外者；前者谓之"正篇附篇，"后者则"闰篇"是也。

甲，正附篇　山泽相形，则高深益显；文野相比，则美恶愈明。正附篇者，选形式或内容相近之文，以期就两篇关系之点，参较同异而辨别其组织者也。今陈说其故，宜分三点以研究之：

一,体裁　学者大患,在执一而不能旁通。教者选某体之文以授之,学者之所得,一篇而已。其于此篇之结构命意遣词立格,诚心领神会,毫发无遗;设临文之顷,体裁同而情节有异,虽心谋口谋,无由自决,即无以实用矣。四年之中,每体诚不止一篇,然前后阂绝,覆校为难,取证眼前,则势顺而功易。例如:正篇授魏学洢《核舟记》,记物之文也;附篇更授以记画之文,若薛福成《观巴黎油画》记:同述静止之艺术品,而作法有别。又如:正篇授曾国藩《祭汤海秋文》,四言之韵文也;附篇则授以前有序而后附韵文之孙鼎臣《凌丰叔哀》辞:同为哀祭之作而格调有别。是皆有关体裁者也。

二,事实　事实,文之内容也。事实相关,是有三善:一,参汇众说,知人论世,足以裨我思考;二,典实来历,可以省略复授;三,一事而叙笔各殊,可以神明变化。例如:选《孟子齐桓晋文章》为正篇,更以康有为本章《书后》为其附篇。

学者读正篇,其义蕴或尚未完全领取;再读附篇,觉心境开明,真有发皇耳目之效。又如选欧公《真州东园记》,更选王安石《祭欧公》文;觉钦仰前贤之念,油然随之以生。以之课读,不劳而功举矣。若夫《沧浪亭记》,苏舜钦归有当皆有所作;《江天一》传,汪琬魏禧集中亦皆有之。取以对读,当更有移步换形之乐。

三,文字　所谓文字者,就浅深而言之也。浅者易读,深者难治;难治者宜乎讲授,易读者宜乎自习。正附篇相次,常以深者位前,浅者位后,以相调节,亦诱导自习之意也。例如:正篇为严复《论交易》,附篇则选李汝珍《君子国》故事;正篇为古文,附篇为今体文。又如:正篇为丘迟《答陈伯之书》,附篇则选梁启超《与吴子玉》书;一则词藻可悦,一则明白如话。如是编次,学者盖最易著力也。

昔曾文正有言:"韩文志传中,有两篇相配偶者:如曹成王韩许公两篇为偶,柳子厚郑群两篇为偶,张署张彻两篇为偶;如是玩索,最易得力"斯语也,其有合于正附篇之旨乎!

乙,闰篇　有正附篇矣,然衔次甚密切,畸孤之篇不见收也。学期之始,预定正课之所授,分正附篇;设于预定之后,思有以辅益扩充之,则统入闰篇中。正附篇目次有定;闰篇则多少一随需要以定之焉。其例如下:

一,因增广正附篇而选之者:如黄淳耀《李龙眠画罗汉记》,由附篇之《巴黎油画记》而增广者也。

二,因备正附篇之参考而选之者:如《蔺相如传》,因补充附篇之《完璧归赵论》之题解而选之者也。

三,因时事而选之者:如外交部《宣布鲁案交涉情形电》文,因最近发生之事实为国民所应知之故。

四,因联络作文而选之者:如作文时口述《罗台山逸事》,文卷批正后,更选印乐元淑原作,使之印证。

五,因提倡某事项而选之者:如选印《学生杂志下札记工夫》,系欲学生知札记之功用是。凡闰篇之文,概以课外自行阅读为主。

第二,教授之顺序　教授顺序,各级不同,自以分级陈述为最宜,著者三人当十年度时所任者,恰为八中第一二三年级乙组之国文;今即以此天然之次第,自低而高,述之如下。第四年级,著者虽未担任,原无妨试拟教顺,以供读者之参考;特前节表中所拟,第四年本无范文时间。故宁付之缺如也。

甲,第一学年　此级周六时,以四时授范文,其顺序:首学文常识,次正附篇,次考核。

一,学文常识　每正篇未讲前授之者也。学者应具之知识,原非短少时间所能罄述;然择可语者而语之,使之略知涂迳,则亦殊有效益。或谓每周宜专设一时,此亦非是。盖专设时间,周仅一时,而一节目未终,隔七日之久,始得重闻其说;譬之相知未稔,忽尔相离,他日再见,姓字尚费人思忖。固未若以节目为主,每次可连续二三时,其相熟之度为较牢也。此项常识,大致取材于文法文学史及诸家论文之通说每次自为起讫者多,惟以口授,不编讲义,授毕核其笔录,纠其讹误,使保存之。今就常识中"何谓国文一题,举其所讲之内容如下表:

国—文{文字／文章／文学求美感情}

{哲学　　究竟／科学求真}

文{文字—训诂／文法—词章／思想—义理{感情／意志}}根本工夫—所以然—难—有把握

读文————取巧工夫—然—易—无把握

文{有韵文／无韵文}（交叉）{骈文／散文{古文／时文{文言文／白话文}}}

应具之性质—自然—不紊—存诚—有物

应避之弊端{讲谐—神怪—骈丽—台阁／雕琢—堆砌—武断—谬妄}

右表系就学生《笔录簿》选载者也。

二,正附篇　常识某节目既终,乃讲授正篇范文,学者笔录如常识。俟讲毕后,分音义典实文法结构附录五项,以次清缮,每次任指若干人提缴,覈其勤惰详略,而定其成绩焉。附篇由学者自行预习,其有实难了解者,酌加辅导;俟正篇教授既毕,即接续讨论,并为订正补充之。两篇同一注重,无所歧异;学者亦同一致力。笔录中"结构"

一项，教者尝列表以示范云。

张耒《答李推官书》结构表：

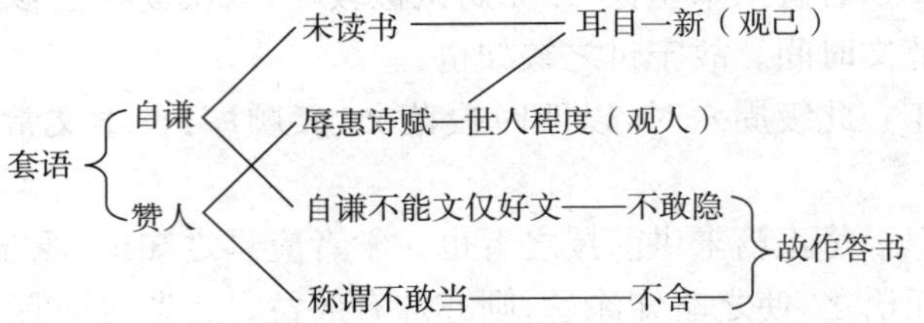

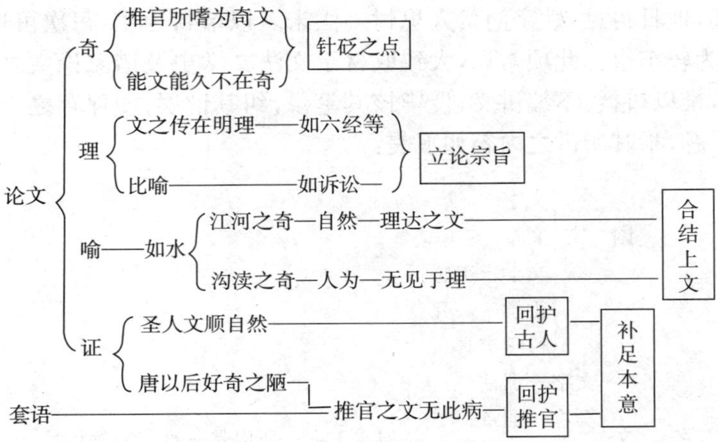

三，考核　考核方法，有笔试口试两项：笔试除抽核笔录簿外，每正附篇讲毕后，并试默写述意及音释；口试则指名试其讲解，随时行之。今举笔试题一则如下：

> 第十一届一年级乙组国文练习题第二次（一〇·九·二九·）
> 试述《谈虎》一篇之优点。
> 试述《罗台山逸事》文中之层次。
> 试释下列各词：
> 国音　标点符号　茶　咻咻　挟纩　风流　南宫　点金术　脱　既

乙，第二学年　此级周六时，除课内读书及作文等外以二时授范文，正附篇同时印发，并附注释，以通常字书所不能检出者为限。其应由教者讲授与否，视本文之浅深定之。凡浅显易解者，由学者各将音义典实详细查检，书于预习簿；继则由教者指名讲读，并酌加订正及补充。讲习既毕，则由全体学生就正附篇分项比较，而书其所得于练习簿，并缴由教者核阅之以定成绩焉。核毕，更抽取各生簿中优点，印发全体，举列如下：

第十届二年级乙组第二学期第四次国文正附篇练习成绩(一一·五·二·)

一,正篇:丘迟《与陈伯之书》,

甲,题旨:劝陈伯之归梁。

乙,体裁:告语门书牍类。

丙,章法:表列下—参用朱惟瑶冯立生方光典陈汝嘉陈兆翔诸卷。

- 全文
  - 1.套起
  - 2.切陈
    - 引端
      - 弃小志立大功—昔何壮—扬
      - 为亡虏以降魏—今何劣—抑
    - 分陈
      - 以德柔之
        - 赦罪责功—来归不必虑
        - 屈法申恩—内顾无可言
      - 以利诱之
        - 功臣名将—各得其所
        - 将军—靦颜惜命
      - 以势迫之
        - 魏—天地不育君臣猜二
        - 将军—危在旦夕
      - 以情动之
        - 故国多风景
        - 古人念旧乡
    - 申旨
      - 朝廷威德之盛
      - 中军兵马之强
  - 3.套结

丁,特点:

1. 大凡责人之语,当使其有自新之路。此篇“外受流言”一语,偏有此原谅之笔,令伯之有所借口,得讬词以来降,宛转之至。—冯立生郑森山朱惟瑶。

2. 措语得体,不亢不卑,劝导中有强迫,强迫中有劝导。—陈汝嘉朱元俊顾廷璘夏丰骏。

3. 先感之以德,恐小人不足以德化,旋思小人好利,故以利唱之;仍恐其顽固不服,又以威迫之;而恐失之过激,乃急动之以情;真使伯之忧思尽释,不得不降。—冯立生林海明姜绍新朱元俊王心黼。

4. 暮春数语,本寻常景物,一经拈出,便情致缠绵,凄然欲绝。前云:“高台未倾,……”已足生伯之思恋故国之情,读至此句,安得不神移?—夏立贤朱惟瑶朱元俊方锟。

5. 何壮何劣二小节,足以总冒全篇,极有手法,而句调亦构造七绝。—陈兆翔夏立贤。

6. 此文最有生气,反复激劝,高下不平,读之起舞,觉不类骈文中之作。—夏立贤严德浴周志业。

7. 处处以大英雄比之,诚对待桀黠者之法也。—陈同德。

二,附篇:

以下从略。

丙,第三学年　此级周四时,以三时授范文,正附篇同时印发:正篇附加标点;附篇从缺,由学者预习时自加。讲授正篇,依通常程序后,酌举本篇要点,曰“本篇须知”并令学者笔录之;附篇则各自检查音义,录于另册,俟正篇讲毕,由教者指名考核,亦补讲本篇须知,或命学者为之,教者改正而印发焉。“本篇须知”之例如下:

本篇须知—司马迁《优孟传》

一,课内:

1. 全篇分二段:第一段谏以礼葬马;第二段请封功臣后。

2. 讽谏之辞,多用反射及烘托法。此篇,前半以大哭二字突起,使王不得不惊。一惊之后,心神俱移,故始有奈何之叹,终有勿令久闻之令。后半以衣冠显异,而王亦不得不惊。一惊之后,心神俱移,故始有欲相之旨,终有寝丘之封。盖滑稽者之神奇,不仅以言语致胜,而状貌亦足以骇人观瞻也。

3. 全篇写二事,法各不同。前半以辞称胜;后半以理见长。盖面目无常,辞令莫测,此“优”之所以为“优”也。

二,课外引伸。

1. 古者臣之谏君,有取逆势者,如比干之类是也;有取顺势者,滑稽之类是也。然逆者身死,于事无补;而顺者独存,终格主非;其优劣相差,诚不可以道里计也。岂比干之贤,不若优孟之流耶? 盖顺则易入,逆则逆耳。明乎此,则虽蛮貊之邦可行也。

2. 考古之大臣,往往冒千钧一发之危,博直言敢谏之名;专制之淫威,固属可恨,而仕人之虚伪,亦复可憎。彼滑稽者流,所以能举重若轻,履险如夷者,岂有他哉? 盖心无好名之心,故口无过激之言,从容中道,而谈言微中矣。世之号为直友者,往往于稠人广众之中,面折其友人之过失,请三复是篇也可。

讲述既毕,得临时为下列之口试:

一,述本篇大旨;

二,述全篇结构;

三,释字音及字义;

四,扩充《本篇须知》。

右皆教授方法之厓略也。至于各级通有之点,又有八条,并述之以终本节:

一,发音以《国音字典》为准。

国音既公布,则吾人于说话或读书时,自宜取则乎此。而后语言统一之效可期。故各级《讲习规约》,俱规定《国音字典》为学者必备之书,凡人俱各置一册,每课必携入教室焉。

二,讲授时注重义训。

中学校虽有文字源流一科,然止粗明义例,谓他日能借以读小学书则可,谓治此科而即识字则大非。识字之机会，读《说文》外，教室讲授生字，亦足以永志而不忘也。昔人讲授范文，间有偏重典实之病，非不热心，然实则徒废时光，似未若偏重义训，每字必详其本义或引伸义，其益为较胜也。

三，课内不专设诵读时间。

范文之为用，诚非多读不为功；然课内而以诵读耗之，则是教师偷闲耳，不足为训也。使每周有八时左右之钟点，则诵读一小时，犹无大害；未及此者，安可徒读以妨讲论？课外为时正多，不虑其不读也。且规约中有笔试之办法，虽惰者无不读之患。

四，指示方法要点。

徒讲文法数十时，是死学问耳，不通乎用，讲之奚为？最善者，初年级讲文，随时指示，受益多多矣。指示之法，在一篇，可抽举为公例；在多篇，可比较而益明其变异之繁。今举严复《论交易》—译《原富部甲》—文中所抽举之文法要点如下：

甲，凡代字之为宾位者，多位动字前：

(例一)幸主人之己悦。

(例二)必赖人之我供而后足。

乙，外动字之宾位，苟其事为习见者，不妨省略：

(例) 市于屠，酤于肆，籴于高廪者之家。

丙，凡用当宾位者，不论单字抑词，短语，皆有名性：

(例一)各逐其欲而偶有合。—欲字变为名性。

(例二)天与之以有欲。—名性词。

(例三)恃是三者之"各卹其私"而已。—名性短语。

以下从略。

五，遇可表演处，则命学者表演之。

表演有二利：一，助了解；二，增兴味。尝为生徒授黄淳耀《李龙眠画罗汉记》，至罗汉涉江处，众有不能明者：命一生照文表演之，众立喻。又尝讲《孟子齐桓晋文》章，此文始终为问答体，乃依其席次，命生徒间替为孟子若宣王，一问一答，神气远出，至"王笑而不言"句，此人即莞尔，众亦莞尔；盖一堂之中，有非常愉悦之象云。

六，每篇笔试，不尚默写。

默写有促学生诵读之益，诚未可忽视；然背诵烂熟者，其程度非必即佳，盖反复玩索，功实在熟读上也。故各级规约，概于笔试中兼列述意音释诸法，以救专重默写之失。二年级乙组，于正附篇讲读完毕时，即命学生书其研究所得于练习簿而缴出之，观其所得如何，而曾否深究可知，故直无笔试之规定焉。

七，正附篇授毕，兼为文体上之补充。

此不须赘陈其故，但举例于下，可明其略：

- 论说
  - 导源
    - 古之诸子各以所学著书诏后世
    - 以论名者始于论语
  - 种类—论，议，说，解，难，释，辨，经，义，原，
  - 体裁
    - 有根据
      - 真理
      - 定说
    - 合逻辑
    - 求显豁
  - 避忌—武断—含混—老生常谈—过求奇诡—拘执偏见—华词求美不当竅要

八，学文必需之常识，凡课内不能毕授者，编印附件。

乙组于中学为实科，其于国文，仅恃必修科四五小时为其泉源，故课内不可不酌编讲义以给其欲。此类讲义，辞取浅显，学者偲可自行阅览，不俟教者之讲论也。讲义之名色如下：

甲，第八届：《文法述》略，《标点说》略，《字书考》略。

乙，第九届：《国音举》略，《论文集》略，《文体节》略，余同第八届。

丙，第十届：《论文集》略。

丁，第十一届：《论文粹》言。

作文第三

一

吾人对于国文之练习，考查，皆依据所授教材之性质，分别施行：故文字学以识文字，文法以明规律，札记以广学识；皆于国文一科，冀收培本之效。作文亦练习之一种，所以使之运用其“文字”“文法”“学识。”至于篇章，结构，体裁，格调，则使之摩仿于范文。庶乎学非徒学云尔。虽中等学生，岂必望其深远；然各呈学力，或不至无货而贾耳。由是观之，作文者将欲使国文之进步也；然国文进步之根本，不在作文；特国文进步而后，由所作之文，表褖之而已。乃世人往往重视作文，亦若国文之进步与否，胥作文是赖；而于文字文法学识诸方面，转不之顾。吾知其所作之文：必空泛而不切实；必徒具篇章间架，而无精义之发挥；必将胎袭近似之古文，以摇曳其声调；必将高谈道德经济，而忘其诬夸；必将抄撮古人之词藻，以自华饰；必将滥引习见之典实譬喻，以自矜博雅。……此非初学之士，好为此无益之文也。不习文字，则无以遣词；不习文法，则无以造句；不积学识，则无以发挥。徒以所读之数首数十首数百首……范文，供其来源；而欲求文章之工，将何能哉！是犹习算者。加减乘除其根本之法也；杂四则而错综之千变万化从此出。今举一“四则杂题”以为模范，使学者例推之；即命以题，俾自作算；虽甚聪颖，亦将模糊而不得端绪。何以故？不于其根本决之也。世之教者，仅以范文课授，而使学者周周作之；何以异是？

世之教者，往往以讲解范文，批改作文，即为满足。以为吾能使学生作文，能使学

生勤作文;自以为求学生进步者,可谓至矣。其学生之进步,果属于每周作文之结果耶?抑由于日常看读,不知不觉而长进耶?—作文固可助国文之进步,然徒恃作文,其效必鲜;此吾人所敢断言也。世人试自反省,其作文之进步,其原因于课作者竟几分之几乎?不幸世之教者,竟视作文为有莫大之作用,则误矣—苟学生能于根本之三部:"文字""文法""学识",加以工夫;则蓄于内者,既已充实;其发于外者,自能光辉。即令不发表诸外,而蕴于中者自在也。

否则不致足于内,而求足于外;其不陷于浮文诞词者,未之有也。虽然,读者勿疑吾人反对作文,遂谓其欲废弃之也。盖作文固有一部分之效用;其能每周作文,固自愈于不作文耳。其所以反对作文也,必于根本之三部:—文字,文法,学识,—有充分之教授而后可。倘于三者尚未及充分预备而贸然又不作文,则其弊有更甚者;徒以世人过于深信作文,而昧于根本之办法;是以不惜发其复而论之焉。

虽然,古人不尝谓:求文之进,在多读多看多作耶!今谓作文之效用不大,何也?不知古人所谓多作者绝非与今时学校作文同物也。今时作文,题有限制,时有一定,齐数十人而画一之;彼既无所感于中,徒迫之于外,其无病而呻,言之无物,无怪也。此其弊,盖不自今日始矣。自科举以来,皆于风檐寸晷之下,出题于经传浩瀚之中,其事至难;不得不于窗塾,练成此种技能,以为攫取功名之用。其实于学问无与也,于国文无与也。今之时势,既已殊异,而犹欲于此中讨生活,何其泥于习惯而不达哉!古之所谓多作者,必也对于一种事理,一种情感,讨论蕴畜既久;然后发之于文。故作之愈多,其学愈进。否则徒缴绕于文字;犹用空瓶酌酒,安能求客之醉乎?故欲求学生练习文字,莫善于"札记。"札记者,学生随时读书有所记录;—办法另详,—倘能行之得法,固无待乎作文矣。惟吾人不欲完全废弃作文,故仍斟酌行之。依学生程度之高下为准,低者勤作,高者则疏。盖缘低者之为札记也难,收效少;则使作浅近之文,以练习其造句。高者则知所以为札记矣,而犹命以浅题耶?将索然而寡味;命以深题耶?又非多读书,明道理,不能下笔;故易之以札记也。由是可知,作文之效,仅在练习句读。至于反复纵横,发摅伟论;非勤作所能致,其根本别有在也。

二

以上明作文之用意,以下明其办法。

中学作文之次数,宜以年级异其多寡。一二年级(此指旧制下同)每四周作文三次,缴札记一次;三四年级,则作文与缴札记,间周行之。—此依旧制四年约分之,新制者依此可推。—札记既为平日所录,(办法别详)固不必在指定之周次,乃事阅读;是各生仍可于其时作文,与札记无碍。特教者批阅各生札记,其劳不下于改文,或犹过之。—此非推测之词,乃经验所得如此。—两者实难兼顾。故指定周次,以相间迭;藉节教者之劳。惟作文时间逐掷诸虚牝耶?同人自惟,殊深歉然。因思语言文章,异物同功;爰于其时作语言之练习:—如演说讨论辩难等,—所以救济之也。—其办法别详他节。

形式方面：关于作文形式之事，久分数点：

一，各行作文簿二本。

二，每篇注明周次。

三，字体全用真书。

四，句读用部颁新式标点符号。

使各生备作文簿二本者，便于彼此轮用。盖一本则各自寻览之时较促；而批改是正之处，无暇比勘而识其故。使备二本，冀免此弊。作文既分在二本，先后或难检寻；故注明周次，以识其进退何似。字体不必全用真书，庶省目力；惟此自在应用文字时为尔。学生平时之练习，奚必较此区区；或致酿其苟简。故仍使正书，养成端凝之习；与其潦草难辨，孰若真而无讹。然所求亦止清正而已，非必工美也。初学为文，每每词不达意，章段不清；此缘不谙练于文法。今使自明句读，且用新式标点符号者；以其复杂而较完密 苟其文法疵谬，则句读难离；较之纯用点分句者，收效自异。各生在小学时，工已娴习，或否；然用之既久，勤者自绰然矣。（学生初次用标点符号，每觉不便，且讹误甚多。）然不必因此怀疑。始觉不便者，久之自便矣。始多讹者，久之不但不讹，且皆当矣。盖此事本非甚难，如冒号，惊叹号，疑问号，等，固已极易；其余不过句点分三种，较之简式，仅多一分号而已。在稍用心者何难之有。至于固执守旧，或怠惰不用功之人，其终不能者，余尚何言。

内容方面： 关于所作文字内容方面，亦尝规定数事：

一，文言白话，各从其便；但因题目之性质，得加限制。

二，篇幅长短，依乎自然。

三，写实事，说实话。

四，思想无间新旧，适合现势之所宜。

文语之争，于今为烈；中等学生，不宜有偏。禀性质直，艰于摹古；与其强作文言，而含意不申，孰若俗言自口，圆转晓然？此宜于白话者也。倘造诣既深，措词娴练；雅言达意，亦能自如；又何必故讬時髦，藉词新说？此宜于文言者也。故按其性之所近，各从其便，所以培其个性，不敢限于一尊。惟补偏救弊，则时有劝言；虽非所喜，练习不免焉。亦或所命之题，不能两作者，则随时加以限制。

如：

拟双十节演说词

译程敏政《夜渡两关记》为白话

则不能作文言者也。又如：

拟左仲甫答张皋文书

译《桃花山》为文言（见《老残游记》）

则不能为白话者也。偶遇此类，则不得不加以限制。初学作文，每若艰窘；昔人知其然，常使人多作长文。然此指应长而不能长者言之，非谓篇幅尽宜长也。至于故矜简练者，病亦如之。是以或长或短，不加劝阻。一旦违乎自然，则为剔除其弊。苟其文之长短，有心为之：则腐词烂调，随手填充；过为新奇，不顾情实。文字本属心声，至此乃不能以诚相示；此惟炫誉于流俗，求售于功名者，或然也。初学为文，岂可惯成恶习？立意虽有浅深，遣词亦分巧拙，评骘之先，以一实字为衡。其果实事實话，出自衷诚：虽浅能进于深，虽拙能进于巧，必为导引之。倘夸诬虚伪，言美不根：虽非恶卷，难希孟晋，所酌惩也。思想新旧，与时代谢，陈言虽美，或窒而难通，新说虽奇，或高而无当；其有保存国粹，挽旧说之将坠，灌输绝学，导群伦以先路，此乃通人硕学，持世有心，非初学能跻也。初学之识力未定，歧路彷徨，始则盲从，终乃成性；此之为害，拘墟不通。凡此诸端，即于其所发表之文字，察其所畸，而为之相。庶归于正云尔。故文语之体以“便”为衡，长短之异以“用”为准，美恶之辨以“诚”为臬，新旧之见以“适”为标。同人謭陋，尝读今世诸大家之说，参匯而实施之，知不免于差忒也。

三

命题：每次数题，任人选择，俾各生不致为独题所窘。或疑既有选择，群将趋易，难求进步。同人以为一班之人数既众，程度不齐，限而一之，沮其兴趣；勉使为之，难得佳作。故命数题，则各以能力所及而下笔。作文所以为己，非不得已，何至偷安。且矜难好胜，人情所同；故每次所命诸题皆有人作，无间难有选择之余地，而各体之练习，仍不至于偏枯。如：

论淮北土匪滋蔓之真因 水灾写实并志所感…… 为灾民乞赈文…………	一
记入校后之状况………… 三十节游行记…………	二
秋原寻胜录………… 乡土风俗小志………… 自修室偶笔………… 记新租宿舍…………	三

如一之例，文体不同，而事实相近；如二三之例，事实相异，而文体则同。各生之取舍，虽属自由，而每次练习之目的，亦不因之而迳庭。或疑在校能有多题选择，酿成习惯，倘或仅有一题，必至艰涩曳白。然此在昔日科举，争一日短长，或有此患；今世学校，在养成各生文字之学力；平素练习，何必以此种拘牵之办法窘之哉？有时次等各生，对于诸题，咸乏意绪，则更酌授条理，诱其籀思焉。

题目之种类,约分如下:

一、与范文有关者:视范文中,能有讨论引申之价值,即以之命题;使各生愈益了范文之意义,而增其讽诵之兴趣。甫当讲解之余,思理尚悬脑际,奋笔逞臆,不致羌无着落。此类诸题如"读某篇""书某篇后""对于某文之感言""对于某文约缩或敷畅者,"固属常格,兹不录。余如:

理想之中华民国—则与读《天演论》"乌托邦"有关者也。

拟杨季子答包慎伯书…
别籍异财广义…………} 皆曾读原文故。

礼仪繁简各有利弊试申论之—读章太炎文,会论及此。

君子不欲自恕而苛责他人以非其道说—侯朝宗与阮光录书中语。

爰旌目赞—则与汪中"狐父之盗颂"有关。

春游遇异记—则以曾读《桃花源记》故也。

二、就课内课外所读诸书命题者:同人尝使学生于课内课外,诵读书籍,增学识,既有札记以表成绩,办法别见;同人以为此实各生发表其所得之渊源,故亦尝于此项书内命题。如:

述札记之利益

说札记之要旨

原战(读《战争与进化》)

联省制度私议(取材《日报》及《杂志》)

梁启超述颜元之意曰学问不当在书本上或讲堂上求之宜于日常行事上求之试广其义(取材《清代学术概论》)

三、以时事命题者:时事发生,系耳目所及,知之较详,以之讨论,其是非利害自易切实而有发挥。更借此可以明了于国内外之情形,不致徒读死书,昧于世势。同人曾疑时论或邻空泛,止作慷慨夸诬之词,无益于实际;故力求其重要而切实者以命题。如:

记江北水灾

五九记事

叶立民尸谏论

论我国之自治运动

某国欲以我国吉林供日人殖民诸君作何感想

开壩与保壩

致太平洋会议中国代表书
移筵资振灾启

四、以学校发生事项命题者：校中所发生之事项，或各生个人之行动，自较时事尤为亲切，以之命题，更易着笔。如：

九乙图书室成立记
参观陆军野战记
述孔子诞日讲经大意
记剧中情节(云南起义纪念日校中演剧筹赈)
演说要素(时将开演说竞进会)

五、使之写实者：或以言，或以物，或以事，使之记述而描写之，以养成记述写实之能力。如：

记黄任之先生演讲
入校后见闻数则
笔述南洋群岛华人之历史
述汪马二秀才遇害事(以上二题皆教者口述各生记之)
网球记
记军棋之戏
金陵游记
岁暮归途记
说车
画记(示以画片若干页任择其一记之)

六、通论之题：借养思辨之能力。如：

论语言与社交之关系
劳工神圣论
俭于廉有无关系
临事而惧好谋而成说
戒骄惰
古今书籍所载社会习惯所尚吾得而是非之否

七、自由发表思想之题：就一己见到之处，发表之；以观其文之工拙。至思想之

高下,自不能以哲学家言为衡矣。如:

我之交友观
我之人生观
我之目的
述人生乐事
最苦与最乐
我之理想国
我之学校观
意园记

八、自由叙述见闻或往迹者:如。

我之小史
自述学文之心得
母校师友记
乡土耆旧传略
乡土名迹志略

九、应用文诸题:如

甲乙丙同学毕业后乙丙留学于美甲因贫独未升学旋接乙函言丙游荡废学转成仇雠乞甲先
函劝丙并愿代甲筹备学费以谋共学试代甲覆乙书
友人函询校友会情形试拟书覆之
吊蔡松坡
拟自治会简章

上列命题各种,仅取同人实施者,分类叙述,非谓命题一道,只应如此也。且深审所命诸题,实多未能恰当;惟不敢以虚拟之题,以罔读者,疵颣之处,企盼责言。

时间:作文时间之久暂,本未规定;速者或仅一时,即能完卷,迟者有延至三四时以上。文之工拙本不以久暂为衡;其限之于一定时间内者,冀收整齐画一之致,而免延宕作伪之病;非谓练习之目的必应尔也。同人等因取开放办法,时间不限;速者任其速,不抑之久坐;迟者任其迟,不窘以定限。或疑放任,将滋流弊。惟同人不敢以小人度人。且能用本书所言之法教授者,则计算成绩办法,颇形繁赜,非仅作伪于此,即可名列前茅;他项不能相称,作伪因以豁露。且倩代者色泽不同,时优时劣,亦不难办也。苟非暴弃之尤,必不出此。同人思及此,因释其虑。亦有不倩人而抄袭者;苟非全袭陈文,而能参伍采集,错综成文,练习之效既收,更何求乎?

四

改文:同人对于改文之意见,约举之有下之各要点:

一,能存者即存之,不事多改。

二,内容方面,视前定标准以判存削(四条见前第二段末)

三,误字标出,使各自检正,或迳改之。

四,不必皆有总批,而分批眉端,力求其细。

五,有时将文中应行增删改易之处,批明;使自纠正。

六,脉络思想,背谬不通者,发还再作。

七,已改正后,颁回时,各个讲明其所以。

八,或取共同藏否之点,彰示全班;或取特例,以表奖惩。

九,择尤缮印,以资观摩。

读近来诸大家论文,知批改课卷,不可逞才,致将原本涂抹,一律改而从我;则作者意见,汨没不存;虽甚劳苦,转隣戕贼。同人即本此意,故对于各生所作,其非背谬不通,无以下笔,必求能存者存。其有含意不申,遣词鄙倍,则为达其句萌,导之雅正。苟已清白少疵,未臻遒炼:劣者得此,奖借有加;优者得此,更施冶铸;待遇攸分,仍属第一条之意也。余各要点,已条说于上,兹不具释。

世人对于作文,迷信既深;而对于改文,迷信更甚。以为教师对于学生课作,宜尽心竭力,为之修饰,俾底完善。夫学生文字,有文法不合,语意不申者,自宜正其讹谬。苟于此亦不注意,则失其职矣。倘原作已无不通不顺,特其格调气势,未必即为高古;于是教者为之更易。倘一经更易之后,即已通篇无疵,顿成传文;则亦不负此一改矣。无如其改易者未必能如此也!吾不敢谓改者尚不如原作,正恐高于原作,亦自有限。教师虽自知之,而以多改,可见好于学生,而博世之称誉;遂不惜费笔费墨,此所谓劳而少功者也。至于思想所在:同人以为苟无大背事理之处,即存其意而修其词,可已;虽其立论证例,或有未周,未尝不可过而存之。盖学生练习作文,其目的本在篇章结构,至意见主张,本无独树之学力也。而世之教师,每每为学生助长,或尽删其说而从我,是不啻教者之自作;学生应诘之曰:“先生为吾改作耶?抑自作耶?”吾知其必无以对也。不幸世人暗于此理,方且称誉此等之教师不止:以为:“改之多,其心热矣!”对于因势利导之教师,则疑而讥之。此皆迷信改文有必要之故也。前对改文曾有九条之要点,实则学生既作之后,则练习之目的已达,改正与否毫无关系。试思学生对于教师所改,曾有细心体会者乎?即有之,亦必不居多数;其大多数均随手阁置之而已。虽然,此其过在学生,不在教师。然即令有人细心玩索,吾知所得者,亦必甚少;甚者将暗中匿笑,以为:“彼之所改亦不过尔尔,未见其大过于我也。”此其原因,可得而言:(一)学生文字,本多平庸,故改笔亦难有精彩;(二)学生程度未到,不知所改之妙;(三)教师所改,本亦不佳。有此三陷阱,尚欲于此中求通道,何不达也?况所宜改者，大概不出三事：(一) 用字不当，宜改；(二) 句法章节不通，宜改；(三) 思想背谬，宜改。虽然，欲于改文中以求字句思想之发达，亦太有限矣！能研究文字学，则自知用的当之字矣；能研究文法，则自知避不通之处矣；能多读书籍，则思想自充裕矣。此根本之办法，何必支支节节，求之于作文哉？譬之习算者，既闻各法，则求题而试之，试之而不能得，则必反而再研求其法，法大明，则题自解矣。绝非教师为之改正此题，彼即可获益也。虽然，非谓教师不改，以图安逸也。盖对于根本之工夫，必有充分之教授而后可。非然者，徒假词以自便，则无耻之尤矣。

尚有一事，亦世人所视为不可犯者，实则无关宏旨；如作文时，必在教室，教师监督之下，甚或不许学生出室门一步。询其故，谓恐学生作弊也。试析其所谓弊：(一) 抄袭陈文，(二) 倩人代作，(三) 倩人改削。一二两弊，诚应禁绝。然此等机会甚少；盖陈文难遇，而请人亦不易也。一被请亦须自作，势难兼顾。惟倩人改削，其势难免，亦难防；于是有人谓教师之监督宜严，使无空隙。虽然，此未达也。夫同学之改，与教师之改，其事有以异乎？同学改于属草之时，教师改于成篇之后，而被改者获斟酌之益则一也；恐随作随改，其获益尤大。今乃严禁，是未达作文之旨在练习，而疑作文为昔日之科试，争较其短长也，不亦大惑哉？

国文课中习惯法可疑之处，多矣：而作文改文为尤甚。故不惮词费，不避讥弹，大声疾呼，一抉其惑。夫坚信作文改文有益者，苟能竭心力而为之，亦未尝不可收一部分之效。倘其人对此，已有觉悟，特安行既久，遂怠于新谋，闻同人之言，当亦失笑相视也。

札记第四

一

自后王以科举皋牢一世，而学问降为功利之饵：其有之，必豪杰之士出乎其类者也。异哉！今科举已罷，而犹有贱丈夫喷其毒談，肆其口说，以便其私，直不欲使学者知学问为何物：此亦吾侪教学国文之耻也。

吾尝推其承源之所自，而试一观乎乡塾之儒林，则科举遗蜕，居然未死。凡谬负一乡之闻望者，必具数德：一，能抽黄对白，为輓联若祭幛；二，通晓市井仪注，能为婚嫁帖子；三，熟精名稿案，能为刀笔师；四，有壬遁星命知识，兼堪截痁虐；五，燕居剧谈，欷歔涕泗于道统之将坠，且申申以詈人。是人也，其思想不出文武成康，其能事不外起承转合，其邺架所蓄，但有《姜园课蒙草元龙通考万年历古文笔法万事不求人》诸书而已，极琳琅之钜观。更进而观于其徒，则手抄兔图册子；奉为鸿秘者，又大都某人策论，某人供状，与其师之讼稿，……诸如此类，穰穰满家。一乡之人，相与翘其巨指而道之曰："某也有学，某也有学。"其徒亦相与张其军曰："吾师学者，吾师学者。"

呜呼？若而人者，是果足与言学问哉？然而其伪易知也，其流不远也，既未足与言，置之可矣。独是中学国文教师，负人间之清望，作多士之先驱，方当拥篲而前，启其涂躅，使之欢喜开悟，优游而自求，餍饫而自趋，庶请业四年，而享用者期于毕世。

若乃守集部之咳唾，口讲指画，举四年有用之日力，而悉消纳于课诵范文之中，谓为学问莫大乎是。一朝讲席既移，范文盈尺，外乎此者，所获伊何？一扪腹自敏，枵然如故，必且相顾错愕，有不胜其怅惋之情者矣。岂其可哉！岂其可哉！

吾非谓今之为中学国文教师者皆无学问也，更非谓中学国文教师，皆但谋食，而不欲其弟子之有学问也。吾敢谓一校之中，诸科并立，惟国文教师之爱专而谊笃。其为弟子谋也，岂不曰："余之授兹科也，欲诸生之能自抒其衷素而已。流览群籍，此他日事，今但求范文之精熟可耳。"抑知吾侪现在生徒中所得力于范文者几何？而范文之本体，能加惠于吾侪者又几何？安见集部之果为范文，而专书之果非范文也哉？

将欲明斯说之因由，当先明范文之趣旨。夫范文之所以得名，无虑二种：其一，范其法度，其二，范其体裁：外乎此者，无所取范也。以"法度"言：一篇之文有之，一卷之专书亦有之。文短而专书则长：短者修洁，长者骏奔；短者拳曲矫揉，长者萌达舒放；短者含意而未申，长者畅宣其湮郁；短者隽茂而批导良难，长者控御如意，体势易得。在善为文者，寥寥千言，而众妙悉臻，一拳之石，备五岳之伟观，未尝无之，然岂中学生徒之所能涵泳者？今舍绚烂闳肆之大文，而专取寒瘦拘挛之短篇，使嚬蹙而为妍，跉踔而为行，天趣已漓，尚安有法度之可言哉？

以"体裁"言：为类尤多，相体谋篇，有当短者，有宜长者？范文所录，惟取短篇，百之一耳。他若学术之文，典志之文，公牍之文，乃至质剂之文，谱表之文，……何一非研究文体者所宜博观？即谓宜權其缓急，为之后先，亦何至仅为诸家选本所录，始得列于文字之林？自陋儒以空疎为天下倡，末学肤受之流，谬主文坛，拚其所不善而著其所习为者以便其私，于是考据之文，哲理之文，论政论学之文，悉摈斥于文事以外。学者皜首穷文，惟此是师，上之未尝窥学问之藩篱，下又不能为简贴书疏，以求致用于当世；即使步趋无违，声光毕翕，试问结果所至，欲自树立者究奚恃耶？今试以实用为衡，取姚氏十三类之体裁而覆校之：诏令奏议宜从今程式者也，词赋碑志颂赞箴铭，主于麗则，求式而止，不必夫人而能学且能工也；哀祭之体，非近实用，词美则难，亦当与词赋同科，视为专门之业，故亦仅示式而止。其切近而易为力者，惟在论说杂记传状书牍序跋赠序六体；而六者之中，若干进之牍，贡谀之序，寥邈之史论，流连光景之轩阁题笔，骨董式之款识跋尾，《义猫义犬》类之诸色传记，又总无实用之可言，沙汰既严，可读之篇帙自鲜。而犹选焉诵焉，以为天下文章莫大乎是，则何如量其程度，兼选诸书，俾学者旷观文体之大全，而消摇于学问之涂乎？

且徒读范文而不知通观群籍，尤有二蔽：其一，锢思想其二，无目的。

昔人有言："文章之能事，在于积理。"吾闻其语矣，未多见其人也。模山范水，絺章缋句，非无可悦；努力规摹，非不可至；拾前人之绪余，奉为甚深微妙之至理，张革为虎，非不骇俗；由君子观之，止见其涂饰因循，芒乎芴乎，不知理之何所在也。博学者必不援古以扞格于今，善为文者必不使笔墨中有臭腐气；然而中材后生，拘竺陋见，怠窥新录，所接于目者，汉魏唐宋八家之文，所识于心者，高曾祖考之喜猷彝训，与其致君泽民之往迹，遂谓古之文辞信美，其义理亦垂诸天壤而不可疑，于是居今之世，言古之制，援古之理，折今之人，而其目光之凡近，思想之迂慜，不自知也。今之诋学文者，曰“酸”曰“腐”呜呼！安得明通之士努力读书，一雪此二千年之巨耻也哉？此“锢思想”之说也。

何谓“无目的”也？夫居今日而置身中学，是岂徒欲为“文人”哉？其学文也，能离绝章句而已，能缘是以宣达主张而已，非欲徼幸于文采以自庇覆其身也。其最大目的，端在借径以窥常识之书，而定立脚之基准。常识诚非可云学问，而实为学子进修之階梯。我国今日，学术贫乏，青黄不接，披沙者稀迹薪难继：譬之荣卫有亏，神气乃索，必得昌歜滋益之剂，乃可肌革充美，日起而有功。使莘莘之伦，犹抢攘旁皇于剧旁之野，日扰扰于摹神炼气之为，良时易过，所获空空，岂惟可惜，实乃冤枉！为之师者，顾忍不观现局，不察学生目的所在，而稍予以读书之余间耶？此又“无目的”之说也。

诗曰：“无信人之言，人实诳汝。”吾爱智之青年乎！若犹信范文之万能耶？若犹信读书之足以累范文耶？范文：文体文法之例证已耳，学文之初步赖之，使既知命笔而犹从事焉，则绝意求知，而欲以文章自放者也。即使学子之中，负有此志，亦宁纵读诸子之真古文，而慎无读后代追仿之伪古文。当知读书之益于文事，固有较胜于范文之益文事者；夫既揽其芳馨，又饮其醇醴：他人申其呫哔，老死于义法窠臼之中，吾则兼取百家之粹义以成吾学问之渊源。即以文论，不既足多乎？

二

读书之法奈何？“札记”是已。呜呼！今之訾札记者，孰不目以“钞书匠”哉？夫游谈无根，是三人成虎，岂有他哉，不能平心以究其蕴。而徒盛气以责其名，论学之所大患也。世徒见钞书匠之功艰而效寡，遂举札记以配俪之；抑知古之魁硕，泰半以钞书匠起其家：温公之《资治通鉴长编》，钞书之生活也；高邮之《读书杂志》，钞书之生活也；俞曲园之古书疑义举例，钞书之生活也；……此辈先儒，何尝不钞书？特有异乎今之钞袭家与书手耳。欲明吾说，请疏其要：一，古之读书者，不问收获，但问耕耘，穮斯蓘斯，以求发见真理而已。而其中疑义，所在多有：好学深思之士，证以图史，证以义训，证以友朋，一义未安，不容自宽，偶有所得，犹获拱玉；其或疑似不定，千里驰书，逐相问讯，驳难辨正，卒底于是而后即安；又有例证不具，贤圣已陈，莫由质正，则录述己见，标以存疑。凡若此者，悉札记之，以俟后人之论定焉；此一钞书法也。

二，凡著述一书，非可信手杜撰之也；必有取材，乃见确实，必有编次，乃判后先。而储材一事，编次又一事；其储材也，书虽博观，目有专注，于吾之所须以成书者，惟恐散佚，惟恐孤孑，则随搜随记，命曰“长编；”耳有所闻，足辅吾说，则亦记焉；读者或病其猥杂，而不知皆沙中之金屑也。及夫材料已具，则左右鳞次，分别部居，发凡起例，以成书焉。储材之札记；又一钞书法也。

三，食古者贵在能化，博而不精，则良方足以杀人，而拘牵驳杂之患生。昔贤观书，得其大略而用之终身，何也？荟厥都要，择之精而守之卓，非规规于佔毕间也。诵诗三百，而约之以“思无邪，”肯要既得，余者皆糟粕耳。然若囫囵读之，如鸟过目，虽历千遍，仍无所获；而此书者，永置高阁，韬匿精光，不知几世几年，始更邀善读者之一卷。此于书为未尽厥职，而在人为失之交臂，岂其可哉？

夫博观而约取之，此又一钞书法也。

四，以记忆言，古之敏给者，莫如东方朔。夏侯孝若为之赞曰："经目而诵于口，入耳而谙于心。"信人人乃尔，则又奚事札记以分日力？而无如人之天禀，至有不齐，博闻强识者，其势难守；以钞为记者，则势易入。由前之说，不久而书自书我自我；由后之说，则虽至钝劣者，随钞随忘，他日对卷，犹可按脉寻源，焬温复习，况决无随钞随忘者乎？夫札记之用，何至仅裨记忆？然即以補助记忆言，又未尝非一钞书法也。

或曰："子之所言，皆古人毕身经营，仅乃得此，子以学生视学生乎？抑将以古之人视学生乎？"吁！是犹未免拘墟之见也！夫读书之于智识，犹读文之于机调也。譬之然燈，膏盛而光烨；譬之种树，本深而实繁。《礼儒行》记孔子之言曰："不祈多积，多文以为富。"岂必"文章"乃称文哉？夫"学术"亦此志矣。今之学人，存神高远，懒近书籍，往往而然；信如此说，则将听其不学以长终乎？且处中学而言札记，非即以古人之札记法期学生也。上之所列，其一与二，非得眼光学识天资力量具备之才，未易胜任；疏凿混沌以来，涑水高邮之辈，能得几人？吾非敢谓今之学生中直无其人，然亦诚不敢以此高论绳群众也。

其三与四，今古所同，顾犹未足以尽"札记"之界说。吾之所谓"札记"者盖又与左列者殊科：

一，左太冲十年作一赋，其未成也，出入必以书卷自随，门庭藩溷，皆著纸笔；虞世南为秘书郎，钞经史百家之言以备用，多至百数十卷；李义山为文，多先检阅书册，比而次之，号"獭祭鱼。"凡若此者，大都刺取书中奇僻之字，隽新之典，录之以备攟摭之资而已。后之类书，多祖述乎此，而未足以竟其用也。夫读书贵知体要，自不能专以钞撮为事，钞撮已患破碎，又况钞撮典实也哉？

二，豆棚瓜架，惯说怪奇可喜之事，语虽不经，闻者忘倦；穷愁之士，随事漫书，绿饰其状，聊自怡悦，送日而已。大苏治黄州，好闻人谈鬼，官情牢落，有必然者。

若夫身在学龄，何所侘傺，而日以诞妄是录？不亦先后傎倒之甚哉？夫学问之事，太上者由声入，一伏氏传经，由来口授；然去古辽，前圣已朽，近之中西哲人，又罕得亲闻其说，则取径于可靠之书，自系当然之正办。道听涂说，岂无可录，危险实多；又况于无益之稗说乎？

三，札记又非日记类也。人之命笔，凡接于目者，闻于耳者，作于身者，感于心者，随在而皆可取为资料，兼之者惟日记能之；曾涤生《求阙斋日记》，其适例也。

夫日记而能廓其内容，不限人生动作，凡读书疑问及思辨之事，悉入其中，则又何尝非善？然非可行于学校也。盖日记关系私权，发而观之，侵其权矣；即不以侵权为嫌，亦易启其隐藏饰伪之弊。故在昔所行札记，皆仅限读书之所得焉。

或曰："闻子之言，吾瞑目以思，略得札记之旨趣；虽然，斯论诚高，而未易行也。旧制中学，止有作文，札记法行，作文减少，而家长之怨望生矣；子谓札记，可补学问，然束书不观，人之惯习，随笔塞责，失系统矣；中学课程，各科并重，札记既行，分自修之时间矣；彼学生者，善子之言，而苦其繁难，又不忍显拒以拂子之意，则钞袭之患缘之而生。子虽有提倡读书之志，其如此重重之难关何哉？”

噫！斯说也，吾服其善度量事情，即试行之始，盖亦诸患毕经，诚有不能或免者在。然世间岂有冥然不悟彻始彻终而如一者？家长怨怼，其始由不知札记之用也；由于忽视札记，谓其批阅易于改文也。一旦征诸子弟之手迹，更验其程度之所至，而知此中大有组织，非漫然钞录之比，而札记之用明矣。教师之于札记。骤闻之，其批改似未若作文之繁难；然其选定图书逐加勘阅，解学者之惑，示读书之方，其须预为准备，奚止作文之仅出一题可以比儗？彼教师者，食俸无殊，省事惜力，何尝不可？岂以如是之劬劳，而转获傥来之诋毁乎？必不然矣。人之惯习，多恶烦劳，既无系统，又患钞袭，诚为当然之事。然札记之意固甚良也，因无良法以维持之，而致生此等之流弊，倡礼记者，固难任咎；况“开卷有益，”哓哓若此，诚过论矣！又谓时间不足，此亦非穷本之论。以编者所窥，课外余闲，实至宽舒；其有不然，则他项科目，蚕食国文自习时间，非国文自身之不足也。中学国文，每周至少四时，多者达八时；以此为准，而与他科正课时间，共计算之，得一比例数，即以此比例数，分据一周之自习时间，无俾良时悉受蚕食；则岂惟低年级可行札记，四年之中，无时而不可行也。世俗之论，其不可信也明矣。

三

今请就中学所当阅读或可阅读者，分为四纲，以次述其书目如下：

一曰“识字”。识字者，学文之首基，世或轻之，其说有三：一，书读千遍，其义自见，与其废时，无宁读文；二，“小学”列于专家，中学非所宜教；三，未得皮毛，先习奇诡之癖，转堕恶趣。斯三者，未尝不持之有故，而无如其未能深究其得失也。夫居今日而真如发汉字者所云，则诚可不必上语字源，更滋繁琐；如其不然，人方谓我为衍形文字之古国，我则由篆而隶，由隶而今隶，已无复“形字”之旧观，不稍明夫古圣造作之本意，而惟囫囵以授，囫囵以受，不音不形，将以何者为领悟之捷径哉？明其误原，则了解易而遗忘难，省时之诀，非废时也。古今学问，莫不有专家有常识，识字亦然；信如所言，则攻治古文，亦专家事也。数千年来，寥寥可指，而何以今之学校，自高小起，即大事选读，不甚妄耶？略举一例；此论自破。至于“未得皮毛，先病奇诡”，此尤浅见之甚。真识字者，但使字不妄耳，其欲人之共喻其旨，非有异也。至著为专书，以明妙道，或作为文章，以抒其情，其作品既非中下之资所能喻，则择雅而为，亦何不可？在作者初亦惟求文从字顺，君自觉其奇诡耳。夫世俗立论，每涉矛盾，既反对白话文，又并固有之小学而亦反对焉，不亦舛哉？识字之要籍如下：

王筠《说文句读》或段氏注王筠《说文释例》蒯光典《文字蒙求广义》《广韵》顾炎武《音论》江谦《说音》高元国《音学》郝懿行

《尔雅义疏》扬子《方言》章炳麟《新方言》章炳麟《国故论衡》上册

二曰“论文”。论文之书，盈箱积箧，而初学可读者实鲜。大抵神奇立说，幽邈难指，为我国文家立论之通弊，盖谓文字之妙，不能以言语形容之也。夫以文字之难达神恉，不立文字可耳，乃故为譬喻迷离之论，使初学之人，读其说而不能解，甚者骇其说之太神，则却足而反，不亦过乎？尝谓我国古文家之论文，非论文也，盖作文耳，其心本未欲标举门径以示初学也。尤不解者，佐证多书，舍文论事，毛举多条，而于文字曾无关系；且所引书句，初学尤多未尝窥及，岂故以此斗宏博耶？真不得而知之矣。以下所举，皆取指示亲切或条理细密，或有裨于文法或思考者，不拘古今，具陈如下：

刘勰《文心雕龙》刘知几《史通》通释本或削繁本章学诚《文史通义》王引之《经传释词》俞樾？《古书疑义举例》马建忠《文通》或俞明谦新体国文典讲义章炳麟《国故论衡》中册严复译耶方斯《名学浅说》欲深造者可进读严译穆勒名学甲乙丙集刘伯明译杜威《思惟术》

三曰“取范”。或谓取范之文，每周讲授之，诵读之，似无更读专集之必要，而不知非也。人之学文，目的各异：有侧重普通文之应用，有侧重纯文学之抒情，但授范文，固难偿欲；且天资不同，造诣不同，而取径亦殊焉，就所近之某家而择读之，必能有迅迈之进步。又前人恒谓“文必宗经”窃谓宗之者，以其文章为后世所导源，故学文者不可不加意探究，非以其为圣贤言论，故守而勿失也；或乃谓读经而论文，是为侮经，益不然矣。兹取群经中较易领略者以弁类首，条次如下：

《春秋左氏传》杜注用足本《战国策》《史记》《汉书》《后汉书》《三国志》《资治通鉴》或袁氏通鉴纪事本末《宋元明史纪事本末》《三通序》《世说新语》郦道元《水经注》王闿运《湘军志》〇以上纪载之文

《诗经》用古注《楚辞》补注本《文选》李善注姚氏《古文辞类纂》曾氏《经史百家杂钞》李兆洛《骈体文钞》《古诗源》《古今诗选》〇以上诗经及诗文辞总集

周济《词辨》《元曲选》此书卷帙太繁学者恐难购最好校中图书室置一部学者选读之〇以上词曲

《杜诗镜铨》《李太白集》《韩昌黎集》《柳河东集》《白氏长庆集》《苏东坡集》

《剑南诗稿》〇以上诗文辞别集

《太平广记》或商务本之古小说纪昀《阅微草堂笔记》《虞初新志续志》

《儒林外史》《水浒传》《石头记》《老残游记》近今小说界创作如林不及备书○以上笔记及小说

四曰“积理”。积理原倡自古文家,魏勺庭氏尤昌言之,而俗士每忽焉不讲,此读书所以不得不亟为提倡也。上所云云,强半皆积理之理由,兹故不赘释,而但次其书目如下,以示一斑。**又此类书籍,非特其理致可益神明,即其文章,亦往往足为模范也。**

《论语》《孟子》均用朱熹集注本《老子》《庄子》用郭庆藩集释《荀子》用王先谦集解《墨子》用孙诒让闲诂

《韩非子》用王先谦集解《吕氏春秋》《论衡》○以上古代哲学

《江永近思录集注》王守仁《传习录》黄宗羲《宋元学案明儒学案》二书卷帙太繁宜择读明儒学案可读梁氏节本 梁启超《清代学术概论》○以上宋以后哲学

俞樾《诸子平议》章炳麟《国故论衡》下册胡适《中国哲学史大纲》○以上中国哲学参考书王应麟《困学纪闻》顾炎武《日知录》用黄汝成集释本 王念孙《读书杂志》陈澧《东塾读书记》朱一新《无邪堂答问》○以上学术上之札记书

西洋《哲学史大纲》刘伯明著中华排印《近代思想解剖》○以上西洋哲学

杂志近出之可读者都十数种日报约数种○以上杂志及日报

读者幡阅至此,必有疑者,曰:“是何书籍之多也,”则请以多开之理由进。夫学者为质不一,有沈潜者,有高明者,专读一书,岂有是理?教者所开虽多,学者依其所近而类选之,更由教者酌其分量为之配置,则必能恰如年力而止,何尝多也?若以类分太博不能精研,则中学读书,本以常识为限;必求专精,固非中学所宜,且亦非国文教师所能过问者矣。或谓四类之中,包孕多门,即以常识言,恐中学国文教师亦无此渊博,此亦非然。一,学问为世间公器,国文教师即不皆通晓,亦不当梗塞其涂术;二,古人谓教学相长,则为之师者必当从事研究,不得以身拥皋比,遂耻问学;三,绝未研究之书,不妨实告学者,使之自行探索,学生必不以师之尺有所短,遂尔轻视之也。古人虚心,故师弟洽和而相亲;今人客气多,故师弟猜嫌而相远。近有倡“自由讲座制”者,谓可发展天才,复昔时讲学之风气,且可以其治学方法授之其徒。—大意如此,见改造三卷七号梁启超论文。学校读书之制行,讲学之风气不难见矣。

四

虽然,犹有说。盖书目骈列,未必为学者之所本有也,将遵何道以得之耶?

是亦不可不一为研究。或谓今之学生,担负实重,购书之责,当由学校负之;或谓当择要籍人购一部,比之教科用书,著为校则。此二说者,余皆非之。由前之说,有下之三弊：

一，学校购书，当公之全体，不能限于一级。

二，学校购书，每种止一部，至多二部；设有偏嗜，决难周给。

三，校有之书，可偶一检阅，而不可以为日常读本，妨及他人。而由后之说，则又有弊三：

一，读书因程度及兴味之关系，不能强从一律。

二，一级之书人我相同，不能收有无相通之利。

三，教科用书，因教材分量，可预定何时授毕；此则因能力而迟速有殊。

故教师而果欲提倡读书，则莫如组织图书室也。就著者之经验而言，则图书室之组织，有可言者数事。

第一，图书室当以一级为限。

今学校国文教师，类以专教某级为原则；间有一人而兼两级者，此秕政也。

图书室限于一级，则管理便而指导切；且一级之中，人数有限而可读之书日多，劳费少而收效宏，莫善于此。

第二，图书室藏书，当预开数目，生徒购得后，以“借存”之名义存入。

学生莫不有志买书，而往往不知抉择，购无益之籍，为光阴累不浅。而批风抹月之小说，滥恶之学校成绩选本，改头换面之新书，学生尤易为所欺蒙，故教师必当召开“拟购书单”之责任。书单中凡书籍之名称著作人册数价值，均一一开载，尤须提示特点所在，使之确认所以选购之故；否则贸然购取；或性质非近，或程度不合，与受给坊贾之懊丧同也。以“借存”名义存入，则所有权仍未放弃，假期可以携回；且他人借阅，亦可收尊重爱护之效。

第三，入手组织时，当就原有之书选存以作基本，每学期开始，并须添购定额之书。

先选原有之书，是有数因：一，原有之书，必有可读，苟有之矣，早存为善，但当由教者调查而选定之耳。二，生徒携校之书，精粗美恶，已不之知，得教者为之汰削，则于当读不当读之间，必有所悟。至学期开始，添购新书，则以坊本日出，时有所观；且分期购买，轻而易举，限以一定之金额，各生之担负又可平均故也

第四，指导在教者，掌管书籍由学生。

指导之理由，已详于前。至掌管之义务，负之学生，则以公共事业，当预习其处理之方，虽大要不外藏书，而其理可通万事；特图书室章程教者当相助而议定之耳。掌管事务，就前在八中时之经验言，约略有下之数项：

一，关于表薄者：如借书簿，存书簿，图书目录等，皆由全体集金印刷，而由公选之掌管员二人司其事。（以下同）

二，关于器物者：如书橱，揭示版等，函由校中庶务代备；但锁钥由公众购办。

三，关于庋藏及借还者：庋藏之法。系按号加贴书签，顺次排列橱内。借阅时间，除日曜外，以下午三时至四时为限，另制借书统计表，张贴本室，以姓名为纲，而以次

数为目。有借书者，视其门类，以彩笔画一撇于栏内；至还书时，再就原处加画一捺，式如乘号，故书之还否，一望可知。迨任期既满，则就原表之下端，书其总数；而其人之嗜好何书，与借阅之疏数，亦皆由是以推知焉。

余如召集全体会议，介绍新书，学期末之结束，下届掌管员之选举，亦皆掌管员之职务也。

兹将《图书室章程》及该组添置图书预定表，移录下方以终本节：

第十届乙组图书室章程(九年十月十四日议决)

第一条　本室为江苏省立第八中学校第十届乙组同人组织而成，定名为江苏省立第八中学校第十届乙组公立图书室。

第二条　本室以交换知识发挥互助之精神为宗旨。

第三条　本室图书，以下列各种为限；

一　文学方面；

二　修养方面；

三　时局方面；

四　常识方面。

第四条　本室图书，除由同人分别购置陈列外，每学期须添购一次。

第五条　本校师友，有愿将私有图书暂时借存本室备流览者，亦得享有本章程之权利。

第六条　本室置掌管员四人，司理图书借还等事；每人轮值五周，于学期开始时，用记名连记式选出之。

第七条　本室无定所，但须设于掌管员所在之处。

第八条　本室书目，由掌管员编校印刷分布同人。

第九条　凡本室同人，均得向掌管员借阅图书，但须签名详注于借书条。

第十条　借书时间，除日曜日外，以下午三时至四时为限。

第十一条　同人借阅图书，限一周送还，有未阅完者，得续假一周。

第十二条　同人每次借书只限一册，阅完归还后，始得再借。

第十三条　损坏图书，应负赔偿之责。

第十四条　同人新买图书，可随时报告掌管员，以便续编书目。

第十五条　掌管员遇新出图书，需由同人购置时，应揭示于同人。

第十六条　掌管员认为有集会之必要时，得随时召集会议。

第十七条　本室事务之进行，得商承本组国文教员定之。

第十八条　本校师友，有对于本室进行事务热心匡助，原为指导者，本室得就商之。

第十九条　本章程实行后有未尽完善之处，得随时开会修改之。

第十届乙组图书室十年度第二学期添置图书预定表

填造者

一,下列各书,系第一学期借存之件,将来仍拟存入:

一,下列各书,系此次选定拟购之件,已托书局函沪订购:

书　　名	出版书局	原　价	订购手续

一,尚有家藏图书数种,拟于来学期携校存室,如下:

书　　名	著者	版本	附注

五

读书既以札记为表现法矣;然则札记之法奈何?此则惟有以过去所实行者,为历史上之叙述而已。八中之明定札记为国文中事,于民国九年六月学则中所附载之《各科学程说明》必修科《国文》项,始规定之。编者之试行札记,则自八年度第二学期始。更历第三学期以至九年度第一学期终了,谓之"课外随录期;"自九年度第二学期以至十年度第二学期终了,谓之"课外命题期;"承上至十年度终了谓之"课内选读期。"其

间更迭增损,各级颇不一致,兹但就所同之办法,陈述如下:

一,课外随录期

甚矣,经验于作事之为不可少也。札记不可无限制,以今观之,孰谓不然。

顾当试行之初,则以课外读书乃生徒常有之事,加以限制,转碍定趋。使选择而能善,钞者食其益;就使精粗杂陈,折中未当,犹将胜于不读万万,胜于徒读空文万万也。以是之故,《规约》中惟示札记之方法而不及书目焉。方法有三种:—见《读书笔记规约》第二条。

一,词意并善,可资诵法;或文简事繁,无可删节者,全录之。

二,原文一篇中有独列偏胜之处者,自定取舍而摘钞之。

三,全文甚长而理解并佳者,约举其大意,制为短文或表解之。

遇必要时,可为下例之附记二:一,加注有疑义时行之;二,加评有感想时行之取材虽由自择,而外国文,韵文,已读之范文,及从前一切制举文,概不得记录,以塞篇幅。又札记主旨,明定为牖启知识,增进学养,策励自习,练习行文,补助记忆;凡与此旨相抵触者,亦不得记录焉。

至考核方法,亦于该规约中定之:自实行日起,每周火曜日汇缴一次,就下列诸项审核其内容,于金曜日发还:—第五条。

一,取材之纯驳;

二,记录之多寡;

三,约举之精粗;

四,发表之有无。

当试行之始颇不乏可观之本,每获一卷,愉快累日。然以限制未严,致下列诸弊,缘之以生:

一,标准图书未经选定,各读所读:欲知其精粗纯驳,则覆按原书,极为困难,教者疲于检查;学者所获甚寡。

二,限期以缴,学者仓卒从事,不求了解,止计有无。

三,禁网甚疏,故如卑鄙之小说,短少之时评,以及关涉他科之材料均不免任意填充;或无益身心,或无从更正。

四,规约中有"加评"一项,于是志存敷衍者,借名发表,而词调腐熟,毫无新意。

五,已读之范文,虽在约不得钞录,而集部著作。并非在禁止之条。学者往往任取选本中文字,钞录一通,(或名人书札)于学问或知识了无所补。

坐是诸因,遂内外交病,虽有小益,不偿大弊。会校中自九年度起实行新定《学则》,于必修科国文项,规定:"第一年作文四分之三,作札记四分之一;第二年作文札记,轮替行之;第三四学年注重课外阅读,每周自作札记,每三周作文一次。"公布未久复议决,第二年如第一年办法,第三四年如第二年办法。于是一二年级之乙组,皆各制《规约》,遵照《学则》,每四周缴札记一次。札记方法,大要如前约;但于约外附开书目,计二十余种,每次所记,今就书目中择定数项,从事组织,附加句读,并逐记次数及原书题目页数作者姓名于篇首。而凡遇下列情形之一者。不予记分：

一，钞录外国文，韵文，已读之范文，及旧日制举文者；

二，杂钞理数诸科学者；

三，字体潦草不可辨识者；

四，所记不满八页者。

就中页数限制，学者颇不谓然，盖以多为贵，无宁惟精是求也。然在教者方面，则亦有故：一，每四周始缴一次，则分配各周，不过每周二页，善读者之所为，实不止此。二，限定篇幅，固无以奖励融贯精约之作；然驰限不问，则苟简塞责之弊又生。欲求尽美，诚难事也。

此次改革，行之仅一学期，规定虽略较上次为严，而实无大效验。盖札记之制，此校创举，学者脑中向未存有此项观念。书籍虽明开数种，任其自择，而向无此书者，未必即因是而购书；即使二十余种，罗列于前，然己之程度是否适合，书之内容是否一望而可知，亦难说定。书籍先出，而编次方法，亦非素谂，凌乱粗杂，往往而是。于是学者群相疑惑，茫然不得标准之所在，竭蹶而为，事倍功半；其敷衍从事者，则视同官样文章，苟足八页，斯毕公事：是诚一时之牺牲也。

然以视徒作而不读书，其为害尚不可拟。

二，课外命题期

命题而为札记，非善政也；然鉴于前法之失，有不得不改行之者。故自九年度第二学期始，即更订《规》约：每四周命题一次，一学期中，四易其题。又分全体为若干支组，组各一题，以免参考书不易周转之弊。学生各就该支组所命题目，从事搜辑，不得搀越；遇必要时，教者兼于题下附列节目，期便组织；而参考图书，则由本校或该组图书室借出，每次指定一生掌管之，及期缴还，更命新题，并易次斯图书，如是以为常焉。题例如下：

一，关于文学者：

《物名考略》

一，限于部分名称；

二，舟车宫室身体衣服，任取二类。

《本组图书室文学书提要》。

一，著作人；二，特色；三，意见。

就近今国文选本中任择某项体裁之文若干篇，悉心研究，抽取共通之点，为作该类须知 （如《书牍须知序跋须知》等）若干种。

二，关于常识者：

租借地与租界之研究。

参考各种字书。(以下各例省参考二字。)

本组图书室《书目初编》文学类。

姚曾以来诸选本。

《和会中之中国希望条件》。

一,释义; 二,由来; 三,弊害。

《仿少年丛书体》,就下列诸人之事实,择一而纂辑之。

一,顾炎武;二,曾国藩;三,陆九渊;四,加富尔。

日英同盟谈。

一,原因;二,经过;三,现势;四,利害;五,结论。

三,关于学理者:

杜威学说举要。

王学粹语类钞。

经验之新见解。

十三页—十八页

《先正事略大事记湘军志陆学精华象山尺牍外史鳞爪》等。

《东方》十三卷一号。四四—五四。

《地学》第十二年一期。三一—三四。

《东方》十八卷九号。一一六—一一八。

《杜威在华讲演集五大讲演》等。

《王学精华阳明学派别》。

《时事新报思想之派别》等。

一,经验派之旧主张;

二,理性派之非难;

三,近世纪思潮之变迁;

四,结论。

四,关于修养者:

少年读书要诀。

《就曾文正公家训中》,择其有关学文之要语而分类辑录之。

少年易犯之恶德。

一,嫉妒;二轻浮;三,惰佚;四,侈靡。

《少年修养录》,《养正遗规》,《青年教育》,《张文襄公书目答问》等。

《曾文正公家训》。

《曾文正公嘉言钞》,《德育鉴》,《公民模范》等。

斯法初行,更虑学生为独题所窘,拘束太甚,转非所宜,乃复宣布:"凡学生如欲于本题以外别有研究者,应呈求所拟之题及参考书目,经教者之核准;如系兼作本题者,其附带之题无庸呈示"至札记方法,亦明白规定于约中,大别有二:其一,条例要义,而次序未改,谓之"条录;"其二,会通大指而别有组织,谓之"融贯;"遇必要时,亦得兼附图表或发挥。又凡能抉发义蕴出自心裁,或会集众说具有条贯者,择尤印发;雷同者不予记点;字迹草率,或不依定式者,酌扣点数。于是学生之怀疑于前者至是乃涣然冰释,群知札记有下列诸项之利益:

一,札记非"杂记"其所采之材料,皆必以牖启必需之知识为准。

二,札记目的,专在养成读书之习惯,可以持恒,可以深入,非徒医浅率者之良方,实亦治心之要道。

三,吾人取舍之能力,触于物而后能长;札记之顷,或条录,或融贯,皆必准酌再三而后命笔,实有增进判别力之功效。

四,作文时之比较节约分合诸作用,札记可以助长之。

五,观选印之札记成绩,则知所企效,且间接收他人札记之益;每题间附节目,则编辑亦不感困难。

六,一期既缴,更作新题,既不枯寂,兼饶兴味,而奋勉之心以生。

前四项札记本身之益,后二项则"命题法"之益也。重以是时第十届乙组新创图书室,存书最多时达二十二类,一百八十二种,五百四十五册,凡是组札记参考书,率为室中所有,每日借者络绎,户限为穿,一时大现愉悦升平之景象焉。

十年度开始,办法如前,而于些项命题法略有变更者,有第九届三年级乙组。此组初系指定专书,一如《章太炎的白话文》,一虽亦得各自选读:但立限制三:一,不得钞写小说时评谐文及时文集或选本中文字;二,不得雷同;三,最少须五页。一因此级每二周缴札记一次。一每期佳卷,教者则创"赠句"之例,任书数语于原作后,皆针对作者性情及本札记优点,出以勉勖之词,略依韵脚,有类歌谣;次焉者言语奖励之。迨第二学期,则又创"一次命题"之法,全组都三十人,命题同其数,生徒于一学期内轮替行之。每期任作一题,认定后,诣教者处取参考书,交卷时一并缴还;如二人同时作某题,则须自备参考书。例如"《改良文学之意见》,《表解我国参与太会结果情形》,《墨子兼爱篇约旨真正政党》,《奢侈与文明之关系》,《华侨受外人支配之原因》,"等皆一时所命之题也。其有于本题以外别有研究而复怀疑未决者,苟在札记范围以内,教者必详答于篇末,就中以有关哲理及文学者为多云。

三,课内选读期

前此两期之札记,皆于课外行之者也。自行命题法后,生徒略著成绩,而左列诸困难,又因之而生:

一,青年时代,攝受知识之欲望方炽;而课外理数诸科,分其心力,时间短少。

二,命题每月一易,选材艰苦,得一题后,仅供该支组五六人之用:虽有佳题,不能普及。

三,命题琐碎,仅得片段之知识,于几部必需阅读之书,转难顾及。

四,四周一期,原为缴阅便利计,非谓二十八日中仅作札记一次也。然时限甚长,记者往往始而怠豫,迨限期已迫,始知从速将事,而参考书又周转不开,草草下笔,佳构乃鲜。

五,各组行札记法者甚多,设有惰者托名题外别有研究,而移钞他组旧卷,以充篇幅,必至无从检查以定成绩。

六,范文之用,仅以供人模仿,而正课时间,全为所占;札记为吸收知识之唯一机关,转于课外行之,甚非情理之正。

当是时,生徒中亦有感觉此项困难,而以"课内读书"为请者,综计之有三说:

一,由教者选借本校图书若干种,每人择一读之,以正课钟点之半为札记时间。

二,各自选定一书,呈经核定,即于正课时间内读之。

三,每人每学期宜各购特异之常识书一种,于应缴札记某周之作文时间从事札记,当堂缴出,下次互易其书。

他同学闻之,属而和者甚众。然而一二年级,文体举例,尚未能尽,如第二说之全废范文,实不可能;但分相当之钟点以事读书,则未尝非良策耳。课内所读之书,自以教者选定为宜。然如第一说则借用校有图书,未免妨人借读机会;且同时选定四十余种,一全组人数一固甚烦难,亦太纷歧。用第三说固善,而各书之内容价值,不能相等,分配甚难;各人所欲互异,易生觖望;书籍损坏,易起不快之感;种类过多,周转亦复不易。研究结果,决从第二学期起,教者负选开书籍之责,由生徒自由选购,从事阅读;于是"课内选读;"遂为札记之主要渊源焉。

至于读书时间,则每周率为一时或二时,讨论时间亦在其内;至读时遇有疑点,则书于札记簿中,俟汇缴时批答其下。或谓课内既定专时,则课外必抛置不阅;且每周仅一二时,所读亦至有限。顾就编者所窥,则此论亦非尽事实;观于此学期读者诸生之"报告"表,往往所治超乎定限,可知所阅读者,决不限于课内之专时也。即使课外抛置不阅,但限于课内为之,其所得者,亦非徒读范文之可比拟。范文每周不过一篇,通常教顺,始之以范讲,中之以诵读回讲,终之以默写或背诵;除范讲外,高材者逐时枯坐,了无所得,厌倦由之以生,有必然者。即使诵读回讲默写背诵,可收策励精熟之效;然为此一篇而费却如许时光,可谓得不偿失。试以一小时之读文与一小时之读书相比较,则前者口诵,后者心唯;前者空洞,后者切实;前者惟供作文时之体势,后者兼供作文时之思想;前者大率被动,后者则有自动的精神:吾敢断言读文之不读书若也。又况课外为之,其境嚣而不静,其心每肆而不能入;课内从事,一切可以纷吾志者无之,沈浸愈深,必有入焉而不能出之概,其一时之所获,恒三倍于课外,又可知也。

若乃身在教室,心驰域外,即发蒲牢之吼,海潮之音,彼亦未必歛气归神;虽有良法,因无如此粗豪者何也。此则非特札记然矣。

生徒读书时间,各携笔记入教室,所读之书与俱。既开卷,先就原本加以标点,有欣赏处,随意丹黄,不之禁;次则就书中词与字之意义,查注簿中;且逐次须记明日期及所读之起讫,此为必要之程序。至语其方法则有七种,因所读内容而异:书中识有独到,理有偏胜,则撷其粹要之处,曰"采录;"文长理优,则删节其意为短篇,曰"撮要;"名论至文,有得于心,则题其后,曰"跋尾;"原书编次,意有未安,则自立纲领而钞辑之,曰"改纂;"所选而外,更有同类可读之书,则自由旁参以证其说,以广所闻,曰"参证;"原本设题以叩读者,一如《名学浅说》一则演答以求娴习,曰"答解;"心有所悟,或为撮要之便,则为旁行斜上之体等以显之,曰"图表" 本书"附录"所举,皆此学期札记成绩之例证也。一现从略,理由详《自序》。

著者对于课内选读,从事实行者仅一学期耳;他无所觉,惟学者之澄心攝虑,肃穆不扰,则远非读文时所能及。更有下列三端,亦实行斯法所宜注意之处,附志之以备参考焉:

一曰"约选"。夫就学者之嗜好言,则当如其所欲,而后无强勉迁就之失。然非所论于学校之课内选读也。盖认定之书总数太多,于学者诚便;然未加沙汰,精粗不一,未免失选读之旨。又斯法既行,当立专时以便讨论,以解疑惑;人各殊读,教者准备为难,则讨论难畅厥义,即使有饱学之教师,而时亦不给;且所讨论者仅关一二人之所习,余人无从参预,不免枯坐。故欲除此弊,惟约选耳;大概一班所读,以五种为最多限度最宜。

二曰"慎择"。选读专书,须适合其人之程度与嗜好,此非简单易了之事也。大抵沈潜者能穷其深际,高明者但悦其神理,选非所近,则直以无用视之;非徒一校有文实之殊,即在国文一科,亦复有文有实;观于古代经师,学分南北,可知性与学有关系矣。又文字浅深,亦至有关系,造诣高而读浅显之书,苟义理可观,决不能弃而不读;若所诣甚低,而以较深者使之读,彼必觉佶屈聱牙掩卷思卧。必也陈义属辞,悉与读者性能相翕,然后可日起而有功也。

三曰"宽限"。一切图书,凡可取读,皆可命为札记以验所得,固也。然考多籍,不能为札记也。取范之书,要在熟读而涵泳其神味,即有札记,亦不外评隲之语,不作亦无不可。惟论文积理两类,必当为札记耳。著者向例,凡对于不必札记之书,则令按期缴其读本,视其标识,核其锐钝,眉端如有评语,兼察其纯驳以定成绩。盖札记主旨,在促进读书之能力,书既读矣,奚必拘于札记之有无哉。又学者性尚,沈潜者喜为札记,高明者作辍不恒,或竟懒为之,说当注意者焉。

最后尚有发表研究之方法,可以助学生读书之兴致者,则"发行出版物"是已。人之天性,鲜不爱重名誉,故己有所得,恒思白之于公众;有出版物之发刊,则为札记者益奋万自振,且以爱惜羽毛之故,必能益求矜慎,而增高读书之效能。且札记虽有选尤印发之规定,然但及一班,不及全校;有出版物,则虽校外之人,亦有购阅机会。使札记而果善,则他人可间接食其益;其不善也,亦可多得阅者之批判。所当注意者,学生对于编辑事业，未有经验；为教师者，固不可不与相助为理耳。八中在十一年春季至夏季之初，出版物之风盛行。以本书编者所任各级言：则九届三年级乙组有《少年周刊》，十届二年级乙组有《挈瓶杂志》，皆由学生发起于前，教者赞成于后；其中经费之分担，识务之分担，与夫稿件之分担，俱共订《社章》，以资循守，一时成绩颇不甚恶。再推而上之，第八届二年级乙组，即曾有《乙乙丛刊》之发行云。

文字学第五

一

中国文字，变迁既屡，古籀篆隶，久失根柢。沿流溯源，考其精微，非经学专家，莫能明辨。是以通达者诋其琐碎，苟简者恶其艰深；致今兹科，列于专艺，初学小生，无心窥践，讹谬日滋，是可慨也。今中等各校，既多课文字源流，综其鹄臬，约有数端：

一，由古迄今，书体改易之迹，了然可睹；俾知我国文字演进之轨术。

二，讲明六书义例，俾知我国文字缔构之精美；非画蚓涂鸦，漫赋声义而已。

既知造字之意，自多趣味，而难遗忘。

三，既明古今声韵之通转，俾知文字无雅俗之分，皆有所自。

四，指示训诂之门径，庶可多识文字。更简择实用之字二三千余，使知其形声谊通转段借之故。以读古书，不难会通，以作浅近之文，亦觉有词可遣。

五，示以训诂谨严之道；则知中国文字，实非模糊影响，而免望文生训之弊。

六，略知文字学大纲，以为之基，有志深造，此其发轫；仅此而已，亦足以辨别。

世论之是非，而不至为诬夸者所欺。

其鹄既定，其志不夸，然达之之术，不可以不备。倘漫然从事，必将失其效果，徒有其名，而无其实；则世之腐生，转将匿笑，以为不若彼诵读古文之便益。

此缘不知文字学者，妄为教授，轻说六书，又不能举其条贯；听者亦只觉其新颖有趣，而不知其于文字果何所用，则亦淡然视之；仍揣摩其所谓古文之腔调，而于文字学不一顾也。如此者数年，则于文字学，果何得哉？教者学者乃相与嚣然诋文字学为无益：此果文字学之敝乎？抑教者之敝乎？况近来书贾，投机射利，见文字学之名之时髦也，亦编造书籍，以求速售。肆意分章，滥收材料：或考碑版，或陈书法，陷于美术之骈枝，而非文字之精粹。即有叙述六书，考源籀篆；亦复臚举旧闻，毫无鉴别，甚或拘牵纰说，用诏后生，而达恉眇论罔知采择。

欲于此中，明古今之训诂，雅俗之所分，是北行者南其辕也。即有较善之书，已知概要；而略示端倪，大体不具，徒增学生记忆之劳，难收触类旁通之效。盖编书者既非小学专家，更恐不明教授；就“文字源流”之名义，随手抄撮，其无益于学子，有以也。

苟能于前列六条之旨,按步行之:则可知现今之书籍,以及教文字源、流者之中失所在矣。故本乎前六条之旨,以订中学文字学之标准;则文字学之性质,宜分为四部,一文字,二文字史,三文字学,四文字学史。何谓文字?文字者,本体也。教者宜就说文九千字中,汰其古奥,取其显豁;少则二千,多五六千:辨其六书义例,与夫本谊及通段之说,旁采字书,及世俗所行用者,以補备之;而部首诸文,则虽甚生涩,勿可迳去,去则所从之字,勿能明矣。汉代学童,能讽九千文乃得为史。今世小生,其胸臆所知,恐不满千名,亦且勿仑沿用,莫能理解。汉代之事,固不可复于今日;惟既入中学,势将深造,则识字自宜以多为尚。以五六千名均之于数年之间,亦易事也。未必以此区区,而碍及其他科学也。何谓文字史?文字史者,篆隶改进之迹也。由上古而至今日,文字之变迁,多矣。由无文字而有文字,其机如何?由籀而篆而隶;关于文化之进退如何?以及其间之异同得失,比较而研究之。皆文字学史之事也,而钟王颜柳笔势工拙之论,不与焉。即李斯程邈之伦,籍贯事实,亦其次也。乃坊间之书,于文字进化,曾无发明得间之言;而于逸事琐闻,斤斤参考,著之于书;则舍本逐末矣。何谓文字学?文字学者,研究文字,使有统系之学术也。形体之中,则辨其六书之正变;声韵之中,则明其通转之公例;训诂之中,则详其解说之大法。于形声义三者,寻其规律,立为统系,使散漫无稽之各个文字,部居不杂,轨术皆通,而后知研求文字者,非儿童占毕,徒为记忆,多识异名,以相夸耀而已。既已明其学术,则读书作文,皆有触类旁通之趣,而不至为古人所限,时俗所拘。即读古今字书,亦可有纲在手矣。坊间之本,则或仅见其名,不申其说,徒使学者,眩惑不清,怀疑莫释。方且自谓能简,自矜求易;不知简而不该,易而近陋;读之何所益哉?何谓文字学史?文字学史者,历举各家字说之主张,而加以衡断也。研究字学,代有传人,所主不同,甚或矛盾,同者互有详略异者亦相補苴,纷然杂陈,学者淆焉。前云教以文字学,示之统系;皆择其长说,一贯不纷,未及臚列,较其优劣也。苟学者先读新说,后见陈篇,见旧说之不同,诧为颖异,而听从之,是认非为是,而弃其向者之是也。此缘仅闻一家,无从较其优劣,一旦纷紊,必至失所主张。故宜列举各家,比勘优劣,所心坚其识解,导其理知,非芜陈纰说而已也。此四种事,或分立而教之,或糅合而教之,均无不可。

总以学者能全得此四种之学问,则前所悬六种鹄臬,亦云达矣。

二

前将文字学分为四部,今言其第一部—文字。

教授文字学,而不于"文字"之本体,为有条贯之学习;是犹过屠门而大嚼,终未亲尝肉味也。而世之教者,往往陷于此病;观其名书曰源流,曰大纲,其不能实行研求文字无怪矣。彼于讲六书义例,声韵通转等篇,略举若干文以为准绳,皆东鳞西爪;总其字数,亦至有限。且其用意在举例,故正例不及多载,而僻例亦须备列;则读者将疑其轻重相等,而不能辨其孰为正变。甚或专注意于奇而可喜者,顾置正例于脑后,适得其反矣。其害容胜言哉?虽然,中国文字之数,亦云伙矣;六书声韵之条理,亦难寻矣;欲取以教授初学,其道何从?

尝见有人以《说文》部首，五百数十文向生徒讲授者。部首为《许氏》分别部居之法，用为材料，未始无据；特部首诸文，专释形体，而部首之外，又未尝无重要必不可少之字；故有偏而不全之病。若以《说文》全部加以讲授，则工程既钜，又颇多已废之字，正恐劳而寡效。即令为之，亦只是《说文》之学，未尽文字之全体。观说文之前，则有《尔雅三苍》。《说文》之后，则有《释名唐韵》。皆谈文字，而体裁各自不同。虽其比较有优绌，要未可以其一而概其余。则专读《说文》之学，其未为完善可知。况更拘于部首者乎？然则欲教文字者，果遵何术乎？以愚见所及，则选字之标准，有数要点，约举如下：

一近世实用之字。—指浅近文言中所习用者，但亦不必有甚严之界限。

二经史中常用之字。—浅文虽不必用，而欲究经史，则不可少。

三足为文学修词之用者。

四说文部首。—应全录之，因有删削，则从之者无以别白。

五已废之字勿录。—惟说文部首，不在此例。

六古今异势，须加考据者勿录。—惟经史应具之常识，不在此例。

七俗这讹误，别有本字者勿录。

八虽为后世所造，而行之已久者，录而辨别之。

九近世科学诸名，酌加入之。—因专门名词，可以从缓。

字既选定，而其先后次序，与夫统系，宜用何法；此问题最重要，亦最难解决。

古人陈言，则有以形体为主者，如《说文》。以义训为主者，如《尔雅》。以字音为主者，如《唐韵》。甚者编为歌诀，如《凡将急就。》近世则有以六书分类者如王筠。

有以声韵分部者，如朱骏声。有以初文为主，而以音义孳乳联贯者，如章太炎。其说不同，各有精粗。时人之谈文化者，亦往往以整理国故相号召，而文字一途，亦尚未闻有善法。是以欲求一条贯分明，便于初学，竟亦无可借径焉。

愚意王筠六书分类之法，尚属便于教授。—（世之通人，或将嗤余为拘泥形体，不达神恉；然余之敢王筠者，仅以其便初学，非谓其说已能贯通冰释，而无滞也。阅者鉴之。）惟其中亦有拘泥之处，且又仅限于本义，未云完备；宜更参以章氏之说，庶几转注假借，亦得了然。今拟数点如下：

一各字以六书分类 六书之次第，象形第一，指事第二，会意第三，形声第四，而转注假借之义分见各字之中。

二择各类中最明显之例，不问其为正变纯复与否，苟言形则逼肖，声则极谐者，列之于前，为第一编其六书之义。虽不必极为明显，但稍加诠释，亦可了解者，为第二编。至于字之结体，已难解说，仅据《说文》所载，或各家考订，认为六书之何类者，列之于后为第三编。

至于字义之解说，亦未可草率，亦拟要点数条：

一，先详本义，以《说文》为主；苟《说文》之语，未能清晰，则别拟相当之训释，以申《说文》之意。

二,《说文》中阴阳五行之说,斟酌删汰;惟有关于古代社会风俗者,则不可改从后世之说。

三,训释六书,近儒之说,有胜于古人者,斟酌从之;惟有人谓六书形体,不妨杜撰,以求便利,则殊不可。

四,一字数义者,则应辨其孰为义相引申,孰为音相假借,以免望文生训之弊;

坊本字典,臚陈异说,或重或缺,又无次序,不可蹈其失。

五,其有他字,为此字所孳乳者,则择其重要者附列入之。

六,一字数义,展转迁贸,则辨明其古今雅俗;古人注许,不入俗义,使人昧于方言;今人说字,不谈古义,使人忘其渊源。

余以上法,试行教授,其效固不敢必也;然亦只是管见所及云尔。其选择,排列,训释,诸法;自知其未臻完善。其应加以改良讨论者,不一而足。惟中学之应教授文字,以为学文之根底;则愚意胫胫,以为万不可少。苟有以愚意为然,虽不用愚法,而愚亦将引为同志也。

三

次说第二部—文字史。

学文者首宜识字,不识字则无以为文,此说固已明豁;然亦只识今隶足矣,曷为上溯仓籀,邻于骨董者乎?即令许氏宗篆,以辨六书,固不可少;而太古已废之字,及其他无关六书之体,何必一一明其变迁,而授以文字史乎?此亦有说。夫今隶之行非一蹴而企;盖几经古人创造改良之功,乃抵于此。惟更革既多,弥远其本,以致形失其形事离其事;苟不溯其渊源,方将诧字形之奇诡,而不明其贸迁之不得已;则相与唾弃诋毁,欲效拼音者,有以也。惟世之授文字史者,易流于下之数弊:

一,尊古蔑今—以古文籀篆为美备,而訾嗷今隶之不合六书;而终不能废隶用篆。则学说与事实,竟成睽隔。

二,注意琐事—对斯邈等姓字里居,斤斤参考,及王次仲之神话,稱道弗衰;其实无关宏旨。

三,考据金石—金石碑版,固为文字史中材料,然止为例证,固不必如骨董家之收罗丰富也。

四,滥收伪体。书体之名,或至数十,龙凤倒薤之名,皆文人好奇,方士造作,未可阑入;即殳书缪篆,虽非伪体,亦非重要.教者或以此矜博则误矣。

五,讲述书法……钟王颜柳各家派别,系书法之工拙,非字体有异同;而坊本或谈及永字八法。是未明文字史之性质也。

文字史中所应教授者,就愚意所及,其要点约有数条:

一,字体变迁,系进化而非退化—六书虽讹,而致用渐便。

二,字之创造与改进,乃自然趋势,非一人之力所能为—仓籀诸人,特整齐统一之,因尸其名耳。

三,当研究字体改进时之大势,以明其不得不变。

四,各种字体之比较。

五,各种字体经用时代之久暂。

六,今后之趋势。

四

次说第三四部—关于文字学之学说,及其历史。

文字学之学说,及其历史者,一则明其统系,一则示以变迁,前已略述其内容矣。盖仅识各个之文字,而不明学说,则将散漫而乏友纪;故举原理以统系之,此学说之不可以已也。世之述者,往往忽之;只将其内容分为形声义三部,取其名词而略择之,或举一二以为例。是以学者,对于形尚觉其与文字有关,至于义则以为此是注书之法耳,于文字未必有用也。至于声则以为此讲反切耳,与文字更何干。遂觉文字学之内容,何其庞杂不纯乃尔。此固学者不善用心,亦缘所授者皮毛而未深入也。苟能举历来学者所考得之精说,如六书次第之辨;义由声生,声随义转之说;阴阳对转,声纽互通之例。一以类比次,举前所习之文字以为例证,庶不至形自形,声自声,义自义。而文字通假,亦可触类而知。愚意以为如此,方足以完全文字学之用。

揆今之教者,略学说而不谈者,恐亦以其精深渊奥,故从删耳。夫古人疲精殚神,乃能得一二定说,引证浩繁,独窥奥窔,固非初学所能董理。然披沙淘金,凿山开道;为之者艰,用之者便。又烏可以其操工之钜,而不敢享受之也。况其精美有益,又非徒取难题以自苦者耶?

五

世之读者,亦将疑吾言之过高乎?虽然何高之有。前之所陈,皆研究国文者,万不可少之事也。徒以小学失传,人趣简易,苟非经生通儒,恐尚有未闻六书声韵之名者,即有偶尔道及,亦皆敬而远之,以为非急务。近世学校既兴,以实用相号召,更屏弃文字学而不道。是以司教授者,对此既已隔膜,尚望其以此相提倡乎?其以吾言为高者,无怪也。试观二十年前,学校未办,世人视算学为甚难,偶闻天元句股之名,必震眩相诧;今则代数几何,人人能言之矣。吾意当明算之初,必有以算为难,而阻之者。今竟如何乎?今人以文字学为难,以吾说为过高,恐中学生不能领略者,譬之以算术,可以悟矣。

或以为中等学校,授文字学者,只宜示以大概,俾生徒知六书之名,与夫篆隶之区别而已;倘如前之所说,则已涉文字学之本体,宜在大学授之,非中学生所能任;故谓之过高也。虽然,此不思也。夫掘井九仞,而不及泉,犹之无井也,况未及九仞者耶!学文字者,自宜就文字而研求之;若仅示大概,略闻其名词而止,是终末由知文字之如何也。当学校初兴,授之手工,皆无益实用,曰"藉以陶冶也。"近来乃知手工宜重实用,而所学者,乃与工人无异。未闻有疑学生之不能任也。故前之所举,六鹄四性,实为文字学所应具,未尝过高。苟掘井者,曰:"吾以习劳,不必及泉。"不亦可笑乎?

或谓现今以语为文,方将力求其浅,今子乃提倡文字学,无乃邻于复古乎虽然此不辨也。文字学与白话文，盖不相犯也。文字学者，所以识字也：识其本义，以读古书，识其借义，以为应用，两不相妨也。研究文字者，其功用正在此。倘自矜博古，造次必以古体篆书，则迂拘不达，非但白话文所反对，昔贤已知其弊矣。况多识文字，以资驱遣，犹工师庀材，方将力求其富，则亦何间于新旧也。愚意近来白话文兴，完美可称者，固自不乏，而恶俗无聊者亦多；此自由于学识有高下，而于作者识字之多寡，恐亦有关。彼胸中之字，既不满千数，则其述义，必为所限；何不扩而大之，虽不必用，亦觉其选择之裕如矣。由是观之，则文字学与白话文，非但不相犯，且相济矣。而世之教者，对于文字学，初虽不明其用，犹震于其名，未敢唾弃也，自语体之说兴，遂假新文化之名，诋小学为复古；其研究不深者，亦因之回惑而不能自坚。此皆谬说盲从，而不辨也；故不惮反覆明之。

世之学者，或有主张，废弃汉字者，将借径罗马，或即用注音字母，文字已当废矣，尚何必劳精疲神，以研究之乎？此问题至博大，非本文所及讨论也。本文所讨论者，为文字学应研究与否。然汉字虽废，而文字学仍宜研究。何以言之？未废时所研究者，篆楷之文字也；藉令废矣，而其拼音文字，仍当研究，而认识之；不研究不认识；仍不能使用，而为文学家也。观欧美文字，非拼音乎？非与语言近合者乎？而其文家哲士，所用之字，固不同流俗；非自研究来乎？故文字学之应研究，与汉字存废无关；况汉字尚未知何日果废也？

或谓文字学固宜习矣，然中等学校之课程，业已繁重，又益之以此，则钟点愈多，学生终日上课无复暇晷；虽有所学，难于消化，则何益矣。世之持此疑者，盖亦未能明文字学之性质者也。彼以文字学特立一科，特设钟点，或半年，或一年，而毕业。材料既少，又皆浅尝，故难获益。而其特设之钟点，转以碍及他科。不知文字学，固不应独立也。（至于文科，自应更加深研，不在此例。）

一宜在国文时间内，酌授之，且不应限之于半年一年间，宜自入学直至毕业为止。识字之事，固不宜有一时间断也。习英文者，尚知以多记生字为主，直至毕业，不敢懈；今于本国文字，转不求多识，即欲识矣，亦限于其中之半年，或一年，一尝见某校章程，列文字源流于第二年；其意将谓第一年尚不能识字，第三年已不用识字耶？真令人不解也。一何其明于彼而昧于此也。虽所识之字，较其英文程度固多；然其为不足用一也。则在学校求学之时，乌可自画，而有一日间断乎？

或疑于国文时间内教授，恐碍及范文之事。范文之教授当别论之。夫教授范文之用意，一体裁，二文法，三思想，如是而已。而识字之效未收也。倘范文之作用，能如英文课本，或小学校之读本，每课必有生字若干，则仅授范文，已能收文字学之效，则范文神圣矣！无如范文之用，往往顾此失彼，甚难兼包；况益之以文字学之责任乎？夫范文既未能有文字学之用，则稍分其时间，正所以相济，不得谓之有碍也。或谓教授国文者未必人人懂文字学，则将奈何？此乃别一种问题，非本论所及。

余论第六

上来所述,关于此科之教学实况,略得都要;虽然,未足以罄同人之所怀也。

其或思潮所涉,不关经验;或偶有注意,未立专章者,胥将于此章详之。命曰“余论”以非本编中坚之师也。撮而记之,得若干条;

一,为学贵能疑,疑贵能问;疑而不问,则其疑终不得而解。故启发式之教育,必重发问。若教者以学生好问为苦,始则色厉以拒其请业之端,中则强颜以发为杜撰之答,终则饰非以护其短,摭词以圆其说;岂惟召侮之原,实乃至愚之计。要知学问如海,一腹之量能饮几何?有问于此,知之则答,不知则待查,再不知则阙疑可耳,而又何羞之有?其以此为羞者,不但无师之学,且并无师之量矣:

二,授范文有要语焉,曰:“勿于教室中为教室以外可行之事。”盖所贵乎有先生者,为能授弟子以所不知之学问也;若夫课外可以自行参考者,则以先生而代行弟子能行之事,则失其所以为先生。即如范文作者之里居爵位功名著作,《辞源》载之,《尚友录》载之,其较僻者,《中国人名大辞典》载之;教师预发范文之时,可任令一生于课外检得之而已足。—其文中之人名地名书名官名及习见典故,亦同此例。亦奚为而必费有用之课内时间,以为此无谓之钞写哉?

每见有授文一篇,粉书典实,连幅不止,甚至征引多条,以求详悉者;在教师不可云非热心,而学在枯坐几许时间,仅乃得碎片之知识,费时失事,莫甚于此。故当其板书参考之时,讥之者直以为“画钱,”谓其不作一语,但稍耗粉笔两支,而一点钟之教授费即安稳拏得也。语虽刻薄,要非无因。窃谓范文中之典实,当视其为学生之能否检得,一即通常辞典之是否具载,而分别定为印发《附注》,与令学生自行查钞;教室中之光阴,但当为研究讨论用耳。

三,造物生人,所以玄且妙者,以人各一面也。使所生之人异地形同,隔时貌似,虽有姓名籍贯之不同,而应接者惑之矣。岂惟形骸有人我哉,夫文亦有之。自近世摹拟之风行,创作之人少,而文乃陈陈相因而有宗派,此貌同之弊也。故欲祛貌同,当标真我;我不为文则已,我为文而人见之,不啻见我,然后方有价值。斯说之益,能令我之文可以慎出,可以切实,可以写我之性情志愿;不然者,寿陵学步,东施捧心,识者笑之矣。

四,善遣词者,其意益赖以明;不善为之者,其旨转因以晦。或谓“词不可假,”余谓此亦不尽然也。盖文士之遣词,犹将军之用兵;苟受约束,无防调借。

意,城也;词则攻之之具耳。所攻既异,所用之战具苟能利于射击,自不妨取资乎古今之殊时,与东西之殊地。若曰:“词不可假,”是兵不可调也,乌乎可哉?但假来之词,不可不驱向立意之点进发,犹之调来之兵,不可不受约束;不然,词各有意,即兵各异心,害莫大矣。

五,《易》有之曰:物相杂谓之文。盖一言文,便有杂出之意;八音杂而乐成,五味杂而羹成,五色杂而采成,其理一也。余谓文中以杂胜处,至少当有五种:

一曰,词句长短杂;

二曰,意思反正杂;

三曰,笔势转换杂;

四曰,气缓急杂;

五曰,开合杂。

此五者,尤以"意思相杂"为最要。凡称妙文,必不止一意;且欲使其理致之畅透,亦不当专就一面说。罗众意而爬梳之。此在教师之指点矣。

六,囫囵笼统之习,尤教者学者所当交谋而痛革之者。何哉?理论之文,头绪本极繁复,作者若再出以浑举,故为含蓄;浑举则披拣为难,含蓄则揣测不易。作者既不能随文字之所至而为顾问,则其本旨必晦而不明,其学说必窒而难伸,一定之理也。窃谓为文之旨,原在使世人共喻其说,则精意所在,固当条举,固当直陈;又何必故设疑阵,以待人之揣测耶?又文人之习,好为虚夸,亦害真意。即如论人之罪,每曰:"罄南山竹,不足以数。"究竟罪有若干,未详也;系何罪,亦未详也。此类之文,乌足以传信哉?

七,发表意思之利器有二种:一曰笔,二曰口。时至今日,笔之用固广,口之用尤急。以中学生言,有必当练习语言之道五:—

一,学生既习注音字母,已立国语之基础,言语练习,即谋所以使用之熟。

二,发言犹作文然,以意思言,当求有物;以结构言,当求有序。而学生每忽视之,必加以练习,而后乃免凌乱及肤泛之失。

三,广场雄辩,虽关系天才;然寻常酬答,不加修饰,或鄙俚不堪,则人必恒厌之。故社交方面,言语尤宜练习。

四,必要之常识,读书而外,得诸日常谈话者,尤属切要,加以讨论,足使义蕴毕宣,毫无疑滞。且讨论之题,苟事前不加预备,临事无以登坛,故坐是而常识乃进。

五,学校生活,若终日对卷,易患枯燥;有此交换知识之机关,足以调节其精神,增益其修养。有此数因,是以言语练习必当注重。

八,言语练习之方式有二:其一,就原题两方面,分甲乙派,次第发言,有攻击,有防御者,谓之"辩论";其二,仅由原题担任人登坛讲演,余人皆立旁听地位,谓之"演说"。同人前在八中,有采前式者,有采后式者,又有兼采两式,任意行之,而名曰"讨论"者。大抵共通注意之点有二项:一曰,不专谋少数人之进步,而务求全体之普及;二曰,不专在诙诡之辩才,而兼重有诱进知识之机会。故每次有指定必须发言者姓名之办法;即未指定者,在开会三次内,至少亦须发言一次。而每次又必因其能力,略予以参考门径;遇时局要闻,则即用以命题而研究之。实行以后,以次数不多,效果尚微。然每届学校举行纪念式时,必有多数学生出席演说,虽无大精采,而条理略具;虽国语未纯,而乡音已改。使于四年之内,常加研练,效必可观,无可疑也。

九,注音字母,小学授之详矣。中学校之初年级,教师当以正讹读为唯一之责任。字母读讹之故有三:

一，盲从部令假定之读法：最初公布注音字母时，曾附读法于每字下，如“ㄉ”读德，“ㄊ”读特，是也，然其中不可从者亦有之，例如“ㄟ”读如危，“ㄥ”读如哼；夫危为合口，哼则其上有声母“厂”，二者皆决不可以注韵母之音，乃强注焉，误人甚矣。

二，以乡音断国音：例如见字母“ㄛ”，不识当如何读法，乃检《国音字典》中收音于ㄛ韵之字，得“戈”“哥”等字。假定此检之者为扬州人，—扬州读“戈”如“ㄍㄜ”，“哥”亦同。—则必读“ㄛ”为“ㄜ”音矣。此亦不自觉之误读也。

三，不知而强为区别：武断之读音，大足害事。例如“ㄣ”“ㄥ”之区别；不难辨也。然“ㄣ”母读法大致都不差，而“ㄥ”母则世俗读法多殊，或谓此当读如“翁，”或谓当读如“雍。”夫“ㄥ”为开口韵母，何得以加ㄨ之“翁”或加ㄩ之“雍”相混？此武断之弊也。

十，近今教育家，或谓声母亦宜读作阴平声者，其故则以阴平为五声之首，以此为读，则五声之练习也顺而易，若依部令读为入声，则其势逆而难。此其为论良有所见。然谛而观之，五声之练习，当在声韵相拼之后；声母取乎短促，不应迤长，但能使发音部位正确无误，即毕乃事。试观ㄅㄆ……诸声母；从无单独注音之例，必其下缀以韵母，而后一字之音乃成。读为阴平，则与其下之韵母相切较难；读为人声，切之甚易；试加练习，便得其故矣。

十一，近世读者，钻研文学，往往舍难趋易，舍实蹈虚。言音义，则以意为释，而屏《说文尔雅》，以谓《说文尔雅》之学，琐碎艰涩，非文学义法之所宜问也。言结构，则以气为主，而屏词性文法，为不足道；以谓马氏造《文通》而后，名动静状之目充满，而文益下，是研究文法者之过也。于是日以涵咏讽诵，诏兹来学，以谓淘镕日久，文气沛然，亦何其舍难趋易，舍实蹈虚邪！学为文词，而不求识字，其弊前已言之矣。盖苟简之习，中于人心，贪抄胥之易，畏小学之难，遂造为词说以诋雅故。不知脑力已衰之人，畏难苟安，无足责矣；而年少初学，正宜引之康荘，勿蹈覆辙，庶几长大而后，学有氐根。今乃盲盲相引，危险何如？世之学校，或授字源，俗儒腾谤，小生群和，一若真无用者，不亦哀哉？识字一途，已陷悲谬；而宅词位字，愈益难知。夫中国文字，品类固难画一；转移借用，不取变形；睹后先之位置，寓同异之精礼；则文法所求，固异于西域，而后先同异之间，必有其一定之理。会通讲贯，以示初学，浅深正变，循习而用。是则制法悬魏，上下共遵，孰敢诡异，使人骇疑。今之腐生，不此之务；以谓中国文无定法，法以文成；体格神韵，端赖揣摩。一若文字一道，神秘不可窥测；坐令新学小生，仰钻叹息，不知其下手之何从也。占毕讽诵，夜以继日，心摩手追，以求近似于范文；其所造未必深也，而其功可谓勤矣！而佳文之所以雅炼，恶文之所以粗陋，不知其所以然也；亦曰“善为文者如是，善为文者不如是；”而已。事倍而功半，劳十而偿一。何其误也！当老师宿儒之初学也，未尝循文法之路也；故以一己所由者教人，以谓天下之至善，无逾于此。虽然，果善邪？今明示文法，启诲小生，较之令其暗索者难易何如也？夫文字音义，宜费苦功。乃畏难而苟安；文章法则，宜求定则，乃舍实而蹈虚；何其去康荘而履迒蹊也？

十二，同人既主张读书积理，以为文之基本；与古人所谓“文以载道”者，其说不侔。古人所谓文以载道者，类皆俨然以圣贤自命；非仁义心性之说不下笔，非周孔程朱之义弃勿道，则亦拘笃自隘而已。信如是，亦只儒家之传教士，几何不令学者化为迂腐也。同人所谓读书积理者，只是增益其学术，扩大其见解，以免其所为文空疏无实而已。且亦以为他日深研国故之阶梯。非谓藉此而作某种主义之宣传也。

十三，或谓国文止宜教以形式，内容如何，在所不计。其说甚通达，较诸以国文为某主义之宣传者，高出远甚。然其说亦有未澈。信如其说，则形式中应含文法修词二者。今观国文一科，不以文法修词为名而名之为“国文”者，可知国文之范围，必不止于形式—文法修词—也。同人以为其中至少宜有文字文法学识三种。仅教形式，偏而不全矣。

十四，国文中细析之，当有三种性质：一凡有文字箸于竹帛者皆是，二有句读合文法者，三沈思翰藻能感人之美文。近人或有主张国文应注重美文，专以纯文学之作—如小说新诗—使学生研究。惟中等学生对于第一第二两种，尚未有充分之成就，即使之沈浸于文艺，亦难免有躐等之讥。同人等谓国文中此三种性质，皆宜注重，勿可有偏。

十五，学生中每有喜购多家文集者，此不可不破其惑。盖文以取范而止，其理固当于读书求之；就文学文，则所得者形模耳。学生如有购书之良习惯，则为教师者，当因势利导，使移而别购他种积理之书。文集非绝无益，然惟当就其所近，选一二家以给其欲；如年力尚稚，则范文即最良之选本，外此更不必别求所范。若任其购买，不加裁制，岂惟时光虚掷哉？恐虽终其身而竭其财，有弗能尽致者矣。

十六，学生例习，好持名家文集而请先生为之节选，此最无聊之事。为先生者，应知此等学生，一部之书，犹必待人节选而后乃读，则吾虽节选之，彼亦未必即能终卷。惟其于正课之外，而犹知思所补助，则大是可嘉；必当语以文集之所补者，不若专书；尤当即以可读之书，举示数种以为介绍。先生而能随时施教如此，庶足以偿其求知之欲也。

十七，学无止境，师生所同；而师为学之所出，其当求进步也尤亟。彼随贩随教，世人笑之，此指绝无根柢者而言，非谓既执教鞭，即不必有所贩也。学生不务读书，犹惧其华而不实，致贻无货而买之诮；岂为之师者，独可无货而买乎？

学生蹈此弊，其贻害不及他人；先生而如是，则蒙其毒者且及于全级，大不可也。况从前教授国文，其法简易，为师者但须备《古文观止》及《康熙字典》即已足用为善；今则世说日新，是科亦包孕多术，不求进步，断难通过。若既投身难局为国文教师，而又不肯尽用其力，惟仗旧物以相周旋，危险甚矣！

十八，昔之名士，好自云懒，每形诸诗文，高自标致。国文教师，苟亦有此懒癖，是大不幸事也。前节所云，亦懒之见端；然即专就教授范文论，又每不肯勤查字书。夫字书不查，则字义必难悉明，不明则解析必有难通；虽未尝不可含糊说过，究岂得谓之定解？教者毋以眼前习见之字，便尔武断；须知一字每含数义，虽甚博学，未见其能俱蓄于脑际也。

十九，教育要义，贵随生徒之个性而利导之，不宜示以定型，致戕其自然之天性。即如札记一端，凡天性中带浪漫之分子愈多，则愈不能伏案以从事。强从一律，则其效亦甚有限。又如选读书籍，在同人之意，大都以为偏于积理者其效最宏；然在天性散淡者，则雅好文艺，畏读理致深玄之籍。此等特殊之性质，在教学上实有必当注意之处；苟不预为考察，使之各如分愿，则规约必且因以崩坏矣。

二十，同人刊布此书，意在贡其一得，引起海内同志之试验与改良。果赞同鄙论，见之行事，虽面目不尽同符，亦足使著者惊慰。特是循名责实，古贤所急；苟未得微意，漫法其迹，万一无效可言，同人不敢任咎。海内硕彦，设闻有此类见谤之论，务请讯其所行之实，告以无效之故。同人不敏，将祷祝以求之矣！

附　录

六年内国文科教学状况经过概略

荃案此篇系前在八中时为《国文部校刊》而作，粗陈梗概而已，不足录也。兹者王范张三先生编纂教授实况，命曰《述教》，而颇以无全体之说明为言，是以刺取前作，附而存之；备参考焉。

国文之重要，世之人莫不知之；国文之教授，世之人莫不难之，以既重且难之务，施之中等学校之学生，承小学之后，冀施诸实用；培大学之基，欲求其深造。负此两责，乌敢懈忽而滋戾哉？数年以来，黾勉将事，擘画交谋，累有更革；自惟绵蕞，罔敢自信，增损诸端，未知果善否也。谇陈其变迁之迹如此篇，通人硕学，幸不鄙而是正之！

本篇所陈，系本校国文一科全部之计画，故明其大纲而删其琐节，详于宗旨而略于实施，欲审其细，别有专篇。(按即指本书)此数载之内，其办法虽年有不同，而变更之巨，尤以办选科为最。今即以此为界，办选科前之情形，与办选科后之情形，分述于下——

(一)办选科前：今将民国六年十一月国文教授研究会所议决八条办法，录之于下，即可以知其时之情形。

一教材：视年级深浅选授范文，以清真雅正具有义法无背时势者为佳。

二分量：

一年级，每周一篇，短者或两周三篇。

二年级，每周一篇，长者或两周一篇。

三年级四年级，同上。

三读法：注重审美的，且须示范。

四试题：较深时得酌备较浅之题，令程度幼稚者作之。

五读写与复讲，一二年级及三四年级劣等生作文改本，均宜另本誊清；遇适宜机会，并须指名复讲。

六别字：须详加检查，题字尤宜注意。

七背诵：每月试验背诵所读之范文一次。

八分数：宜严格订定。

学生作文讹别之字，每周有《误字表》分别订正以资鉴别，每半年有《统计表》以勘其讹谬百分之数。盖以文由字积，兹欲培其本也。误字表之表式列下：

第　　届第　　年级　　组　　第　　学期国文误字比较表

周别 事项	题　目	全篇字数 错误字数	误字与全篇之数百分之比	备　注
第几周				
合　计				
说明百分分子小数在四以下写数强五以上写数弱				

至次年九月集议，对于前项办法，大概因仍，而略有变通者二事——

（一）一二年级，每周或两周默文一次。

（二）范文讲授后，一二年级每篇必回讲；三年级挑背挑讲；四年级酌量挑问。

其时又议决国文大会事，于每年孔子诞日举行，全校与试，以鼓励其国文之兴味，办法列下：

一，时间在上午九时半至十一时半，以二小时为限，逾时交卷者无效。

二，各级学生，仍在本级教室作文。

三，公决命题由校友会会长担任。

四，国文试卷，由会长混合支配，交由各级国文教员分阅，再交由会长评定公布。

五，阅卷分甲乙丙丁四等，甲等以八本为限。

六，试验时无问答，由职教员及他科教员分任监视。

七，试卷字迹宜端正，潦草者不录。

八，试卷一律弥封。

九，各级教员阅卷，至迟不得过两日，但加圈点，不加评语。

十，奖励以二十名为限，奖给书券有差，经费由校友会国文组支给。

本年十一月集议，于篇首所谓八条办法，又略有增减，遂规定下之办法：

甲，关于研究国文方法：

一，多选能引起生徒思想之文。

二，间用口译法，（速记法）以引起生徒注意研究国文。

三，随时指定范文，令生徒自习。

四，参选应用。文（文牍之类）

乙，关于作文事项：

一，命题注重生徒自由发表思想。

二，生徒作文须注意字迹。（凡写行书用淡墨者，酌减分数。）

三，生徒作文敷衍完篇者，发还课本，令其重行改作。

四，酌量生徒程度，令其练习书翰公文呈稿之类。

五,令生徒誊清改文或复讲。

六,作文分数须严格订定。

七,作文分数,须按思想及文法两方面订定之。

民国八年,本校已办分科,故所选教材,亦按文实两科分别支配,更议决一事,即提倡课外读书。同人以为仅限课内范文,实不足以画国文大体,故提倡课外读书,冀扩大其学识之域。其后校中行札记办法,即基于此。

是年九月,荃又于教授国文方法有所提议,兹约其文如后:

甲,关于教学者:

一注音字母,部定三十九字,前已印发,此项字母,应否传习为统一国语之基础?

二字源,字源为识字之根,部章自第二年级教起,似有研究,应否自第一学年起,各级一律教学?

三文典及修辞学,二者为学文重要之书,应否各级一律教学?

四范文,范文为某种文章之模范,(如记事文论说文碑铭序赞公牍章程之类)非谓所教范文,文章即于以欢观止也。此项范文,每类在每学期中,应占几分之几?拟于开课前印就,同时发布,令生徒自习,按照顺序,于一定钟点内提问。

乙,关于自动者:

一读书,由各学生自由选择一种或数种书籍,于学期开始日报告,请教师审定;教师于一周内公布审定之结果。

二笔记,就所读之书,每日作笔记一则,不拘长短,三日一交,由教师评阅记分,但改正其字句,不束缚其思想;此项笔记,分用两本,轮替发还。

三作文,每三周或四周,由教师命题多种,令生徒选择作文一篇,但评判其优劣,不加删改。

维时各组既有文实之别,年级又有高下之分,于国文或喜其深,或乐其简。教者因学者之需求而利导之,办法虽于一致,故对于荃之提议增损缓急之点,不能尽合,或采此条,或采彼条,以施诸教授,遂乏具体之规定。但次学年既办选科,其所订定,多胎于此。

(二)办选科后:民国八年,本省各校开会于上海,议及选科之事,伊时本校未及施行。至九年度,校中酌定选科规则,自八届以下各级,成用此制。学科中分必修科选科为二:必修科有六,选科暂定三组。兹将《学则》中关于国文事项,择录如下:

一　第一学年所习科目,完全为必修科,自第二年起,兼习选科。

二　选科科目,在一年级学年将终时,各随需要,经教师指导家长同意而选定:选定后,不得更改。

三　依部令《修正学业成绩考查规程》第一条,学生学业成绩,以学科为本位,各学科均以学分计算。

四　学生在校,至少须习满二百二十四学分,方能毕业;至多亦不得过二百五十六学分。

五　各学年必修科及选科国文学分如下表。

学年	必修科	选科
一	一·五	
二	一	一
三	·五	二
四	·五	二
总计	三·五	五

六　必修科国文学程如下：

第一学年每周六时，练习时间在外。

（一）读文，选历代美术文应用文，兼采用现行语体文，及类似语体通俗文十分之一。

（二）作文，第一年作文四分之三，作札记四分之一，第二年作文札记轮替行之。

（三）国语，练习注音字母及国语。

（四）习字，楷书行书。

第二学年，每周四时，加授文字源流。（六书声音大要）

第三四学年，每周二时，练习时间在外，选授历代及近世应用模范文，注重课外阅读，每周自作笔记，每三周作文一次。

七 选科国文学程如下：

第二学年每周四时，选授周秦诸子文，以补必修科所未备，兼习词性句读。第三四学年，每周八时，加授修词学大要，文学史，（中国文学之流派西洋近代文学之趋势）兼及于条约公牍，暨各种应用美术文字。如是行之一年，颇思加以增修，如前第三项之规定。以四时为一学分，计算不易，每有半学分之时；且如有一时三时之科目，即不易计。故至十年度则决细析之，其他改革者又有数事。今将十年度修正之《学则》择要录出：

一、依部令《修正学业成绩考查规程》第一条，学生学业成绩，以学科为本位，各学科均以学分计算。

二、须课外预备之科目，每周上课一小时，满一学期，经考查成绩及格者，作一学分；凡无须课外预备之科目，（如理科实验美术科等）每周上课一小时，满一学期，经考查成绩及格者，作半学分。

选修科目，在一学期内不能完竣者，非满一年，不给学分。

三、各学年国文学分如下表：（括弧内为授课时数）

年级		必修科	选科
一	一	(六)六	
	二	(六)六	
二	一	(六)六	(二)二
	二	(六)六	(二)二
三	一	(四)四	(四)四
	二	(四)四	(四)四
四	一	(三)三	(六)六
	二	(三)三	(六)六
总计		三十六	二十四

四、必修科国文学程如下——

按照学力，分配八级，授课第一二级：(1) 读文，选历代美术文应用文，兼采施行语体文，及类似语体通俗文十分之一。(2) 文法，初等文法。(3) 国语，练习注音字母及国语。(4) 作文，四分之三作文，四分之一作札记。(5) 习字，楷书行书。第三四级加文字源流。第五六级选授历代及近世应用模范文，注重课外阅读；每周自作笔记，每二周作文一次。

五、选科国文学程如下：

第三四学期，授文学概论及高等文法。第五六学期，授文字学修词学及应用。文第七八学期，授名学大要文学史美术文及群经大义。

中等学校办选科者既少，关于国文一门，所宜选习之学科，深浅繁简，既无可参考；而进度之先后，更难排比。审度再三，酌加去取，向壁虚造，定多不当。然而撰为如是之学程者，未尝不经荃及同人累次磋商讨论，与夫一年之经验增修改定而得之也。敢将管见所及，说明学程之标准如后，是非臧否，幸阅者赐责言！

《选科甲组课程标准》关于国文者：

第二年：文学概论，高等文法。

第三年：文字学，修词学，应用文。

第四年：名学大要，文学史，美术文，群经大义。

各科学程说明：

一、文学概论：就文学上必需之智识，择其要领，并融贯古今中外通说，立为统系，俾学者略知文学之范围，功用，体裁，与治斯学之次第，方法等。

二、高等文法：就第一年必修科所授，加深其程度，注重分析比较及实地应用。

三、文字学：就第一年必修科所授文字源流，加深其程度，分形声义三部，逐一探究，以确立国文之基础。

四、修词学：就古文中字句篇章之缔构，而推究所以美恶之故，俾学者略知准绳，并与以充量之练习。

五、应用文,注重公牍,书札,契约,简牒,及一切酬酢之文字,示以体要,俾资融会,尤里练习。

六、名学大要:授以名学之主要理法,期思想之正确。

七、文学史:授以中国文词之升降,文体之变迁,文家之流派,及与时代风会之关系,并比较其得失。

八、美术文:略授以韵文之法则,并多加练习,以陶写性情,涵养品趣。

九、群经大义:略授群经之大义,及其源流,并选授本文,以资诵习。

自办选科而后,学生心力,既有所专,造诣所及,自难平衡。欲聚全校而试之,甄别其优劣,则选习文科,必易见长。故国文大会一举,难得公平,因于九年度停止之,势自然耳。

以上所述,皆数年来已过之往迹也。大抵将改之先,必感旧制之有缺,相与考察而熟思之;见其果有缺也,则求所以补救之,而新制以生。然拘于一校之内,数人之心力,偶有所触,何能完善?故向之以为补救者,久之而罅隙又出,则又集议而更思进步。故蕴意而后有论,论而后有事,坐而言,起而行,同人不敏,勉期合一焉。又上之所述,均已见诸实施矣。抑有已在同人见察之中,已拟有办法,而忽忽尚未见诸行事者,则为国文按学力纲级一事。今将荃所拟草案及其理由,具录如下:

第一条:本校国文编级方法,按照学力定之,不与年级生何种关系。

(理由)本校各科采用学分制,各科有独力之精神。查本校各级国文,向以年级分组教授,往往一教室内程度悬殊,教材支配,深浅俱难适宜,按照程度分级,与年级完全脱离关系。

第二条:本校国文,计分八级,每一学期进级一次,但一年生入校之第一学期,概为第一级。

(理由)一学年进级一次,期间太长,学者恒感留级之苦;且各学年程度不及,与其守至一年再行留级,不如于一学期终分别进级留级,俾教者学者两无困难。

第三条:本校国文程度,以第六级为及格,如其他各科满足学年确已及格者,国文科亦得毕业,但选习选科国文者,非满七级,不得毕业。

(理由)查本校历年成绩,因国文而留级者,不及百分之一。其重要原因,即教者不愿以国文一科,使之妨害全体,故学生毕业后,文事恒有不足应用之患。今规定半年进一级,学生以中途留级二次或一次,虽其他各科完全毕业,而以国文尚缺二级或一级之故,必须实习一年或半年,则平时留级之人必少,事实上仍感困难。故以第六级为及格,学生留级二次,仍无碍于毕业。再则学生程度不齐,第八级为最高学级,必多时出颖异之人;若今普通学生毕业时必须与之齐等,事实上亦难做到。

学生既选习选科之国文,则其对于国文之兴味,必较普通学生为浓厚,故须至七级方能毕业。其所以不以第八级为限者,因学生虽有此项兴味,未必即有是学力也。

第四条:学生程度猛进,不及四年,已修毕第八级功课者,得停止修习国文;但所缺之学分,须选修他科补足之。(理由)学生国文程度,往往年级虽低,而修养工夫比较甚深,不足四年,已可升入第八级;若以年级为限,适足以减少其兴味。

本校采用学分制,至毕业时以学分多寡计算。如学生对于国文兼程并进,以二年修业四年之课程,其流弊等于昔日之科举;且因用功异常之故,身体或受危害。故虽国文程度及格,必仍令其补足应修学分,以防躁进之弊。且国文优异之学生,必其能力较高,故不及四年,已修毕国文第八级之课程。惟学年尚有不足,令其余力选修其他学科,以补足其应得之学分,毕业后应用上更觉充足。

第五条:学生进级与否,每届学期告终时,由本级教师决定,送由教务主任审核公布。

第六条:各级学程进度,以一学期为一单元,其细目,由各级教师公同议之。

(理由)每半年进级一次,则课程当然以一学期为一单元。

教师认定某级,则教材之支配,均宜固定,其必须临时变通者,究属少数。

教师认定一级,则学生程度有先后比较,检阅进级留级诸事,更有把握。

第七条:本方法经教务会议议决施行。

(理由)此系理想问题,是否合用,非一人所敢断定,故必经教务会议议决,然后实行。

国文一科,重且难矣,其待讨论之点綦繁,敝校所知所行,具述如右,亦云戋戋矣。虽然,江河不辞细流,圣人采及刍荛。故将重吾篇首之言:"通人硕学,幸不鄙而是正之也!"

中华民国十四六年四六月初再版

(中学国文述教一册)

(每册定价大洋肆角)

(外埠酌加运费汇费)

编者　王范矩　张震南　范耕研　李荃

发行者　商务印书馆

〔注〕

李　荃,字更生,校长,淮阴人。

张震南,字煦侯,又名张煦、张须,国文教员,后任扬州中学国文、外史教员,安徽师大教授,淮阴人。

范耕砚,名冠东,国文教员,后任省立扬州中学文史教员,淮阴人。

王范矩,字绳之,国文教员,睢宁人。

【附录】

论诗教

张 须

孔门诗教，论者众矣。余尝观于《论语》而知其重要，观于《左传》而益知其所以重要之由。今请就二经而推明之。

《论语》："子以四教：文、行、忠、信。""文"者，《诗》、《书》也；"行"者，礼也；"忠、信"则礼之本，《记》所谓"忠信之人可以学礼"者也。"文"中虽包《诗》、《书》，而《诗》为尤急。观《论语》记弟子问难多矣，其以《书》为问者，仅子张问"高宗谅阴"一事。盖古文艰奥，读者宜希。试观孔子偶为弟子道尧、舜咨命之言，汤、武誓师之意，以及武王施政大端，其弟子便笔而识之，缀于《论语》之末。使皆通习，何待笔存？而《诗》则大不侔矣。何也？《诗》主讽诵，原不专以竹帛为限，又非必悉待训解而后知。孔子有言："小于何莫学乎诗？"斯语也，固见孔子溥遍提倡，初无中人上下之分。而"何莫"二字，更见孔子但居倡导之地。孔子教人：不愤不启，不悱不发。故敷陈其端，引而不发，以促其自学，则有之耳。定非若今学校之排定课业、刻期讲授也。《论语》又记陈亢问伯鱼有无异闻。伯鱼对曰："尝独立，鲤趋而过庭。曰：学《诗》乎？对曰：未也。不学《诗》无以言。鲤退而学《诗》。他日又独立，鲤趋而过庭。曰：学礼乎？对曰：未也。不学礼无以立。鲤退而学礼。"斯既见孔门通习，惟斯二者；又可见《诗》之为经，本可自习，玩"退而学《诗》"之语而可知也。

若问"不学《诗》无以言"之语当作何解？此则朱子曾注之矣："事理通达，而心气和平，故能言。"吾谓朱子所云，是乃能言之本，所谓"有德者必有言"也。孔子尝恶巧言，尝恶佞者，知其所谓"言"自非如簧如流之谓。然必谓事理通达而心气和平然后能言，则又是据德依仁之事，而不可尽责之于《诗》，窃谓孔子斯语仍当于言语本身求之。盖《诗》者，孔子所雅言也，'雅言'云者，郑玄谓"读先王典法，必正其音，然后义全，故不可有所讳"。清刘台拱谓"夫子生长于鲁，不能不鲁语。惟诵诗读书执礼，必正言其音，所以重先王之训典，谨末学之流失。"须案，古者于《诗》皆曰"诵"、曰"咏"，则正音之事，重要可想。岂有读音不正而发言近雅者乎？不宁唯是。《论语》又记孔子诏伯鱼之语曰："女为《周南》、《召南》矣乎？人而不为《周南》、《召南》，其犹正墙面而立也与？"《二南》乃周王业所起，《诗》之正《风》，弦歌莫先焉。其合乐也，用之乡人，用之邦国，在参与者固不容不知。其或不歌而诵，微言相感，要亦宴会之常。我不知诗，则不能赋诗；其音不正，则赋诗而人不喻。又因己不知诗，则他人赋诗，己亦不喻，则于交际为有缺憾,岂惟有憾,窘莫甚焉。《颜氏家训·勉学》篇,所谓“蒙然张口,如坐云雾”,即孔子所谓“正墙面而立”之实写矣。如是应对之际,岂足厕于士君子之林?故曰“不学《诗》无以言”也。春秋“君子”,犹后世所谓绅士。聘问交接之间,威仪言辞,居极重要之地位。虽至交友,亦复如是。曾子曰:“君子以文会友。”此所谓“文”,即《诗》是矣。会集朋友,称《诗》见意,此其所以为“君子”之行。其父曾皙,因孔子问其所志,固已自道暮春会友之乐,而终之以“咏而归”矣。曾子学礼最深,尤重威仪文辞之事。虽至病而在床,而其对孟敬子之言,犹殷殷以君子所贵三事相语。即其内容,则动容貌斯远暴慢一也,正颜色斯近信二也,出辞气斯远鄙倍三也。此三事乃当时贵族在容止方面之必要条件。无之则召藐,有之则生畏。曾子以孟孙为鲁卿,故将死而切言之,即孔子所谓“临之以庄则敬”者也。就中“出辞气”之何以能不“鄙倍”,则非学《诗》能为“雅言”,莫由致此。一般读书人每将曾子口中之“君子”滑过,而不知其乃正针对孟孙而发也。故在春秋之季,诗教为贵族及求仕者必习之科,此中极富阶级意味。

孔子于《诗》既重读音,即以同一理由而有正乐之事。《论语》:“子自卫反鲁,然后乐正,‘雅’、‘颂’各得其所。”《诗》皆入乐,故正乐即以编《诗》。世传孔子删《诗》,实乃不考之言。《论语》又云:“《诗》三百,一言以蔽之曰:思无邪。”斯言也,一可见当时之《诗》原存三百,一可见孔子皆许其无邪,故孔子未尝删。世儒徒见孔子曾言“放郑声,……郑声淫”,因疑其与“无邪”之语有所触碍。不知“淫”与“邪”不同。“淫”者指乐音而言,“邪”则指诗意而言。《郑风》虽存溱、洧之诗,要亦谣俗之常,自孔子观之而非“邪”也。所不取者,乃在其声之‘淫”,淫则与雅乐相乱。《左传》所谓“五降之后,不容弹矣。于是有烦乎淫声,慆堙心耳,乃忘平和,君子弗听”者也。如谓“淫”为媟渎之事,则“桑中”之诗,明有淫行,孔子何以不云“鄘声淫’乎?是知孔门诗教,用之应对为最急,而雅言与正乐二者又复相为表里。《论语》记:“子之武城,闻弦歌之声。”此由子游本在文学之科,又当孔子正乐之后,故能以弦歌行其诗教也。又记:“孺悲欲见孔子,孔子辞以疾,将命者出户,取瑟而歌,使之闻之。”窃谓此所歌之诗篇,必孺悲所曾习之者。孔子此举,不唯使知无疾而已,又必使之闻歌而知其取义所在,然后教诲之旨因乐而传。孺悲曾学士丧礼于孔子,故知孺悲必能解孔子之歌诗也。

至于孔子之于弟子,何为而必置重诗教如是?是当明白当时之背景。盖春秋者,一国际相竞之局也,而鲁又其弱小者也。弱小之国,政事为先,辞令亦切。孔门列德行、言语、政事、文学为四科,此四者皆具有绝大之实际性。“文学”所包,诗教为大,他三事亦皆为诗教之一环。子曰:“《诗》可以兴,可以观,可以群,可以怨。”又曰:“诵《诗》三百,授之以政不达;使于四方,不能专对。虽多,亦奚以为?”所谓“观”者,政事上事,盖能观列国之政治而知其得失,则可授之以政而能达矣。今之政治学,有专门著述;古人论政,惟资训典,而《诗》固王迹之所存也。所谓“兴”,所谓“群”与“怨”,则德行上事。“温柔敦厚”,“发情止义”,是成教之大者。至于“使于四方”云云,斯又与“言语”相通。如会稽章氏说:诗教在战国,即为纵横之家,相需之切,不难想见。此义章氏已备言之，不复缕缕。鲁既为弱小之邦，德行政事，固不容忽。而言语尤以讲求为急。观于郑国为命，乃至需裨谌、世叔、子羽、子产四人之力。子羽仕郑，本为行人。传称“公孙挥能知四国之为”，故为命必参加焉。郑尚辞命，鲁亦宜然。孔子非为弟子言之，为鲁国言之也。《左传》襄二十五年，郑子产献捷于晋。士庄伯诘难多端，子产侃侃不穷，至庄伯不能诘，复于赵文子。文子曰：“其辞顺，犯顺不祥。”乃受之。仲尼曰：“志有之：言以足志、文以足言。不言，谁知其志？言之无文，行而不远。晋为伯，郑入陈，非文辞不为功，慎辞哉！”孔子之赞子产。非为史家言之，为鲁国言之也。又襄二十七年向戌弭兵之会，诸侯之使皆彬彬有礼。“仲尼使举是礼也，以为多文辞。”注家或不得孔子之意。愚谓仲尼观世，既重文辞，则于此会或亦有取乎尔也。吾观春秋士大夫，每有宴集，其间称引诗句，殆已习之若流，不啻若自其口出矣。而引《书》则相形见少，此必当时诵《诗》者多之故。因知孔门未设教前，诗教之入人心耳，已成一般现象。既成一般现象，即为士夫应对所必需。况鲁之立国，交邻为急，称《诗》一语，胜于徒说千万。此皆先民“法语之言”，当之者谁不折服乎？而引《诗》而外，又有赋《诗》之事。赋《诗》有二：一为自赋。如闵二年书许穆夫人赋《载驰》，郑人为高克赋《清人》，此乃记二《诗》所自始者也。一为赋昔人之《诗》以见意者。此在襄公之世，为者最多，可谓一时风气所在。赋者断章取义以施诸人，受施者亦必断章以为答赋。脱非所安，又须有辞。设竟不知，直同笑柄。如左襄八年，士匄聘鲁，赋《摽有梅)，季武子曰：“谁敢哉？”此即武子解士匄赋诗之意，而谓有所不敢承也。继则武子答赋《角弓》，又赋《彤弓》，士匄亦援城濮受弓于王之故事以为对。又襄十六年叔孙豹如晋，见中行献子赋《圻父》，献子即曰“偃知罪矣’。见范宣子，赋《鸿雁》之卒章，宣子即以援鲁自任。此等可见当时赋《诗》，矢口而发，其为用几无异于代言，而又不伤于直致。《春秋》所称“微而婉”者，窃于赋《诗》乎见之。其或未尝学问，不解所谓，有类伧荒者，史亦往往摭存其事。如襄二十八年齐庆封奔鲁，叔孙穆子食庆封，庆封氾祭。穆子不说，使工为之赋《茅鸱》，亦不知。夫当春秋赋《诗》高潮方盛之时，有此笑柄，真有彼何人斯之叹矣。鲁弱小之国，幸为诗礼旧邦，讲求尚易。孔子既许郑国之有文辞，而又曰“不学《诗》无以言”，岂惟鄙倍是远，实乃交邻所资。然若不观左氏所存诸例，则又岂能深知学《诗》之真可代言，有足为折冲樽俎之助者乎？

赋《诗》高潮既在襄公之世，是乃孔子童年时代有此背景，则其重诗教也固宜。追昭十八年，左氏始书“原伯鲁不说学”事。伯鲁周人而乃有此，则他国为可知。是故春秋襄、昭之世，实为诗教绝续之交。襄公之时，能赋《诗》及答赋者，惟晋、郑、鲁、卫二三世卿耳。昭公之世，老成既逝，新贵族又或多起微贱，不闲典籍，故能者颇稀。即有能者，而坐多庆封，则亦宁以不赋为是。故昭公之世，引《诗》、赋《诗》遂皆绝少。定公更少，至哀公直不见一例。仅哀二十一年记齐人之歌曰：“唯其儒书，以为二国忧。”斯又其时轻儒之征也。特诗教终为儒家本务，故孟子犹善说《诗》；荀卿著书，于《诗》亦动有称引。战国诸子，斯为仅见。若乃国际相与，但凭辞说，更无赋《诗》之事。魏文侯贤者，犹且厌闻古乐，则下焉者可知。礼坏乐崩、《诗》亦无用。昔也《诗》为贵族子弟所共习,朝聘宴享,《诗》以代言;今也布衣可取卿相,储能之事,但在揣摩形势而已。况乎骚、赋代兴,四言诗直无创作之事,夫唯不诵,是以不习为。其间纵有谲谏,亦以隐语或辞赋代之。《国策》载温人之周,自谓非客。有诘之者,则曰:"臣少而诵《诗》,……普天之下,莫非王土。"综览《国策》全书,亦仅见此温人曾诵《诗》耳。余以古诗流而为赋,在文学史上要为一大变动。而孔门之置重诗教,其文学一科,几于诗外无事,在当时已伏"崇极而圮"之机。其间设教之由,自应有其时代需要。孔子重视实用之学,凡其所教,多切人事,比勘之功,所不容忽。故援《论语》为经,以《左氏传》所存事例为纬,为综合之论究如右。甚冀海内治文学史者,能本所见以益所闻,则幸甚!

(载《国文月刊》第六十九期 1948 年 7 月)

八中名师徐谟先生

徐谟(1893——1956),苏州人,江漱芳之子。早年受聘于江苏省立第八中学,任英文教员。后从政,曾任国民政府外交部常务次长、政务次长、驻澳大利亚公使。在澳任内,常将办公费盈余交部,并说:"省下一文,前方将士可多一粒子弹杀敌卫国。"1946年当选为海牙国际法庭法官,为国人首次当选此职者,并获重选连任十年。

八中名师徐谟先生任驻外大使赴任时照片

八中《壬戌纪念册》

目錄

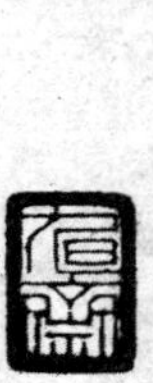

壬戌級紀念册 目錄

序一

本校七年度開始收雙級生翌年分組行選科制今夏修業屆滿諸生謀印紀念册既成屬序於予予念諸生在校彈指間耳「生有涯知無涯」所謂畢業者畢其所畢「紀念」云乎哉顧此四稔中諸生父兄既竭其精神財力爲諸生謀矣省署支出更逾十萬無一非出自蘇人而諸生所消費者幾及三之一今者華會初終外交内政百端待理諸生平日修養乃致用之權輿吾蘇所以成就諸生者諸生又將何以報吾蘇以報吾國則可深長思也本校位居江淮間我瞻四方魯難未已諸生前途責任綦重異日致力社會能不僅以是册爲歷史上報告是在諸生矣

中華民國十一年六月李荃序

序二

民國十一年歲次壬戌吾校四年級學生以卒業之在卽也時值仲春天氣和煦乃裒其成績發刋並招同人攝影留爲紀念品徵序於予於虖此盛誼可感也夫本級諸生雖分甲乙組有文實科之別要之科目不同其覃精焠掌以治所業則同治所業以底於成則同爲鄉邦後來之秀吾校俊髦之選則又同茲者學成以去吾曹歌驪駒以送之而所升之學又將歌鹿鳴以迎之稽古之榮無逾於是獨是臨別之時猶睠懷於母校之成績及導師輩何也曰掘井期於及泉而爲山基乎一簣諸生學規遠大他日學力之所屆詎可限量顧於其始業所託與夫淵源之所自出鍥而不舍且欲笵金事之篤於報本之心於是可想見矣余以頹老承諸生不棄重違其請是以序之江都蔚丞桂邦傑

題詩一

張震南 煦侯

春色滿城闉流光擲人急亦知歲不居無那別可惜嗟予久行役三載廣陵客江淮君子都論文漸祕蹟征車初駐時友生何悅懌抵掌每移晷開卷賞奇闢歲闌滯歸舟獨夜聽虛寂掀帷羣彥來笑語破寥夕諸子復清遠新篇刋乙乙造論驚時賢鉛槧乃忘釋甲科相見遲辛酉嫩寒日治史探幽眇吐辭密以栗宛宛雙龍翔功修判文實一堂五十餘新契久彌適衡紀無淹度俛仰變陳迹別路阻江湖高衢騁雲翮斯世久榛莽斬伐諸子責國故響長湮新知孰奮力哀哉神州花虵豕睨吾側長路紆其艱愁心填膈臆在孔貴不讓救時思禹稷願乘大願船鼓以凌風翼相憶豈有涯把卷見顏色珍重百年身臨歧無側側

壬戌級紀念册 題詩 二

題詩二

董憲 伯度

幾年踪跡問江鷗草綠平山放棹游最愛東風留客住梅花香過李花稠

從來力學比登山辛苦何須半道還萬里白雲天外路少年休放馬蹄閒

莽莽乾坤獨側身偶留鴻爪紀前因臨歧一語殷勤贈檢點征衣莫染塵

To the Members of the Class of 1922

My dear young gentlemen:

For the Class Book that you are preparing, you have done me the honor to ask me to prepare a foreword. In responding to your request, it becomes me to be brief, as our association has been but brief.

Your career as pupils in this school is now nearing its end; you will soon have completed the work assigned, and go forth into other and wider spheres of effort. Your life here, in its ups and downs, its mixture of pleasures and regrets, its times of depression and times of hope, will prove to have been but a foretaste of the larger life ahead. But as you have found here, so will you find there also, in all the experiences that come to you, be they those of joy or sorrow, there is no resource so altogether satisfactory as a friend.

This book will recall to your mind, whenever you shall draw it forth and peruse its familiar pages, the friendly scenes and the friendly faces that have been associated with your school life. May the memory of these go with you wherever your path in life shall lead; and may the ideals of friendship and the hopes of usefulness that have been instilled into your hearts here, follow you through life, and inspire you to live nobly.

Though I have known you but for a brief while, yet each name will dwell in my memory, and I shall watch your path through life with heartfelt interest. So I beg to remain,

Sincerely, your friend,

B. L. Ancell

A mes élèves du cours de Français

Mes chers Amis:

Sous la dynastie des Ts'in (清), beaucoup s'étaient appliqués à l'étude de l'anglais; quant à la langue français, peu l'apprenaient.

La France, victorieuse de l'Allemagne après la guerre de 1914, désormais se tient à la tête de l'Europe. Cette victoire et cette influence, elle les doit à sa force et à son génie. Voulons-nous, Chinois, affermir et glorifier notre Patrie, nous devons imiter cette nation puissante et nous mettre à son école: l'étude de la langue française devient pour nous un instrument nécessaire. Monsieur Ly, notre directeur, là compris et sur l'ordre du Gouverneur civil du Kiang-sou, le premier, il a organisé un cours de français.

Ces deux dernières années, bien que vous n'ayez eu qu'une heure par jour, je vous dois mes sincères félicitations pour les résultats obtenus. Il faut continuer à vous instruire sans relâche comme par le passé. J'ajoute avec le fabuliste célèbre la Fontaine:

Travaillez, prenez de la peine:

C'est le fonds qui manque le moins.

Vous travaillerez done, je l'espère, avec constance et ardeur: après que vous aurez semé de la sorte dans vos esprits les germes de la science, vous récolterez un jour des fleurs parfumées et des fruits précieux, joie et honneur pour tous ceux qui vous sont chers. C'est par ces études sérieuses que vous préparez un avenir utile à vous-mêmes et à notre Patrie.

Votre professeur tout dévoue

WANG YEOU-KING

江蘇省立第八中學校

校歌

任訥作歌

江蘇省立第八中學校
第八屆甲組級歌
Moderato 和平
桂邦傑作歌
趙培基作曲
Preludio 樂引
Canto 歌曲
孔門設科 春秋將命 致用莫如文
倉聖造字 有別體 左右行
吾曹鈎貫 逮中外 誦習時勤
煌煌載道器 昭示百代如日星
豈獨簡書 光四國 繼朱育 作行人
Coda 尾聲
Fine 曲終

江蘇省立第八中學校
第八屆乙組級歌

滕兆雲作歌

曲江鬱律 濤千丈 滙作廣陵 廣
敦牂秋氣爽 布帆 來學蜀岡旁
分科重實 何堂皇 學問兼修養
名數質力 藝藝專攻 干將吐異芒
不息乃自强 仔肩 重任何須 讓
二十世紀 科學戰場 吾黨毋相忘

全體職教員暨壬戌級全體學生攝影

本級歷次得獎運動員之攝影

本級甲組法語講演攝影

本級乙組物理實習攝影

本級甲組展覽圖書之攝影

本級乙組化學實習攝影

本級甲組普通操攝影

本級乙組兵式操攝影

職教員撮影

校長李更生先生荃江蘇淮陰縣籍通信處清江浦荷花池後身

前教務主任兼英文教員厲志雲先生（鼎驤）江蘇儀徵縣籍通信處上海商務印書館編譯所

教學主任兼社會學教員相菊潭先生（菊覃）江蘇寶應縣籍通信處寶應氾水鎮芮宏盛號坊轉交

訓育主任兼修身法制經濟教員石金聲先生（鳴鏘）江蘇興化縣籍通信處興化城內

學監兼西洋史教員前國文教員張煦侯先生（震南）江蘇淮陰縣籍通信處清江浦王營鎮北首

舍監王繩之先生（範矩）江蘇睢甯縣籍通信處睢甯縣署東首王惠軒轉

英語教員
Dr. B. L. Ancell
美國籍
通信處揚州美漢
中學校

國文教員戴子秋先生廷棟江蘇江都縣籍通信處揚州運司街

博物教員吳遐伯先生錫綸江蘇儀徵縣籍通信處儀徵新城鎮

前英文教員徐叔謨先生謨江蘇吳縣籍通信處 Chinese Legation, Washington, D. C.

化學教員姚廿如先生堂江蘇淮陰縣籍通信處清江鎮署東孫宅內

數學兼理化教員董伯度先生壽江蘇武進縣籍通信處武進北岸管宅內

歷史教員范耕研
先生冠東江蘇淮
陰縣籍通信處清
江浦仁和巷

英文教員張哲觀
先生揆讓江蘇武
進縣籍通信處常
州青果巷四十八
號

國文教員桂蔚丞
先生邦傑江蘇江
都縣籍通信處揚
州燈籠巷

英文教員姚爾玉
先生之璽江蘇江
都縣籍通信處揚
州風箱巷

數學兼用器畫教
員沈永之先生壽
山江蘇江都縣籍
通信處江都丁溝
鎮張日昇轉

地理教員高軼倫先生超　江蘇高郵縣籍通信處高郵東臺巷

法文教員王祝三先生有慶　直隸衡水縣籍通信處天津法租界崇德堂

英文兼用器畫教員孫囦菴先生多項　江蘇江都縣籍通信處揚州城內皮市街

校醫兼衛生學教員陳治愚先生邦賢 [redacted] 江蘇丹徒縣籍通信處江都舊城陰陽巷

前舍監兼國文教員朱獻之先生錫琛　江蘇儀徵縣籍通信處江都玉井

數學教員陳容普
先生懷書江蘇吳
江縣籍通信處江
都流水橋

國技教員馬筱軒
先生炳元江蘇吳
縣籍通信處蘇州
蓮花河慕家花園

壬戌級同人攝影

Wang Sung-cheng

王松楨字鶴儕本級乙組江蘇江都縣籍住宜陵謝家橋通信處江都宜陵南許家莊第十高等小學校轉謝家橋

Wang Chao-chieh

王兆傑字俊夫本級甲組江蘇江都縣籍住江都本城馬監巷通信處江都城內馬監巷清眞寺北首

Wang Ch'ang-shou

王昌壽字星三號一士本級乙組江蘇江都縣籍住江都城內通信處江都甘泉街王第

Chung Liang

仲亮字節園本級乙組江蘇如皋縣籍住李堡鎮通信處如皋李堡

Pien Ching-cheng

卞敬誠字存齋本級甲組江蘇儀徵縣籍住江都公共體育場坡下通信處與住址同

Kiang Jen-lung

江人龍字蟄霞本級乙組江蘇鹽城縣籍住沙溝市通信處鹽城沙溝市

Chung Yi-yao

仲以堯字繼唐本級甲組江蘇興化縣籍住興化劉莊市通信處興化劉莊市

Kiang Chien-jai

江乾漼字洗一本級乙組江蘇阜甯縣籍住阜甯本城通信處阜甯信字坊

Li Shih-sung

李士松字雲子本級甲組江蘇江都縣籍住江都本城東關街觀巷通信處江都東關街觀巷水倉旁

Chu Chung-ch'i

朱鍾琦字慕韓本級甲組江蘇東台縣籍住東台安豐市通信處東台安豐市

Wu Yin-sung

吳寅生字仍野本
級甲組江蘇東台
縣籍住東台本城
通信處東台姚家
場

Li Chung-teh

李崇德字公劭本
級乙組江蘇淮陰
縣籍住淮陰本城
通信處清江城內
北門西後街

Shen Ting-hsin

沈鼎新字嘉民本
級甲組浙江會稽
縣籍住江都贊化
宮東首巷內通信
處與住址同

Chou Chung

周中字子炎本級
甲組江蘇江都縣
籍住江都城內彩
衣街通信處江都
彩衣街周宅

Wang Hao-shou

汪鶴壽字琴甫本
級乙組江蘇泰縣
籍住泰縣本城通
信處泰縣鐘樓巷

Lin Tao-ming

林道明字皎如本級甲組江蘇興化縣籍住興化西鮑鎮通信處興化西鮑鎮

Chow Wen-chieh

周文傑字倜人本級甲組江蘇鹽城縣籍住建高市建陽鎮通信處鹽城縣建陽鎮

Yao Kung-shu

姚公書字琴友本級乙組江蘇興化縣籍住興化本城通信處興化發財巷

Kwei Ju-ku

桂汝穀字楚良本級甲組江蘇江都縣籍住江都燈籠巷通信處與住址同

Hou Ching-hwa

侯景華字湘石本級乙組江蘇東臺縣籍住安豐市通信處東臺南安豐市

Hwan Ju-ching

宦如鏡字鑑唐本級甲組江蘇江都縣籍住李高橋通信處仙女鎮北鄉李高橋

Kêng Tung-lin

耿同霖字子甘本級甲組江蘇高郵縣籍住高郵本城通信處高郵城內井巷

Sun Li-san

孫履三字逵五本級乙組江蘇鹽城縣籍住沙溝市黃土溝通信處鹽城沙溝北莘野黃土溝

Lin Shu-yi

凌樹藝字亦求本級乙組江蘇江都縣籍住仙女市通信處江都仙女鎮同春巷

Tang Ching-lin

唐慶鎏字鍊侯本級甲組江蘇江都縣籍住江都大東門蔡官人巷通信處與住址同

Chang Yung

張榕字粵汀本級甲組江蘇鹽城縣籍住鹽城秦南倉通信處鹽城秦南倉

Hwang Ting

黃鼎本級乙組江蘇泰縣籍住姜堰市大倫莊通信處泰縣姜堰鎮極陞茶食號轉

Chang Tung-ching

張同慶字雲軒本級甲組江蘇江都縣籍住江都本城通信處江都府西街

Chang Hsiao-wei

張孝威字仲戢本級甲組江蘇江都縣籍住泰縣本城通信處泰縣北門外鄒家坎

Chang Show-chên

張守正字養中號俠影署幻墨本級乙組江蘇淮陰縣籍通信處清江城內進彩巷尾

Chang Jeu-ching

章人慶字蘭生本級乙組安徽廬江縣籍住揚州本城通信處江都舊城十巷福壽亭

Chang Feng-cheng

張鳳城字夢白本級乙組江蘇鹽城縣籍住橫塘鄉東漢張莊通信處鹽城秦南倉石幼記蛋廠轉

Tsao Ju-fu

曹汝福字茀侯本級甲組江蘇江都縣籍住仙女鎮通信處江都仙女鎮雙桃會館對門

Chen Kwo-pao

陳國保字鑑三亦字佑之本級甲組江蘇泰縣籍住泰縣北門外通信處泰縣北門外四巷

Hsu Kao-pong

許高鵬字雲九本級甲組江蘇江都縣籍住宜陵鎮小湖通信處宜陵鎮胡仁和轉交

Tao Kwan-yun

陶官雲字佐軒本級乙組江蘇鹽城縣籍住沙溝市通信處鹽城沙溝市公泰號轉

Chen Fng-chih

陳鳳池字佩琮本級甲組江蘇江都縣籍住瓜洲鎮通信處江都瓜洲陳家灣

Shan Cheng

單晨字栩辰亦字旭齋本級乙組江蘇泰縣籍住泰縣城外通信處泰縣北門外蕭家巷

Fêng Ping-chang

馮炳章字天佑本級甲組江蘇江陰縣籍住江陰通信處江陰長壽

Chi Tin-tui

嵇廷對字策舒本級乙組江蘇高郵縣籍住閔橋鎮通信處高郵閔橋鎮

Teng Chao-yün

滕兆雲字岱霖本級乙組江蘇鹽城縣籍住鹽城本城通信處鹽城童家橋

Fei Teh-yao

費德堯字陶菴本級乙組江蘇東臺縣籍住溱潼鎮通信處東臺溱潼鎮

Chao Pu-kun

趙步坤字峴春本級甲組江蘇淮陰縣籍住淮陰王營鎮通信處與住址同

Liu En-pei

劉恩霈字硯農本級乙組江蘇興化縣籍住興化縣本城通信處興化北城小街水巷

Liu Cheng-han

劉承漢字澄瀚本級乙組江蘇東臺縣籍住富安市通信處東臺富安市磨擔巷

Pan Wei-chou

潘維周字彬卿本級乙組江蘇鹽城縣籍住湖垛西馮溝通信處鹽城湖垛西馮溝

Lee Ting-yi

厲鼎頤字笑匡號潄梅本級乙組江蘇儀徵縣籍住儀徵城內通信處儀徵北門城內大街

Hsiao Cheng-tzu

蕭承慈字公萊本級甲組江西泰和縣籍住揚州南河下通信處揚州南河下

Ku Jên-chu

顧仁鑄字義門本級甲組江蘇江都縣籍住清江西壩通信處清江西壩景興鹽棧或淮城南門丁光橋

Han Kó-pi

韓克伾字澤民本級甲組江蘇江都縣籍住韓家塘通信處江都丁溝鎮丁裕泰布號轉交韓家塘

Lee Ting-hsuen

厲鼎鉉字新伯本級甲組江蘇儀徵縣籍住揚州城內通信處江都薛家巷

Ku Pei-yüan

顧培源字養吾號天贊本級乙組江蘇崑山縣籍住江都城內通信處江都羅灣

壬戌級大事記

壬戌級者本校第八屆畢業生也中華民國七年七月考入本校計此次錄取者七十八人分甲乙兩組受課是爲本校招收雙級之第一屆兩組課程相同無輕重偏倚之分而兩組同人於學期之始亦時有調動故於第一學年兩組大事記課程表無有不合當是時海內教育家已倡中學分科制度本校遂於八年度第一學期首先實行初擬分甲乙丙三組甲組側重文學乙組側重數學理化丙組側重美術繼以經濟不足第十屆同學始分丙組本屆畢業僅甲乙兩組計五十有二人聚首四載一朝判別能不黯然魂銷乎爰編本級大事記庶日後展卷讀之得回憶已往而爲來日慰焉

第一學年(甲乙組同)

七年九月　本級同人加入校内國語辯論會每週開會一次由徐叔謨先生主席

十月　本級組織英語講演會

同月　本校開國文大會本級得奬者汪鶴壽君孫光成君劉恩霈君沈錫君周文傑君韓克倶君蕭承慈君梅允武君黃克新君吳寅生君

十一月　揚城四校開聯合運動會本級出席者十餘人得奬者逾十人

同月　本級江人龍君當選爲本校販賣部總經理李崇德君當選爲經理滕光雲君當選爲販賣部西書股營業主任

同月　揚城商學各界開慶祝歐戰和平大會本級全體參與並提燈遊行

同月　本校各級團體運動比賽結果本級第二

八年二月　本校開國文大會本級得奬者沈錫君滕光雲君侯景華君陶官雲君江人龍君孫光成君劉承漢君

同月　本級組織國語講演會每週於教室開會一次

同月　本級滕兆雲君當選爲販賣部經理

五月　本級全體參觀揚城小學聯合運動會

同月　本校請校友張獅甫先生講演美國社會狀況

同月　本校開國文大會計本級得獎者滕兆雲孫光成劉承漢三君

同月　本級全體赴國民大會討論國是並遊行街市

同月　本校開數學大會本級得獎者侯景華周文傑滕兆雲嵇廷對潘維周五君

六月　本級同學爲山東問題罷課救國本級同人每日分團出外演講印刷傳單撕毀劣貨廣告並分赴瓜洲揚子橋灣頭霍家橋仙女廟邵伯等地遊行演講其喚醒國人之愛國思想不無有所補焉

甲組（自第二學年起）

第一學期

九月　本學期本組始新請徐相如先生教授英文戴子秋先生教授國文黃伯庋先生教授化學姚甘如先生教授代數江子雲先生教授文字源流

同月　上屆張榕君因病停學本學期插入本組受課

同月　本校新租對面民房一所本組同人悉數遷入

同月　本組劉恩霈君當選爲販賣部經理

同月　本校舉行各級團體比賽結果本組替換賽跑第一

十月　揚州學生聯合會在公共體育場焚燬劣貨本組全體出席服務

同月　學生聯合會查獲劣貨本組同學前往監守夜不歸寐者約二十人

同月　本校校友會改選職員本組馮炳章宦如鏡姚公書當選爲學藝部幹事馮炳章蕭承慈當選爲體育部幹事

同月　本組組織自治會定有細則十一條

同月　本組每日派二人檢查劣貨輪流服務

十一月　本校開運動會本組占優勝

同月　本組周文傑君被選爲本校週刊社副社長及編輯員蕭承慈沈錫仲以堯三君被選爲週刊社編輯員

同月　揚城開四校聯合運動會本組馮炳章君二百二四百四八百八替換賽跑均第一許高鵬君百碼二百二第三替換賽跑第一陳鳳池君田徑賽總平均第二結果本校優勝尤以本組得分爲最多

同月　揚州舉行分等運動本組得獎者馮炳章曹汝福張孝威張同慶唐慶鎏厲鼎鉉六君

十二月　因福州交涉本組全體出席遊行街市並演講對付方法

第二學期

九年一月　本學期始新請余衡川先生教授中國地理及歷史

同月　吳曾育君因病退學

壬戌級足球隊攝影

凌樹藝　卞敬誠　宦如鏡　王松楨　曹汝福　馮炳章　滕兆雲　單晨　王兆傑　唐慶鎏　蕭承慈　黃天如

同月　本組與一甲比賽足球不計勝負

同月　本組同學趙元君逝世全體親往敬弔

同月　本組與一甲乙聯合足球隊比賽足球結果本組勝一球

二月　本組同學王惟鑑君因病退學

同月　本校六週紀念組織新劇本組服務者計二十餘人

同月　本組爲保存國粹灌輸新學起見發起麗澤叢刊因罷課救國停印

同月　學生聯合會演劇本組服務者十餘人

三月　本校請陳冠同先生教授注音字母特設一班本組推選代表五人學習

同月　英文教員徐相如先生事假請程叔度先生代授

同月　張哲觀先生代授英文

同月　本組陳鳳池君當選爲販賣部經理

第三學期

四月　本學期始新請范耕研先生教授心理學傅志式先生教授英文

五月　本組同人分赴瓜洲灣頭邵伯等處演講外交情形國民當如何救國

同月　傅志式先生赴菲律濱留學本組英文由張哲觀先生代授

同月　本校罷課救國改稱爲第三大團

同月　本組曹汝福馮炳章二君當選爲本團總幹事蕭承慈君當選爲糾察長陳鳳池君當選爲會計長仲以堯周文傑二君當選爲評議員張榕唐慶鎏周文傑三君當選爲糾察員

同月　請姚爾玉先生教授英文

第三學年

第一學期

九月　本學期始本校改用兩學期制舉放陰曆

年假

同月　趙步坤君由省立第九中學轉入本組肄業

同月　乙組曹汝福張同慶陳國保三君轉入本組受課

同月　本組劉恩霈姚公書二君轉入乙組受課

同月　本組新請傅宏達先生教授法文桂蔚丞先生教授國文公文及條約張哲觀先生教授英文

同月　本組新請沈永之先生教授代數幾何

同月　桂蔚丞先生所擔任之國文由周子貞先生代授

同月　本組沈錫君因病停學

同月　本校請任孟閑先生演講參觀歐美各國教育之狀況

十一月　省立各中學校校長來揚會議本校同學開會歡迎本組亦參與該會

同月　本組馮炳章君參與揚州足球隊與滬寧鐵路足球隊比賽

第二學期

十年二月　本組新請王祝三先生教授法文張煦侯先生教授西洋史高軼倫先生教授世界地理

三月　揚城開四校聯合運動會本組馮炳章君二百二十碼四百四十碼八百八十碼均第一許高鵬君百碼第三二百二十碼第二宦如鏡君四百四十碼第三八百八十碼第二

四月　本組全體休課旅行南京

同月　本組馮炳章君許高鵬君參與省立運動會結果馮君八百八十碼四百四十碼均第一替換賽跑第三許君替換賽跑第三

同月　本校校友會改選職員本組仲以堯顧仁

鑄二君當選爲評議員周文傑君當選爲國文組幹事歷史組幹事物理股幹事及編輯組幹事蕭承慈君當選爲經學股幹事編輯組幹事及球組幹事林道明君當選爲散文股幹事應用文股幹事及物理股幹事陳國保君當選爲地理股幹事張榕君當選爲外國語組幹事及交際組幹事朱鍾琦君當選爲理化組幹事徐瑭君當選爲化學股幹事馮炳章君當選爲美術組幹事及田徑賽組幹事張孝威君當選爲書法股幹事曹汝福君當選爲國語講演股幹事宦如鏡君當選爲英語講演股幹事耿同霖吳寅生二君當選爲法語講演股幹事張同慶君當選爲衞生組幹事

五月 本校與省立第六中學比賽足球本組出席者計五人

同月 本組組織英語講演會

六月 本組馮炳章君由本校派赴上海參觀遠東運動會並參與萬國運動會

同月 揚州震旦大學院預科舉行紀念式特請本組同人參觀以示聯絡

第四學年

第一學期

九月 本校教務主任厲志雲先生就商務印書館編輯職教學主任職請朱佩弦先生擔任

同月 本校新租地官第民房一所本組同人悉數遷入

同月 本組請朱佩弦先生教授美術文及哲學章天覺先生教授名學及社會學桂蔚丞先生教授羣經大義

同月 本組組織法文研究會特請王祝三先生爲指導

十月 本校餐事會選舉職員本組張榕君當選

爲第一期幹事徐瑭君爲第二期幹事顧仁鑄君當選爲第三期幹事林道明君當選爲第四期幹事

十一月　揚城舉行分等運動本組得獎者馮炳章許高鵬陳國保張榕朱鍾琦仲以堯顧仁鑄厲鼎鉉八君

十二月　本校舉行演說競進會本組厲鼎鉉君獲選

同月　本組全體赴西門外大教場參觀第二混成旅野操

同月　本校同人演劇助賑本組未加入劇團特共捐銀八元匯充賑貧

同月　本組因賑濟起見共購江北水災籌賑會獎券百餘張

第二學期

十一年二月　江北水災籌賑會開幕本組同學服務會中者十餘人

同月　本校餐事會改選職員本組仲以堯張榕二君當選爲評議員林道明君當選爲第一期幹事蕭承慈君當選爲第二期幹事周文傑君當選爲第三期幹事曹汝福君當選爲第四期幹事

同月　本組發起編輯壬戌級甲組畢業紀念册

三月　本組決與乙組合辦壬戌級紀念册

同月　本組推選仲以堯張榕周文傑三君爲籌備合辦紀念册委員

同月　紀念册籌備委員會推定本組趙步坤宧如鏡二君及乙組侯景華厲鼎頤二君爲經濟管理員復推定本組周文傑君爲本組編輯員

同月　本校校友會改選職員本組仲以堯林道明二君當選爲評議員周文傑蕭承慈二君當選爲國文組幹事陳國保君當選爲史地組幹

事顧仁鑄王兆傑二君當選爲法語組幹事趙步坤瞅同霖二君當選爲理化組幹事馮炳章君當選爲美術組球組及田徑賽組幹事張榕宧如鏡二君當選爲會計庶務組幹事

乙組

第二學年

第一學期

八年九月　本校校舍不敷本組於一年級時住校外宿舍茲校內租得對門民房一所本組同人悉數遷入

同月　上屆厲鼎頤君因目疾停學半年本學期入本組肄業

同月　本組每日派二人往檢查劣貨所服務

同月　本組侯景華君當選爲販賣部經理

同月　本校舉行各級團體運動比賽結果本組第二

十月　學生聯合會查獲劣貨本組同學前往監守夜不歸寐者十有五人翌日在公共體育場當衆焚燬本組全體出席服務

同月　本組組織英語講演會議訂章程十二條

十一月　本校週刊社選舉職員本組陶官雲江人龍劉承漢三君當選爲編輯

同月　揚城四校開聯合運動會本組章人慶君跳高跳遠均第一立定跳遠第二單晨君四百四十碼賽跑第一二百二十碼賽跑第一八百八十碼賽跑第二替換賽跑第二

同月　本組代數教員董伯度先生率領本組同學測量府署以備建築新校舍

十二月　揚州學生聯合會假本城大舞臺演劇籌資備辦義務學校請本組張守正曹汝福郭祖堯單晨章人慶顧培源厲鼎頤滕兆雲八君

第二學期

本校圖畫一科任人課外學習計兩學分本組加入者有顧培源凌樹藝二君

九年一月　本組球隊與一乙比賽足球結果優勝

本級籃球隊攝影

蕭承慈　黃天如　滕兆雲
馮炳章　單晨　王松楨

二月　本校六週紀念同學組織新劇本組出席服務者計二十餘人

同月　本組以提倡文化運動組織叢刊定名曰「乙乙」

同月　本組同人以本校未設校園乃於齋舍之中築園一方編竹爲籬躬操畚鍤一日而園成其勞動最著者尤以單晨君爲得力本組植物教員吳遐伯先生特由南京購來美麗花種多包分給同人播植本組國文教員張煦侯先生顏曰「乙園」滕君兆雲並詩以記之

同月　本組乙乙叢刊推定編輯八人會計二人並通過內容計分通論思潮衍說譯著小言史資平話刊餘八欄

同月　本組由江人龍滕兆雲二君編定級歌二首

三月　本組乙乙叢刊業已脫稿付印經費除以各公司廣告補助外由本組全體同學擔任

同月　本組組織乙乙叢刊發行股

同月　本組滕兆雲君單晨君李崇德君同赴南京參與省立運動會

販賣部

同月　本組汪鶴壽君當選爲經理旋由校長任爲總經理

同月　乙乙叢刊出版本組同人以該刊爲本校出版界之先聲特舉行出刊紀念式並分贈各報館各出版社及各出刊學校計百六十八本

第三學期

四月　本組植物教員吳遐伯先生率領同人出城採集植物標本

同月　乙乙叢刊社接各報館各出版界謝函多含勗詞他校有選作範文者

五月　本組全體同人往儀徵演講途經朴樹灣紳士卜君召集地方人士請同人演講並餉以盛饌該地小學整隊迎送並舉行茶會晚至儀徵宿天寧寺該地旅外學生會及教育界士紳來寺懽迎先期發出傳單規定講題而縣立一高亦來函敦請同人乃整隊前往計講演者陶官雲江人龍顧培源三君陶君講題爲「失敗與成功」江君講「今後愛國運動該怎樣做」顧君講「小學生不可罷課之原因」該校停課半日並餉茶點尤覺令人感激翌日行赴十二圩該鎮小學停課懽迎招待住宿該處警局並代劃演講區域四處本組分部出發演講而圩北廣場聽者達萬人以上有羅女士者饋贈食品多種並聽而流涕時該地鹽商以反對日輪運鹽集會商會本組乃分謁工商團體鼓吹罷工罷市翌日同人甫行事卽實現該地愛國之心如是其甚殆有激而然歟

第三學年

第一學期

九月　本組孫光成孫厚基郭祖堯三君均以病自請停學陳國保張同慶曹汝福三君轉入甲組肄業劉恩霈姚公書二君由甲組轉入本組受課

同月　本校請任孟閑先生演講歐美教育狀況

十一月　省立各中學校長來揚會議本校同學開會懽迎本組亦參與該會

第二學期

十年三月　揚城四校開聯合運動會本組單晨君跳欄第一跳遠第一跳高第三章人慶君跳高第一劉恩霈君二百二十碼賽跑第二四百四十碼賽跑第二百碼賽跑第二結果本校優勝尤以本組得分最多

同月　本校販賣部出席四校聯合運動會本組張守正君江人龍君侯景華君汪鶴壽君共同出席服務

四月　本組全體修學旅行南京特製級旗兩面各佩菱形徽章共分採集攝影衛生庶務會計五組攝影組計攝有南京日本領事署正面植樹典禮節全景及明孝陵雨花台巫山十二洞等十餘片

同月　本組赴省立運動會章人慶君跳高第二單晨君替換賽跑第三

五月　本組測量隊測量地官第新由張姓租來之寄宿舍

同月　本校足球隊與六中比賽足球本組出席者計四人結果一與一之比

六月　本校參與揚城四校網球比賽出席選手共三人而本組王松楨君章人慶君均獲選結果總平均第二

本級網球隊攝影

嵇廷對　王松楨　黃晨　天單　如　李崇德　馮炳章　王兆傑

同月　本組程君寅官就職江都郵務員同人恭邀程君至平山堂攝影以留紀念晚六時回校聚餐盡歡而別

同月　本組英文教員張哲觀先生在本組教室英語講演語多勗勉由厲鼎頤江乾滙君速記

第四學年

第一學期

九月　本組悉遷入新租寄宿舍

十月　本組江人龍姚公書王松楨侯景華四君當選爲本學期餐事會評議員

同月　本組同人參觀滬寧鐵路職員與揚城各校足球選手比賽足球

同月　本組江人龍凌樹藝二君當選本校校友會評議員仲亮君爲小學股幹事江人龍君爲經學股幹事姚公書君爲韻文股幹事陶官雲君爲應用文股幹事劉恩霈君爲英語股幹事侯景華君爲數學股幹事劉承漢君爲書法股幹事顧培源君張守正君爲講演組幹事滕兆雲君爲技術股幹事王松楨君單晨君爲田徑賽組幹事孫履三君爲衛生組幹事

十一月　本校選舉籌賑江北水災藝術展覽會委員本組顧培源王昌壽二君均當選顧君並兼新劇部主任

同月　本組開會討論級刊事議決不表示成績純以紀念爲宗旨定名曰壬戌級乙組紀念册

十二月　本組全體由兵式操教員張時寅先生率往司徒廟參觀旅部野操

同月　往大舞臺參觀全省學校演說競進會

同月　籌賑江北水災全省藝術展覽會函請本組厲鼎頤凌樹藝二君擔任該會日刊編輯

同月　本校籌備雲南紀念日演劇助賑事務

同月　本校雲南紀念日演劇籌賑會選舉職員

本組汪鶴壽君顧培源君當選爲總務部幹事江人龍君當選爲販賣部主任侯景華君當選爲會計主任費德堯君當選爲糾察主任滕兆雲君當選爲收票主任凌樹藝君當選爲茶社主任仲亮君當選爲什物管理主任黃鼎君當選爲陳設主任張守正君當選爲新劇主任潘維周君李崇德君嵇廷對君孫履三君張鳳城君均當選爲販賣部幹事姚公書君劉恩霈君當選爲書記員厲鼎頤君當選爲賣票股幹事江乾灐君當選爲什物管理員單晨君王松楨君當選爲司幕員王昌壽君章人慶君均爲劇員陶官雲君劉承漢君任新劇編輯兼文牘員計此次結果共獲肆百餘元

第二學期

十一年二月　本組爲籌備紀念冊事推定厲鼎頤江人龍劉承漢三君爲籌備員

同月　本組發起幾何研究會議訂章程八條純以自動能力謀幾何之真正進步爲宗旨計每週開會二次於開學後二週宣佈實行

三月　本組紀念冊議決與甲組合辦推定江人龍君侯景華君張守正君爲本組籌備委員與甲組委員合商進行事宜

同月　紀念冊籌備委員會推定本組侯景華厲鼎頤二君與甲組趙步坤宦如鏡二君爲經濟管理員

同月　紀念冊籌備委員會推選本組劉承漢君爲本組編輯員

同月　本校校友會改選職員本組江人龍君侯景華君當選爲評議員單晨君爲史地組幹事顧培源君爲國語組幹事滕兆雲君爲技術組幹事江人龍君爲交際組幹事

四月　本組數理教員董伯度先生率同本組全

體同人參觀本城振揚電燈廠電報局及電話局

同月　本組化學教員姚甘如先生率同本組全體同人參觀耀揚火柴廠

壬戌級歷年課程表

第一學年課程表(甲乙組同)

科目		時數	教員	教本	學程	備注
修身		1	石鳴鏞 金聲	修身要義	論持躬處世待人之道	
國文		7	朱錫琛 獻之 戴廷棟 子秋	選授	近代文	
英文	讀本	4	徐 謨 叔謨	New Practical English Readers	本書第一二冊	徐叔謨先生授甲組英文徐相如先生授乙組英文自第三學期起甲組英文由厲志雲先生兼授
	文法	1	徐宗薗 相如	New Chung Hwa English Grammar	第一冊完	
	說苑	1	厲鼎驤 志雲	The Three Sisters The Man of the Hill	課外譯解課內訂正之	
算術		6	陳懷書 容普	算術講義譯日本林鶴一原著並加訂正	算術全部	
歷史		2	顧光英 仲斌	新體中國歷史	上古中古近古	
地理		2	顧光英 仲斌	中學新地理第一二冊	本國地理	
理科	生理	2	吳錫齡 遐伯	共和國教科書生理學	本書全部	
	衛生	1	陳邦賢 冶愚	衛生學講義	同前	
美術	圖畫	1	朱 輅 嘯雲		自在畫	
	手工	2	朱 輅 嘯雲		木工	

科別	科目	每週時數	教員	教本	學程	備注
體育	音樂	1	朱鎭庚 鎭庚		基本練習 歌曲	
	普通操	1	黄斌生 伯斌		柔輭操	
	兵式操	1	張兆祺 時寅		基本教練	
	國技	2	馬炳元 筱軒		連貫教練	

甲組

第二學年課程表

科別	科目	每週時數	教員	教本	學程	備注
必修	修身	1	石鳴鏞 金聲	修身要義	對國家社會家族人類之責任 國際公法	
	國文	6	戴廷棟 子秋	選授	近代文	
	英文 讀本	4	徐宗藺 相如	New Practical English Readers	第二册授完	
	英文 文法	2	徐宗藺 相如	New Practical English Grammar	第二册授完	
	代數	5	姚堂 廿如	新制代數學	上册授完	
	歷史	2	余湘 衡川	新體中國歷史	近世	
	地理	2	余湘 衡川	中學新地理	本國地理	
	理化 化學	2	董憲 伯度	共和國教科書化學	無機化學授完	

科別	科目	每週時數	教員	教本	學程	備注
選科	植物	3	吳錫齡 遐伯	共和國教科書植物學	本書授完	
	圖畫	2	朱輅 嘯雲		自在畫(臨畫及寫生)	
	用器畫	1	姚堂 甘如	用器畫解說及圖式	平面圖畫法	
	化學實習	1	董憲 伯度	化學實驗教程	淡族原質實驗完	
	國文 字源	1	江祖蔭 子雲	文字蒙求	六書聲音大意	
	心理學	2	范冠東 耕研	心理學要領	本書授完	第二學期始添授心理學
	英文	2	徐宗藺 相如	Wonderful Lamp	本書授完	
體育	普通操	2	黃和順 天如		同第一學年	
	兵式操	2	張兆祺 時寅		兵式訓練	
	國技	1	馬炳元 筱軒		小純陽	

第三學年課程表

科別	科目	每週時數	教員	教本	學程	備注
必	法制	1	石鳴鏞 金聲	法制概要	憲法行政法刑律	
	國文	2	戴廷棟 子秋	選授	唐宋文	
	英文 讀本	3	張揆讓 哲觀	Progressive English Readers for Middle Schools	第三冊完	
	文法	1	張揆讓 哲觀	The Mother Tongue	第二冊完	

壬戌級紀念冊　十七

壬戌級紀念册

第四學年課程表

科別	學科		每週時數	教員	教本	進度	備考
修科	數學	代數	2	沈壽山 永之	新制代數學	下册授完	
		幾何	4	沈壽山 永之	New Plane and Solid Geometry (Beman and Smith)	平面授完	
	歷史	東亞各國史	2	范冠東 耕研	編授	東亞各國史全部	第一學期終東亞各國史授完
		西洋史	2	張震南 煦侯	編授	西洋上古史	第二學期始添授
	地理		2	劉保儒 次羽	編授	世界地理	課外添授英文世界新地理
	理科	化學	2	董憲 伯度	共和國教科書化學	本書授完	第一學期終化學授完
		物理	2	董憲 伯度	民國新教科書物理學	力學授完	第二學期始添授物理
選科	國文	修詞學	1	桂邦傑 蔚丞	國文典	本書授完	由周子貞先生代授
		文學史	2	江祖蔭 子雲	中國新教科書文學史	本書授完	
		應用文	3	桂邦傑 蔚丞	選授	公文條約程式	由周子貞先生代授
	英文		2	姚之璵 爾玉	Hinton English Composition	本書授完	
	法文		8	傅鴻逵 子榮	Langue Française	本書授完	第二學期始由王祝三先生教授
體育	普通操		2	黄和順 天如		同第一年	
	兵式操		2	張兆祺 時寅		同第二年	
	國技		2	馬炳元 筱軒		羅漢 礮拳	

科別	科目		每週時數	教員	教本	本學程	備注
必修科	公民科	法制	1	石鳴鏞金聲	法制概要	民律商律	第一學期終法制授完
		經濟	1	石鳴鏞金聲	經濟大要	本書全部	第二學期始添授經濟
		社會學	1	章表霆天覺 相菊潭匊覃	社會學及現代社會問題	家庭人口婚姻勞動婦女貧窮罪惡等問題	第二學期始由相先生教授
	國文		4	桂邦傑蔚丞	選授	周秦以下文	
	英文	讀本	4	姚之璽爾玉	Arabian Nights. The Sketch Book. The Power of Personality.	天方夜談授完	
		文法	1	姚之璽爾玉	New Textbook of English Grammar	本書授完	
		尺牘	1	姚之璽爾玉	English Letter-Writing	本書授完	
		會話	1	Dr. B. L. Ancell		英語辯論	
	數學	幾何	4	沈壽山永之	New Plane and Solid Geometry (Beman and Smith)	立體	
		三角	2	沈壽山永之	Plane Trigonometry and Tables (Wentworth-Smith)	平面	
	歷史		1	張震南煦侯	編授	中古至現世	
	地理		1	高超軼倫	編授	世界地理	
	理科	物理	3	董憲伯度	民國新教科書物理學	本書授完	
		動物	2	吳錫齡遐伯	民國新教科書動物學	本書授完	第一學期終動物授完

壬戌級紀念冊　十九

科別	科目		時數	教員	教本	學程	備注
選科	科	礦物	2	吳錫齡 遐伯	民國新教科書礦物學	本書授完	第二學期始添授礦物
	國文	羣經大義	2	桂邦傑 蔚丞	編授	十三經大義	
		美術文	2	桂邦傑 蔚丞	選授	六朝文及各種韻文	
		名學	1	章表霆 天覺	思維術 論理學	本書授完	
		哲學	1	朱自清 佩弦	哲學大綱	本書授完	
	法文	讀本	3	王有慶 祝三	Les Premières Lectures Enfantines	本書授完	
		文法	3	王有慶 祝三	Grammaire Française	本書授完	
	體育	普通操	2	黄和順 天如		同第一年	
		兵式操	2	張兆祺 時寅		同第二年	

乙組

第二學年課程表

科別	科目		時數	教員	教本	學程	備注
必	修身		1	石鳴鏞 金聲	修身要義	對國家社會家族人類之責務 國際公法	
	國文	範文	5	張震南 煦侯	選授	近代文	
		國文典	1	張震南 煦侯	新體國文典講義	本書全部	

壬戌級紀念册

第三學年課程表

科別	學科		時數	教員	教本	進度	備考
修科	英文	英讀本	6	居懋第 逸山	New Practical English Readers Progressive English Readers	第二册授完 第三册授完	第一學期居逸山先生授第二學期張揆讓先生授
		文法	2	張揆讓 哲觀	Chung Hwa New English Grammar	第二册授完	
	歷史		2	余 湘 衡川	新體中國歷史	近世	
	地理		2	同前	中學新地理第三四册	本國地理	
	植物		2	吳錫齡 遐伯	共和國教科書植物學	本書授完	第二三學期每週三時
	圖畫		1	朱 輅 嘯雲		自在畫臨畫及寫生	
選科	數學	代數	5	董 憲 伯度	Hall and Knight's Elementary Algebra	授至二次方程題解及圖解法	
		幾何	2	陳懷書 容普	Durell and Arnold's Plane and Solid Geometry	平面定理	自第三學期始
	化學		2	姚 堂 廿如	漢譯麥費孫罕迭生化學	授至硝酸鹽類	
	用器畫		2	姚 堂 廿如	用器畫解說及圖式	平面幾何畫法	
	化學實習		2	姚 堂 廿如	漢譯麥費孫罕迭生化學實習	同化學	
體育	普通操		1	黃和順 天如		同第一年	
	兵式操		1	張兆祺 時寅		兵式訓練	
	國技		2	馬炳元 筱軒		小純陽	

二十一

科別	科目		時數	教員	教本	本學程	備注
必修科	法制		1	石鳴鏞 金聲	法制概要	憲法行政法刑律	
	國文		3	戴廷棟 子秋	選授	唐宋文	
	英	讀本	5	張揆讓 哲觀	Progressive English Readers A Wonder Book	第三册授完 本書授完	
	文	文法	1	張揆讓 哲觀	The Mother Tongue	第二册授完	
	歷史	東亞史 西洋史	2	范冠東 耕研 張震南 煦侯	編授	東亞各國史全部 西洋上古史	
	地理		2	劉葆儒 次羽	編授	世界地理	第三學期由高軼倫先生代授
	數學	代數	4	董憲 伯度	Hall and Knight's Elementary Algebra	續前授完	第一學期終授完
		高等代數	2	董憲 伯度	Hall and Knight's Higher Algebra	摘講本書要點並練習	自第二學期始
		幾何	4	陳懷書 容普	Durell and Arnold's Plane and Solid Geometry	平面完	
選科	化學		6	姚堂 甘如	McPherson and Henderson's An Elementary Study of Chemistry	授至燐酸	
	物理		5	董憲 伯度	Millikan and Gale's A First Course in Physics	熱學力學	
	用器畫		2	沈壽山 永之	用器畫解說及圖式	透視投影	第一學期每週四時
	化學實習		2	姚堂 甘如	McPherson and Henderson's Exercises in Chemistry	同化學	
	物理實習		2	董憲 伯度	Millikan-Gale-Bishop's Laboratory Physics	同物理	自第二學期始

第四學年課程表

科別		科目	時數	教員	教本	學程	備注
體育		普通操	1	黃和順天如		同第一年	
		兵式操	2	張兆祺時寅		同第二年	
		國技	2	馬炳元筱軒		羅漢　礮拳	
必修科	公民科	法制	1	石鳴鏞金聲	法制概要	民律商律	自第二學期第四週始
		經濟	1	石鳴鏞金聲	經濟大要	本書授完	
		社會學	1	章表廷天覺 相菊潭匊覃	社會學及社會問題	家庭人口婚姻勞動婦女貧窮罪惡等問題	第一學期章先生授 第二學期相先生授
	國文		3	戴廷棟子秋	選授	周秦以下文	
	英文	讀本	4	孫多項囧菴	Macaulay's Life of Samuel Johnson. Lamb's Tales from Shakespeare	本書授完	
		文法	1	孫多項囧菴	Nesfield's English Grammar Book IV	本書授完	
		會話	1	Dr. B. L. Ancell		英語辯論	
		修詞學	1	孫多項囧菴	Hintson English Composition	本書授完	
	歷史		1	張震南煦侯	編授	中古至現世	

壬戌級紀念册　二十三

壬戌級紀念册

	地理	1	高超 軼倫	編授	世界地理
	博物	2	吳錫齡 遐伯	民國新教科書動物學 共和國教科書礦物學	本書授完
選科	數學 高等代數	2	董憲 伯度	Hall and Knight's Higher Algebra	摘講本書要點並練習
	數學 幾何	3	陳懷書 容普	Durell and Arnold's Plane and Solid Geometry	立體
	數學 三角	2	董憲 伯度	Granville's Plane and Spherical Trigonometry	本書授完
	化學	4	姚堂 甘如	McPherson and Henderson's An Elementary Chemistry	續前授完
	物理	7	董憲 伯度	Millikan and Gale's A First Course in Physics	磁學光學聲學電學
	用器畫	2	孫多項 囦菴	用器畫解說及圖式	續前授完
	化學實習	2	姚堂 甘如	McPherson and Henderson's Exercises in Chemistry	同化學
	物理實習	3	董憲 伯度	Millikan-Gale-Bishop's Laboratory Physics	同物理
體育	普通操	2	黃和順 天如		同第一年
	兵式操	2	張兆祺 時寅		同第二年

二十四

（三）

江苏省立第五师范学校

五师《文字源流》预科讲义

文字源流

導言

文字。民之始生，自達其意，以交于羣者，始由身體之振動，繼乃效物之音而有言語。然言語不能致遠合契，乃立文字。

文字學。文字有形、有聲、有義，自其始制字言之，必有義而後有音，有音而後有形。自其既成字言之，則音寓于形，義寓于音。三者之相關，至密比也。文字學者，即研究字形、字音、字義之學，亦所以祛除字體不正、發音譌誤，及望文生義之弊者也。

文字源流。文字展轉相傳，譌誤之生，理勢所不能免，加以文化日進，風土不齊，代趨微異。文字源流者，即研究文字之變遷者也。其大體與文字學相同，次序則微有差別。文字學，以學理分劃，是平面的，是橫穿世界的。文字源流，以時代分劃，是垂直線的，是縱橫古今的。

文字源流之區分　茲遵文字學通例，分形體學、聲音學、訓詁學三篇。每篇分上下二篇。上篇以學理分劃，以應用為指歸。下篇以時代分劃，以知源流為指歸。

中國文字在世界上之位置　各國文字之作，皆自然發生。初則繪畫也，而適于用，習用之而形態簡畧，遂發達而為文字。當時皆代表事物之本體，非直接代表特定音聲也。其後率循兩深。其一心理即于美，而為「衍形」文字。其一心理即于真，而為「拼音」文字。現代各國概皆「拼音」文字。惟中國文字為繪畫直系上之發達，為「衍形」文字之獨存者，亦為世界上文字之最古者也。

世界文字統系畧表

衍形
├ 中國（漢文）
└ 埃及 — 腓尼基 — 希伯來
　　　　　　　　├ 希臘 — 羅馬 — 近世歐洲各國
　　　　　　　　└ 阿剌伯（回文）

（拼音）——印度—西藏—蒙古—朝鮮
　　　　　　　　　　日本　滿洲

第一篇　形體學大意

上篇　形體學之科學觀

第一章　造字之定律——六書。

文字之創造、非出于一人之手。創造之時、亦無預定之法則。然循天演淘汰之公例。適用者存、不適用者亡。合理者存、不合理者亡。故文字之能保存者、率皆同趨一途、其中有無形之定律在焉。至姬周時、欲便於兒童之學習、乃歸納之而成六種定律、名曰『六書』。故六書者、造字之本、亦識字之法門也。然今日楷書、已多失卻造字之本意、不便于六書之研究。上古文字、已殘闕不全、又不切實用。惟『小篆』與今日楷書、多可相通、於六書定律、亦少背謬。故述六書、多舉小篆為例。

第一節　單式之六書

象形。　世間物象、接觸于目、自然別異、描寫其形、是即圖畫。簡而約之、即為象形之文字。故象形文字、即一簡約之圖畫也。其造字之範本、即說文敘所謂「近取諸身、遠取諸物」者也。例如——

人人・象人側立之形＝　鳥鳥・象鳥類之形＝

口口・象人口之形＝　魚魚・象魚類之形＝

目目・象人目之形＝　瓜瓜・象瓜連葉之形＝

禾禾・象稻秀時之形＝　水水・象流水之形＝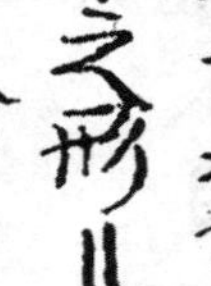

几几・象几之形＝　日日・象日球之形＝

指事。　象形字、繪事物之實體。指事字、寫事物之情形。一為外界之形、一為心理之形。蓋物不可象、乃有指事之方法也。例如——

一一・象任何事物之一個或一件　　二上・象一在一之上。一及一均代替任何事物

二　二·象任何事物之一個或一件　丅　下·象一在一之下

亼　亼·象任何事物集合者　中　中·象丨在口之中！丨及口均代替任何事物

會意。中古以來事物漸繁。象形·指事獨體之文使用難周、欲隨事制文、又不盡有形可象有事可指。乃會合二以上之字義合而成一字之義此即會意也。例如——

偽‖人＋爲‖人為　使‖吏＋人‖吏于人者

命‖令＋口‖口所命者　男‖力＋田‖力於田者‖男子

婦‖女＋帚‖女子掃帚‖為人妻者　焚‖林＋火‖以火燒林

竄‖穴＋鼠‖鼠在穴中‖藏匿之意

祭‖示＋肉＋又也（右手）‖以手持肉敬神‖祭祀之意

形聲。形聲亦以二以上之字、合為一字但其中有一字必與合成之字同音、或同『韵』（rime）或同『聲』（consonant）蓋上古未有文字、先有語言制字之人因某種事物無形可象、無事可指、無意可會。乃取此種事物語音之同音字、而附以此種事物意義之大別。是即聲加義之字、所謂形聲也。例如——

銅。＝同（聲）＋金（義）＝銅·音同（聲）＋銅·金屬之一種（義）

茅。＝矛（聲）＋艸（義）＝茅·音矛（聲）＋茅·草類之一種（義）

吐。＝土（聲）＋口（義）＝吐·音土（聲）＋吐·由口瀉出（義）

衢。＝瞿（聲）＋行（義）＝衢·音瞿（聲）＋衢·四方通行之道（義）

渡。＝度（聲）＋水（義）＝渡·音度（聲）＋渡·濟水也（義）

繅。＝巢（聲）＋糸（義）＝繅·音巢（聲）＋繅·抽繭為絲也（義）

轉注。 古時有語言、而無文字。一義僅有一字、一物僅有一名。然南北古今之語言、不能盡同。故有同一義、而所言不同。制字者不得不各本方言而造文字。故字有義同而形有不同者。但人聲均出于同一形式之喉·舌·齒·

眘。同表一義之各字，其聲概多相似。今舉說文中顯然之例如次。

妹。媦。（義）女弟
- 普通語（音）墨尾切
- 楚方言（音）五尾切

同一尾韵

芋。莒。（義）芋
- 普通語（音）王雨切
- 齊方言（音）起雨切

同一雨韵

逆。迎。（義）逢
- 關東語（音）疑戟切
- 關西語（音）疑京切

同一疑聲

假借。上古字少，言語雖有其音，而無其字。因借他字之形，以當此語之用。其讀則依借字之聲。其義則託以所借之事上。所以濟象形·指事·會意·形聲之窮，而通其用于無窮者也。是故假借字，以不造字為造字，亦造字之法也。今舉自古假借之字，至今未造正字者三例如次。

來。一本為麥之一種。一古無來往之來，而語音與來麥之來同。遂假借來麥之來、為來往之來。

烏｜本為烏名｜古無烏呼之烏、而語音與烏鳥之烏同。遂假借烏鳥之烏、為烏呼之烏。

朋｜本為鳥名｜古無朋黨之朋、而語音與朋鳥之朋同。遂假借朋鳥之朋、為朋黨之朋。

第二節　複式之六書

前言六書之名、非出于上古造字之人、乃由後人統計歸納而得。故字中必有例外、不能以單式六書衡之者。茲節即述其相兼相混之式。惟轉注假借為六書之作用、形·事·意·聲為六書之本原。二者界限分明。故轉注假借之特例則在後節述之。形·事·意·聲四者之關係、以左圖表之

昔儒說六書之界說、各執一詞、不便研究。茲以吾人研究之便利為主、暫定三種凡例如次

昔儒說六書之界說，各執一詞，不便研究。茲以吾人研究之便利為主，暫定三種凡例如次。

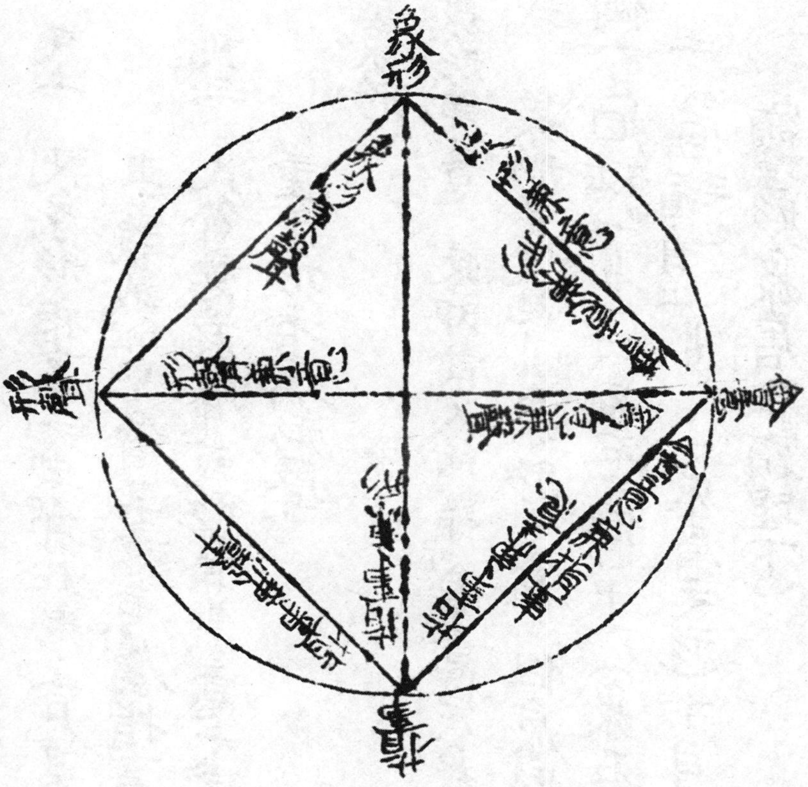

凡一　凡（字中有不成字之一體則屬于象形或指事。字中各體均成字則屬于會意或形聲。

凡二　凡象形指事之字可在形上見其意者屬象形。須在形外得其義或心中會其意者屬指事。

凡三　凡會意兼聲或形聲兼意之字。意重于聲者屬會意。聲重于形者屬形聲。

複式象形

（一）象形兼意　此即前人所謂"會意定象形"。因形不顯，故加意以助之。

式　象形兼意＝象形＋意　但象形∨意（凡（一））∴屬象形

例一　石（石·山石也）＝口（象石之形）＋厂（象石在厂山崖下之意）

二　眉（眉·目上毛也）＝　（象眉之形）＋目（象眉在目上之意）＋仌（象額理形象眉在額理下）

（二）象形兼意及聲　此因形不可象故加意·加聲以顯之

式　象形兼意及聲‖象形十意十聲　但象形V意或聲（凡一）

∴屬象形

例一　金　金·五色金也‖八（象金形）十土（象金在土中意）十今（金讀今聲）

二　齒　齒·口齗牙也‖𠚕（象齒形）十口（象齒在口中意）十止（齒與止聲近）

複式指事

（一）指事兼形　此因事不可指，乃借實物，加以記號。

式　指事兼形‖指事十形　但指事V形（凡二）∴屬指事

例一　本　本·木根也‖木（形）十一（記號）‖ 曰（若曰此處即木根也）

末　末·木杪也‖木（形）十一（記號）‖ 曰（若曰此處即木杪也）

二　不　不·鳥飛向上不下來也　木（象鳥上形）十一（代替在上之物）‖ 乙二 木（若曰鳥向天上飛不下來也）

至（至，鳥飛从高向下也）=至（象鳥向下形）+一（代替在下之物）=[illegible]一（若曰鳥向地下飛來也）

(二)指事兼意　此因事不可指，乃借形會其意。

式　指事兼意=指事+意　但指事>意（凡一）∴屬于指事

例　牟（牟，牛鳴也）=乙（鳴無可表示故以乙象鳴時之气）+牛（示此气由牛口出者之意）

(三)指事兼形兼意　此因事不可指，乃借象形，而又加意，以為指事。

式　指事兼形兼意=指事+形+意　但指事>形（凡二）又指事>意（凡一）∴屬于指事

例　高（高，崇也）=古（象臺觀之形）+冂（界也）+口（象築形）=若曰所謂高者，即如此耳。

(四)指事兼形兼意兼聲　因事不可指，故借一物一字及一聲以造字。

式　指事十意十形十聲　但指事∨意或聲（凡一）　又指事∨形（凡三）∴屬指事

例　牽（牽，引而前也）‖牛（意）十冂（象牽牛之繩）十玄（聲玄牽聲近）。

複。式。會。意。

（一）會。意。兼。形。　字中各體均成字，但意不可會。故各體排列，在適當之位置，則得其意。

式　會意兼形‖會意

例　莫（莫，即今之暮字）‖日十茻　茻日茻　意不可會，故置日于茻中。則得日將落之意，乃得暮意。

小（小，大之對也）‖丨（草之萌芽）十八（分也）‖小　丨意不可會，故置丨于八中。蓋草之萌芽已小，再左右分之，則更小矣。

（二）會。意。兼。事。　意不可會，在字形上亦不能見出。須目觀字形，以會其意，乃可。

式　會意兼事＝會意

例　舁（舁，共舉也）＝𦥑（兩反手）＋廾（兩正手）　但意不可會，其意在四手共舉。其所舉之物則在四手之間。

（三）會意兼聲　本為會意字，但其中之一體亦能諧聲，或待加一體為聲。

式　會意兼聲＝會意＋聲　或＝會意＝甲意＋乙意（含聲）

例一　政（正也）＝攴（意）＋正（意含聲）＝攴之使正＋正政同音

二　碧（石之青美者）＝石（意）＋玉（意）＋白（聲）＝石之似玉者＋碧白音近

複式形聲

形聲兼意　本為形聲字，但聲之一體亦含有意。

式　形聲兼意＝形聲＝甲意＋乙聲（含意）

例　惇（厚也）＝心（意）＋𦎫（聲）

醇(酒之厚者)＝酉(意)十𦎫(聲)
諄(告曉之熟)＝言(意)十𦎫(聲)
} 皆『𦎫』聲皆有『厚』意

第三節 變式之六書

單式複式之外，尚有變式之六書。其例有四。一曰省例、二曰增例、三曰變例、四曰疊例，茲列一簡表如次。

	省例	增例	變例	疊例
象形	省文	省文	反文	
指事	省文	增文	反文	
會意	省體			疊體
形聲	省聲			
假借	省體	增體		

變。式。象。形。

省文象形　本為象形字。省其一部分，仍為象形。

虍　虍，虎文也　‖虎－几（虎足）‖虍（象虎身文采形）

烏　烏，黑色鳥　‖鳥－•（鳥睛）‖烏（象烏色純黑不見其睛形）

變文象形

尸　尸，屍之初文　‖几（人）横卧之形

県　県，斷首倒懸　‖県（首）倒懸之形

變式指事

省文指事　本為象形字。省其一部分而見其意者。

夕　夕，暮也　‖月（月，暮則日入月出）－、（但初出之月不如夜月之明，故省）

以象月半見

凵　凵，張口也　‖口－一（張口則下唇移，故省上唇，以見意）

增文指事　就某字稍增筆畫，便見某字增文之意者。

廴（長行也）‖彳（小步也）十乀（从彳引之則長行矣）

變文指事　就某字反寫或倒寫，便見某字反寫或倒寫之意。

匕（匕、變化之化本字）‖亻之倒形（有變化之意也）

變式會意

省體會意　兩體中有省其筆畫者。

勞（从力，經營）‖力十𤇾（營之省）‖力十營（字中省去「呂」之筆畫）

孝（子對老，子道）‖子十耂（老之省）‖子十老（字中省去「匕」之筆畫）

疊體會意　疊書同體之字，會合其意。

林（叢木也）‖2（木）　品（衆庶也）‖3（口）　芔（衆草也）‖4（屮）

炎（火盛也）‖2（火）　晶（精光也）‖3（日）　㗊（衆口也）‖4（口）

變式形聲

省聲形聲　形聲字聲之一體省其筆畫者。

赴趨也＝走(意)＋卜(仆省聲)＝走(意)＋仆(聲)

殤不成人而死者＝歹(意)＋昜(傷省聲)＝歹(意)＋傷(聲)

繁。式。假借。　假借之類凡三。有因無其字、而借他字者、為正例。已在單式六書中述之。有引申其字之義者。則在訓詁學内述之。有本有其字、而借用他字、已為社會公認者。則于茲述之。

省體假借，本字筆畫較繁

旨(本義)甘旨之旨
(借義)意旨之旨 ∧ 恉 意旨之旨當作恉

夷(本義)東方之人
(借義)平也 ∧ 侇 夷平之夷當作侇

化(本義)教化也
(借義)變化也 ∨ 匕 變化之化當作匕

鳩(本義)鳥名
(借義)聚也 ∨ 勼 鳩聚之鳩當作勼

增體假借，本字筆畫較簡

夢(本義)不明
(假借)夢寐之夢 ∧ 㝱 夢寐之夢當作㝱

專(本義)六寸簿也
(借義)專壹之專 ∧ 嫥 專壹之專當作嫥

左(本義)手助之也(佐本字)
(借義)左右之左 ∨ ナ 左右之左當作ナ

右(本義)口助之也(佑本字)
(借義)左右之右 ∨ 又 左右之右當作又

第一章　提要及附録

	象形	指事	會意	形聲	轉注	假借	
	一象形	二指事	三會意	四形聲	五轉注	六假借	
漢劉歆（字子駿）七略	一象形	二○象事○	三○象意○	四○象聲○	五轉注	六假借	漢班固漢書藝文志同 晉衛恒書勢因之
漢許慎（字叔重）說文解字敘	二象形	一指事	三會意	四形聲	五轉注	六假借	趙宧光說文長箋 清段玉裁說文解字注 清王筠說文釋例 清楊錫觀六書例解
漢鄭玄（字康成）周禮保氏注	一象形	四○處事○	二會意	六○諧聲○	三轉注	五假借	唐賈（公彥）周禮疏因之
南唐徐鍇（字楚金）說文繫傳	一象形	二指事	三會意	四形聲	五轉注	六假借	元周伯琦說文字源因之
宋鄭樵（字漁仲）通志六書略	一象形	二指事	三會意	五諧聲	四轉注	六假借	
宋陳彭年等重修廣韻卷後	一象形	四指事	二會意	三諧聲	六轉注	五假借	
宋張有復古編	一象形	二指事	三會意	四諧聲	六轉注	五假借	明趙撝謙說文本義（明楊慎吳元滿之說同）因之

元楊桓六書統	一象形	三指事	二會意	五諧聲	四轉注	六假借
	元劉泰之說同					
元戴侗六書故	二象形	一指事	三會意	五諧聲	四轉注	六假借

六書界說表。姬周有六書之名、尚無六書之界說。許慎說文解字敘每名始以八字釋之。後儒未敢反對其說。然解釋許說者、衆議紛紜、莫衷一是。複式及變式之形・事・意・聲、分別不清。轉注・假借、尤多誤解。不特背科學之方程、且多犯論理學矛盾之律令。惟徐鍇・段玉裁・王筠・陳澧・江聲・章太炎諸氏之說為當、兹彙為一表如次。

	象形	指事	會意	形聲	轉注	假借
許慎說	畫成其物，隨體詰詘	視而可識，察而見意	比類合誼，以見指撝	以事為名，取譬相成	建類一首，同義相受	本無其字，依聲託事
本編解釋	實物約易之圖畫	描寫事物情形之記號	合二以上之字義成一字之義	二以上之字合為一字其中一體為聲	義近形異聲或相近	形同聲近或……

六書本原	六書作……

形事意聲與轉注假借之分別

獨體	合體
合體中有不成字者	合體中皆成字

形指事與會意形聲之分別

是物	不是物
實	虛
目中形	意中形
客觀	主觀
依形製字	因字生形
畫成	不畫成
象一物	賅眾物

以義為主	以聲為主

象形與指事會意形聲與轉注……
假借之分別

通聲之變	通意
變聲相轉，叠韵相迤，則為更制一字	意相引申，聲相切合，義或雖少……
從其所從而後配以聲，聲在字後者也	取彼成文，形聲在部，仍其聲……
以義統聲，以形為界限	以聲統義，以聲為界

轉注之分別：義隔 ---------- 義近

轉注之分別：合數字以成一義 ---------- 取一義以概數字

借 託事 相近 用 之窮 變不更制字 字先者也 限

六書分類異同表

六書分類前人論之備矣。時有善言。然或失之繁瑣穿鑿。茲刪取最近二派、與本編分類對照。欲究其詳、簡策具在、足資稽考。故不臚舉。

		本編分類	新說分類	舊說分類
象形	單式	象形	純側象形	純側象形 辟他字而變形 一字象兩形
	複式	象形兼意 象形兼意及聲	合體象形	會意定象形 象形字似會意者 會意兼象形 象形兼聲意者 以意聲為形者
	變式	省文象形 增文象形 變文象形	變體象形	省文象形 增文會意 反文會意 倒文會意
指	單式	指事	純指事	純側指事
	複式	指事兼形 指事兼意 指事兼形兼意	合體指事	象形變為指事 假象形以為指事 會意定指事 以事為意以意為事 兼意兼聲之指事 借象形為指事兼會意

事	會	意		形	聲		轉注
變式	單式	複式		單式	複式	變式	
省文指事 增文指事 變文指事	會意	會意兼形 會意兼事 會意兼聲	省體會意 疊體會意	形聲	形聲兼意	省聲形聲	轉注
變體指事	純例會意	會意兼象形 會意兼指事 會意兼聲	（屬純會意）	純例形聲	形聲兼會意	純例形聲	疊韵 雙聲 同音
省文指事 增文指事 反文會意 倒文會意	順遞會意 竝峙會意	即位見意 指事兼意 會意兼聲	省文會意 疊二字 疊三字 疊四字	純例形聲——㈠雙聲 ㈡疊韵	形聲兼意	省聲	轉注

假借	
單式	變式
假借	省體假借 增體假借
比況口語 音變假借 引申本義（入訓詁學）	同音假借
製字之假借 引申之假借（入訓詁學）	依聲託事之假借 用字之假借

第二章　學理的要素——說文部首

「拼音系」各國文字，均由「字母」演繹而成。中國文字為「演形」直系，依物製字，無「字母」之可言。直至東漢許慎始歸納古今之字，作說文一書。蓋許氏以為音生於義，義著於形。前人造字，有義以有音，有音以有形。學者之識字，必審形以知音，審音以知義。故說文一書以形為綱。又以前人造字，實自象形始。故合當時所有之小篆，分別其部，為五百四十。每部各建一首，於是形立而音義易明，凡字必有所屬之首。五百四十部首，可以統攝天下古今之字。若網在綱，若裘挈領。討原以納流執要以説詳。不信其説則冥冥不知一點一畫有何意焉此古今未有之書、許氏之所獨創。惟其書鴻博非數十寒暑不足以盡其蘊。若以講一字源而廢種種科學則所得不償所失。竊以欲通曉拼音之文字、必先識字母。之五百四十部首即中國文字之母也。精於説文雖研究部首之易。第以時間短促即五百四十之部首、亦覺分量過多。故擇其最重要者、加以今譯、以省時間、以省腦力。其他全書具在得此門徑自力研究、不難迎刃而解也

第一節　字形之原子

字形之原子 atoms 者、即文字至細之部分、筆畫最簡單之部首、不能再分剖者也在今日已多獨立不能成字、必與他筆畫相合、而成文字者是也。

一　惟初太極、道立於一。（一古為文字之太極、故説文一書、立一為端）造分天地、化成萬物。（一切文字均由一變化而成）

韵言吴部

韵一酉日六部

弌 古文一（小篆以前之文，說文用當時通行之小篆文於悉切（一上，屬字四）凡小篆與古，籀文異者間附錄於後）

今譯 一（形容）數之始。凡物單個皆曰一。（指事）或任何事物之一個或一件。今或借乙壹為之、（影母 質韻）衣悉 ㄧ 丨 ɑ

備攷 此說文部首第一字，許氏以哲理解釋之，蓋非此不足以示全書編纂之有條理，非此無此大魄力統攝全書，其實以文字學眼光觀之，則簡明之至，若以哲學眼光觀之，則此十六字已統括我國古代一元哲學之大部分，茲特抽繹其意，略述一二，以備參攷。

一元哲學以為萬物變化，皆從極簡的原起，漸漸變化出來，太極即極簡的之代名，許氏以為文字亦然，「一」即是文字之太極，故曰「惟初太極」。

一元哲學以為能知簡易的遠因，即可以推後來複雜結果，「天下之至動」及「天下之至賾」的道，皆從太極上變化出來，許氏以為文字亦然，文字之創造，均從這一條橫畫上生出來，故曰「道立於一」。

又以為天地萬物所以有變化，皆因宇宙間有兩種原力，一種性剛的曰「陽」，一種性柔的曰「陰」，二者互相衝突，互相推擠，所以生出種種運動種種變化，故易經說「剛柔相推而生變化」，「一陰一陽之謂道」，又以「天」代表宇宙之「陽」，「地」代表宇宙之「陰」，故曰「造分天地」。

易繫辭傳說「易有太極，是生兩儀，兩儀生四象，四象生八卦」，此即代表萬物由極簡的變為極複雜的公式，許氏以為文字亦然，說文一書即以極簡的演繹至極繁的，「一」即是最簡的，故曰「化成萬物」。

丨 「下上通也」（上古未造「之」字，凡前語與後語相聯者則用丨字介二語之中） 引而上行讀若囟也囟進 引而下行讀若退 古本切（一上，屬字二）

今譯 丨〔介〕貫通。㊀進 ㊁退〔指事〕象上下。貫通。之狀。讀若囟 假設 如上 讀若退

假設如下、〔見母 混韻〕格穩 ㄍㄨㄣ

丶 有所絕止、而識之也 物有分別、事有可否、意所主心 識其處者也、引申為宰也守也宗也 知庾切(五上、屬字三)

今譯 丶〔動〕識也。記識也 引申為主人主意之主 今借「主」(炷之本字)為之、〔指事〕象識其處之。

記號〔知母 虞韻〕竹羽 ㄓㄨ

丿 右戾也。戾曲也 象左引之狀。(與乀異) 房密切(十二下、屬字三)

今譯 丿〔動〕右曲也。與「撇」字義畧同〔指事〕象自右向左引之形。〔奉母 質韻〕

奉 一文一世 ㄆ丨ㄝ

乀 左戾也。从反丿。(與乀異 讀與弗同 分勿切(丿部)

今譯 乀〔動〕左曲也。與「拂」字義畧同〔指事〕丿之反者 象自左向右引之形〔非母 物韻〕

府勿 ㄈㄨ

厂 抴也、明也。段氏以為衍文 象抴引之形 (十二下、屬字二)

今譯 丿〔動〕橫引之，今作抴〔指事〕象抴引之狀。〔喻母・祭韻〕以藝 一二

乁 流也，从反丿，讀若移。 弋支切（十二下乁屬字一）

今譯 乁〔動〕流動，今作移〔指事〕丿之反者。〔喻母・支韻〕以義 移 一六

亅 鉤逆者謂之亅，象形，讀若橜。 衢月切（十二下亅屬字一）

今譯 亅〔名〕鉤之逆者，即倒影鉤，後人或假橜為之。〔象形〕象自上逆下之鉤形。〔羣母・月韻〕巨月 [illegible]

乚 匿也，象迟曲隱蔽形，讀若隱。 於謹切（十二下乚屬字一）

今譯 乚〔動〕逃亡〔指事〕象逃亡自匿之狀。〔影母・隱韻〕乙謹 隱

[illegible]

く 水小流也。周禮：匠人為溝洫，耜廣五寸，二耜為耦，一耦之伐，廣尺、深尺，謂之く，倍く謂之遂，倍遂曰溝，倍溝曰洫，倍洫曰巜。（見攷工記匠人）

甽 古文く，从田，从川，田之川也。會意字

畎 篆文く，从田犬聲。形聲字 六畎

爲一畝 姑泫切（十一下）

〔今譯〕〈〔名〕田中溝、一畝之間（廣深各尺）〔象形〕象田溝小流之形。（今用人之篆文吠）

〔見說〕格泫 ㄐㄩㄢ tsja:n 字形

字形之原子，尚有部首「乙」「幺」等。茲從略。

第二節 字形之原質

字形之原質 Element 者，即獨體之文，任用何種方法，不能分解爲二種以上之異體者也。概屬於卑式六書中之象形、指事。茲就造字時之範本，分爲四類敘述之。

（一）近取諸身之類

人 天地之性最貴者也。此籀文。（許氏云、音隱，以此小篆乃沿用籀文，若古文則作「儿」）象臂脛之形。如鄰切（八下屬字二四四）

〔今譯〕人〔名〕動物之最靈者〔象形〕 象人向左側立形，首部上，而兩臂并下垂在

左、兩脛并、直立在右，扶人生有欲，其本質在活動，篆象翹然傑出生物之形，若隸書作「人」，則當入爬蟲類矣。

〔日母真韻〕日因日ㄣ ㄖㄣ

〔備考〕段玉裁曰：性，古文以為生字。今按許君此解，實本孝經「聖治章」「天地之性人為貴」一語，而求左傳成公十三年「民受天地之中以生，所謂命也」、中庸「天命之謂性」，是無論言生言性，皆以為乃天地所賦，而〈則奉帝有上天使命〉之特權也。此種天賦人權之說，與莊子齊物論「標萬物自取之說」大相刺謬，此固周末諸子「人生觀」不同也。

古文奇字儿也。三字依段氏去「仁人也」。象形。孔子曰：儿在下，本作「在人下」，段玉裁據玉篇、桂韻會據五音集韻、類篇、嚴可均、姚文田據小徐通論段訂如此。故詰屈。如鄰切（八下屬字十五）

〔今譯〕儿，人，因作偏旁在下體者，凡從儿之字，均在字體之下部。

天大、地大，人亦大焉，段氏依韻會訂。象人形，古文亦也。「亦」本作「大」，依段氏訂。小篆从古文作。

「大」字，徒蓋切。也，（十下屬字十七）

〔今譯〕大（形容）小之對（指事）象人形容大時之狀  兩手兩足伸開，左右開張，以形容凡物凡事之大者，正與今日演說學之手勢合也。前儒謂為（人）之古文，或謂世間除天地外，惟人最大，然遍查古書及金石皆不可通。

亣

〔定母泰韻〕特害切 ㄉㄚˋ da

籀文大。改古文。（謂古文作大，籀文亦象人形。承大字註）（十下屬字七）他達切

〔透母曷韻〕土葛切（段氏謂字同，則其音同）

今譯 亣，大之籀文。（从亣之字，如奚、奘等，隸書皆从大。）說其足，當同一音。

女

婦人也。象形。王育說。（許氏因不能斷定此字屬于何種六書，故舉當時學者王育之說以證之。）尼呂切（十二下屬字二三七）

今譯 女（名）男之對稱。（一）渾言之，婦、女通稱。（二）析言之，已嫁曰婦，未嫁曰女。（象形）象女子屈服之形。（古代女子服從男子，為第一天職，幾儕於奴隸之列，故女字如此。若今日男女平權，則當作立正姿勢矣。）段氏謂象掩斂自守之狀。說曰民字象萌芽，女子有傳種之功用，字形由民字之轉變。二說均存參。〔娘母語韻〕尼許 ㄬㄩ

臣

牽也。（牽有牛馬服役之意。牽與臣同一。）事君者。象屈服之形。（三下屬字二）植鄰切

今譯 臣（名）事君者。猶言奴僕也。（象形）象臣子屈服之形。躬如也之形。〔禪母真韻〕植因 ㄔㄣ tsan

十一月，陽氣動，萬物滋，此引申第一義 人以爲稱。此引申第二義 象形。古文「子」，从巛，象髮也。亦象形 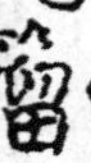籀文「子」，「囟」有髮，巛臂於脛在「几」上也。象形兼意（即里切）（十四下，屬字十四）

今譯　子（名）嬰兒。孟子所謂「赤子」。引申爲十二支之第一位，爲男子之美稱。許氏以天干地支等字繫聯，故用其引申義。今以古文、籀文及所屬之字證之，本義當作嬰兒也。（象形）象嬰兒之形。

各種動物初生皆頭部大而軀幹四肢小，因頭部生長最難也。又嬰兒上肢皆向上舉，故象形如此。（精母）（正韻）作喜ㄗ dz

頭也，象形（書九切）（九上，屬字二）

今譯　百（名）頭。人體最上之部分，包括頭蓋及顱面兩部。（象形）象人頭形。

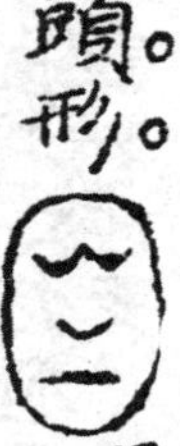

段氏謂象頭側面。今以面字證之，象正面。（審母）（有韻）恕有ㄕ又 sәu

古文「百」也。「巛」象髮，髮謂之鬊，鬊即「巛」也。（九上，屬字二）

今譯　首，「百」之古文。今隸用古文作首，而不用小篆之百。（象形）象有髮之人頭形。

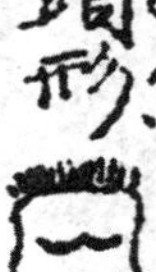

剔人肉置其骨也，象形，頭隆骨也。（古瓦切）（四下，屬字二）

今譯 冎（動）去肉置骨、後人作剮（指事）象頭蓋骨去肉之狀。剮無可象，借頭蓋骨去肉指事（見母馬韵）格瓦切 ㄍㄨㄚ [illegible]

頭會腦蓋也（頭之會合處，腦筋之覆蓋）象形 膟或從肉宰  古文囟字 息進切（十下、屬字二）

今譯 囟（名）頂門（在頂之前方小兒頂上跳動之處）（象形）象小兒囟門未合之形（囟門在前頭骨上，惟小兒可以按得之）（心母震韵）私印切 ㄒㄧㄣ [illegible]

人眼也，象形，重（指事）瞳子也  古文目。（口象眼匡、口象眼毛、◎象眼珠、）莫六切（四上、屬字一一三）

今譯 目（名）人之視官（內部構造略如照相器械，有兩凸面之水晶體，以攝物影，而達於瞳孔後之網膜，以達視神經）（象形）象人眼之形 （明母屋韵）慕育切 ㄇㄨˋ [illegible]

主聽者也，象形 而止切（十二上、屬字三十二）

今譯 耳（名）人之司聽器官（耳中鼓膜受空氣振動，傳達聽神經而知音響）（象形）象人耳

自

彀之形。耳〔日母上韵〕日以ㄦ十

鼻也。象鼻形。古文自。疾二切（四上、屬字一）

〔今譯〕自〔名〕人之司嗅器官。今皆用「鼻」字。內有黏膜，密布嗅神經，辨別香臭。〔名象形〕象人鼻彀之形。〔從母去韵〕ㄘ季 ㄗ丨 dzɿ

口

人所以言、食也。象形。苦厚切（三上、屬字一七九）

〔今譯〕人所以言語、飲食者。〔象形〕象人口之形。異其口〔溪母厚韵〕客狗 丂又

牙

壯齒也。象上下相錯之形也。古文牙。五加切（三下、屬字二）

〔今譯〕牙 隸作「牙」〔名〕成年後所成之齒。學名曰大臼齒。左右各三對。〔象形〕象大臼齒形。〔疑母麻韵〕我霞 丫 ia

𦣝

顄也。象形。篆文𦣝。籀文从首。與之切（十二上、屬字一）

頤與頷同，从口內言之曰頷，从口外言之曰𦣝。

今譯 𦣝隸作頤〔名〕頰。俗云嘴巴〔象形〕象人面下部之形。字橫看 今用篆文

讀頤〔喻母之韵〕以䄎一二

曳詞之難也。象氣之出難也。古文乃。𠄏籀文乃。

奴亥切〔五上、屬字二〕

今譯 ㄋ 今隸作乃〔形〕言語難出，今作副詞用〔指事〕象氣出不能直遂之狀。

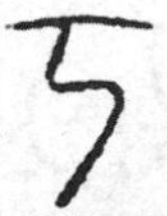

〔泥母 [illegible]韵〕奈海 ㄋㄞ Nai

氣欲舒出，ㄅ上礙於一也。丂古文以為亏字。亏今隸作 兮與丂形

以義近，故古文或又以為巧字。〔同音假借〕假丂為亏

苦浩切〔五上、屬字三〕

今譯 丂〔形〕氣出之難〔指事〕象氣出阻於物之狀。亏氣 一物

〔求母 晧韵〕力襖 ㄎㄠ Kau

反丂也。讀若呵〔丂部〕虎何切

今譯 丆 今隸改作丁，與天干之丁混〔形〕氣舒，重之為大笑聲，今用呵字〔指事〕丂之反。

〔曉母歌韵〕大河 一ㄏㄜ ㄏㄩ·

脊骨也。象形。昔大嶽（官名〔官嶽大嶽其也〕時有四嶽）為禹心呂之臣，故封呂侯。

膂，篆文呂，从肉，旅聲。（呂為古文，篆文則作膂）力舉切（七下·屬字一）

（今隸用篆文膂）

〔今譯〕呂〔名〕脊椎骨（共二十四節）〔象形〕象脊骨兩節之形。

字〔來母語韵〕力許 ㄌㄩ ㄩ ㄌ

人心，土臟也，在身之中。象形。博士說以為火臟。息林切（十下·屬字二六二）

〔今譯〕心〔名〕臟名（收發血液之總機關，位于胸腔內之肺臟間）〔象形〕象人心臟之形。

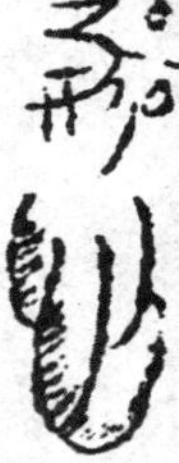

（心有右心耳、左心耳、右心室、左心室，四房。）

〔心母侵韵〕私吾 ㄙ一ㄣ ㄙㄩ ㄖ日

倚也。人有疾病也。象倚箸之形。女戹切（七下·屬字一〇二）

（今隸 一疒 作疒）

〔今譯〕疒〔名〕疾病〔指事〕象病人倚箸之狀。（橫者直者相距）〔娘母麥韵〕

女膈

拳也。（舒之為手，合之為拳，其實一也。）象形。

古文手。書九切（十二上·屬字二六五）

〔今譯〕手〔名〕人體上肢肘以下之部〔象形〕象人手形

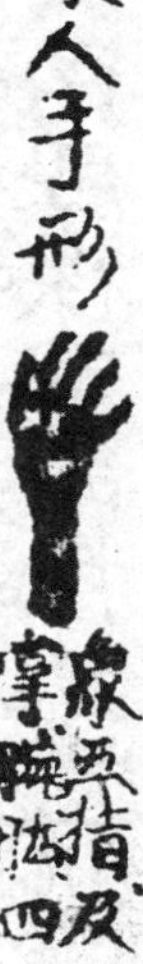

象五指及掌臂腕也四

部〔審母有韻〕恕有 尸又 Ⅲ ㄕㄡ

手也。象形。一三指者。手之列。多略不過三。指也。（于救切 三下屬字二十七）

〔今譯〕又〔名〕右手〔象形〕象人右手。

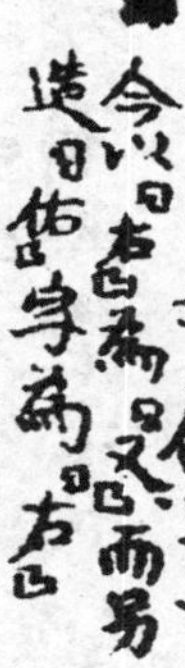

今以右爲又。而另造佑字爲右。〔喻母宥韻〕爲宥

〔又〕ㄧㄡ

左手也。象形。（臧可切 三下屬字一）

〔今譯〕𠂇〔名〕左手〔象形〕象左手形。

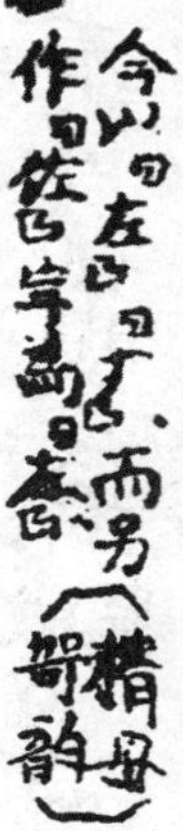

今以左爲𠂇。而另作佐字爲左。〔精母哿韻〕子可 ㄗㄛ

予 推與也。象相與之形。（余呂切 四下屬字二）

〔今譯〕予〔動〕交付 今假與爲之 〔指事〕象以手推物付之之狀

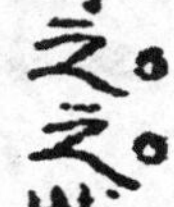

下爲手。上爲物。

〔喻母語韻〕以許 ㄩ

彳 小步也。象人脛三屬相連也。三屬者，爲上股，中爲脛，下爲足。（丑亦切 三下屬字三十六）

今譯 彳〔動〕小步〔指事〕象人小步時股脛足之狀。象左脛（徹母昔韻）彳 ts'i

亍 步止也。从反彳。讀若畜。（丑玉切）（彳部）

今譯 亍〔動〕步止。止步停〔指事〕彳之反。彳為小步，亍則為步止。象右脛（徹母燭韻）彳ㄨ ts'u

夊 行遲曳夊夊也。象人兩脛有所躧也。（思隹切）（五下屬字十四）

今譯 夊〔副〕行遲貌。綏今作〔指事〕象人兩脛有所拖曳之狀。與夂異。（心母脂韻）私 綏 ㄙㄨㄟ sui

夂 從後致也。象人兩脛後有致之者也。（致，送也）讀若黹。（陟侈切）（五下屬字五）

今譯 夂〔動〕從後推之〔指事〕象人兩脛後有所推之狀。與夊異。（知母紙韻）竹 技 ㄓ chih

久 從後灸之也。（灸，迫箸之也）象人兩脛後有距也。周禮曰：久諸牆以觀其橈。（舉有切）（五下）

今譯 久〔動〕從後撐之。引申為長久之久〔指事〕象人兩脛後有所撐之狀。（見母有韻）

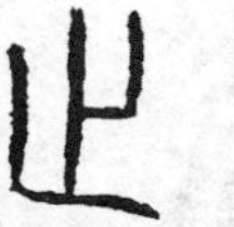

下基也。象艸木出有址。故以止為足。（諸市切 三上屬字十三）几有ㄐ一又 tsɪə:

今譯 止（名）足。今皆用趾（象形）① 象人足之形。

象左足 ② 又象艸木有根之形。

蹈也。从反止。讀若撻。（他達切 止部）

乚（照母止韻）旨以出 dz.

今譯 少（名）足。（指事）另止之反。象右足（透母曷韻）士曷去 Y. t’ɐ

女陰也。象形。乀聲。另弋支切 流也

乜 秦刻石另也字（余者切 乀部 十二下）

今譯 也（名）女子生殖器（象形）象女子生殖器及小腹之形。此複式象形兼聲（乀聲）

喻母馬韻 以寫（廿 iɜ）

筋也。象人筋之形。治功曰力 周禮司勳文 能禦大災 見國語祭法文（林直切 十三下屬字三九）引以釋治功曰力。

備攷 此字因係注音字母韻母之一故記于此。

今譯 力（名）筋。力有形者曰筋無形者曰力力之源由于筋也引申為精神所及處（象形）象引申義人臂筋

之形。（紆鍾箭）（來母職韻）里億切（ㄌㄧˋ）

毛

眉髮之屬及獸毛也象形（莫袍切）（八上文五）

今譯 毛（名）動物表皮所生柔軟之質所以保護體溫者（象形）象毛形（明母豪韻）莫豪（ㄇㄠˊ）。

而

頰須也象形周禮曰作其鱗之而（鱗屬頰側上出者曰之下垂者曰而此引申意）（如之切）（九下屬字一）

今譯 而（名）髭鬚之總名口上者曰髭口下者曰鬚（象形）象人鼻下頷下毛形

（一）鼻（二）人中（三）髭（四）鬚（日母之韻）日頑（ㄦˊ）

嘼

獸牲也象耳頭足九地之形（九蹂之古文足著地也）——古文嘼下从九（作嘼）許救切（十四下屬字一）

今譯 嘼（名）家獸（在野曰獸在家曰嘼今假畜為之農業有畜）（象形）象家獸馴服之形（一頭二象耳三象頭四象足）（曉母宥韻）喜宥（ㄒㄧㄡˋ）

馬

怒也武也（古音馬（ㄇㄚ）、怒（ㄋㄨ）、武（ㄨ）同一ㄨ韻）象馬頭髦毛尾四足之形。影古文影籀文

馬與影◎古文同有鬃◎鬃指 莫下切（十上、屬字二四）

今譯 馬（名）負重行遠之畜。芻食、奇蹄、頭毛尾毛頗多、為其特徵。（象形）象馬形。

（臣象頭鬃毛及四足尾）（明母馬韻）慕雅（ㄇㄚ）mā

牛 事也。牛任耕、能事其事也。理也。牛之肉有文理可分析也。象角頭三。指中為頭。封、肩甲墳起之處。尾。之形也。語求切（三上、屬字四四）

今譯 牛（名）反芻、任耕之家畜。（象形）象牛有角及封尾之形。

（牛俯伏時從背面看）（疑母尤韻）我尤（ㄡ）又 niau。

羊 祥也。「羊」「祥」一九、同「陽」韻「一九」。从卝。卝、音乖、羊角。象四足尾之形。「孔子曰牛羊之字以形舉也」 與章切（四上、屬字廿五）

今譯 羊（名）反芻、供食用之家畜。（象形）象羊有角、長毛及尾之形。

（羊俯伏時自背後看）（喻母陽韻）以王（一九）iaŋ

豕 彘也。竭其尾、故謂之豕。豕怒則舉其尾。渾言之「豕」「彘」「豬」一也。析言之、竭其尾謂之「豕」、後蹄廢謂之「彘」、三毛聚謂之「豬」。

毛足而後有尾。讀與豨同……式視切（九下、屬字二十一）

【今譯】豕〔名〕供肉用之家畜〔象形〕象豕頭尾四足之形。

橫寫

看據攵乙觚字當如此〔審母旨韻〕式旨ㄕˇ

狗之有懸蹏者也（渾言之「狗」「犬」也、析言之有懸蹏謂之「犬」叩氣吠謂之「狗」）象形——孔子曰：「視『犬』之字如畫狗也。」苦泫切（十上、屬字八二）

【今譯】犬〔名〕守夜及供食用之家畜（犬之視聽嗅官覺銳敏古或以供食用）〔象形〕象犬頭尾及足形。

字橫看〔溪母銑韻〕容泫ㄑㄩㄢˇ

獸也。象頭角四足之形——鳥鹿足相比，从比。盧谷切（十上、屬字二十五）

【今譯】鹿〔名〕溫順之野獸（雄者生有枝之角）〔象形〕象雄鹿有長角之形。

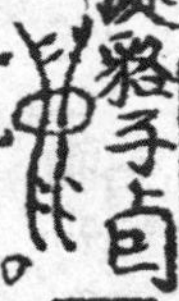

據貉子卣〔來母屋韻〕力屋ㄌㄨˋ

穴蟲之總名也。象形。書呂切（十上、屬字十九）

【今譯】鼠〔名〕穴處家屋之小獸〔象形〕象鼠頭身尾之形。

獸長脊（伸其脊）。行豸豸然（長貌）。欲有所伺殺形。（池爾切）（九下屬字十九）

從後面看〔審母語韻〕式許　ㄕㄨㄜㄋㄛ：

〔今譯〕豸〔形〕獸攫食時之狀〔指事〕象獸攫食時伸脊緩步之狀。

胾肉。（胾音恣，切下之肉也。）象形。（如六切）（四下屬字一三九）

〔澄母紙韻〕丈技　ㄔㄧ‖ㄈ

〔今譯〕肉（偏旁作「月」，與月字混）〔名〕動物體中柔軔之質（為蛋白質之纖維束所構成）〔象形〕象切下之肉。〔日母屋韻〕日育　日ㄨ、ㄏㄖ

獸角也。象形。——角與刀、魚相似。（古岳切）（四下屬字三八）

〔今譯〕角〔名〕獸頭上之角〔象形〕象獸角之形。

〔見母覺韻〕格學　ㄧㄒㄴ·ㄜㄋㄩㄝ

羊角也。象形。讀若乖。（工瓦切）（四下屬字二）

〔今譯〕ㄊㄧ〔名〕羊角〔象形〕象羊角左右分之形。

（頭蓋及兩角兩耳）〔見母馬韻〕格瓦

ㄍㄨㄞ guai

彑

豕之頭也。象其銳而上見也。讀若罽。（居例切）（九下，屬字四）

〔今譯〕彑（名）猪頭（象形）象猪頭尖嘴之形。（見母祭韻）几藝ㄐㄧˋ ji

虍

虎文也。象形。讀若春秋傳曰「虍有餘」。（荒烏切）（五下，屬字八）段氏謂「虍」疑是「賈」之譌。

〔今譯〕虍（名）虎皮之文（象形）象虎文屈曲之形。（曉母模韻）大烏ㄏㄨ hu

釆

辨別也。象獸指爪分別也。讀若「辨」。（古文釆）（蒲莧切）（二上，屬字三）

〔今譯〕釆（動）判別。今借用「辨」（指事）象獸爪指分別之狀，與「米」異。示分別之記號。（並母襇韻）

蒲莧ㄅㄧㄢˋ bian

鳥

長尾禽總名也。象形。鳥之足似「匕」，从「匕」。（都了切）（四上，屬字一一五）

〔今譯〕鳥（鳥隸作鳥）（名）禽之長尾者（相沿爲羽族之總稱）（象形）象長尾禽之形。

（端母篠韻）得曉ㄉㄧㄠˇ diau

隹

鳥之短尾總名也。（渾言之，「鳥」「隹」皆禽之總名；析言之，長尾曰「鳥」，短尾曰「隹」。）象形。（職追切）（四上，屬字三八）

今譯 隹（與佳美之佳異）〔名〕禽之短尾者。〔象形〕象短尾禽之形。（照母脂韻）

（止龜）ㄓㄨㄟ dzuɒi

 燕燕，玄鳥也。籋◎口◎（今作鑷），指「廿」；籋◎，布翄◎「北」；枝尾◎「大」。象形。（於甸切，十下，屬字無）

今譯 燕〔名〕有益之候鳥。喙短口闊，體小翼大，尾分歧如剪，背黑色，善飛。〔象形〕象燕背面之形。（影母霰韻）乙縣 一ㄢ iɛn

 燕燕，乙鳥也。齊魯謂之乙，取其鳴自呼。象形。 乙或作鳦。（烏轄切，十二上，屬字二）

今譯 乙（隸作「乚」，如「孔」「乳」等是，與乙異）〔名〕齊魯謂燕為乙（此轉注）〔象形〕象燕高飛時之形。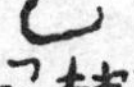（字橫看）（影母鎋韻）乙瞎 一丫

 鳥長毛也。象形。（王矩切，四上，屬字三四）

今譯 羽（隸作羽）〔名〕鳥類長毛（每本寄生小枝，有細鉤相聯綴）〔象形〕象羽形。（長毛必有偶）（喻母麌韻）

為矩 ㄩ ɣ

乁　鳥之短羽飛乁乁也。象形。讀若殊。（市朱切　三下屬字二）

今譯　乁　與「儿」「几」「九」異。〔名〕鳥類短羽〔象形〕象短羽之形〔禪母　虞韻〕植愚　ㄕㄨ．ㄕㄨ．

飛　鳥翥也。象形。（甫微切　十一下屬字二）

今譯　飛〔動〕鳥舉翼〔指事〕象鳥將飛時舒頸展翅之狀

〔非母　微韻〕府威　ㄈㄟ．ㄈㄟ．

不　鳥飛上翔不下來也。从一，一猶天也。象形。（方久切　十二上屬字二）

今譯　不〔形〕鳥不下來　引申為不然之不〔指事〕象鳥向上飛不下來之狀　不

〔非母　有韻〕府有　ㄈㄡ　ㄅㄨ

至　鳥飛從高下至地也。从一，一猶地也。象形。不上去而至下，來也。此引申義。至　古文至。（脂利切　十二上屬字五）

今譯　至〔動〕鳥下來　引申為到之義〔指事〕象鳥向下飛至地之狀　至

〔照母　至韻〕止季　ㄓ　dz

鳥在巢上也。象形。日在西方而鳥西（栖），故因以為東西之西。（此引申義）

棲「西」或从「木」「妻」。（「木」義，「妻」聲）上古文「西」。上籀文「西」。先稽切（十二上，屬字一）

今譯 西（隸作西）〔動〕鳥宿（今用「棲」「栖」二字。引申為東西之西）〔指事〕象鳥將入巢之狀。

（心母 齊韻）私雞 ㄙㄧ

〔名〕蝮。博三寸，首大如擘指。象其臥形。物之微細，或行，或飛，或毛，或蠃，或介，或鱗，以「虫」為象。許偉切

今譯 虫〔名〕古代蛇之一種（今作「虺」）〔象形〕象「虺」蛇之臥形。（曉母 尾韻）喜偉 ㄏㄨㄟˇ

虫也。从虫而長（从虫而長）。象冤曲垂尾形。上古艸居患它，故相問無它乎。（此引申義。「栖」言無恙，或假「佗」為之，又俗作「他」）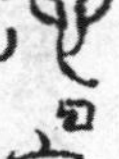「它」或从虫。食遮切（十三下）

今譯 它〔名〕脊椎動物之無足者（今皆用「蛇」字）〔象形〕象蛇屈曲之形。

（床母 歌韻）食河 ㄕㄜˊ

舊也。古人以龜千年而靈、可以卜吉凶、舊、久也。龜古音ㄐ一或ㄐ一。又舊古音ㄐ一或ㄐ一、以此音訓、只平去不同、外骨內肉者也。从它、曰龜頭與它頭同。此說字形非字義 天地之性廣肩無雄、龜鼈之類以它為雄、此古人之說其實不然 曰龜象足甲尾之形。

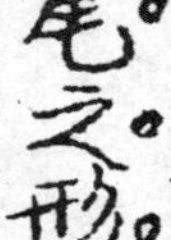

古文

龜（居追切）（十三下屬字二）

今譯 龜〔名〕腹背有甲之動物。頭似蛇毒至百歲外〔象形〕象龜有頭甲爪尾之形。

字橫看。頭尾背甲之形。古文象〔脂韻見母〕几帷ㄍㄨㄟ

黽黽也。从它象形。曰黽頭與它頭同。籀文 曰黽象足

莫杏切（十三下屬字十二）

今譯 黽 黽隸作〔名〕蛙無尾類之兩棲動物〔象形〕象黽頭腹之形。

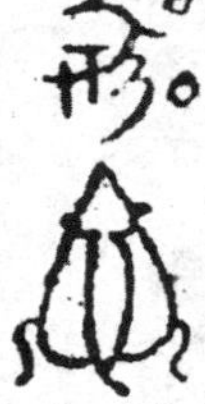

籀文有足者。小篆〔梗韻明母〕莫鏡〔ㄇㄧㄥ〕

水蟲也。象形。曰魚尾與燕尾相似。非从火乃象尾形 語居切（十一下屬字一〇二）

今譯 魚隸作魚〔名〕水族之一種冷血卵生以鰓呼吸有鰭及鱗〔象形〕象魚頭尾身鱗。

之形。（疑母 魚韻）我虛ㄩˋ ㄩ

海介蟲也（介蟲之生于海者）居陸曰猋 在水曰蜬 象形。古者貨貝而寶龜。周而有泉。至秦廢貝行錢。（此引申義）博蓋切（六下屬字五八）

今譯 貝（名）有殼軟體動物之一種（古人取其殼為貨幣）（象形）象貝殼及吸盤形。（幫母 泰韻）北害ㄅˋ ㄅㄞˋ

以上動物

冒也（木ㄇㄨˋ 冒ㄇㄠˋ 同一声母）冒地而生。東方之行。（五行屬東方）从屮。下象其根。（上似屮象上出 下象其根）

莫卜切（六上屬字二一）

今譯 木（名）木本植物之通稱（象形）象木莖根之形。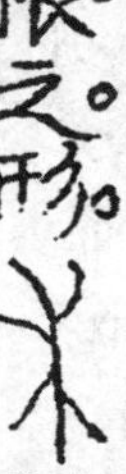（莖向上行 根向下行）

（明母 屋韻）美屋ㄇㄨˋ mu

艸木之初也。从丨（丨非字）上貫一（一非字）將生枝葉也。一，地也。昨哉切（六上屬字無）

今譯 才（動）艸木發芽（引申為凡始之稱 今多用纔）（指事）象艸木種子纔發芽

民

萌也。（民萌同人人声母）古文之象。（篆文改古文，不能見象形也）〔從母咍韵〕自袁切……

古文民（十二下，屬字一）

〔今譯〕民〔名〕艸木萌芽（萌之初文）〔象形〕象艸木種子由胚乳蛻化而進之狀［篆形］（「一」為地面，「ノ」種子，「ㄴ」出地面者為芽，下為根）

為子葉之狀。［篆形］如今之豆芽。〔明母真韵〕美因切……

屮

艸木初生也。象丨出形，有枝莖也。（此芽出形「丨」非字）古文或以為艸字。讀若徹。（形近，義近，假借）尹彤說。（丑列切，一下，屬字七）

〔今譯〕屮〔動〕艸木初生。〔指事〕象艸木初生時有兩葉之狀［篆形］（一，莖，二葉）〔徹母薛韵〕丑傑切……

耑

物初生之題也。上象生形，下象根也。（多官切，七下，屬字無）

〔今譯〕耑〔名〕艸木之端（引申凡物之上端，今皆用端）〔象形〕象艸木之端［篆形］（上象出于地面之端末，下象生于地中之須根）〔端母桓韵〕得完切……

之

出也。象艸過屮，（「屮」稍長）枝莖漸益大，有所之。一者地也。（止而切，六下，屬字三）

今譯 出之隸作〔動〕艸木生出。引申為往。〔指事〕象枝莖漸大。出于地面之狀。

（照母之韻）止擭出 ㄔㄨ

進也。象艸木益滋。上出達也。尺律切（天下屬字四）

今譯 㞢〔動〕艸木生長。引申為生長之稱。〔指事〕象艸木莖葉漸長之狀。

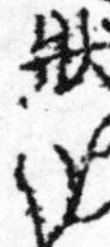

與㞢

比較（穿母術韻）尺橘 ㄔㄨ

進也。象艸木生。上之㞢與㞢同意。不从㞢意。出土上。下之「土」是形不是意。所庚切（天下屬字五）

今譯 生〔動〕艸木發生。〔指事〕象艸木生出土之形。

上已地面，下已中，即根深入地中。

枝莖出地面（審母庚韻）恕庚 ㄕㄥ

艸木盛朩朩然。象形。不从㞢意。从朩形。一八聲。讀若輩。普活切（天下屬字二）

今譯 朩 隸作市。與巿異。〔副〕艸木茂盛貌。後或假「沛」「旆」為之。〔象形〕象艸木根

象形兼聲

圍出芽之狀

（幫母末韻）北闊 ㄅㄛ

艸蔡也。象艸生之散亂也。讀若介。古拜切（天下屬字一）

今譯 丯（副）艸亂。（今皆假「芥」為「丯」）（象形）象艸生散亂之貌。（段氏曰：中壴道路「彡」成）

丯（亂。見冊怪韻）草。格拜 ㄐ一、ㄝ さこっ。ㄙ

丵 叢生草也。象丵嶽相並出也。讀若浞。（三下屬字三）士角切

今譯 丵（副）艸叢生貌。（指事）象根株附生狀。字象四株草根相結（…）

丵（學）ㄔㄨㄛˊ さこっ十ㄙ十ㄓ。

乇 艸葉也。垂穗上冊。（非字）下有根。指一象形字。（六下屬字無）陟格切

今譯 乇（副）穗垂貌（指事）象上有垂穗，地下有根之狀。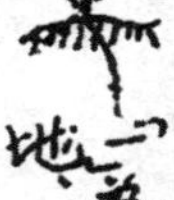「一」為地（…）

乇（竹赫）出ㄜ さこっ十ㄙ十ㄓ。

𠂹 艸木花葉垂，象形。（古文）是為切（六下屬字無）

今譯 𠂹（動）艸木花葉下垂。（引申凡垂之稱，今假「垂」（垂本字）為之。）（指事）象花葉下垂之。

𠂹（神冊支韻）植義 ㄔㄨㄟ さこっ十ㄙ十ㄓ。

狀 

𢎘 嘾也。嘾含也。（「𢎘」「马」。嘾去。马回「𢎘」韵）

艸木之花未發函然。象形。讀若含。（七下屬字…）乎感切

今譯 马乂（動）花蕊含苞未放（指事）象蓓蕾含函之狀。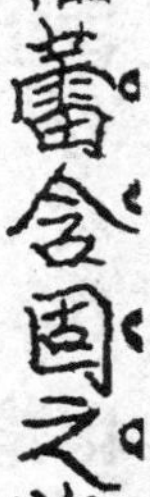
上象蓓蕾下象承萼之莖（匣母覃韻）户堪ㄏㄢ xan

艸木實垂卣卣然。象形。讀若調。卣籀文从三卣作卣。卣為古文，小篆用之。
徒遼切（七上·屬字二）
今譯 卣（隸作卣）（副）艸木實垂貌（莊子段調為之）（指事）象果實下垂之狀。

（定母蕭韻）特堯去ㄊㄧㄠ tiau

冬生艸也（冬日不凋之植物）。象形。一下垂者箬箬也。張六切（五上·屬字四三）
今譯 竹（名）多年生植物幹圓而中空（象形）象竹葉兩兩並生下垂之形。

（知母屋韻）竹育ㄓㄨ tʂu tʂu

嘉穀也。以二月始生八月而熟得之中和（得時氣之中和）。故謂之禾（禾和同音）。
禾木也。木王而生（春二月屬木）金王而死（秋八月屬金）。从木（字形與木意同）。象其穗（指）。戶戈切（七上·屬字六）
今譯 禾（名）穀類植物。其米曰粟。自古為北方糧食大宗。故曰嘉穀。今對稻為大禾而言。故俗謂之小米。亦曰穀子。春分時生。秋分時熟。今以

米

禾、(稻為)【象形】象小米將熟時垂穗之形。

【匣母戈韻】户鍋｜ㄏㄨㄛ.ㄏㄨㄛ

粟實也(連莩者曰禾，有殼之實曰粟，去殼之仁曰米)。象禾黍之形。(莫禮切，七上、屬字三五)

今譯 米【名】禾粟去殼之仁(今以稻仁為米，而以粟實為小米)【象形】象米粒之形。米

「米」象米細碎形，「十」則界劃之。【明母齊韻】莫啟(ㄇㄧˇ)

來

周所受瑞麥「來麰」也(來麰，麥名)。二麥一夆(夆，物之標末)。象其芒朿之形。天所來，故為「行來」之「來」(比引申義)。詩曰：「詒我來麰」(我來牟，周頌貽)。(洛哀切，五下、屬字二)

今譯 來【名】麥名(廣雅謂麰為小麥，引申為至)【象形】象二麥及其朿之形。

【來母咍韻】力哀ㄌㄞ·ㄌㄞˊ

尗

豆也(古曰尗，漢時已借豆(祭器)為尗)。「尗」象豆生之形也。(式竹切，七下、屬字二)

今譯 尗【名】穀類植物(今作「菽」，今假「豆」為之)【象形】象豆莖莢及豆根之形。

「一」象地，「丨」莖及莢，「八」根，「八」豆之吸收養分器官。【審母屋韻】式育ㄕㄨˋ

韭

韭菜也。一種而久生者也，故謂之韭(「久」「韭」同音)。象形，「韭」指在「一」之上。

一，地也。此與耑同意。（舉友切。七下屬字五）

〔今譯〕韭（名）菜名。葉細長而扁，叢生，可食。（象形）象韭菜叢生在地上之形。一象地

（見冊有韻）几有ㄐ一ㄡ〔[illegible]〕

蓏也。在木曰果，在地曰蓏。象形。（古華切。七下屬字六）

〔今譯〕瓜（名）蔓生植物，屬葫蘆科，種類甚多，實供食用。（象形）象瓜藤及瓜實之形。

（見冊麻韻）格花ㄍㄨㄚ〔[illegible]〕

以上植物

依也。（依之以蔽體也。衣依同音）上曰衣，下曰常。（常，裙也）象覆二人之形。（於稀切。八上屬字一一六）

〔今譯〕衣（名）所以護體溫者。（象形）象衣服之形。

（影冊微韻）乙希〔凵:〕

細絲也。象束絲之形。讀若覛。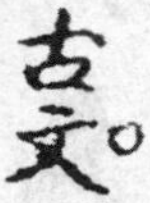古文糸。（莫狄切。十三上屬字二四七）

〔今譯〕糸（名）細絲。（象形）象絲束之形。

（明冊錫韻）莫狄ㄇ一〔[illegible]〕

交覆深屋也。象形。（武延切 七下屬字七十）

今譯 宀（名）深屋（象形）象屋頂之形。 宀（明母仙韻）武延 音綿 ㄇㄧㄢ

miɛn

護也。（戶護同聲韻）半門曰戶。象形。 古文戶。从木。（侯古切 十二上屬字九）

今譯 戶（名）單扇之門（象形）象戶之形。（匣母姥韻）乎虎 ㄏㄨ ɣu:

在牆曰牖，在屋曰囪。窗，天窗。象形。 古文。（楚江切 十下屬字二）

今譯 囪（名）屋之開孔受光者（象形）象窗洞交木之形。今皆用窗。（清母江韻）

此缸 ちㄨㄥ tʃɪa:ŋ

窗牖麗廔闓明也。（交疏玲瓏而開明也）象形。讀若獷。賈侍中說讀與明同。（俱永切 七上屬字二）

今譯 冏（形）窗牖開明（指事）象窗牖開明之狀。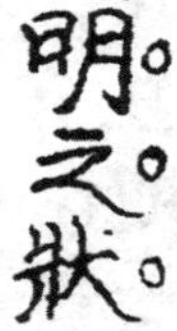（見母梗韻）

几永 ㄐㄩㄥ kɪwɐŋ:

輿輪之總名也。夏后時奚仲所造。象形。𨏖籀文車。尺遮切（西上、屬字九八）

今譯 車（名）用以引重之器（象形）象車有輪軸輿之形。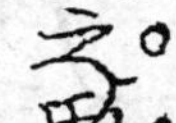字横看（穿母麻韻）

八耶彳廿 tʂ'ə

船也。古者共鼓貨狄刳木為舟。剡木為楫。以濟不通。黄帝堯舜間人 象形。職流切（八下、屬字十二）

今譯 舟（名）船之別名（象形）象舟有船身船艙之形。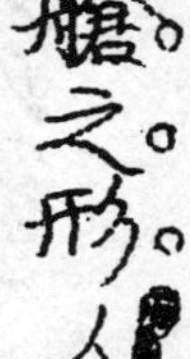横看（照母尤韻）

止九出文 tʂəu

古食肉器也。从口。口之容、非字。音圍 象器 象形。古文豆。徒候切（五上、屬字五）

今譯 豆（名）古盛肉之器（象形）象豆之形。（定母候韻）特候切。文 təu

飯食之用器也。象形。與豆同意。讀若猛。武永切（古音甚）（五上、屬字二四）

今譯 皿（名）飯食用盤盂之屬（象形）象皿之形。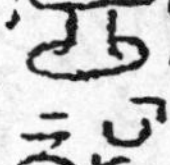「凵」容物之處，「丩」與「豆」同意之下部，「八」兩耳

（明母梗韻）武永 冂ㄧㄥ miŋ

凵　凵盧，飯器，以柳為之，象形。笞凵或从竹，去聲。去魚切（五上）

〔今譯〕凵（與「凵」異，今隸作「凵」，與厶、厶、私混）〔名〕以柳条作之飯器〔象形〕象飯器之形。

〔溪母魚韻〕去虛　ㄑㄩ　tɕʻy

鬲　鼎屬也。實五觳，斗二升曰觳（見考工記），象腹交文，三足。䰛鬲或从瓦。𤮍漢令鬲，从瓦厤聲。郎激切（三下，屬十二）

〔今譯〕鬲〔名〕款足之鼎〔象形〕象鬲之形。

〔來母錫韻〕落嘆　歷青　ㄌ一　li

瓦　土器已燒之總名，象形也。五寡切（十二下，屬字二四）

〔今譯〕瓦〔名〕已燒之土器（未燒者曰坯）〔象形〕象瓦器卷曲之形。

〔疑母馬韻〕我寡　ㄨㄚ　ua

缶　瓦器，所以盛酒漿，秦人鼓之以節歌，象形。方九切（五下，屬字二一）

〔今譯〕缶〔名〕盛酒漿之瓦器〔象形〕象缶之形。

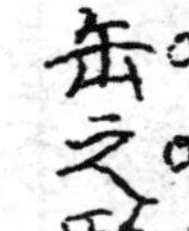

〔非母有韻〕府九　ㄈㄡ　fəu

東楚名缶曰甾。象形。古文甾。側詞切（十二下，屬字四）

今譯　甾與由異。東楚名缶。今作（象形）象甾口大而頸小之形（照母之韻）側

讀音　ㄗ　dsz

象器曲受物之形也。或說曲蠶薄也。俗作蚕笛古文曲。區玉切（十二下，屬字二）

今譯　曲（形）器曲能受物。引申為彎曲（指事）象器曲能受物之狀凵（溪母燭韻）

讀欲　ㄑㄩ　tɕʻy

受物之器。象形。讀若方。籀文匚。府良切（十二下，屬字十八）

今譯　匚與匸異（名）受物之器。引申為「方圓」之方，「方」本為兩舟相並者（象形）象方器之形。

字橫看（非母陽韻）府王　ㄈ九　faŋ

昆吾圜器也。昆吾合音為壺，故國名，在今新疆哈密。象形。从大，大似上體。户姑切（十下，屬字二）

今譯　壺（名）盛飲之圓器（象形）象壺蓋及腹之形（匣母模韻）户烏　ㄏㄨ　xu:

舂臼也。古者掘地曰臼，其後穿木石。象形。中象米也。其九切（七上，屬字五）

今譯 臼（名）舂米之具（象形）象臼及所舂之米。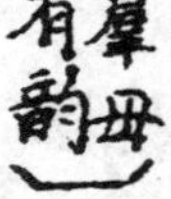（象所舂之物）（羣母有韵）巨有 ㄐㄧㄡ [illegible]

枓也。所以挹取也。象形。一中有實，與包同意。（包象人裹妊，勺象勺盛物）（市若切 西上屬第二）

今譯 勺（名）挹取水漿之具，俗作杓（象形）象勺有物之形。字横看（勺中之物）（禪母藥韵）植藥 ㄓㄨ [illegible]

十升也。象形。有柄。（當口切 西上屬第四）

今譯 斗（名）計算體積之具，十升為斗（象形）象古代斗形。（端母厚韵）得口 ㄉㄡ [illegible]

凥几也。象形。周禮五几：玉几，彫几，彤几，髹几，素几。（見周禮司几筵）（居履切 西上屬第三）

今譯 几（名）人所凭之具（象形）象几高而上平之形。丌（見母旨韵）吉旨 ㄐㄧ [illegible]

下基也。薦物之丌。象形。讀若箕同。（居之切 五上屬第七）

今譯 丌（名）器物之坐（象形）象丌可薦物之形。（見母之韵）几旗 ㄐㄧ [illegible]

册 符命也。諸侯進受於王命者也。象其札，一長一短（「札」指），中有二編（「二」指）之形。

𠕋 古文册。从竹。（楚革切。三下，屬字二）

今譯 册（隸作册）（名）封爵所受之文（今多段「策」為之）。（象形）象册之形。𠕋（穿册簡）

义隔ㄘㄜ·ㄘㄜ：

卩 瑞信也。守邦國者用玉卩，守都鄙者用角卩，使山邦者用虎卩，土邦者用人卩，澤邦者用龍卩，門關者用符卩，貨賄用璽卩，道路用旌卩（見周禮掌節職文）。象相合之形。（子結切。九上，屬字十二）

今譯 卩（隸作卩）（名）古代官行文書使執之以為信之物（今借「節」為之）。（象形）象符節右半之形。（精卩簡）子結切 ㄐㄧㄝ·ㄐㄧㄝ：

玉 石之美。有五德者：潤澤以溫，仁之方也；䚡理自外，可以知中，義之方也；其聲舒揚，尃以遠聞，智之方也；不撓而折，勇之方也；銳廉而不忮，絜之方也（絜，圜度也。忮，很也）。象三玉之連。丨，其貫也。

𤣩 古文。

玉ㄩˋ（魚欲切）（一上·屬一三）

〔今譯〕玉（篆與「王」異，王中畫近上畫）〔名〕石之美者〔象形〕象佩玉三塊相連之形。

𤣩（疑母 燭韻）我欲 ㄩˋ y

卜 灼剝龜也（灸裂龜板），象灸龜之形。一曰象龜兆之縱衡也。𠁽古文。卜ㄅㄨˇ（博木切）（三下·屬字七）

〔今譯〕卜〔動〕古代決疑之法（用艾灸龜板裂紋以定吉凶）〔指事〕象卜時之狀（「卜」字横看「匚」龜板「丨」支球）（幫母 屋韻）北屋 ㄅㄨˇ BU

彡 毛飾畫文也（毛所飾畫之文）。象形。（所銜切）（九上·屬字八）

〔今譯〕彡〔名〕筆所畫之文〔象形〕象毛筆所畫之文。（三畫，數以三為多也）（審母 銜韻）色銜 ㄕㄢ ʃam

文 錯畫也。象交文。（無分切）（九上·屬字三）

〔今譯〕文〔名〕會集眾經以成綿繡者（今作紋）〔象形〕象交文之形。

毌

〔繳毌文韻〕無薰ㄨㄣ ㄍㄩㄢ

穿物持之也。从一横毌。一。毌象寶貨之形。讀若冠。

古丸切〔七上·屬字二〕

〔今譯〕毌〔動〕穿物持之（今作貫）〔指事〕象以索穿寶貨之狀。（今變作串）

一為索，毌為寶貨。〔見毌換韻〕格換从ㄨ乃 ㄍㄨㄢ

刀

兵也。（兵器之一）象形。都牢切〔四下·屬字六三〕

〔今譯〕刀〔名〕用以割斫金屬之具〔象形〕象刀形

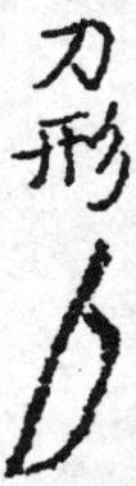

〔端毌豪韻〕得豪勹幺 ㄉㄠ

斤

斫木斧也。象形。舉欣切〔十四上·屬字十四〕

〔今譯〕斤〔名〕斫木所用之斧〔象形〕象斤及所斫木之形

木及柄。（斧）〔見毌欣韻〕几欣ㄐ一ㄣ ㄐㄧㄣ

戈

平頭戟也。从弋，一橫之。象形。古禾切〔十二下·屬字二五〕

今譯 戈〔名〕古兵器。戟之單枝者〔象形〕象戈之形。古文作𢦏，上無纓，下有刺

〔見母戈韻〕格禾 ㄍㄜ ㄍㄛ

大斧也。从戈，㇄聲。司馬法曰：「夏執玄戉，殷執白戚，周左杖「黃戉」，「右把白髦」。（王伐切）（十二下屬字二）

今譯 戉〔名〕古兵器。形似斧而柄長，今作「鉞」〔象形〕象戉之形。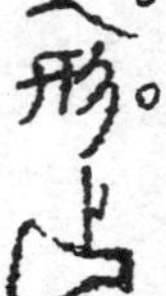〔喻母月韻〕為厥 ㄩㄝ ㄩㄛ

酋矛也。建於兵車，長二丈。見考工記。象形。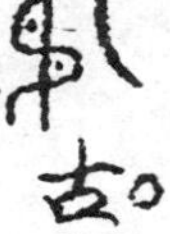古文矛，从戈。（莫浮切）（十四上屬字五）

今譯 矛〔名〕古兵器。兵車用長兵器〔象形〕象矛之形。〔明母尤韻〕莫浮尤 ㄇㄡ ㄇㄠ

窮也。（弓窮同東冬韻）以近窮遠者。象形。古者揮作弓。（揮，黃帝之臣，見本世）周禮六弓：「王弓」、「弧弓」以射甲革甚質（甚質今作椹質），「夾弓」、「庾弓」以射干侯鳥獸，「唐弓」、「大弓」以授學射者。（居戎切）（十二下屬字二六）

今譯 弓〔名〕發矢及遠之兵器〔象形〕象弛弓之形  上横爲弦、曲爲弓背、

〔見母東韻〕几雄 《ㄍㄨㄥ》（GUNG）

弓弩矢也。从入，象鏑「丄」指栝「𠃍」指羽「ㄟ」指之形。古者夷牟初作矢。（式視切）（五下、矢部一）

今譯 矢〔名〕箭 古兵器之一〔象形〕象箭之形  「𠆢」爲箭頭，「丨」箭桿，「ㄟ」羽，「八」安于弦上之栝。

〔審母旨韻〕式旨 ㄕ（SɿZɿ）

旌旗之游，㫃蹇之皃。从屮，曲而垂下，㫃相出入也。讀若偃。古人名㫃字子游。（孔子弟子有言偃，晉有荀偃、籍偃，鄭有公子偃、駟偃，皆字偃、） 古文㫃字，象旌旗之游及㫃之形。（於幰切）（七上、㫃部二三）

今譯 㫃〔名〕旌旗之游，偃今作〔象形〕象旌旗之游形  〔影母阮韻〕乙幰

二 「上」 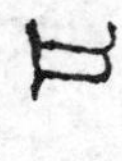 高也。此古文上，指事也。丄 篆文上。（徐氏「上」作「丄」）

徐氏說文作「丄」，段氏云當作「二」，以此部所屬之字證之，段說近理。「上」段氏斷爲後人所改。（時掌切）（一上、上部三）

今譯 丄（與數目之「二」異，楷書多作「上」）〔形〕在他物之上（下之對，今作上）〔指事〕象在他物上之狀。

丄〔禪母 養韻〕植響 ㄕㄤ SZɿaŋ

丅（徐氏本作「丅」）底也。从反「丄」爲「丅」。

丅 篆文下。（「丅」各本作「下」）胡雅切（三部）

今譯 丅〔形〕在他物之下（上之對，今作下）〔指事〕象在他物下之形。

丅〔匣母 馬韻〕户亞 ㄒ一ㄚ ʃia

囗 回也。象回帀之形。羽非切（六下・屬字二五）

今譯 囗（與「口」異）〔動〕環繞（今假圍爲之）〔指事〕象圍而繞之之狀。

囗〔喻母 微韻〕羽威 ㄨㄟ Wai

丩 相糾繚也。（丩糾同音，丩繚同韻。）一曰瓜瓠結丩起。（瓜瓠之藤纏結而上。）象形。居虯切（三上・屬字三）

今譯 丩（今隸作丩）〔動〕互相糾纏（今作糾）〔指事〕象交結之形。

丩〔見母 黝韻〕几黝 ㄐ一ㄡ ʃiau

冂 覆蓋也。从「冖」下垂。（文字音義云，「以巾覆，从冖下垂」）莫狄切（七下・屬字三）

【今譯】冖（與冂、冥同）（動）覆物，幕今作（指事）象覆物時四面下垂之狀 （明母錫韻）慕喫 ㄇ一· mI

納也。（自外而納于中）象從上俱下也。（人汁切 五下、屬字五）

【今譯】入（動）自外而至內（出之反）（指事）象自上俱下之狀 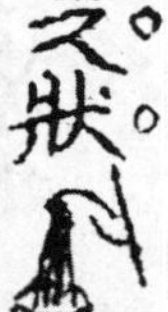（日母緝韻）

日邑 ㄖㄨ· IU

（三）

仰觀於天之類

日實也。（劉熙釋名文，光明盛實也、日實ㄖˋ同ㄖ（即乙）韻）——太陽之精不虧。（人質切 七上、屬字六九）〇（象太陽）一（象不虧）

象形。乙 古文象形（古說日中一有金烏，〇象日，乙象金烏也、即日中黑點，係日球缺陷之處、尤熱極烈，自轉而具吸力）

【今譯】日（名）恒星之最大者、地球及諸行星均環繞之（象形）象日之形

（〇象日中有斑點處）（日母質韻）日 ㄖ· IZ

闕也。（劉熙釋名文，月之闕時多也、月音ㄩㄝˋ，闕音ㄑㄩㄝ，同ㄩㄝ韻）象形。（魚厥切 七下、屬字七）

【今譯】月（名）地球之衛星（受地心吸力以繞地）（象形）象月上下弦時之形。

月圓時少，故象上下弦時之形。「⺈」象月中黑點，古以為月中有玉兔。（疑母月韻）我厥 ㄩㄝ˙ ㄧa

气　雲氣也。象形。（去既切 十一下，屬字十二）

今譯　气（名）雲氣。引伸為凡氣之稱。今假氣為气，另作餼代氣，又省作乞。借為假于人之意。（象形）象雲起之形。（溪母未韻）去既 ㄑㄧˋ

雨　水從雲下也。一象天，冂象雲，水霝其間也。𠕲古文（王矩切 十一下，屬字四五）

今譯　雨（名）雲凝結之水。（象形）象雨从天上雲中降下之形。「一」象天，「冂」象雲，「⺀」象雨。（喻母麌韻）為矩 ㄩˇ

（四）俯察於地之類。

水　準也。（釋名文，天下莫平於液體，水故曰準。準古音追，水準二字同ㄨㄟ韻。）北方之行。（五行北方屬水，見月令。）象衆水並流，中有微陽之氣也。（中畫連，左右畫分，似☵卦，故云。）（式軌切 十一下，屬字四百[illegible]）

今譯　水（名）水素酸素化合之液體，常聚于地窪下之處。（象形）象水紋之形。水偏旁隸作氵，⺀字橫看。（審母旨韻）式唯 ㄕㄨㄟˇ

巜

水流澮澮也。（段氏謂澮澮當作活活，活活水流聲也）方百里爲巜，廣二尋，深二仞。（此攷工記匠人文）（古外切〔十一下，屬字二〕）

〔今譯〕巜〔名〕田間大溝。（古田制，千夫有巜，所以資田之灌溉宣洩者。今作澮。）〔象形〕象水流之形。巜 大于く，小于巛。〔見母泰韵〕格繪 巜ㄨㄞ guai

川

貫穿流通水也。虞書曰（古文尚書皋陶謨）：濬く巜距巛。言深く巜之水會爲巛也。（昌緣切〔十一下，屬字九〕）

〔今譯〕巛（隸作川）〔名〕穿地而流之水。〔象形〕象貫穿流水之形。巛〔穿母仙韵〕尺鳶 ㄔㄨㄢ tʂuan

仌

凍也。象水凝之形。（筆陵切〔十一下，屬字十六〕）

〔今譯〕仌（隸偏旁作冫）〔名〕水受寒凝結之固體。（今作冰）〔象形〕象冰上裂紋之形。仌仌〔幫母蒸韵〕北鷹 ㄅㄧㄥ biəŋ

山

宣也。謂能宣散氣生萬物也。（依段氏改訂）有石而高。象形。（所間切〔九下，屬字五十二〕）

今譯 有石而高出之土〔象形〕象山峯山巖之形。〔審母山韵〕色艱 尸

ㄢ SZㄧaㄇ

厂

山石之厓巖人可居。（厓山邊也）象形。厈 籀文从干聲。呼旱切（九下厂部字二六）

今譯 厂〔名〕崖下可居之處（疑以穴居時代）〔象形〕象山崖之形。〔曉母旱韵〕

大旱 厂 ㄢ ㄨ ㄜ ㄇ

广

因厂爲屋也。从厂，象對刺高屋之形。（對刺相對上刺也）讀若儼然之儼。魚儉切（九下广部字四八）

今譯 广〔名〕山崖上之高屋〔象形〕象崖上高屋之形。「象屋」

〔疑母琰韵〕我掩 一 ㄢ ㄩ ㄇ

土

地之吐生萬物者也（吐土同音）。二象地之上、地之中；丨，物出形也。他魯切（十三下土部字三〇）

今譯 土〔名〕地質表面沙泥等之混合物〔象形〕象地面、地中之物

田

陳也。（「丄」上「一」爲地面，下「一」爲地中。「丄」象植物生出。陳，列也。古音田音同陳。）樹穀曰田。（種菜曰圃，樹果曰園。）象形。口十，阡陌之制也。（十三下，屬字二八）待年切〔定母先韻〕

〔今譯〕田（名）已耕種穀之地（象形）象田有封畛阡陌之形（託戶去ㄨ ㄊㄧㄢˊ）

特煙去ㄧㄢ． tiän

𨸏

大陸也。（陸，地之高大者。）山無石者。象形。（上象累高，下象可拾級而上。）（房九切）（十四下，屬字九二）

〔今譯〕𨸏（隸作阜，偏旁作阝，在左）（名）高大之土山（小于阜者曰𠂤，大于阜者曰陵）（象形）象𠂤𠂤高大之形。（三「一」象階級）〔奉母有韻〕附有ㄈㄨˋ feu．

𠂤

小𨸏也。象形。（都回切）（十四上，屬字二）

〔今譯〕𠂤（名）阜之小者（今假堆爲之）（象形）象低于𨸏之形（象形者文）〔端母灰韻〕得灰

ㄉㄨㄟ duei．

火

㷉也。（段氏謂㷉當作燬。《詩》釋文：齊人謂火曰燬。）南方之形。炎而上。象形。（呼果切）（十上，屬字一一二）

〔今譯〕火（名）物質燃燒之現象（物体中之炭素與空氣中之酸素化合，所生之光熱）（象形）象火燄。

之形八（晚毋 果韵）喊果厂乂．ㄛ 乂 Ⅱ a：

第二節　字形之根

字形之根 Root 者部首由數原質相合其作用猶一原質在化合分解時類似（單位原質也此類部首概為複式象形、指事及會意、形聲皆因其又有所屬之字不得不另立一部也但為類頗多不及備述舉其大部以明其例

（一）單式六書之類

止 趨也從夭止 夭止者屈也（子苟切）（三上屬字八四）

（今譯）（走）作走 今隸（動）疾行 徐行曰步，疾行曰趨，疾趨曰走（會意）會夭與止之意

見左列幾何式（精毋 厚韵）子口ㄗ．又ㄗ 5乙-a：Ⅱ

求證　夭+止=走　證　夭=屈　止=足　走=疾行　∵安步足則行動直

疾行動必屈　∴屈足=疾行　而夭止=疾行　∴夭止=走　故走為會意

辵 乍行乍止也。从彳从止。讀若春秋傳曰「辵階而走」。（春秋公羊傳宣六年文，今作躇。）（丑略切 三下屬字一一七）

今譯 辵（今隸偏旁作⻌）〔動〕散步，忽行忽止。〔會意〕彳〔意〕＝辵。（忽小步，忽停止，止之引申義，見散步之義。）〔徹母 藥韻〕丑藥 ㄔㄨㄛˋ tʂʻuɑ:

足 人之足也，在體下。从口止。（口从止，本作口〔圍〕。）（即玉切 三下屬字八五）

今譯 足（今隸作⻊）〔名〕下肢之總名。〔會意〕口十止＝足。（口猶人之膝，以上之身軀，足）

〔精母 燭韻〕子欲 ㄗㄨˊ tsu

邑 國也。（古國邑二字可通用，如敝邑、商邑、西邑，皆是。）从口。音圍。先王之制，尊卑有大小，从卪（尊卑）。（指公侯伯子男大小，指方五百里以至百里。）（於汲切 六下屬字一八）

今譯 邑（今隸偏旁作⻏在右）〔名〕區域。封建時代諸侯之國，郡縣時代一郡一縣。〔會意〕口〔意〕十卪〔意〕＝邑。（口指封域，卪指封域而有節者曰邑。）〔影母 緝韻〕乙汲 ㄧˋ i

以上異母會意

艸 百卉也。从二屮。（倉老切 一下屬字四四四）

今譯 艸(今隸作艹,偏旁在上者)〔名〕艸,本植物之總稱,相沿借草為艸(草本作草,櫟實,可以染皂,而俗另作皁以代草字)。
〔會意〕之(屮)=艸。(屮,艸木初生也,从二屮,上下為之,則為艸)(清母,皓韻)此襖ㄘ·ㄠ tsʻ-a-u:

䖵

蟲之總名也。从二虫。讀若昆。古魂切(十三下屬字二四)

今譯 䖵〔名〕蟲之總名(蟲之言衆也,䖵之言昆(同)也)〔會意〕之(虫)=䖵。(今假昆為䖵,如昆蟲)(昆母,魂韻)格

溫ㄎㄨㄣ kuən

以上同母會意

攴

小擊也。从又,卜聲。普木切(三下屬字七七)

今譯 攴(今隸作攵)〔動〕打(今變作扑)〔形聲〕又(意也,又手)十卜(聲,卜音)=攴(滂母,屋韻)匹屋ㄆㄨ pʻu

言

直言曰言,論難曰語(見大雅毛傳)。从口,辛聲。語軒切(三上屬字二四六)

今譯 言(今隸作言)〔動〕宣布己意〔形聲〕口(意,言發于口)十辛(聲,辛音)=言。
(疑母,元韻)我軒ㄧㄢ·jan

以上形聲

第二章附錄

第一 許慎小傳

許慎、字叔重、後漢汝南召陵人。性淳篤、博學經籍、馬融常推敬之。時人為之語曰、「五經無雙許叔重」。為郡功曹、舉孝廉、再遷除洨長、卒於家。初、慎以五經傳說臧否不同、於是譔為五經異義、又作說文解字十四篇、皆傳於世。

明帝朝（民國紀元前一八五三至一八三五）許慎生。

和帝永元八年、（一八一五）賈逵為侍中騎都尉、慎從逵受古學。

和帝永元十二年、（一八一三）正月、艸說文解字竟。

安帝永初四年、（紀元前一八〇二）慎與劉珍馬融等五十餘人校書東觀。

安帝延光元年、（紀元前一七八九）九月、慎遣子冲奏上說文十五篇。

桓帝朝、（一七六四至一七四四）許慎卒。

說文解字敘見下篇附錄

第二　說文解字研究法

(一)著作之動機　治歐西語言文字、而不通希臘拉丁文、猶識末流而未達本源也。治中國文字而不通古籀篆文之學、亦奚獨不然。中國古籀篆文之學、自來以許慎說文解字(簡稱曰說文)一書為宗

許慎之作說文、正為當時社會上之望文生訓、謬作說解。說文敘所謂「馬頭人為長、人持十為斗、虫、屈中也」。不異今世所謂「宀為寶蓋、呂為雙口」之類也。此種俗解、在不學之人、貿然出諸口、無足責也。惟受正式教育之學者、而亦同乎流俗、此許慎所以作說文解字也。吾人不可不畧明其大概者、亦此也。

(二)構成之成分　漢時文字為小篆、說文以小篆為主、而不足者、則

雜合古文、籀文其故有二

(甲)·應用方面　當時通行小篆、用小篆合當時應用。

(乙)·學理方面　因小篆字數太少、可據者五千三百四十字。(詳見下篇)而小篆與大篆不同、大篆與古文不同之處相差不過十之一二。故說文合此三者乃得網羅當時文字、而成一完全字書也。

(三)說。文。字。之。分。部。　說文一書系統井然九千餘字之歸類以今日觀之必用左列方法

(甲)·分析　分析各字形、取其意之一體或意最重之一體。

(乙)·歸納　各字意之一體相同者、歸一類。而以義近者相比。

(丙)·提綱　各類建首。

(丁)·順序　建首之排列仍以相从為次。與今日字典以筆畫多寡為先後者不同。(見部首系聯表)

（四）説解之次序　各字之下，不得不加説明。説明亦略有定序。

（甲）説字義

（乙）説字形　有時合作一説解。

（丙）説字音——此項不多。

（丁）説異文——或體、古文、籀文。

（五）常用之名詞　舉數列于次。

一曰……一本作……也（校書人之詞。説文相傳既久，或有兩本不同，校者彙集爲一也。此王筠説）。

又曰……同。一曰……。

上諱　漢時皇帝名也（説文凡五見，概在本部第一字，亦敬也）。

凡「匕」之屬皆从「匕」。凡字中有一體从此意者，皆在此部（部首必有此句）。

凡「若干」字　以上解説共若干字（在每篇之後）。

文「若干」以一部之字共若干也。(位在一部之末其數連部首算入)。

……曰引前人之說以證之。

从「匕」「孑」……此各字皆為意會意字也。(順遞言之可成言用之。如「天」下曰「从一大」)

从「乂」从「孑」……同从「乂」「孑」……。(順遞言之不能成言者用之。)

从「匕」「孑」聲「匕」為意「孑」為聲形聲字也。

从「乂」「孑」「乙」聲「匕」「孑」為意「乙」為聲會意兼形聲字也。(从「匕」从「孑」「乙」聲同。)

从「乂」「孑」「孑」亦聲「乂」「孑」為意「孑」又為聲會意兼形聲字也。

从「乂」象形「乂」一體為意餘皆象形象形兼意字也。(从「乂」……象形同。)

古文「乂」……古文與小篆異乃如此寫。(無此說解者古文與小篆同或無可考也。)

或从……　字形之别體。

或曰……　同「一曰……」。

重文「若干」　以上一部字形別種寫法若干也。（在每部之後，與「文若干」同。）

若干部　以上分部若干。（在每篇之後。）

……說　當時通人之說如此也。（概在解說之下。）

與「某字」同意　此字形之構成法，同于「某字」也。

讀若「某」　音與「某」字同。（大概「某」字常借為此字。）

讀若「某」同　同右。（同右。）

讀若「某書」曰……　同右。（同右。）

讀與「某」同　同右。（同右。）

讀若……（當時俗語）　同右。（但多記音，而義絕少通用者。）

闕　無可解也。（或全字之解，或一部之解。）

籀文……籀文與小篆異乃如此寫也。無此解者，籀文與小篆同、或無可考也）

（六）說文之統計

（甲）篇數　一四篇

（乙）部首　五四〇部

（丙）篆文　九、三五三文

（丁）重文　一、一六三文

（戊）解說　一三三、四四一字

第三　說文部首系聯表

部首系聯表，所以明部首相聯之故。段懋堂但加說明、似無統系。蔣和所撰、王筠所校正者，固執「始一終亥」之見，母子多有顛倒。夫說文部首、概以形為次，形無可貫，乃以義相比。今欲矯牽強傅會之說，斟酌諸家，改定一表如次。容備參考，未敢即信為是也。

——	實線	表形中有一體相从。
……	虛線	表義相比。
- - -	鎖線	表形相似。
○	圈	表承上啟下
✳	星	表此部首遠文。

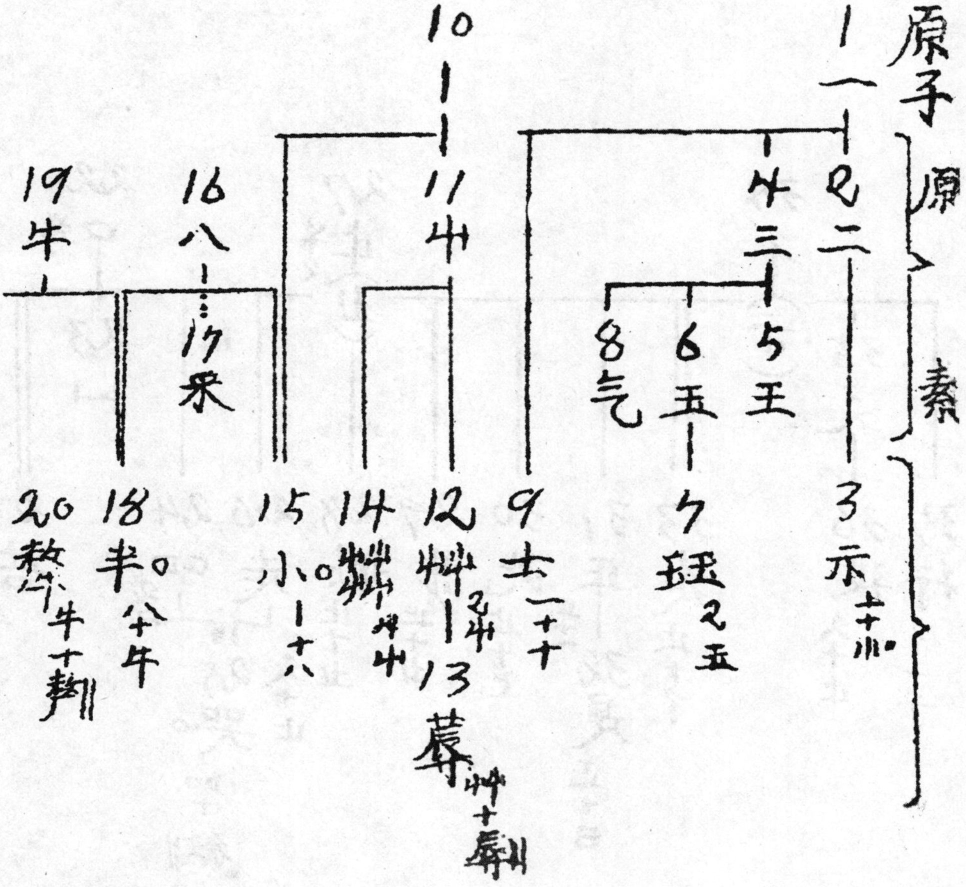

第一篇

艸類最多

主要部如艸、玉、示、

第二篇

口與止類最多

主要部如口、止、彳、

辵又

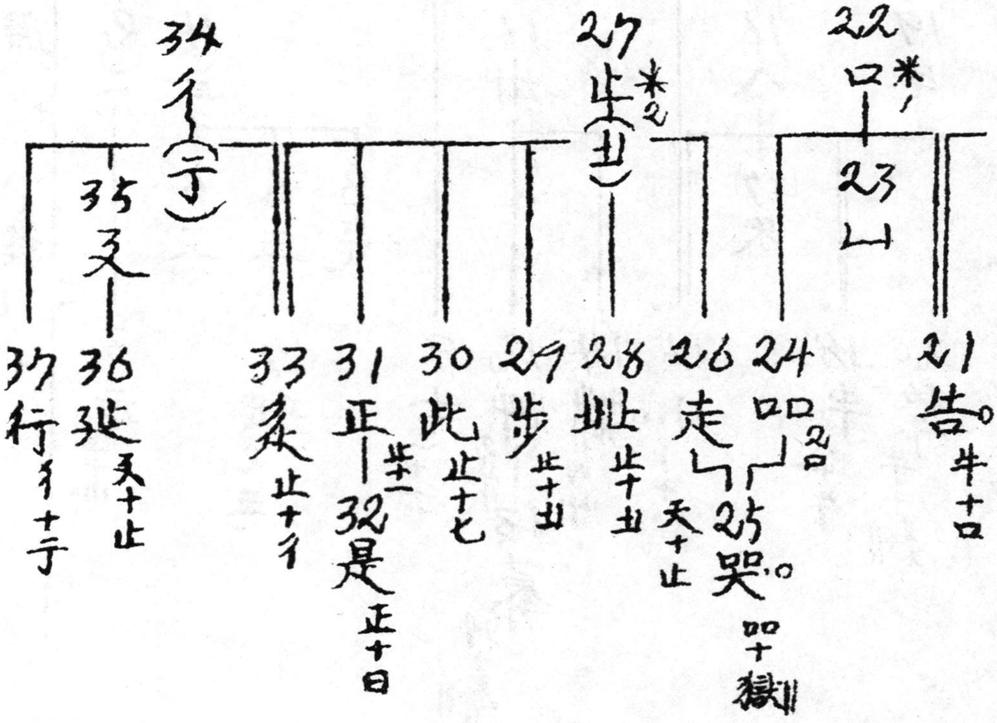
34 彳
27 止
22 口
35 又
23 山
37 行
33 辵
31 正
32 是
30 此
29 步
26 走
24 吅
25 哭
21 告

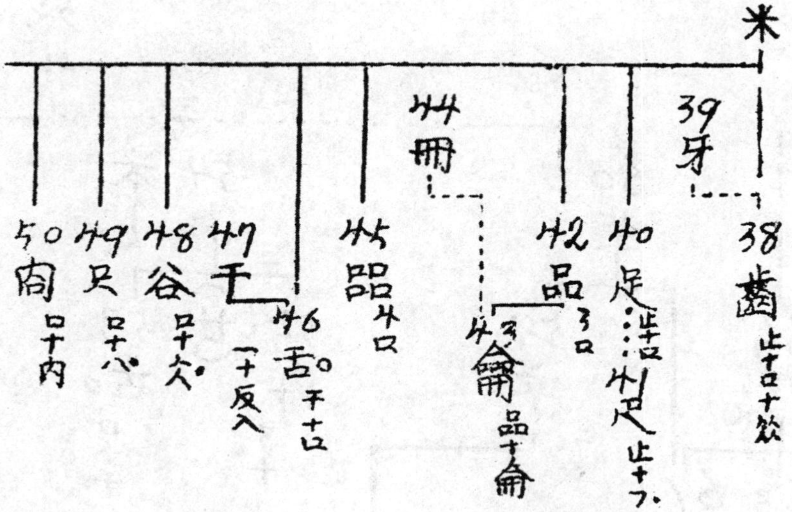

第三篇

手類最多

主要部如又爪廾.

笲又口三分支

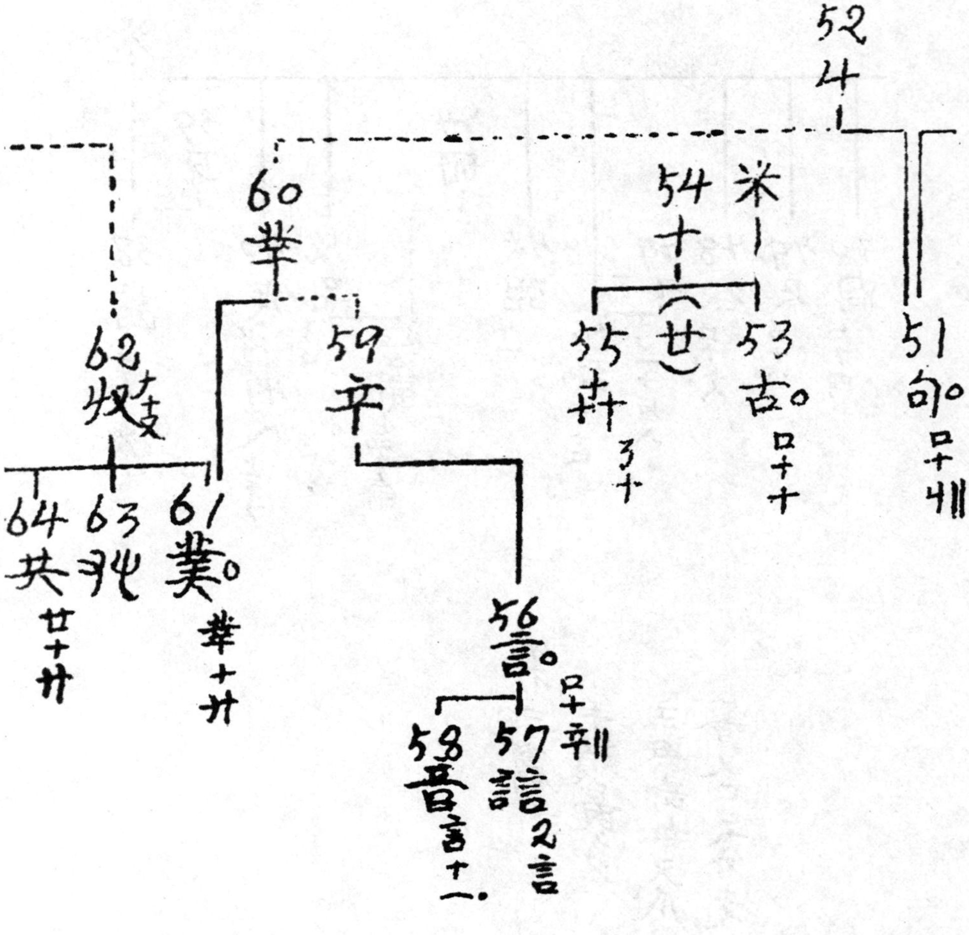
52
51
54
53
55
60
59
62
61
63
64
56
57
58
辛
共

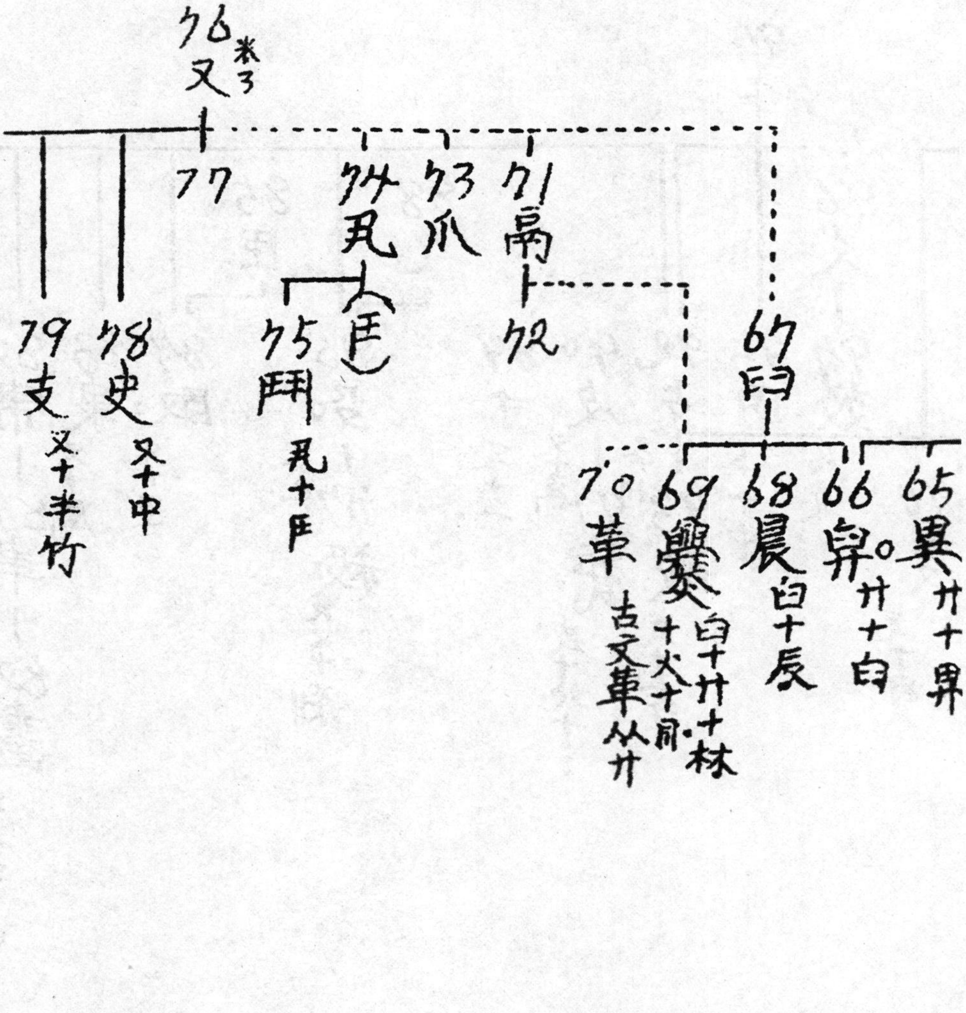
76 又
77
74 丮
73 爪
71 鬲
72
79 支
又十半竹
78 史
又十中
75 䢅
丮十𠀁
67 臼
70 革
古文革从廾
69 爨
臼十廾十林十火十冂
68 晨
臼十辰
66 舁
廾十臼
65 異
廾十畀

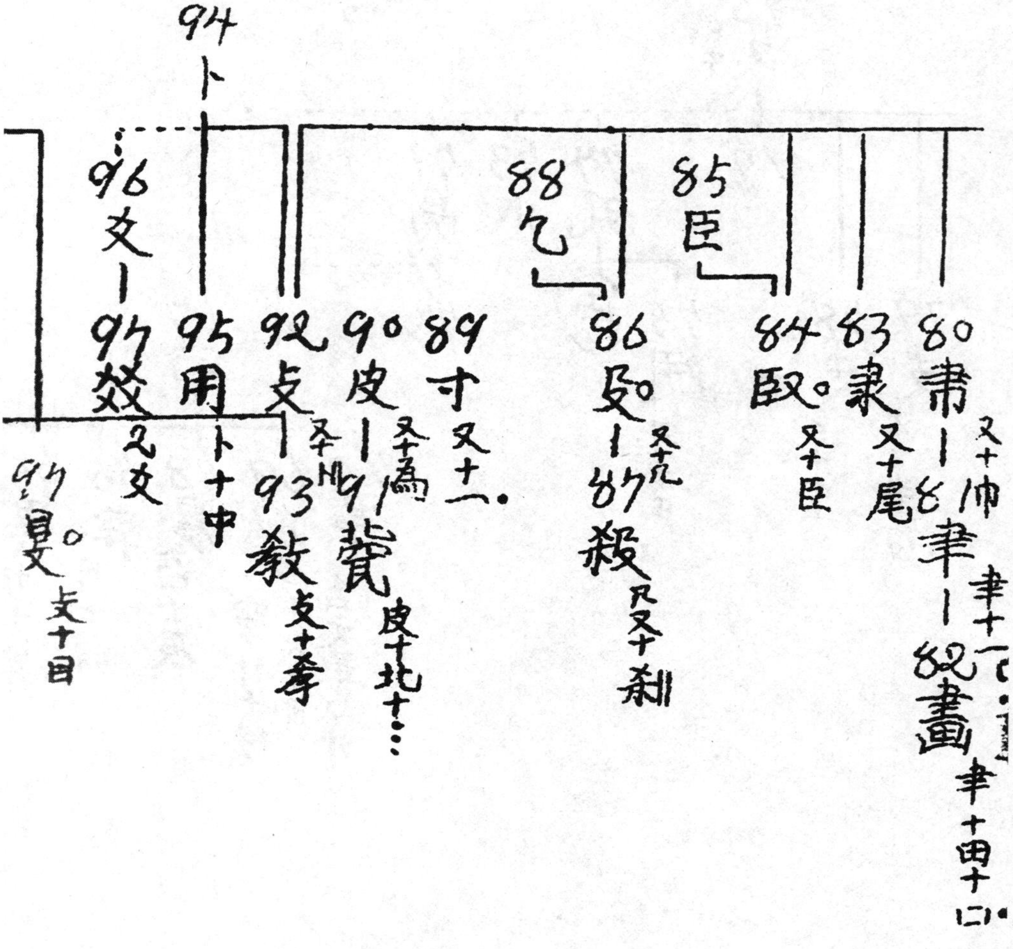
94 卜
96 文
97 敚
95 用
92 攴
90 皮
89 寸
88 乞
86 殳
85 臣
84 臤
83 隶
80 聿
93 教
91 皮
87 殺
97 旻

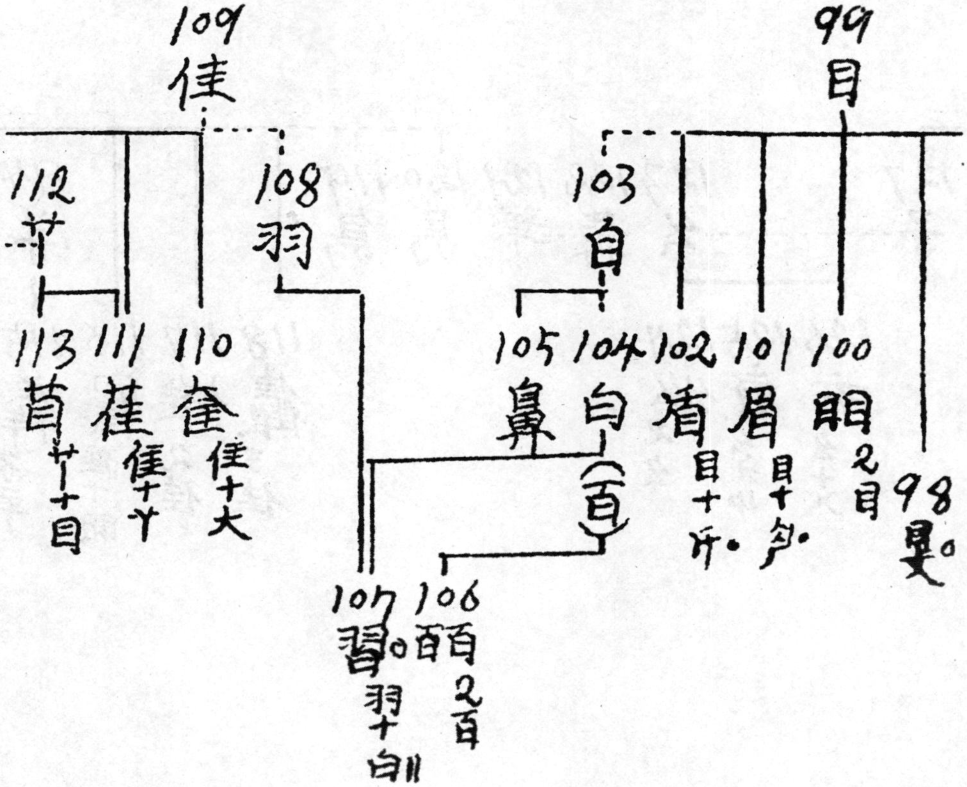

第四篇

目類及羽類刀類最多主要部如目、羽、隹、鳥、肉、刀等

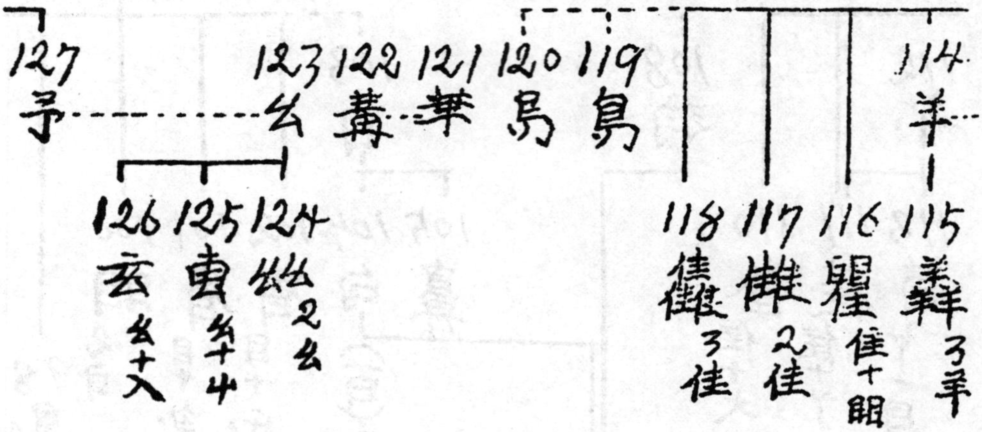
127
123 122 121 120 119
114
幺
羊
126 125 124
118 117 116 115
玄

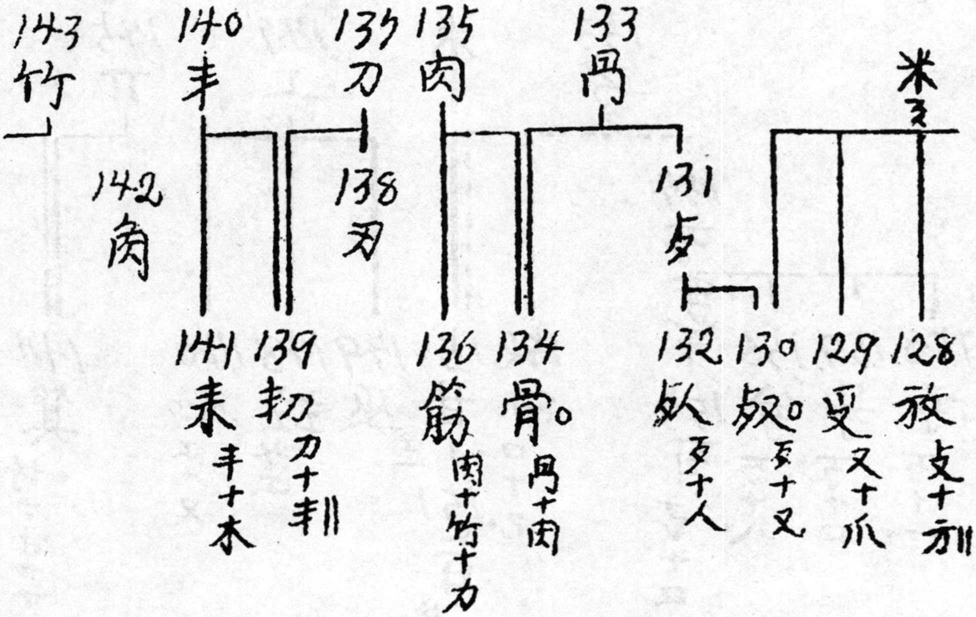
143 竹
140 丰
137 刀
135 肉
133 冎
142 肉
138 刃
131 歺
141 耒 丰十木
139 耓 刀十丰
136 筋 肉十竹十力
134 骨 冎十肉
132 夗 歹十人
130 叔 歹十又
129 受 又十爪
128 敉 攴十米

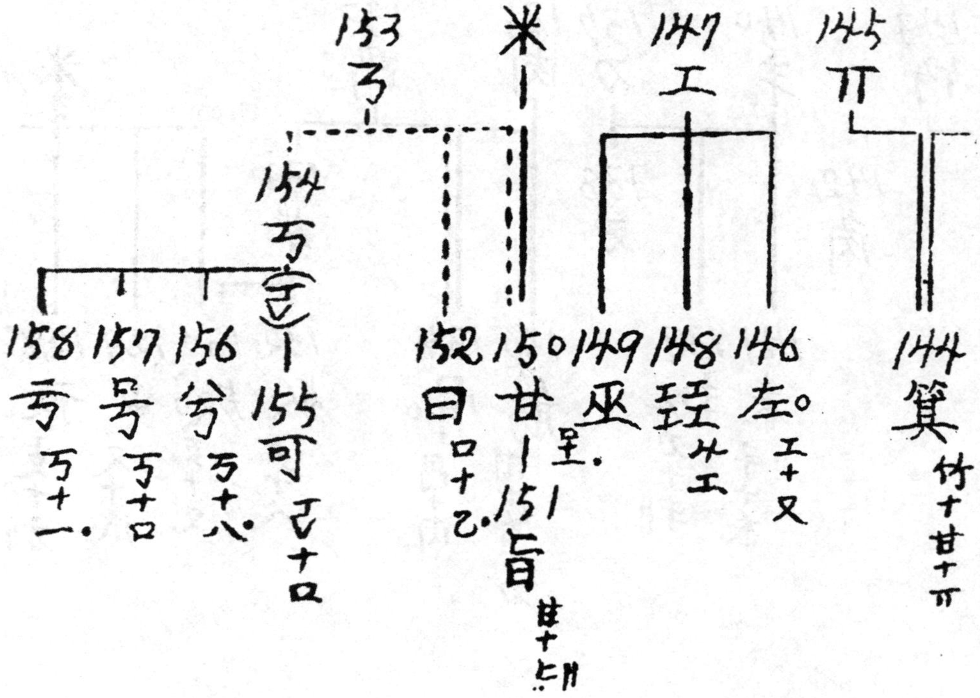

第五篇

竹類气類飲食用具類最多

主要部如竹、丂、皿、食文等

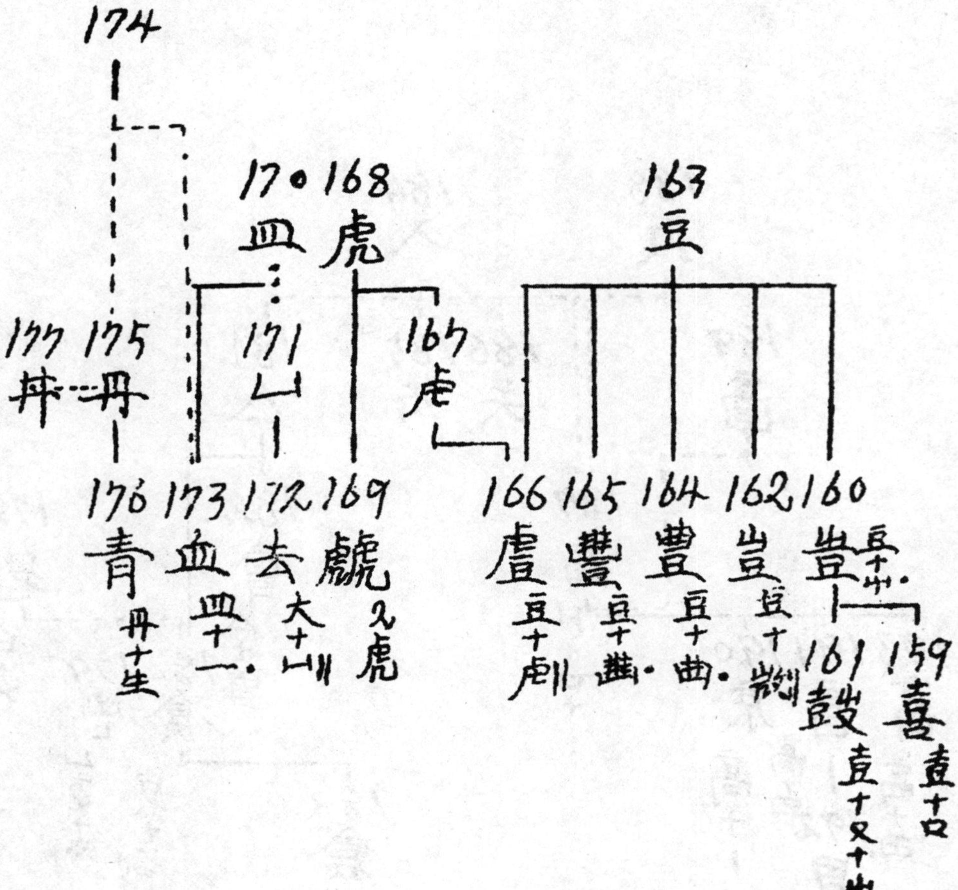

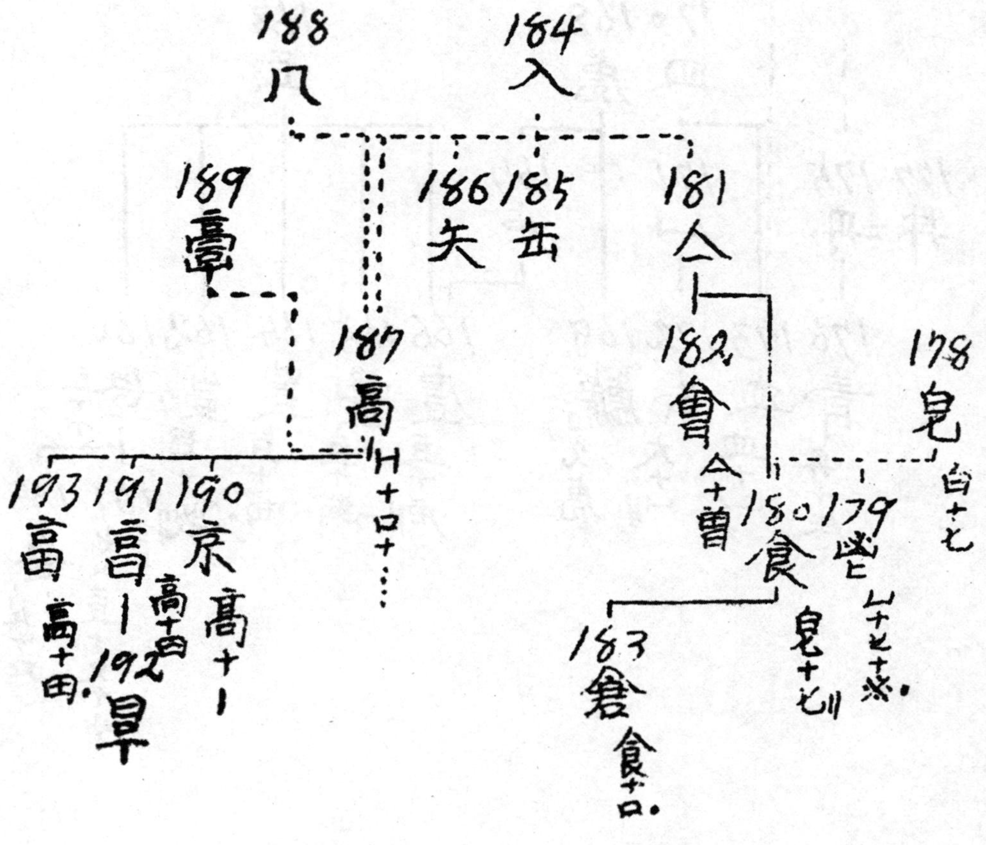
188
184
入
189
186
185
181
187
高
182
會
178
193
191
190
京
180
食
179
183
192

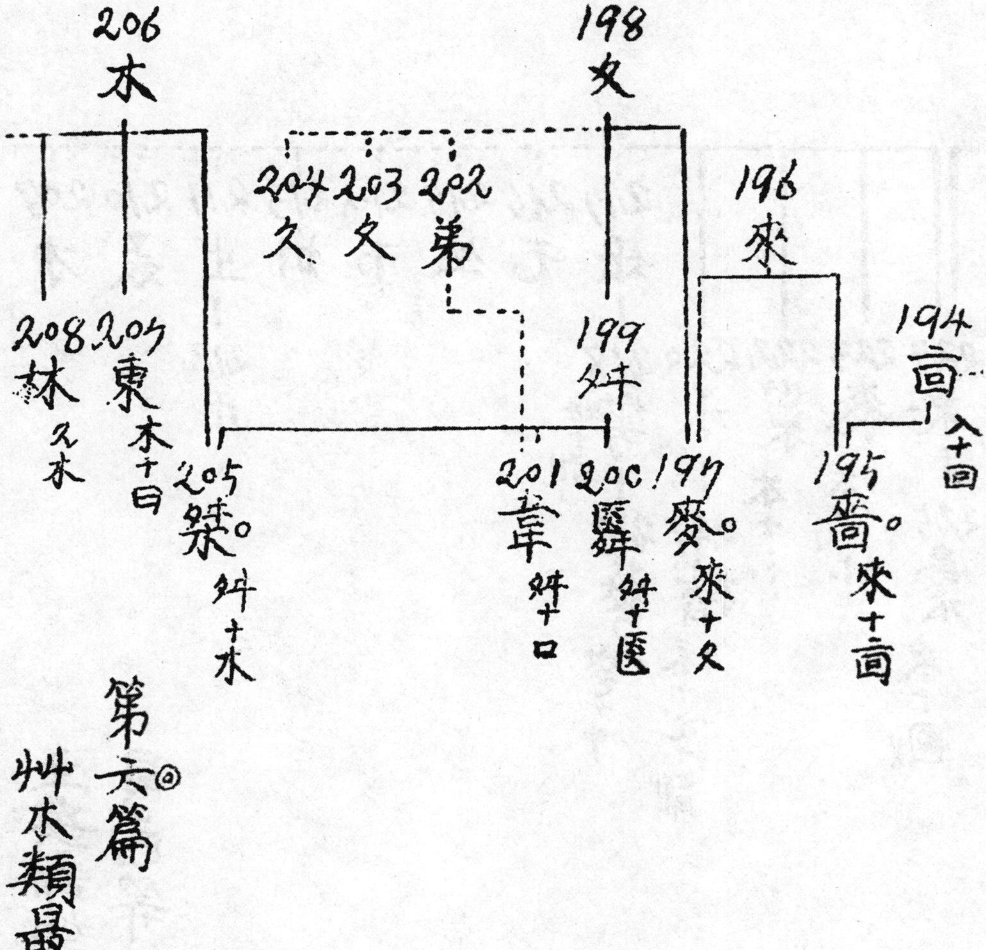
206 木
198 夂
204 久
203 夂
202 弟
196 來
194 㐭
入十回
208 林
久木
207 東
木十日
205 桀
舛十木
199 舛
201 韋
舛十口
200 舝
舛十匽
197 麥
來十夂
195 嗇
來十㐭

第六篇◎
艸木類最多

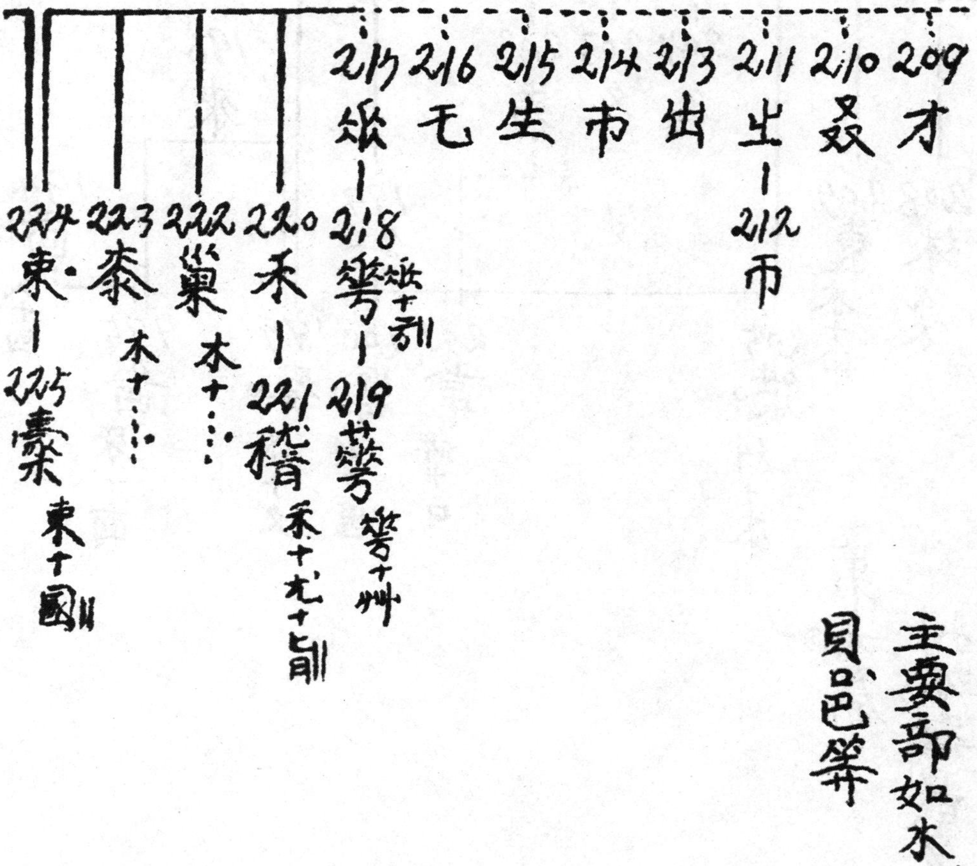
217 216 乇 215 生 214 213 出 211 之 210 209 才
218 212 帀
224 束 223 桼 222 巢 220 禾
225 221 稽 219
主要部如水、口、
貝、邑等

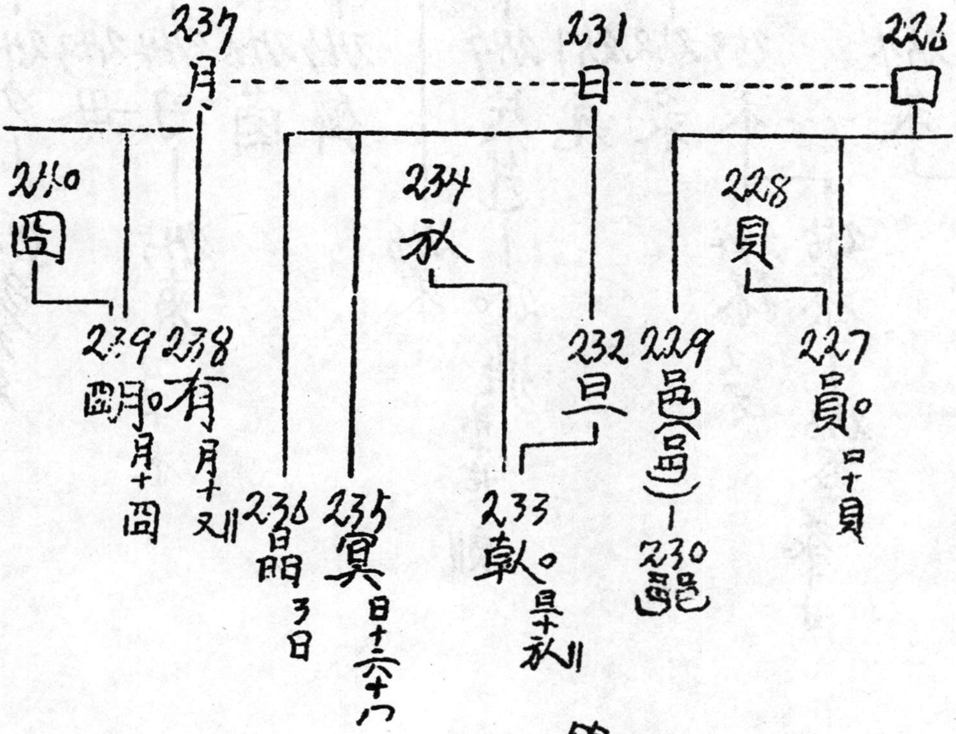

第七◎篇
日月類作物類
覆蓋類最多
主要部如日、禾、
米、宀、門等

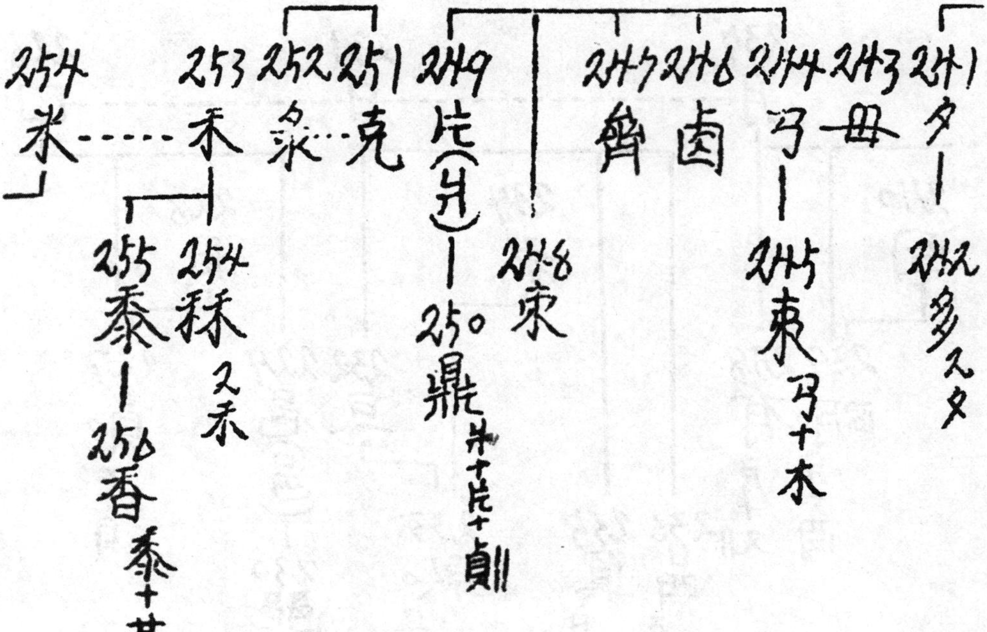
254 米
253 禾
251 克
249 片(爿)
250 鼎 爿+片+貞
248 朿
243 毌
241 夕
242 多 又夕
245 束
254 秝 又禾
255 黍
256 香 黍+甘

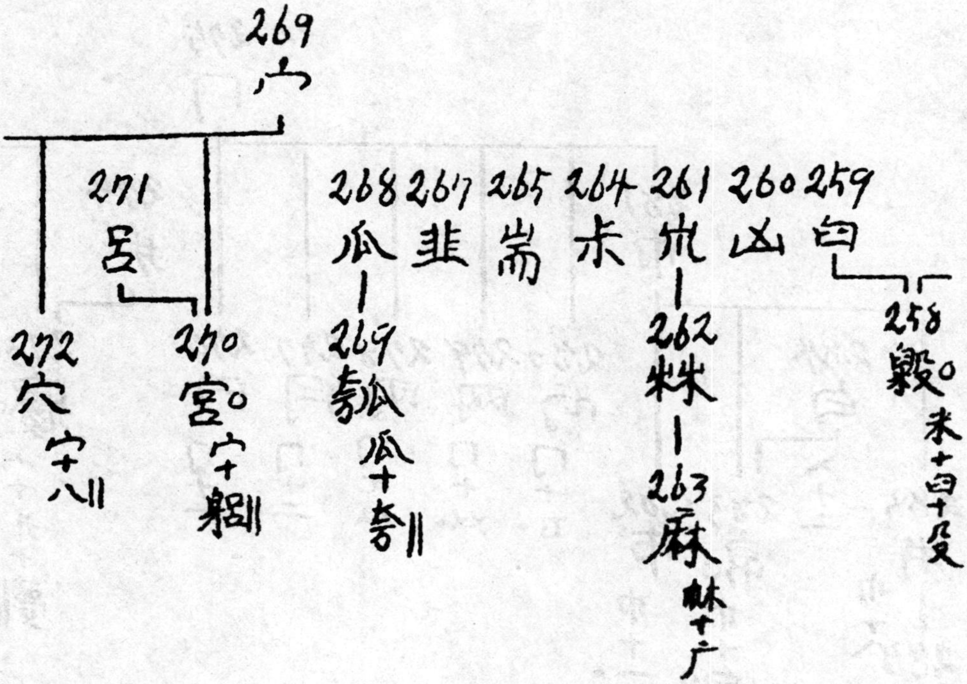

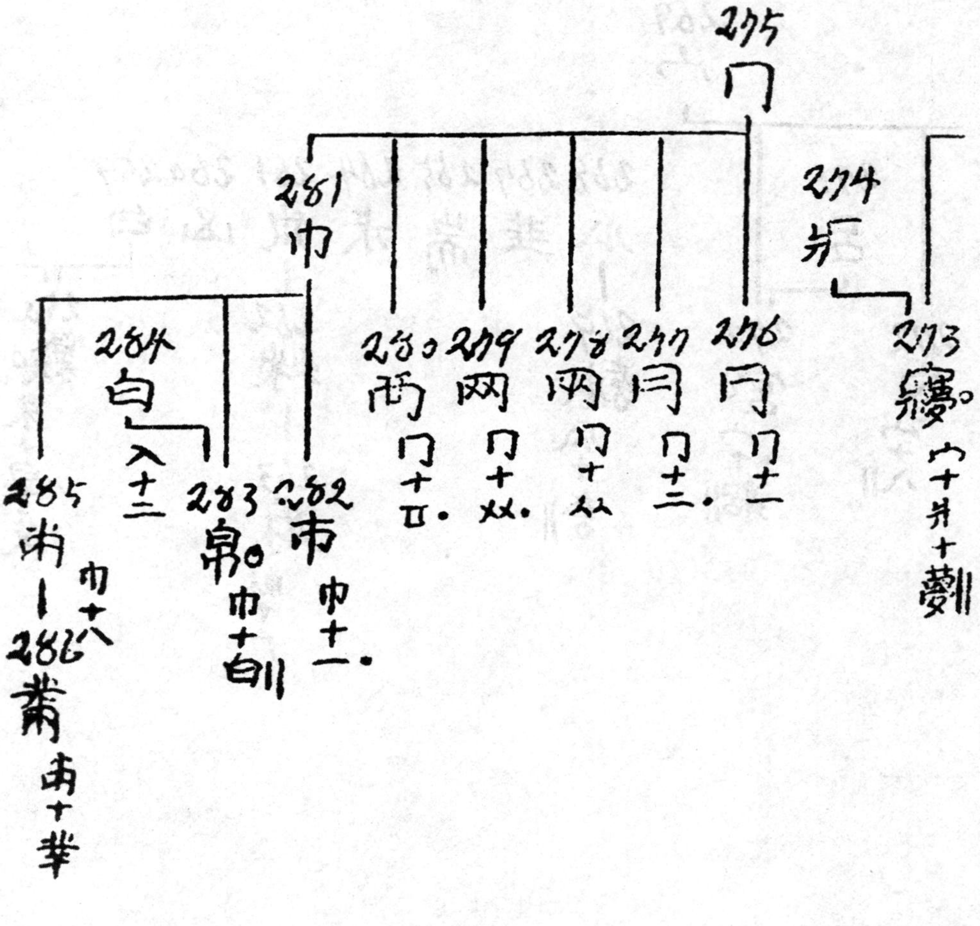
275
281
274
284
280
279
278
277
276
273
285
283
282
286

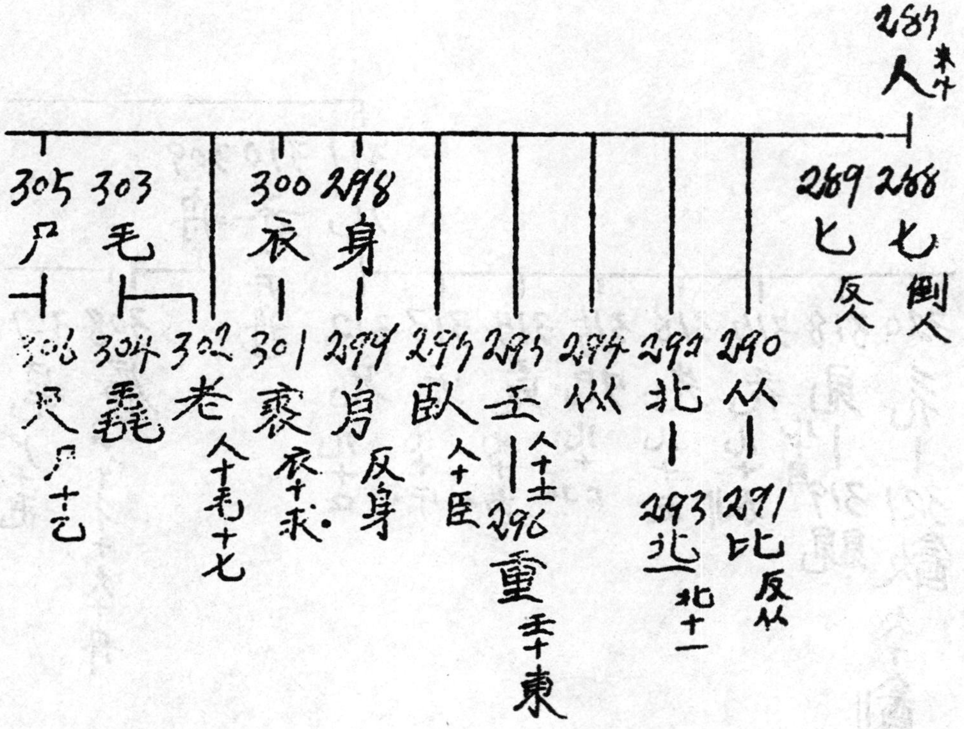

第八篇 人類最多

主要部如人、儿、尸、衣、毛等

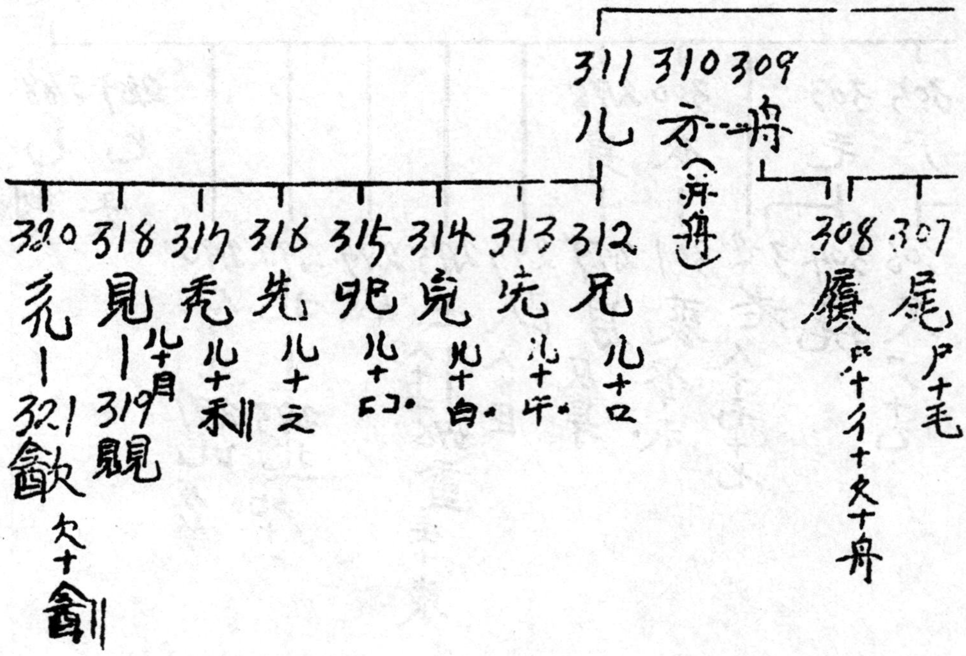
311
310
309
308
307
320
318
317
316
315
314
313
312
321
319

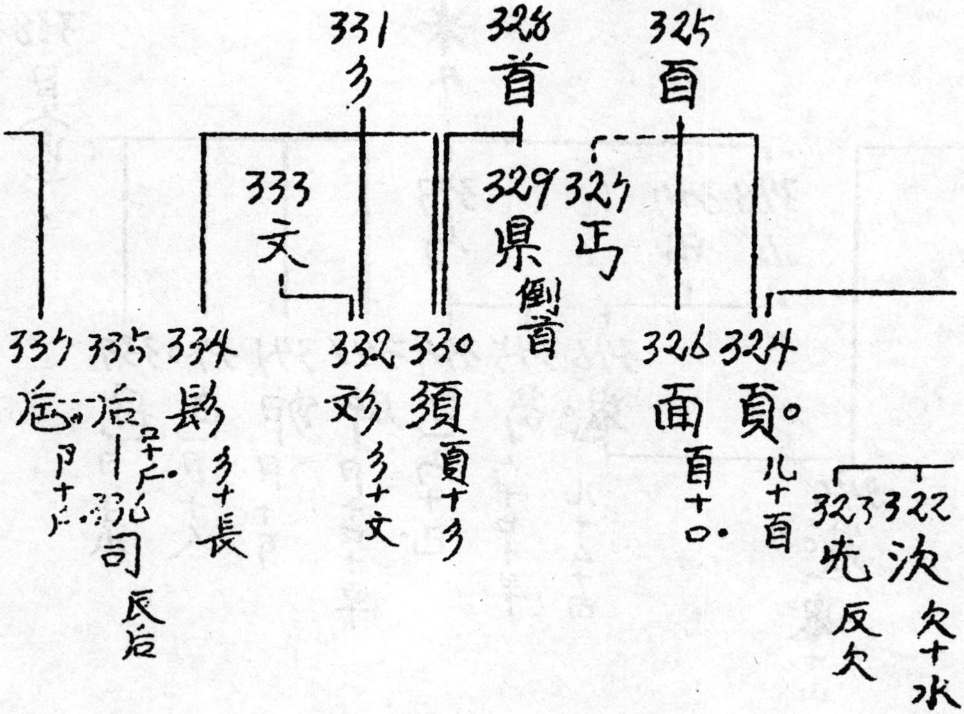
331
彡
328
首
325
百
333
文
329
県
倒首
327
丐
334
髟
彡十長
332
彣
彡十文
330
須
頁十彡
326
面
百十口
324
頁
儿十百
323
旡
反欠
322
次
欠十水
司
反后

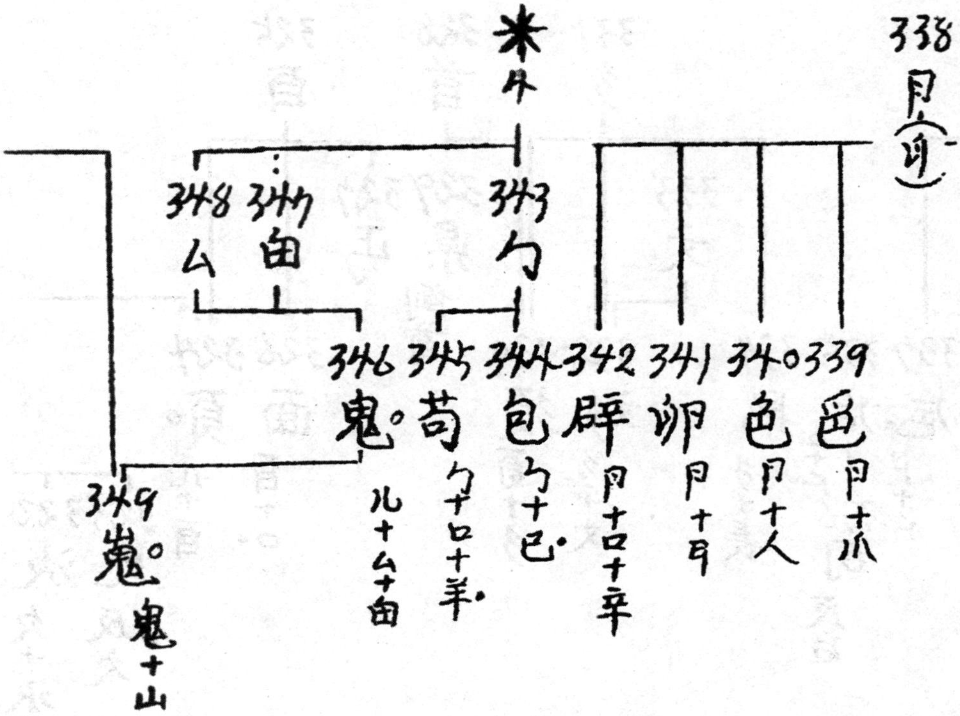
338
343
勹
348
厶
347
由
346
鬼
345
苟
勹+口+羊
344
包
勹+巳
342
辟
341
340
色
339
349
鬼+山

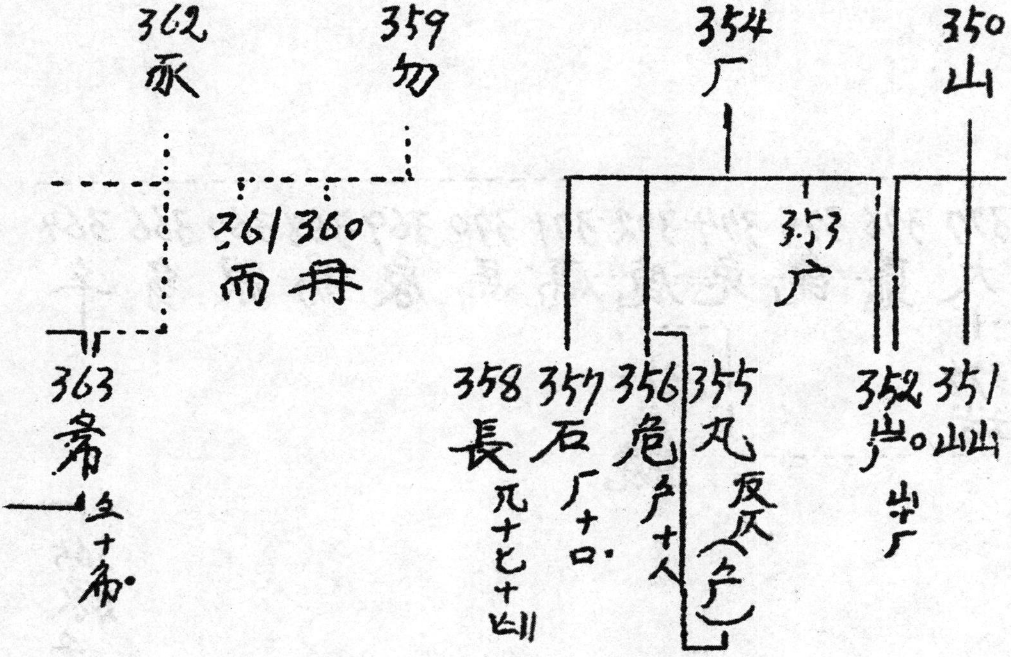
362
豖
359
勿
354
厂
350
山
361
而
360
冄
353
广
363
帣
358
長
357
石
356
危
355
丸
352
岸
351
屾

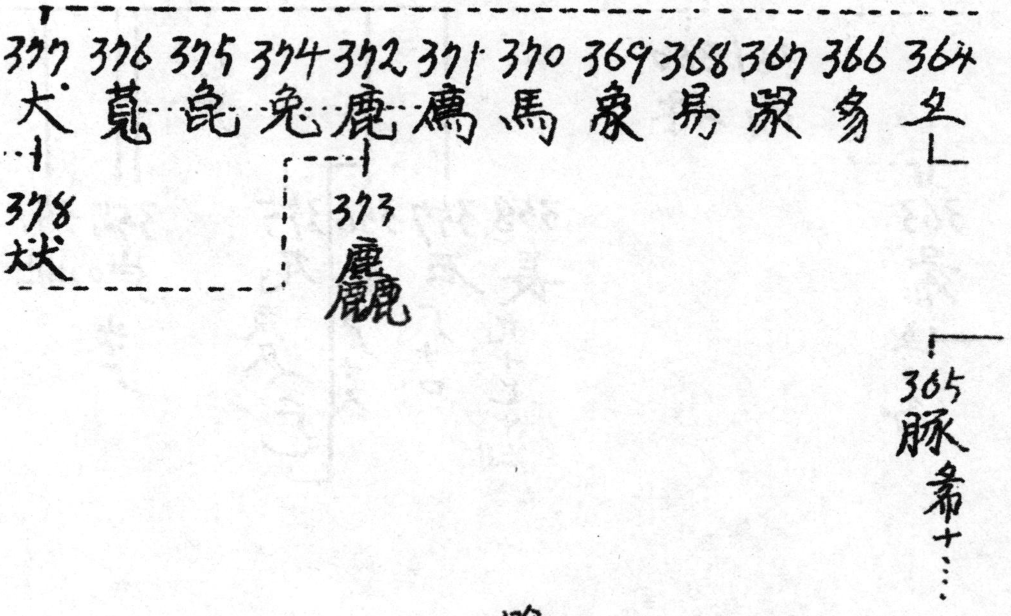

第十四篇

獸類火類大類心類

最多

主要部如馬、犬、火、大、

心等

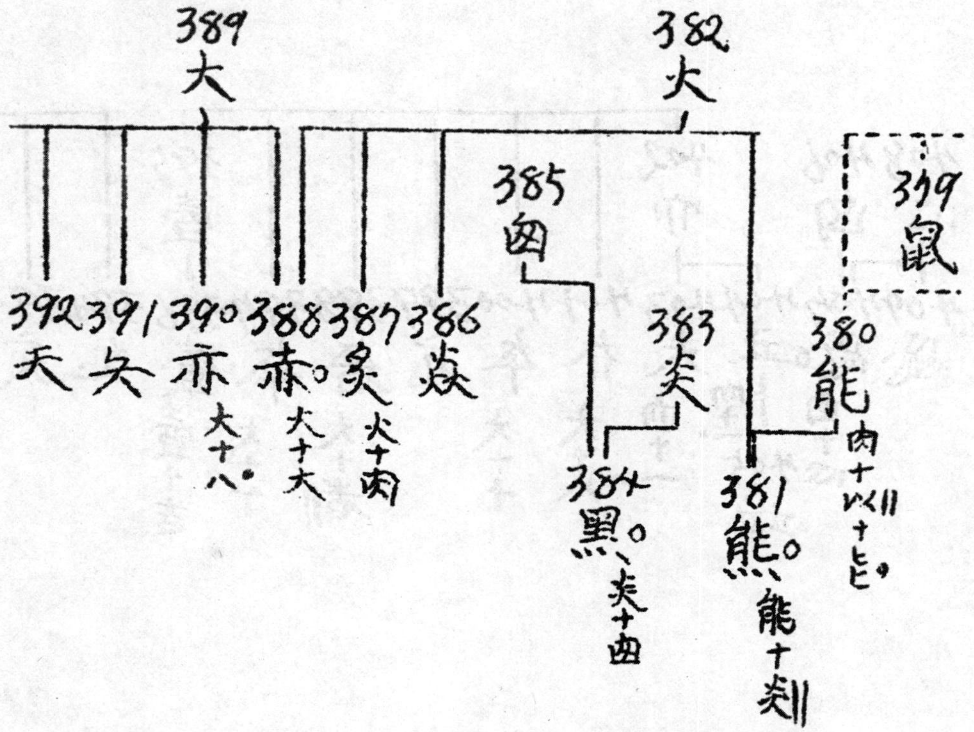
389
大
382
火
385
囱
379
鼠
392 391 390 388 387 386
夭 矢 亦 赤 炙 焱
383
炎
380
能
大十八
大十大
火十肉
肉十以十匕
384
黑
炎十囱
381
熊
能十火

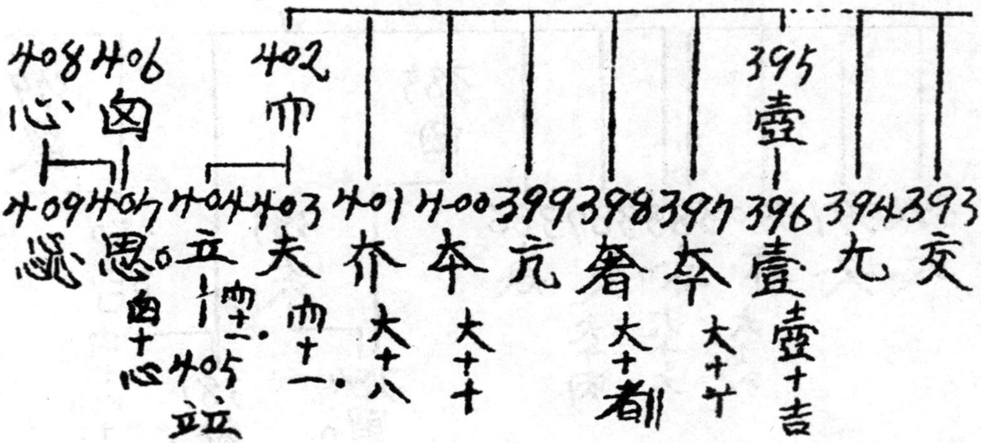
408 406 402 395
409 407 404 403 401 400 399 398 397 396 394 393
405

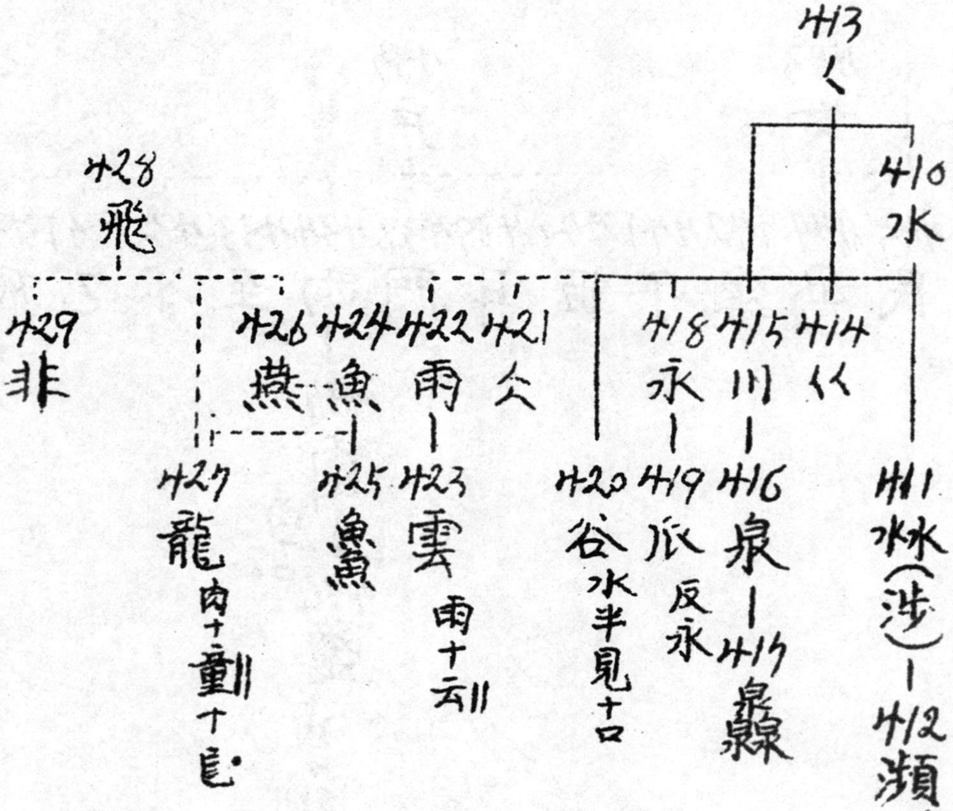

第十一篇◎

水類最多

主要部如水、仌、雨、魚等

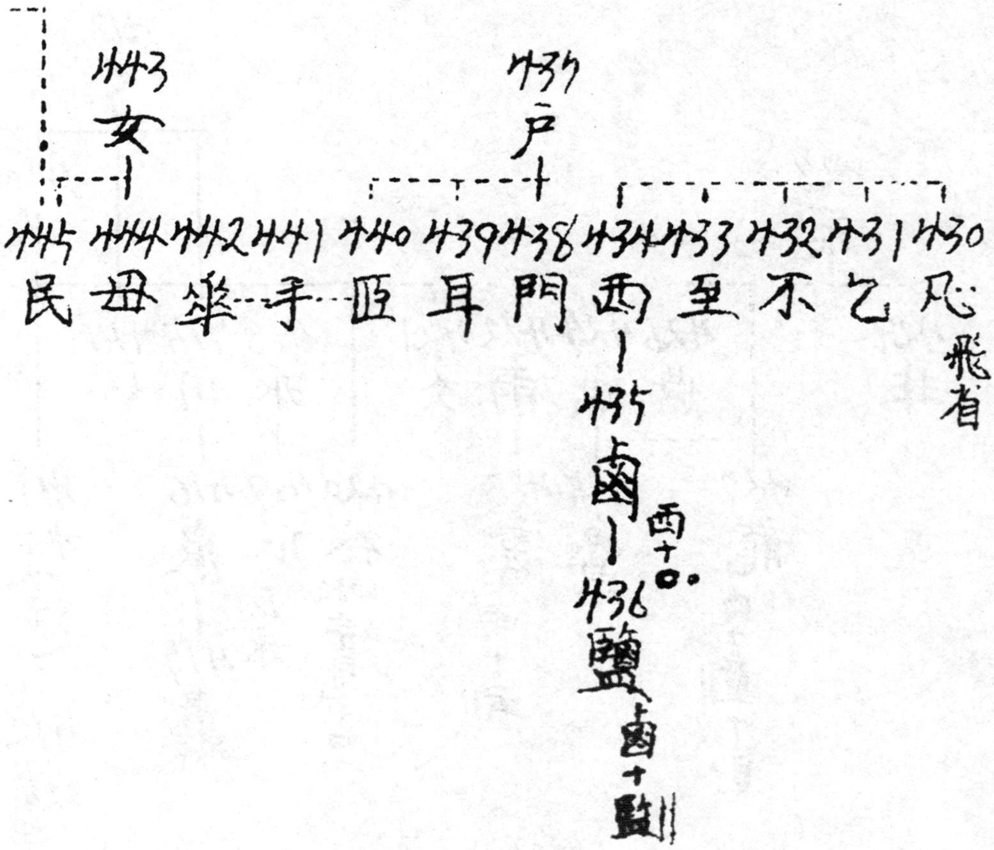

第十二篇

人體類簡單筆畫

類器具類最多

主要部如耳、手、女、戶、

門、戈、民、弓等

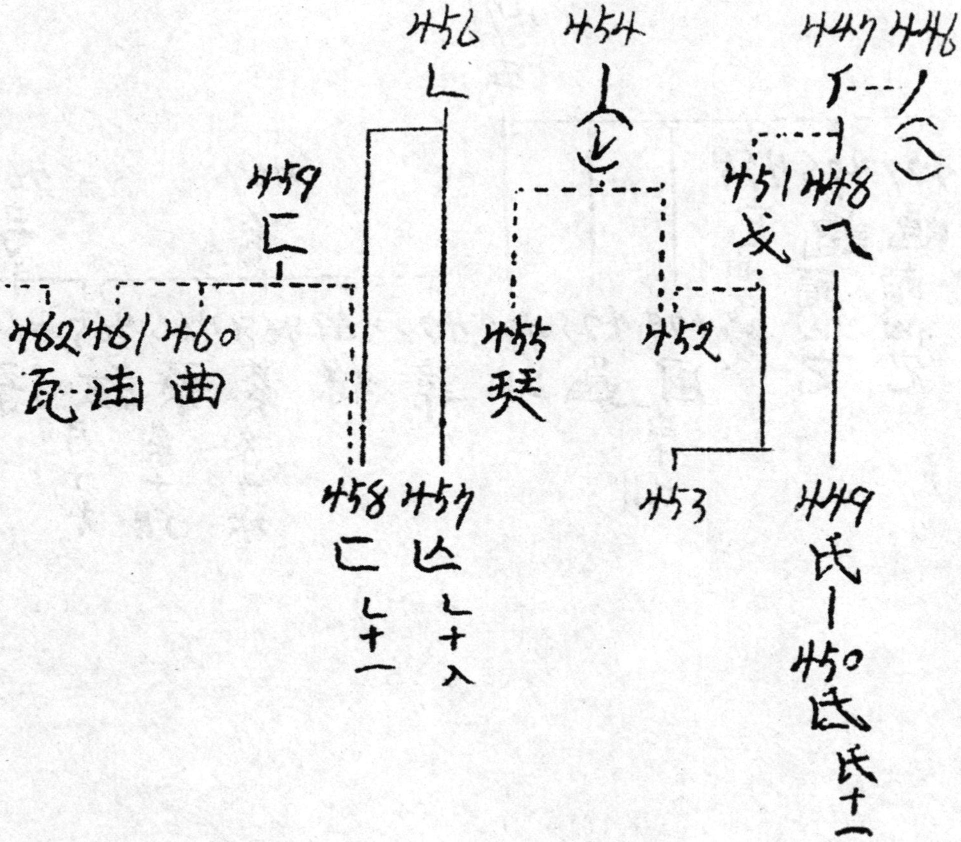
456
454
447
446
459
451
戈
448
462
瓦
461
460
曲
455
452
453
458
匚
457
449
氏
450
氐

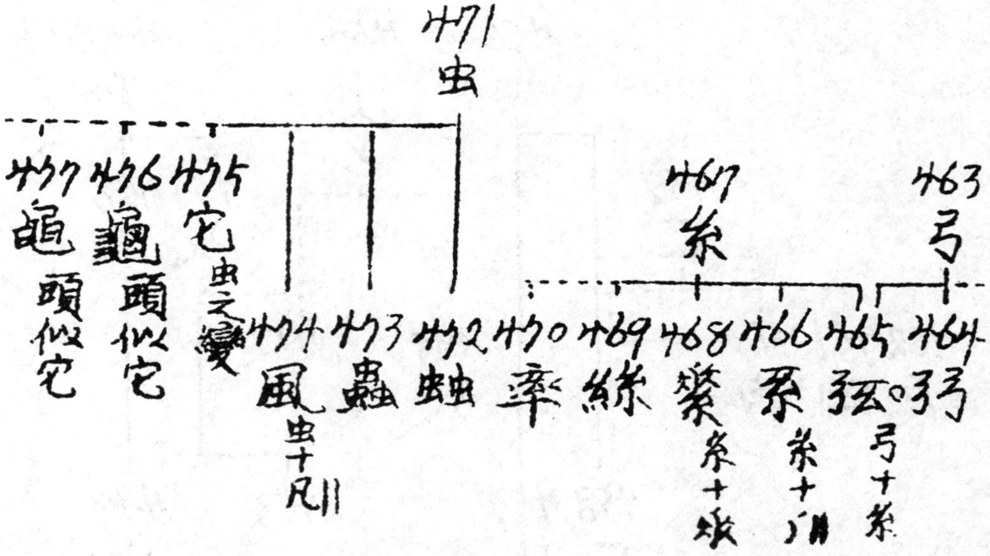

第十三篇

絲類虫類土類最多

主要部如糸、虫、土、田、

力等

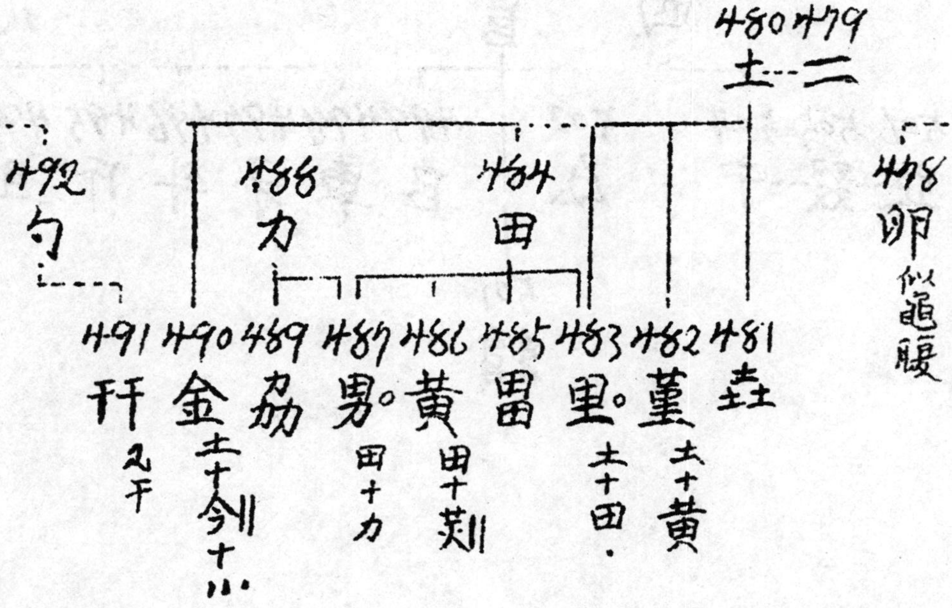

第十四篇

用具類數目類天干類地支類最多

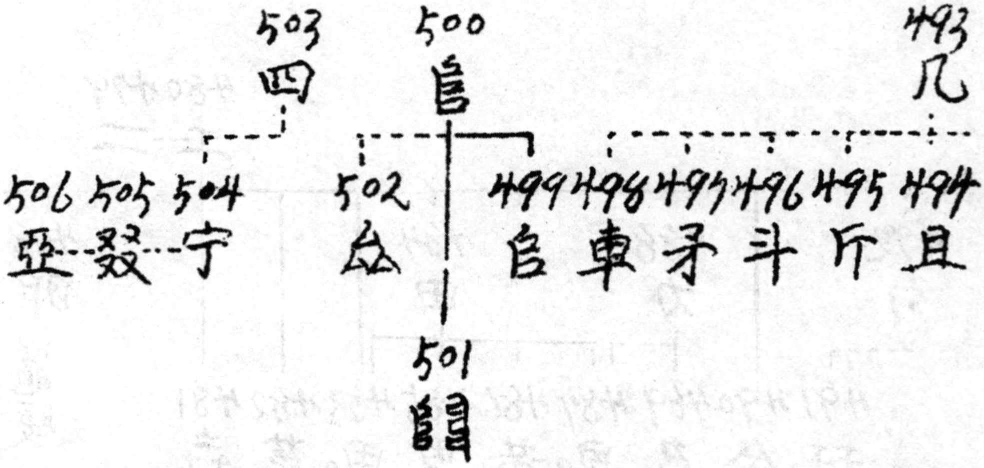
493 几
494 且
495 斤
496 斗
497 矛
498 車
499 𠂤
500 阜
501 𨸐
502 厽
503 四
504 宁
505 叕
506 亞

主要部如金車、阜、子等

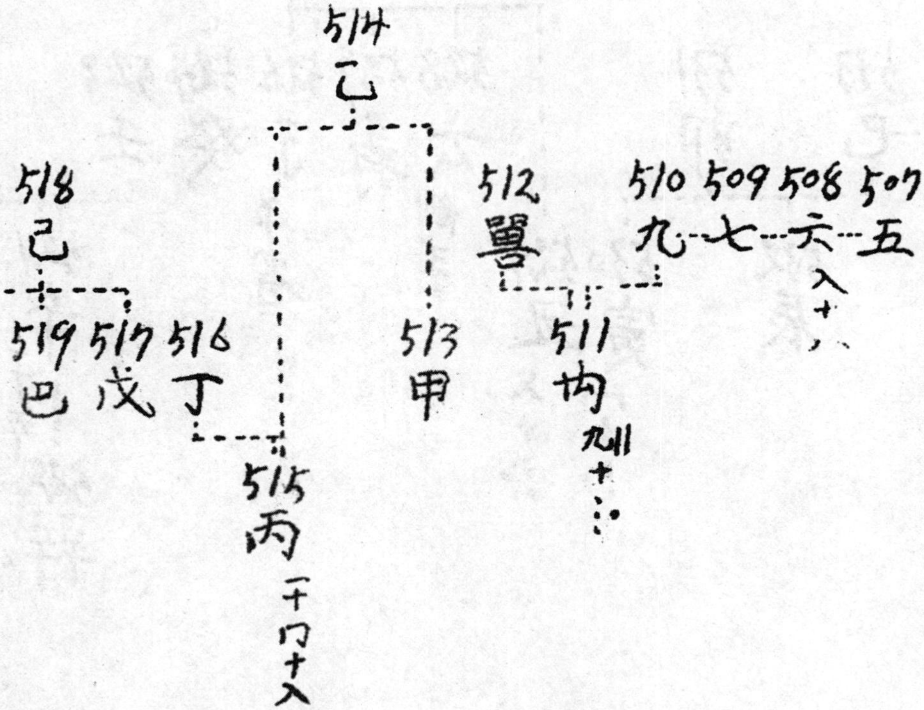
514
乙
518
己
512
暑
510 509 508 507
九 七 六 五
入十八
519 517 516
巴 戊 丁
513
甲
511
均
九十二
515
丙
一千四十八

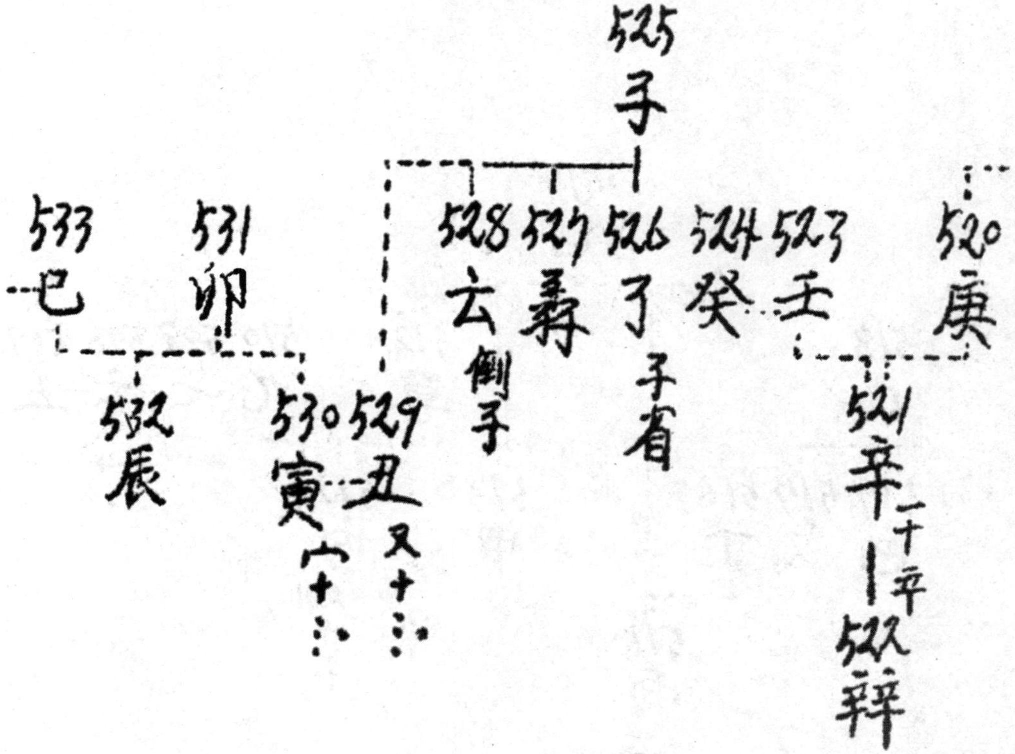
525
子
533
巳
531
卯
528
云
倒子
527
寿
526
了
子省
524
癸
523
壬
520
庚
532
辰
530
寅
529
丑
521
辛
522
辩

534 午

535 未　木十一

536 申

537 酉

538 酋　酉十 水半見

539 戌　戌十一

540 亥　上十九 人十七

第三　説文部首通檢

説文不得不研究然限於時間又不能研究惟有隨手檢查之一法惟部首排列不按筆畫初初檢查即部首亦不易檢尋今錄黎永椿説文通檢卷首如次但筆畫概依康熙字典與小篆尚有出入稍注意焉

[一]

一 丨 上一 丶 上五 く 下十一 乙 上十二 丿 乀 亅 乚 下十二 乙 下十四

二

亠上一八冖上二丬十上三又ナ乞卜下三刀下四乃丂凵上五入门下五飞上七宀下七人匕匕

上八儿下八卩勹厶上九厂下九仌下十一𠂇七匚下十二二力下十三几上十四七九丁了下十四

三

三士上一屮下一小口上二彳叉下二干上三寸下三幺尹下四丌工亏上五亼夂夊下五才

上六毛口下六夕上七宀冂巾下七尸上八彡上九山广丸彑下九大矢尢下十川乒下十一女

辶弓下十一土下十三勺上十四已子巳下十四

四

王气上一牛止上二牙下二收癶上三爪丮支殳攴爻下三予聿下四曰兮上五丹

井下五木上六之帀市下六日月毋片凶上七朩冃市下七从比壬毛上八尺方欠旡

下八丏文上九勿下九犬火上十天亢亣夫心下十水上十一仌下十一不户手上十二毋氏戈下十二斤

斗上十四五六内巴壬云丑午下十四

五

示玉上一半癶上二匹疋下二只句古上三史聿皮用下三目白廿上四玄歺下四左

甘可号皿去上五矢下五出生禾禾下六旦矛上七瓜穴丬白下七北丘上八兄下八司

危印卯包上九山厂石冉下九本夰立下十永下十一民氐戊下十二瓦它田下十三且

矛上十四四宁甲丙戊未申下十四

六

艸下一口此上二行冊下二舌𠕋辛共上三聿臣下三自羽羊上四𢆶叉死冎肉㓞

耒下四竹旨虍血上五缶舛下五叒下六㲺有多束米白上七赤网襾下七从身衣老

上八舟兆先下八后色甶上九山屾危而下九亦交囟下十辰下十一至西耳匝上十二曲弱下十二

糸虫上十三劦下十三幵㠯上十四厶戌亥下十四

七

釆告走步上二㲋延足下二谷㕯言𦥑上三廾奴角下四巫豆下五皀旱弟下五

東員邑下六圖克上七呂网㡀下七身上八尾皃秃見次下八首文彡上九豕豸下九囟

赤下十谷下十一我系下十二卯里男下十三車上十四辛辰非酉下十四

八

王上一隶臤效下三隹上四叀敄下四虎上五青京亯來下五東林上六明彔上七朩帛

下七臥上八長㣇易下九犬炎上十炙幸下十㳄雨非下十一門上十二甾弦下十二金上十四𠂤殳

亞庚下十四

九

是品下二音上三革下三旻眉盾百上四壴上五食亯畐韋下五卣香上七耑韭下七

重上八頁面首𥄉苟上九兔上十思下十泉飛下十一風蚰下十三癸矛酉下十四

十 哭上二丵舁上三鬥下三器烏上四冓骨下四豈上五鬯倉高桀下五㐺泰員下六倝

冥康秝上七宮下七彭鬼上九馬㲋能上十竝下十琴下十一素上十三畕下十三

十一 殺敎下三習奞烏上四麥下五巢下六麻瓠下七豚下九鹿上十魚下十一鹵率上十一

上十三堇下十三寅下十四

十二 茻下一品菐異上三畫下三皕雈上四筋下四珏喜上五舜華下五晶黍上七黹下七

毳上八須上九舄象下九莧黑上十焱壹壺奢惢下十雲下十一絲上十三䖵黃下十三

十三 鼓豊虘上五會嗇下五粦下六鼎上七裘上八辟嵬上九廌鼠上十黽下十三

十四 嶭下一誩晨上三[illegible]下三鼻上四箕上五[illegible]下六齊上七覞下八熊上一辡下十四

十五 [illegible]上二齒下二稽下六履㱃下八龜下十三𨺅嘼下十四

十六 [illegible]下三雔上四虤上五𩫖下五毇上七頻燕下十一

十七 龠下二龍下十一

十八	二十一	二十二	二十四	二十七	二十九	三十三
羴瞿四上　豐五上　橐六下　蟲十三下	㝱七下	鱻十一下	雔四上　鹽十二上	灥十一下	爨三上	麤十上

第四　說文部首韻語

部首不熟，多一番檢查，故苗夔、章太炎諸家編有韻語，而最便應用者，當以吳縣黃壽凡氏韻語。今錄于左：

一為字始　二示乃生　｜貫三為王　王玨異聲

气乞假用　士以事名　｜徹上下　屮為艸蓐

蘆林類屬小蒙丨次告亦从牛止艸步癶彳兼彳亍蒙龠得冊若品與舌古亦蒙口丵叢猥叢臼晨爨革對凡象鬲畫介隶及

篇首以成八由小分凵凵同倫正是相因齒牙比鱗二篇具陳品口所出十乃生卅爪北反筆體以類述又ナ相匹臤堅臣屈

釆辨半判吅㗊會意辵彳廴延足疋異首干谷只㕯言竟必語共異及䇂亯㫗音同史支从又殳殺尺寸

半犛是羣告獨異文止叉推循品龠引伸自白同輯音辛類及从廾可悉爪丮義一聿復生聿殳殺閒立

攴以施敎
𥄎目䀠眉
皕百習白
羊三為羴
玄無所蒙
𠬪落𣦼穿
刀刃巧㓞
竹形下垂
曰旨為類
可兮号亏
豆豊豐䖒
𠙴凵象形

卜中用集
皆以目義
羽隹以次
瞿雔雥類
𢆶叀玄繫
歺死所致
丯以耒治
箕丌次焉
當在甘前
皆蒙丂聯
皆類豆遷
盛物相沿

二爻為㸚
盾以蔽目
奞萑蒙佳
鳥烏華冓
予倒似幺
冎而后骨
角似刀魚
左由工佐
乃丂體似
喜樂豈喜
虍虎異音
去从大凵

三◎篇乃畢
自白象鼻
𦫳生首字
形各小異
放取逐意
肉筋斯比
四◎篇是備
㠭巫相宣
因以類連
鼓鼔豈旋
虤聲近岍
皿薦牲牷

丨訓止識
皀皀从匕
𡧍似岳首
宗富富富
𠦝為麥足
桀又蒙舛
朱生於東
市由之倒
羋義同華
䕶口蒙東
日見一旦
𠚤半四是

丹青繼編
食以亼詮
高據崇顛
高省為便
舛舜从冓
是為五回篇
林以成丰
出象益滋
朩音即楄
豰豰互蒙
員貝遞推
夕多惟重

丹同丹形
會合倉藏
冂坰𩫏廓
亯畗主入
聿𦘒事近
又三為叒
朩盛生進
巢𣏟从木
邑對是𨙨
冒晶夕多
毌獨為義

義通市廛
人次古先
逮重分箋
來麥自天
弋弋形傳
屮一成业
乇形近氺
朿亦木固
六回篇止茲
類次從同
丂東音通

𠧪齊特列
克彔象形
米為粟實
朩並即𣏟
瓜瓠相屬
疒由㝱析
网襾冪覆
冃為冣貴
从丠類聚
身㐆相反
尸為陳人
欠旡詰屈

朩木在中
木假刻工
毇臼用舂
麻朩類從
宀覆象宮
象人病牀
巾市雍容
萬靈之首
㐺眾𡈼厚
衣裘各剬
尺準人手
先兂相受

片為析木
禾雙成秝
形與臼似
耑物初生
呂內洎㝱
冂冃同㒳
帛白㡀黹
匕𠤎倒反
重由壬生
老則毛變
尾履尸屬
𠑹先禿見

鼎足對共
黍香實宗
反吉為凶
韭本久豐
宀宮遺蹤
孳生無窮
七篇斯終
从比異偶
臥蒙人後
毳形紛糾
舟方代走
亦各下取

覞訓竝視 蒙見而有 欠生㱃次 旡氣逆口
部三十七 八◎篇如右
頁𦣻次圖 丏取蔽形 倒首為県 須彡遞呈
彣文同部 髟蒙彡成 后司反體 卮下卩生
印色微類 合卩成卯 辟亦从卩 勹包同聲
以勹得茍 鬼甶厶幷 嵬山遞蒙 二山屾名
屵广與厂 高義可明 丸危及石 均从厂萌
長勿冄而 各以義行 豕希一類 彑豚相賡
豸舄易象 九◎篇數盈
馬亦四足 繼之以廌 鹿每羣行 三鹿麤是
㲋兔同頭 萈足兔似 犬兩為㹜 鼠上象齒
能熊承屬 火蒙熊尾 炎上作黑 囪田同旨

焱　仍蒙火
悉　蒙大來
从　人形並止　从大乃止
立　并乃　形象坎　水
宗　三成　蟲
奧　夒相若形
八　象飛形省
非　从飛省
鹵　一屬鹽　為
乙　从一反厂

飛　态仿此
人　形並擬
从　為大乃始　紬
水　形象窋始
不　為上相當
平　尾飛魚求　係上飛翔
龖　相伴
氏　陰可方
民　非陽
戶　門相當
氐

大　夾夾　犬
巫　吉成壺
巾　為大變
十　篇之終
く　納水道　之流
谷　能肉　棲
龖　龍
第　下一篇　圖棲
自　為右庶
匚　為右
臾　坐下
厂　生伐我
夫　生伐我

方　繼起
李　會未已
市　以㔾从彼
殷　以㔾
會　為川流
雨　沛雲油
毛　羽可傳
至　是以周
厥　義事彰
人　體類將
厂　不首昂
乙　象曲芒

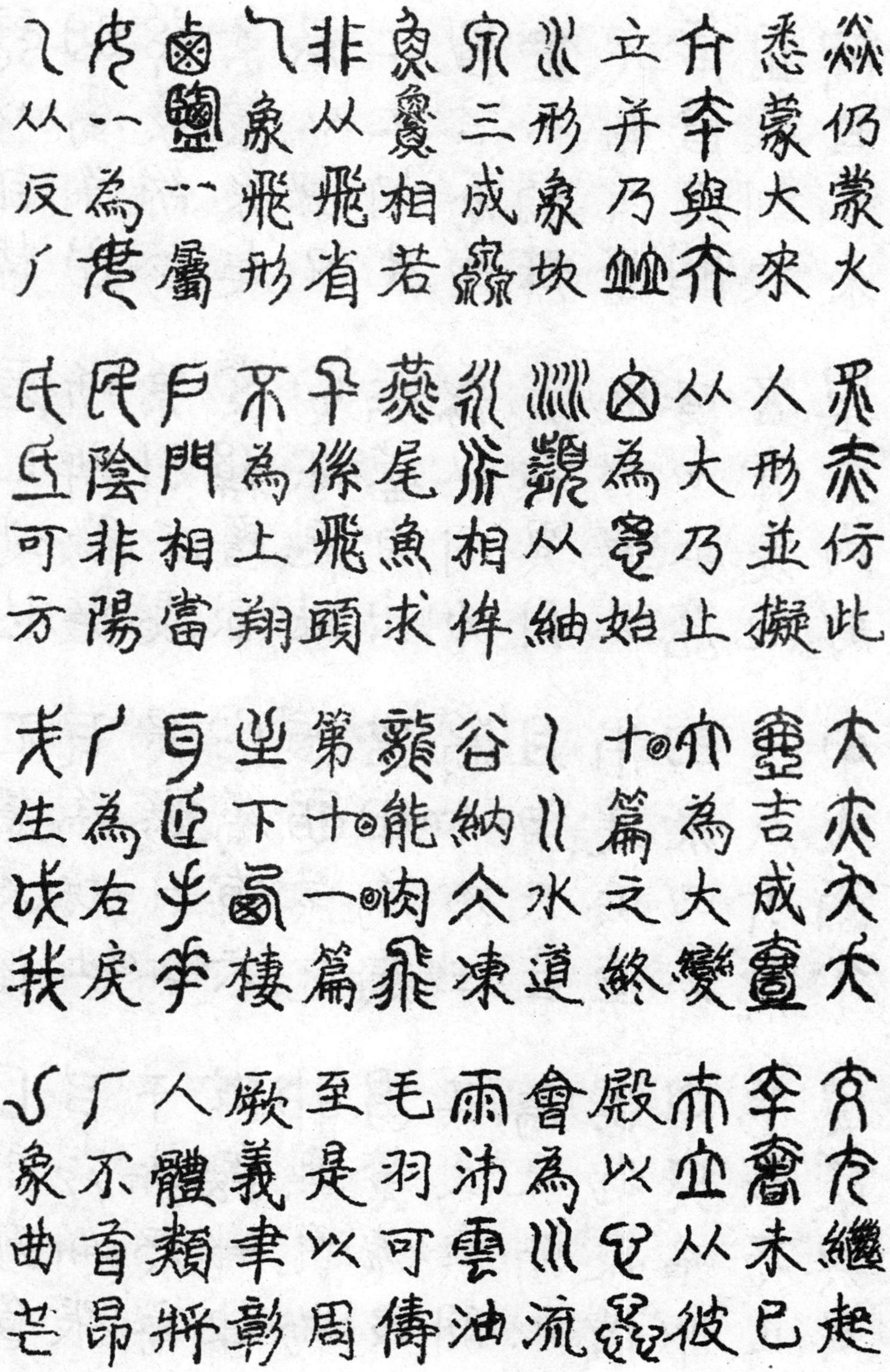

珡以自禁
曲屬為甾
弦象絲軫
糸蒙系起
風从虫凡
二土相生
男言力田
金不類幵
斤權斗量
𠂤𨸏及𨺅
亞或訓次
禸自九來

匿乚逃亡
所辨微茫
系引厂長
素絲暨率
它不尾訛
垚堇自出
劦从同力
勺亦異几
物从較比
皆由土厽
五六爰紀
嘼蒙禸起

匸屬衰徯
瓦為燒土
是為十◎二◎
虫屬有六
龜黽蒙它
里田為類
篇十◎有三◎
且由几生
矛建兵車
四象四分
遂及七九
甲乙丙丁

匚器類筐
弓弜斯張
于斯乃詳
䖵蟲一律
卵無乳物
畕黄遞及
其文無闕
薦之所以
器物象體
宁叕略似
陽數乃止
建戊與己

己庚辛辞 相間為理 十干之類 迄於壬癸

支有十二 肇始惟子 孑孳與丑 實坿於此

曰丑曰寅 卯辰及巳 午未申酉 酋繹酒醴

戌義為歲 十四終亥

文字源流試驗題

(一)研究說文有何用處

(二)說文構成之成分

(三)說文共若干文

(四)說文如何分部

(五)說文各字說解有次序否

(六)「豕」與「彘」與「豬」「犬」與「狗」「鳥」與「隹」析言之有何分別

(七)「燕」與「乙」「缶」與「甾」何以分別

(八)訓「馬」曰「怒」曰「武」訓「羊」為「祥」何以用此不顯明之說解

(九)訓「木」曰「冒」訓「月」曰「闕」說明其妙處

(十)「之」「而」之本義

(十一)「禾」「米」「豆」之本義

(十二)「皿」下云「與豆同意」「西」下「日在西方而鳥西」如何改之乃明白也

(十三)「囱」與「囧」「曲」與籀文「𠙹」有何異同之點

(十四)「左」「右」「糾」「圍」「冪」之本字

(十五)「宀」「厂」「广」之讀音

校友吴定良院士

（吴定良资历之一斑）

1929年2月，在傅斯年主持的所务会议上，正式决定把全所（社科研究所）的工作范围由原预设的九个组，压缩为历史、语言、考古三个组，通称一组、二组、三组。主持各组工作的分别是陈寅恪、赵元任、李济“三大主任”。后又增设第四组——人类学组（后划为生物组），由留美的“海龟”吴定良博士主持工作。（《南渡北归》第一册·第93页）

中央研究院第一届院士第一次会议集体照·吴定良校友(后排左2)

【校史资料长编·编者按】中央研究院，1928年在南京成立，当时还没有“院士”的名称。1948年3月，中国院士终于诞生了。通过对全国科学家的层层选拔，先拟定450人，审定其中150人为院士候选人，结果，81人当选为第一届中国院士。

数理组 28人。

生物组 25人。本校校友吴定良在内。

人文组 28人。

这批中国现代科学的开路人，拉开了中国院士史的序幕。但是，当1948年9月23日，在南京的北极阁召开第一次院士大会的时候，碍于时局，81名院士中到会的仅有48人。

因此，这张48人的院士集体照(后排左2吴定良)，并非中国第一届院士的全体。

【又注】吴定良在五师本科四年级时，就写出了切实谨严的乡土调查报告《金坛乡土志》和文言小说《眉县李生》(见《扬州中学校史资料长编》上编第一册)。

五师名师吕凤子先生

吕凤子(1886——1959),江苏丹阳人,著名画家。早年受聘于江苏省立第五师范学校,教授美术,并有著述(见《扬州中学校史资料长编》上编第一册)。解放后,任江苏师范学院制图系教授、江苏省美术协会副主席等职。著作《中国画法研究》(见《百年中国美术经典》第二卷)文字附后。

中国画法研究

吕凤子

一 用笔

在新石器时代的晚期,约在公元前二千多年的时候,我们祖先已经使用兽毫制作的笔作画了[①]。最初笔是怎样制作的不知道,只知道在战国以前是用木管、鹿毫和羊毫制作的,战国时可能已有竹管兔毫笔[②],汉到魏晋是杂用竹管、木管、兔毫、羊毫及鼠毫制作的[③],隋唐以后才普遍使用竹管、兔毫、羊毫笔[④],清代嘉庆以后才风行长锋羊毫笔。兽毫的性能:鼠、鹿毫强,兔毫健,羊毫柔。由于各种兽毫笔的性能不同,使用时就有难易。毫健的容易使用,毫强和毫柔的都不易使用,但毫强、柔毫合制的笔就又容易使用,最难使用的是长锋羊毫笔。

过去制笔法到现在仍旧沿用的有两种:一种是三国时期的韦诞法[⑤]。法以强毫为柱,柔毫为被。被毫又分心、副,而以健毫为心,软毫为副。柱毫、被毫是用两种不同的兽毫制作的(如用鹿毫为柱,羊毫为被),心毫、副毫则有时用两种不同的兽毫制(如所谓兼毫),有时用同一种而异强弱的兽毫制(如用兔肩毫为心,其他部分毫为副)。旧传笔有尖、齐、圆、健四德,用韦法制笔是比较容易做到四德具备的。另一种

---

① 这就出土的夏代彩陶上动、植物花纹看,可以很清楚地看见手笔的痕迹。

② 《古今注》说:“古以枯木为管,鹿毛为柱,羊毛为被。秦蒙恬始以兔毫、竹管为笔。”据1954年湖南省文物管理委员会在长沙南郊战国木椁墓内获得的以竹管为套的木杆免毫笔(据当时老笔工鉴定,毫是上好的免肩毫)来推测,楚在那时已有木杆免毫笔,可能秦在那时也已有竹管免毫笔。《古今注》所说是可信有其事的。

③ 1931年西北科学考察团在蒙古索果卓尔之南古居延海地方曾得汉木管笔。余虽没有看见是用何种兽毫制的,但据王羲之《笔经》说:“汉时诸郡献兔毫,出鸿都,惟有赵国毫中用,时人咸言:兔毫无优劣,管手有巧拙。”又旧传张芝、钟繇用鼠须笔,笔锋强劲有锋芒,证以最近所见汉画线条有那样劲健,可信从汉到魏晋是兔毫、鼠毫笔最盛行的时代。

④ 颜师古《隋遗录》:“宣城岁贡青毫六两,紫毫三两。”青毫即羊毫,紫毫即兔毫。据笔工说:羊毫以前以嘉兴、硖石产的为最好,实不数宣城;紫毫则从古就以宣城产的为最名贵。诵白乐天诗:“每岁宣城进笔时,紫毫之价如金贵。”又:“宣城石上有老兔,食竹饮泉生紫毫。”可知隋唐时最盛行的是兔毫、羊毫笔。

⑤ 韦诞字仲将,三国魏京兆人,工书,善制笔,曾著《笔经》;又善制墨,时称:仲将之墨,一点如漆。

是唐代的诸葛法[1]。用这种方法制成的笔叫做无心散卓笔。它既不用柱毫,也不分心副,而是用两种或一种兽毫参差散立扎成的,也能做到尖、齐、圆、健。凡是能够做到尖、齐、圆、健的笔就易于使用。

笔是否易于使用,又和握笔的方法有关系。旧握笔法最适用的要算拨镫法[2]。就是大指按着笔使它向前,食指挽着笔使它向后,中指钩着笔使它向右,名指、小指重迭抵着笔使它向左。这样,笔在指中,跟着指动,只要指一紧握,指力便可直达笔尖,如果能够更进一步使腕力、臂力直接运到笔尖,那么,任何不易使用的柔毫就都可以自由运用了。

怎样使腕力、臂力直接到达笔尖呢?现在讲我的"用笔"即用力的方法。先讲怎样运用腕力。手指紧紧地握笔不动,肩和上臂也不动,肘部不妨搁在桌子上或其物面上,但腕必空悬,让它可以任意转动没有障碍,这时通过笔的就完全是腕力。次说怎样运用臂力。手指紧紧地握笔不动,腕也不动,并把它悬起和肘相平,只让肩和全臂在动,这时通过笔的就完全是臂力。在运用臂力时,如嫌力太强,可提高腕的位置使它高过肘部,把力量储在臂中;如嫌力不够强,可使肘的位置高过于腕,把力倾注全毫,形成直泻的形势。

像这样用力构成的圆或方的线条[3]及不同样式的点块叫做骨,单指线说就叫做骨线。五代荆浩说:"生死刚正谓之骨。"[4]没有力或力不够强的线条及点块,是不配叫做骨的。

"骨法"又通作"骨气",是中国画专用的术语,是指作为画中形象骨干的笔力,同时又作为形象内在意义的基础或形的基本内容说的。因为作者在摹写现实形象时,一定要给予所摹形象以某种意义,要把自己的感情即对于某种意义所产生的某种感情直接从所摹形象中表达出来,所以在造型过程中,作者的感情就一直和笔力融合在一起活动着;笔所到处,无论是长线短线,是短到极短的点和由点扩大的块,都成为感

① 《避暑录》:"笔出于宣州,自唐惟诸葛一姓世传其业,治平、嘉祐前得诸葛笔者,率以为珍玩。"《清异录》:"伪唐宜春王从谦用宣城诸葛笔,一枝酬以十金。"又欧阳修诗:"圣俞宣城人,能使紫毫笔;宣人诸葛高,世业守不失。"又山谷《笔说》:"宣城诸葛高系散卓笔,大概笔长寸半,藏一寸于管中。"

② 拨镫说有种种:有说镫是马镫,浅浅地用指尖执笔,使虎口空圆像马镫。有说执笔像用指尖拿东西挑镫心的样子,就又以镫为油镫。有说执笔有八法:一擫、二捺或作压、三钩、四揭、五抵、六拒、七导、八送,这就叫拨镫法。我现在说的按、挽、钩、抵就是以后说为根据的。

③ 使笔直立,锋在正中,用浓墨画一线条,在日光中映视之,就会看见线的中间有更浓的一丝痕迹,像圆柱的中轴,给人以圆感,所以叫做圆线或圆笔。前人最乐道的"绵里针"就是指这样的线条和这样使笔而埋藏其锋说的,这又就是所说的篆书笔画。使全毫铺平像刷子,略卧其管倒向前进,就是线向上、下、左、右延,管即向它的相反方向作侧倒势,倒推毫进,这样画成的线条,映视之,就会看见线的两沿特黑,中间平,有方感,所以叫做方笔,也叫隶书笔画。前人称这样"用笔""如垩墙,倒提其刷按之下";"如击敌,深入敌后反击之"。其喻实甚确。

④ 见五代荆浩所著《笔法记》。

情活动的痕迹。唐人张彦远说:“骨气形似皆本于立意,而归乎用笔。”[①]这就是说明形的意义能不能跟着形象的构成而具体地表达出来,其关键就全在于“用笔”;也就无异说,不懂“用笔”虽也可以成画,但要很好地显示形的意义,那就不可得了。

这样说,懂不懂“用笔”应该是指熟悉不熟悉怎样使力与感情相融合的技巧,不是仅指知道不知道使笔与力相结合的方法而言。

因此,“用笔”练习——主要是勾线练习,被认为是中国画的基本练习。而勾线技巧,即使每一有力的线条都直接显示某种感情的技巧,也就被认为是中国画的特有技巧。

根据我的经验:凡属表示愉快感情的线条,无论其状是方、圆、粗、细,其迹是燥、湿、浓、淡,总是一往流利,不作顿挫,转折也是不露圭角的。凡属表示不愉快感情的线条,就一往停顿,呈现一种艰涩状态,停顿过甚的就显示焦灼和忧郁感。有时纵笔如“风趋电疾”,如“兔起鹘落”,纵横挥斫,锋芒毕露,就构成表示某种激情或热爱、或绝忿的线条。不过,这种抒写强烈情绪的线条,在过去名迹中是不多见的。原因是过去作者虽喜讲气势,但总要保持传统的雍穆作风和宽宏气度。所以状如“剑拔弩张”的线条且常被一些士大夫画家所深恶痛绝,而外柔内劲所谓“纯绵裹铁”或“绵里针”的圆线条,就从最初模仿刀画起一直到现在都被认为是中国画的主要线条了。

圆线粗的叫琴弦,细的叫做铁线,最细的叫做高古游丝。游丝最初仅见于春秋战国时代金银错器上[②],从汉人一度仿效楚画用于漆画以后[③],就很少看见,所以叫它做高古。无论是琴弦,是铁线,其初每一图中都只许用一种线条,唐代以还,才看见两种线条同时用在一图一形中,也有在一条线上分别粗细的,例如韭叶,兰叶描。到了南宋,由于作者善用方笔;到了元代,由于作者善用渴笔,遂有混合用方、圆、粗、细、燥、湿等线条构成的画,用来表达比较复杂的情绪。这种在一图一形中的线条逐渐变成多种多样,应该承认是勾线技巧的进步吧。

连接线条的方法,所谓“连”,要无笔不连,要笔断气连(指前笔后笔虽不相续而气实连),迹断势连(指笔画有时间断而势实连),要形断意连(指此形彼形虽不相接而意实连)。所谓“一笔画”[④],就是一气呵成的画。“风趋电疾,意在笔先”,意即迅速地一气呵成。“体格精微,笔无妄下”,则是指从容地一气呵成的意思。

五代荆浩说:“笔者,虽依法则,运转变通,不质(朴的意思)不华,如飞如动。”[⑤]荆

---

① 见唐张彦远所著《历代名画记》卷之一“论画六法”。

② 春秋战国时代错金铜器由洛阳金村出土的,现有金银错敦、金银错壶、金银错狩猎文镜等。由汲县山彪镇出土的,有金银错动物图剑、黄铜错水陆交战图鉴等。错文即有细如游丝的。

③ 寿县出土的楚墓棺盖是用朱漆画的,画用细线勾勒,实为汉代漆画中的游丝描所从出。

④ 《图画见闻志》:“王献之能为一笔画书,陆探微能为一笔画。”探微是南朝宋人,人物故实画极妙,兼善山水草木,有“包前孕后,古今独步”之称。

⑤ 见所著《笔记法》。

浩写神镇山松树几万本,“用笔”既熟,所以能够“运转变通”,“如飞如动”,不自觉地随着情意在活动,而使所画线既不专以浑朴胜,也不专以娟媚胜,到达所谓“神化”即通俗称“一片神行”的境界。这境界无疑是每个练习“用笔”的人都希望到达的。可是绝不可忘却画的目的是要通过具体形象来表达某种意义的,那些空炫勾线技巧,专以玩弄笔墨为目的的,如过去某些文人画家和金石画家,这是学者应该知戒的。

结束语

中国画一定要以渗透作者情意的力为基质,这是中国画的特点。所以中国画最好要用能够自由传达肩、臂、腕力的有弹性的兽毫笔来制作,用手指或其他毛刷等作画,只能构成一种缺少变化的线条,它不能用来代替兽毫笔。

表现某种感情的画,一定要用直接抒写某种感情的线条来构成,说表现任何内容的中国画都应用最美的没有粗细变化的圆线条来构成也是片面的。

成画一定要用熟悉的勾线技巧,但成画以后一定要看不见勾线技巧,要只看见具有某种意义的整个形象。不然的话,画便成为炫耀勾线技巧的东西了。

二 构图(上)

立意 为象

构图在这里是指创作全部过程,即以计划到实践,从“立意”、“为象”到“写形”、“貌色”、“置陈布势”等实践说,这是最广义的构图。现在就按这程序先说“立意”和“为象”。

“立意”、“为象”是说作者对于现实事物有了某种理解,某种感情,准备用具体的形象把它表达出来。即有了画题,准备造作可以表达题旨的具体的形象。这是第一步。

这个准备造作的形象,当然是现实形象的摹写,不是凭空杜造的形象。但也不就是选定的某现实形象之如所见摹写,而是经过作者意匠经营,经过加工而后构成,如《广雅》所说“画,类也”的一种类同现实而具有新内容的新形象。这在意识中构成的新形象就叫做“意象”(俗称腹稿)。这是第二步。

初构成的“意象”常是不确定,不清晰的,必须经过多时多次改作,才逐渐成为明确的、充分反映瞬间的客观对象的形象。这是第三步。

“立意”、“为象”过程到此才算完了,也就是创作计划到此才算完成。

也有不立“意象”,径从“稿本”中完成“立意”、“为象”程序的。

这两种方式,在东晋顾恺之提出“以形写神”(原作为人物画定义,后来通作一切画定义)以前,一般画人就因“为象”的便利在分别应用着;不过把画人们所要“为象”表达的东西概括为“神”,则是从恺之定义提出以后才开始的。

恺之的“神”,不是指“阴阳不测之谓神”或“圣而不可知之谓神”的“神”,而是指可测可知的形的内在精神,即生于形而与形具存的“神”。它主要是指伴着思想活动的感情。这是在这里必须弄清楚的。

恺之《魏晋胜流画赞》说："凡生人亡（同无）有手揖眼视而前亡所对者。以形写神而空其实对，荃生之用乖①，传神之趋（同趣）失矣。空其实对则大失，对而不正则小失，不可不察也。一象之明昧，不若悟对之通神也。"又《画论》说："凡画，人最难，次山水，次狗马；台榭一定器耳，难成而易好，不待迁想妙得也。"②说明用"实对"来写要表达的东西，必先深入"所对"，悟得它自己具有的神，所谓"他人有心，予忖度之"。这便是"悟对"和"通神"的解释。进而使所通之神与作者自己的想——包括思想感情的想相结合，成为当下"所对"的神。这便是"迁想"的解释。当下"所对"的神即"意象"或稿本中形象的新内容，虽较"所对"原内容有量的不同，却不是有质的殊异，且也不许有质的殊异，否则就会令所构形象完全丧失它的现实性。构形既成，再正对之，得到情应神会的一瞬间，这一瞬间的感受，即所谓"妙得"。妙得的东西是可以直到构图全过程终了后还是记忆犹新的。

恺之以后提出山水画定义的有南朝宋宗炳。宗炳《画山水序》说："夫圣人以神法道而贤者通，山水以形媚道而仁者乐。"他说山水画是写对于"道"的喜悦（媚是喜悦的意思），无异说表达对于"道"的喜悦是山水画的目的。宗炳耽老好佛，他说的"道"，无疑和老子所说的"道"是同其涵义的。老子的"道"，可被理解为"先天地生"那个"无之以为用"的绝对化的"法则"，也可被理解为"有物混成……周行而不殆"的运动的"法则"。那末宗炳用之于绘画中的所说的"道"，在这里究应作怎样解释呢？这就他下面的说话看："余眷恋衡庐，契阔荆巫，不知老之将至。……夫理绝于中古之上者可意求于千载之下……况乎身所盘桓，目所绸缪，以形写形。以色貌色也！"再联系《宋书》本传述他怎样貌写山水看："每游山水，往辄忘归，归皆图之于壁。"可以推知他在这里说的"道"，确是指作为客观实在的属性——"法则"而说的。他是从图壁经验中即从"以形写形，以色貌色"的实践中，证知衡庐山水有衡庐山水的"法则"，荆巫山水有荆巫山水的"法则"，一切山水都有它的特异的和共同的法则；证知"法则"有客观真实性、规律性，它虽可以意求但不可以杜造。作者因为喜爱它的变化，而"为象"求尽自己之情，它就是求畅自己之"神"。所以宗炳《画山水序》最后说："余复何为哉？畅神而已。神之所畅，孰有先焉！"就又直认"媚道"、"畅神"是一回事了。

所以宗炳的"道"就又和恺之原作人物画定义的"神"是一样的道理了。

---

① 恺之说"荃生之用乖"，荃即《庄子》得鱼忘荃的荃。荃所以在鱼，等于说形所以在生。生即生力，即产生功用的形的内在力量。

② 恺之说台榭定器不待迁想妙得。不待迁想不同于说不可迁想，作者的"想"是无物不可"迁"入的。只要"想"能"迁"入，便自有神可写。故恺之原为人物画下的定义，后遂成为一切画定义。宋邓椿《画继》："画之为用大矣。盈天地之间者万物，悉皆含毫运思曲尽其态。而所以能曲尽者，止此一法耳。一者何也？曰，传神而已矣。世徒知人之有神，而不知物之有神。……"这是说明一切画是有神可传的。

宗炳的“道”，到五代时曾一度被称为“真”[①]，宋以后便一直改称为“理”[②]。惟所指为自然演化的法则或为社会发展的规律，则无别异。

如上述，通过“实对”的“神”或“道”来表达作者对现实的理解和感情，应该是“为象”的目的了。然而，这还不是“为象”的终极目的。

南齐谢赫《古画品录》说：“图绘者，莫不明劝戒，著升沉。”唐张彦远《历代名画记》“叙画之源流”说：“夫画者，成教化，助人伦，穷神变，测幽微。”又论王微说：“图画者，所以鉴戒贤愚，怡悦情性。”这些功用是可直接从所构成形象中产生出来的。这些功用的分别产生才是“为象”的终极目的。

所以在“为象”开始时，必须使原受思想制约的感情反过来指导画家思想进行创作。换句话说，就是要作者的思想在“为象”过程中一直接受他自己感情的指导。这样，构成的形象才是具有个性和感动力或称感染力的形象，才能尽恺之所说的“生”之用[③]。否则，就只能是空陈“形似”而缺乏生命的形象，就不会有任何功用从它产生出来，也就更无途径可达终极目的。

在这里还有必要说明的一事，即从魏晋以来，画家们对于“形”、“神”关系的认识，多已随着老佛学者使用“体”、“用”两概念的变迁，从拨“用”见“体”，即“用”明“体”到“体”“用”合一变为“形”“神”合一，且认“形”为“体”、“神”为“用”了[④]。顾恺之就是明白主张“神”由“形”生的一个。另有一些画家仍把“形”、“神”对立起来看，而认“神”为“体”、“形”为“用”的，后遂走上完全写意的道路。这且不说，但说主张“神”由“形”生的画家们，对于“形似”似乎也有不甚重视、甚至鄙视的。如张彦远《论画六法》说：“古之画或能移（作该易解）其形似而尚其骨气。以形似之外求其画，此难与俗人道也。今之画纵得形似，而气韵不生。以气韵求其画，则形似在其间矣。上古之画，迹简易澹而雅正，顾（恺之）陆（探微）之流是也。中古之画，细密精致而臻丽，展（子虔）郑（法士）之流是也。近代之画，焕烂而求备。今人（约指与张彦远同时之人）之画，错乱而

---

① 五代荆浩《笔法记》：“叟曰：……若不知术，苟似可也，图真不可及也。曰：何以为似？何以为真？叟曰：似者得其形，遗其气；真者气质具盛。”这里说的气质就是神形。似，是说得形遗神，真，是说形神具得。图真实等于说“以形写神”。

② 宋代画人也好谈性理，随着朱陆异同也有主张即物穷理和主张心即理的，惟释理为事物的法则则同。

③ 恺之说“荃生之用乖”，荃即《庄子》得鱼忘荃的荃。荃所以在鱼，等于说形所以在生。生即生力，即产生功用的形的内在力量。

④ 老佛是使用体用两范畴来表达思想的。体即本体，原从神的概念蜕变而出：初变为创世主，再变为本质，最后变为本体时已完全脱去神的意味。用即显现，即有。拨用见体是指离开万有现象专讲本体说。即用明体是指即以现象显示本体说。体用合一是指即体即用、即用即体、讲体等于讲用说。体用既如一了，形神自可无分，于是有形神合一论。如说“神即形也；形即神也。是以形存则神存，形谢则神灭也”。“形者神之质；神者形之用。是则形称其质，神言其用，形之于神不得相异”。“名殊而体一也”。这种说法虽出自梁范缜，实则晋宋间画人早就有这一思想。

无旨,众工之迹是也。”这又应该作怎样解释呢?

我说,“写神”“致用”的画是一向重视“形似”,且是非常重视“形似”的。不过他们所重视的是经过很好地加工而具足“骨气”或“气韵”的“形似”,不是没有经过加工“错乱而无旨”的“形似”。在他们画中,即从“迹简”到“细密精致而臻丽”的画中,所似的都是经过加工的“形”,没有经过加工的“形”,在他们画中是不大会被发现的,也就是说它永远不被重视。彦远又说:“夫象物必在于形似,形似须全其骨气,骨气形似皆本于立意而归乎用笔。”这不是早就说明具足“骨气”的“形似”才是他们所重视的“形似”吗?

“骨气”所在即“立意”所在,“立意”所在是要产生一定功用的。故可说“骨气”存在“形”中是一直在生着、动着,一直在谐和而有规律的状态中活动着。这便叫做“气韵生动”。谢赫说六法而首列“气韵生动”即认这是“为象”时必须做到而且是可以做到的事。后来有人说“气韵”只能从不知不觉中获得,不可以预谋,这是错误的①。或把“气韵”分开解释,而以不俗为“韵”,也是和原说意思不符合的②。也有一些山水画作者认为“气韵生动”就是山气生发或烟云变幻,主张以笔发气韵,说“干笔皴擦力透而光自浮”;以墨发气韵,说“既就轮廓以墨点染渲晕而成”③;且创“留影”说,表示山水画与“传神”的人物画、“写生”的花鸟画有别④。那就更和原说意思相悖了。

结束语

“立意”、“为象”是创作全过程中自为起讫和最关紧要的一回事,过去工画者多能不计时日,不辞辛苦,殚竭精力来完成它。大概创作较简易的画,多立“意象”;创作较复杂的画,多用“稿本”。

“写神”“致用”的中国传统绘画,是以渗透作者情意的气力为基质的。就因作者情意和气力不尽相同,所以同一题材的画会有多种不同的风格。这在“为象”时便已显示其大概,不必等到成画以后。

形神合一论者一般把“神韵”、“气韵”当作同义词看,但有时也作某些区别,一指“骨气”动而向内说,一指“骨气”动而向外说。唐宋人物画多讲“神韵”,宋以后山水画便专讲“气韵”,很少讲“神韵”了。我意,“神韵”、“气韵”应该有别,应该并讲,——无

---

① 宋郭若虚《图画见闻志》说:“如其气韵必在生知,固不可以巧密得,复不可以岁月到。默契神会.不知然而然也。”自从郭氏生知说提出后,气韵遂成不可理解、不可学而能的东西,起了有害的作用。

② 荆浩《笔法记》:“气者,心随笔运,取象不惑。韵者,隐迹立形。备遗不俗。”按“气韵生动”,虽可逐字分开解释,但在这里是不需要的。这里的解释只能是这样:即骨气生动的状态是谐和而有规律的。

③ 以笔墨发气韵说,见清张庚《浦山论画》。又清方薰《山静居画论》亦谓:“气韵有笔墨间两种,墨中气韵人多会得,笔端气韵世每尠(鲜)知。”

④ “画人物是传神,画花鸟是写生,画山水是留影。”说见明唐志契《绘事微言》。

论是人物画、山水画或其他画。即有的画应该以"气韵"胜,有的画应该以"神韵"胜。这也是在"为象"时便应该计划到的。其详待以后讲"布势"时再讲。

三 构图(下)

写形 貌色 置陈布势

现在接着说"写神""致用"的画是用怎样的方法来"写形""貌色"和"置陈布势"的。依次先说形的写法,即个别的写法。

前面说过:形在神在,形神是不可分的。形神既不可分,那么,"写形"就是"写神",形的构成就是神的表现,而形的构成方法和神的表现方法也就是二即一不可分了。

前面又说过:形是一定要用生死刚正的骨线构成的;用线作轮廓分躯体,用线示运动,即用以表示作者情意的活动。用线构形,正和架木为屋一样,造某屋一定要用某屋合用的木材,造某形一定要用某形适合的骨线。所以在写的过程开始时,首先要考虑的就是何种线条为最适于表现对象。次要考虑:形的哪些部分和表现的整体最有关系?应该怎样写?要不要把它夸大起来写?哪些部分和表现的整体没有多大关系?应该怎样写?或竟舍弃不写?再次要考虑:这些适用的线条应该怎样把它连接起来?怎样连接呢?前面曾说过:唯一连接线条的方法就是"连"。要如宋人郭若虚论陆探微一笔画所说的那样:"乃是自始及终,笔布朝揖,连绵相属,气脉不断。所以意存笔先,笔周意内,画尽意在,象应神全。"要如宋人苏轼咏宗少文一笔画诗:"宛转回文锦,萦盈连理花。何须郭忠恕,匹素花缫车?"①,要经过这样的考虑决定后,再把注意集中起来,即注意表现不再计及其他,便可纵笔画去,一气构成,这样就能够表现出整个内容的整个形了。这整个形在中国画中,因为是成于一笔的,所以一笔画法便被认为是中国画特有的写法。

"连"就是连接,但不是一往无变化的连,而是有疏密变化、疏有疏的变化、密有密的变化的连。因有疏密变化,所以一笔画就分疏密二体。而疏密二体的解释,又一向分有二种。张彦远"论顾(恺之)、陆(探微)、张(僧繇),吴(道子)用笔"说:"顾、陆之神,不可见其盼际,所谓笔迹周密也。张、吴之妙,笔才一二,象已应焉,离披点画,时见缺落,此虽笔不周而意周也。若知画有疏密二体,方可议乎画。"说意到笔到的为密体,意到笔不到的为疏体,这是一种解释。我也尝据旧说咏书画的疏密二体:"献之初传一笔书,探微续传一笔画②,书画同分疏密体,同从疏密求变化。疏患易散密易促,

① 一笔画能如宋人郭忠恕用整幅素纸画缫丝车始终只此连绵不断的一条线,当然最好;不过一笔画原来的解释确不是这样,而是一气呵成的意思。

② 其实一笔书、一笔画在献之、探微以前已有作者,不过从献之、探微起才各别得名,故说是传自他们,不说是创自他们。

难布置哉此空罅！愿教记取二字诀，'让就'[①]长如相迎迓。"说"线距"[②]密的为密体，"线距"疏的为疏体，这又是一种解释。二释可以并存。由于二释实相赅括，即"线距"变化中也赅有笔到笔不到的变化，笔到笔不到的变化中也赅有"线距"的变化。且因疏密变化总要以"让就"二字诀为依据，所以二说不仅可以并存，而且可以互释；而"让就"二字诀也就成为疏密变化的基本法则。"让就"俗叫笔笔让，笔笔就，也就是上面所说的"笔有朝揖"。一定要"让就"的笔画随着作者感情的弛张而"让就"于不自觉，而后构成画体无论是疏是密，才能尽一笔变化的能事，才算是最好的一笔画。

线在一笔画中又可总括为两类：一主线，一副线。主线用构形体，表达题旨。副线用助表现，变化形貌。主线必须一气呵成，副线可以不成于一笔。副线可以后加，可以为求逼肖现实之形而精写形的细小部分而精益求精，可以求美化现实之形而装饰形的某些部分而美益求美。不过后加线到了益精益美的时候，即到了过于显著"巧密"的时候，往往会于不自觉间毁损一笔形的完整性和它的现实性的。所以后加线又就不得不防止"谨毛而失貌"[③]而力求简化，力求不尽同于图案的"便化"。

谢赫评卫协说："古画皆略，至协始精。"张彦远《论画六法》说："上古之画迹简意澹而雅正。"古画的略是由古画只有主线。这里所要求的简化，是由精而返约的略，是较古画已进一步的略。有了进一步的略就会跟着有进一步的精，又就不得不有更进一步的略。于是由略而精，由精而略，便一直在这样往复循环中逐步提高。一笔画的构形技巧，即表现技巧。

要不失貌，必须作者心目中先有貌在。假使作者心目中没有全貌，而想从笔下活现出来，那就只能是空想。《庄子》"达生篇"曾有过这样一段记载："臣将为鐻（古乐器），未尝敢以耗气也，必斋以静心。斋三日而不敢怀庆赏爵禄（指忘掉庆吊赏罚官爵利禄之私欲），斋五日而不敢怀非誉巧拙（指忘掉非誉巧拙之名利思想），斋七日辄然忘吾有四枝（同肢）形体也。当是时也，无公朝（朝廷），其巧专而外滑消（心志专一，杂乱思想就消除了），然后入山林观天性，形躯至矣，然后成。见鐻然后加手焉，不然则已。"虽所述的雕刻故事而不是画，但所说作法必先见全形而后动手，必先去杂欲集中他的注意力才能发见要造的全形，却是完全适用于画的。所以写形练习虽不必"斋以静心"那样做，但非集中注意来观察全形而默记之不可。练习观察一定要做到在极短时间内就能把经过分析而复合的全形清晰地记住，一直到写的过程终了以后。和谢

---

① "让就"是说缀线成形，每线有每线应占的位置：应该相让，不应该相侵；应该互就，不应该互拒；应该即让即就、即就即让，不应该但让不就或但就不让。成形如此，聚形成画也应该如此。

② 线性与线间距离叫"线距"，形与形间距离也叫"线距"。

③ 汉刘安《淮南子》说："寻常之外，画者谨毛而失貌。"高诱注："谨悉微毛，留意于小则失其大貌。"按八尺为寻，倍寻为常，意思是说对象必置于寻常之外，才可不因容易看见细小部分而忽其大貌；假使画者仍注意微毛，则必失其大貌。这可见早在汉代的画，人们已贵画形的大貌，即重视形的完整性了。

赫貌写人物一样，只须一览便无遗失①。这样，在笔下出现的便会是精简过的整个形了。

物成，有成物之理。形生，有生形之则。成物之理不随着环境变迁而常变，叫做常理。生形之则随着环境变迁而常变，叫做变则②。变基于常，常寓于变。一笔画便是通过变则而显示常的。显示常理之形叫常形。一笔画便是以创作常形为本务的。“画非图私利，必也先忘己。忘己入于物，方悟成形理”。诚然造作常形非先知常理不可，非先忘己而入于物不可。忘己非一般画人都能做到的事。

通过变则而显示常理，而显现常形，实等于说把经常目击的变形或变相变作画中的常形或本相，但不是对于变则有所损益，而是变相的还原。

物在作者目中总是呈现一种变相的。原因是目和物的距离有了远近，而作者的位置和视点又都是固定的，所以物就不得不按一定的远近法则而以一种变相映入作者目中。假使缩短目和物的距离，缩到远近没有多大的差别，同时使作者的位置和视点都不固定，随着物远而远，物近而近，上下四方自由移动，那末，入目的物形不就可以不受空间制约而呈现它的本相吗？所以过去作者就一直用这不定位置和不定视点法，有时且兼用俯视法即鸟瞰法来写远近物形。尽管写时仍守近大远小近详远略的变则，如宗炳《画山水序》说：“且夫昆仑山之大，瞳子之小，迫之以寸，则其形莫覩，迥以数里，则可围于寸眸。诚以去之稍阔，则其见弥小。”唐王维《山水论》说：“远人无目，远树无枝。远山无石，隐隐如眉。远水无波，高与云齐。”但画成的形相却和在同时同地看见的一样，不显著透视变化。这样的通过变则而呈现本相便叫做变相还原。

物又各具自性和类性，以故，画中形相就须兼备自相和类相，就要同时写出类相的同和自相的异。过去作者是这样写的：是常使类相图案化了而存其同，仔细地或夸张地摹写自相而显示其异的。山水画中土山石山的皴，各种木叶的点，就是图案化类相的最好范例。

在这里我们虽不欲自夸我国画人创造的变相还原法和图案化类相法值得怎样的称道，但就表现的自由和方便来说，确较西方现在通用的写形法是有过之无不及的。

在这里，凡要知道中国画中“形是怎样的形和怎样构成”的人们，也就可得到一个较明确的概念，即中国画中的形一向是具备自相、类相的现实形的本相，而是用适合表现的骨线一气构成的。

---

① 陈姚最《续画品》评谢赫说：“貌写人物，不俟对看，所须一览，便归操笔，点刷研精，意在切似，目想毫发，皆亡遗失。”这是中国画人一向提倡的貌写物法，即所谓目想手追法，要从同时练习全物的统一观察和分析记忆入手。

② 这是根据《庄子》“天地篇”“一之所起，有一而未形。……留动而生物，物成生理谓之形。形体保神各有仪则谓之性”几句话的意思而说的。是说物生于物，生于物的动。即有生于有，不是生于无的。物既成物，当然有成物之理(理即法则)。理是不灭之物的属性，所以叫成物之理为常理。物是质，形是象。物既生形，当然有生形之则。不过形象是要随着环境变迁而变迁的，所以叫生形之则为变则。

次说"貌色"法。

"貌色"即释名所说的"以采色挂(挂即钩取)物象"。以色钩取物象叫做绘,和以线钩取物形的画原是二事,但二事是相须为用的,所以从周代"别官同职"以来画和绘便渐渐地合为一事。"画绘之事杂五色"①,便凡画皆赋采了。

谢赫说六法:"……三曰应物象形,四曰随类赋采,……。"按照前面说话,"应物象形"是应物的常理而象物的兼赅类相自相的本相,那末,"貌色"也就应该貌物的兼赅类色自色的本色,何以寻绎(体会)"随类赋采"的含义止能解作专貌类色呢?

原来色随光的变化而变化,过去作者是知道的。他们知道在变光中看见的永远是物的变色,不是物的自色即不是物的本色。例如绿树在各种不同强度的光中,可以看见各种不同明度的绿,但都不是树的自色绿,树的自色绿只能假定是某一种绿。假定某一种绿做这树的自色绿。也就可以假定某一种绿做这同类树的自色绿。这样,这树的自色类色不就都是假定的某种绿吗?所以过去作者便毫不犹豫地径以类色作为物的本色,而主张"随类赋采"了。

同时,他们还知道色之用是附丽于形而助形的表现的。形以力为质,是助渗透作者情意的力的表现的。为助表现而赋采,不是为赋采而赋采,所赋之采便一定为力之积,要能显示笔的力量。张彦远在《论画六法》中说:"笔力未遒,空善赋采,谓非妙也;"就是这意思。所以,最初赋采便尚图案式的容易显示笔力的平涂。在完全用矿物质色料钩取不分明暗的物象时,便以平涂为唯一的"貌色"法。到了兼用植物质色料拟取有明暗区别的物象时,才兼用同样可以显示笔力的晕染法。到了兼用晕染法以后,才又因光在物面上的位置随着作者位置和视点的不固定,以及为表现的便利,而有晕染杂平涂或平涂杂晕染的混合涂染法。

色在中国画中无论是平涂用的重色,晕染用的轻色,便皆尚纯而戒驳(色不纯),从古到今只用某几类正色、间色和再间色②,借以表示作者之意不在色。而这经常用的各类色中,又以黑色为基本色。即中国画的构成也可以不用任何类色,但墨(黑色)是必须有的。于是"有笔有墨"这句话,从唐末起又就成为中国画的赞(赞)誉词,且被

---

① 周代百工中有画工、缋(同绘)工。画工画形,绘工赋色,二者虽分工,但二者一定要合作。《周礼》:"画缋之事杂五色。""疏"谓:"画缋二者别官同职,共其事者,画缋相须故也。"就说明画绘之官虽有别,画绘之事是相共的,也就等于说凡画皆赋色了。

② 古以青、黄、赤、白、黑五色为正色,两正色相合为间色。现在是称赤、黄、青三原色,中间之色为间色。如赤黄间的橙、黄青间的绿、青赤间的紫。橙、绿、紫再相合,则称再间色。现在中国画通用的颜色有以下十数种,亦只有这十数种:石青(只宜用所谓梅花片的一种),石绿(最好的叫做虾蟆背),朱砂(最好的叫箭头,次叫芙蓉块),银朱(用代朱砂),珊瑚末(唐画常用之,久不变色),雄黄(要用通明的鸡冠黄),石黄,又名土黄、金箔(用肥皂核的肉镕化作胶调之),蛤粉(现多用铅粉),胭脂(福建产者最好),藤黄(笔管黄最好),靛花即花青(福建产最好,凡色皆有质,此独无,取者使附着于石灰成颗粒,叫做螺子黛),赭石、草绿(青六黄四叫老绿,青三黄七为嫩绿),赭黄(藤黄加赭石),老红(银朱加赭石),苍绿(草绿加赭色)。

用作一切画技法上的衡鉴标准。

色淡则明，色浓则暗，色是皆可因明暗浓淡的不同而分作若干同种色的。如赤，可分作赤、明赤、暗赤，更明赤，更暗赤等五赤。墨，可分作墨、淡墨、浓墨、极淡或焦墨等五墨。又皆可因若干同种色的适当运用而益显著色之丰富。色之用到了确因明暗浓淡的处理适宜而益显著的时候，遂有一些作者起而专注意于明暗浓淡的拟取，而蔑视“色似”。他们以为画若能尽明暗浓淡的变化，即已尽了“貌色”的能事，至所赋之色原为假定色，似与不似实无关要旨，可以不予注意，但求“调似”即明暗浓淡的调子相似就够了。于是有“破墨”“泼墨”①等全由墨别明暗浓淡的画，即有用五墨代替任何采色所谓“水墨画”的勃兴。从唐以来，以五墨代替任何采色的杂用平涂晕染法的“水墨画”和“以色貌色”的兼用晕染和平涂的“赋采画”，就一直在互不相妨中分途进展着。

张彦远说：“是故运墨而五色具，谓之得意。意在五色，则物象乖矣。夫画物特忌形貌采章，历历具足，甚谨甚细，而外露巧密。”这就说明运用五墨如能得意——即得画旨，实已等于赋采，因赋采也是务求得意的。如赋采不能得意而仅得采，则构成的物象必全乖所欲构的物象。这是彦远目击“赋采画”从“六朝秾艳”到了“焕烂而求备”的唐代，实已到了“错乱而无旨”的时候，才这样说。有人疑彦远说这段话有故抑“赋采画”的意思，是错误的。不能得意的“赋采画”和不能得意的“水墨画”，在彦远意中是同样无足取的。“甚谨甚细而外露巧密”的“赋采画”和“水墨画”，在彦远心目中也是同样无足取的。

所以“赋采画”和“水墨画”在分途进展中，又就各随所构形的简化而求色与调子的单纯化了。

墨是寒色，由五墨构成的画应该有寒感，它的调子应该是灰暗的，何以好的“水墨画”和主用赤橙黄赭绿等暖色的“赋采画”一样，会使人有温感而不感觉它的调子是灰暗的呢？这是因为好画善于利用白地（即空白）的热色来和黑的寒色相对比、相调和，因而使人有介于寒热之间的温感。又由于好的烟墨②是明黑，不是暗黑。凡物面光滑受光而反射强者都叫明物，好墨的黑光泽如漆，故可叫做明黑。明则色浅也明，色深也明，明的调子是不会使人有灰暗感的。所以用中国特制的烟墨构成的“水墨画”，

① 清沈宗骞《芥舟学图编》：“‘破墨’者先以淡墨钩定匡廓；匡廓既定，乃分凹凸；形体已成，渐次加浓，令墨气淹润常若湿者；复以焦墨破其界限轮廓，或作疏苔于界处。‘泼墨’者，先以土笔约定通幅之局，要使山石林木照映联络有一气相通之势；于交接虚实之处，再以淡墨落定蘸湿墨一气写出；候干，用少淡湿墨笼其浓处。”这是清代山水画家们的解释。实则王维的破墨，是指用水破墨而别浓淡说。王洽的泼墨，是指泼墨于纸就迹成形说。

② 烟墨有松烟、油烟二种。古墨法说：“虬松取烟，鹿胶自揉，九丞回泽，万杵力扣，光可照人，色不染手。”这是松烟制法。油烟制法也是这样。油最好用桐油，胶则用牛胶。大概每桐油百两可得烟八两，每油烟十两约用牛胶四两半至五两，如兼用鱼鳔胶只能用牛胶的十分之一，多用即粘笔了。麻子油、皂青油、菜子油、豆油等虽也可烧烟，但得烟不多，且光黯色淡。

就成为中国特有的一个画种。

有人说:“19世纪40年代之际,欧洲也曾有一些画家为存幻象之真,专摹照相的灰色调子,而蔑视“色似”[①],这和“水墨画”相较,就说二者是同一种型的画似乎也没有什么不可。要知“水墨画”的重视“调似”,是求尽色之用,不是徒为存象之真;蔑视“色似”,是求得画之意,更不是徒为存象之真。二者形式虽有相似处,实质是相异的,怎样能说是同一种型的画呢?

又有人说“水墨画”和古之“白画”今之“白描”是一事[②],也是错误的。“白画”或“白描”是不赋采的画,“水墨画”恰好相反是具五色六采[③]的画,怎么能说是一事呢?

在进展中的“赋采画”,有时也有小部分用墨或和墨画,但旨不在墨,故仍叫“赋采画”。“水墨画”有时也略用他色点染,但以墨色为主色,故仍叫“水墨画”。如山水中的“吴装”[④],花鸟中的“徐体”[⑤]。

又“赋采画”和“水墨画”有时即用采色水墨途染成形,不用线作形廓,旧称“没骨画”[⑥]。应该知道线是点的延长,块是点的扩大;又该知道点是有体积的,点是力之积,积力成线会使人有“生死刚正”之感,叫做骨。难道同样会使人有“生死刚正”之感的点和块,就不配叫做骨吗?画不用线构成,就须用色点或墨点、色块或墨块构成。中国画是以骨为质的,这是中国画的基本特征,怎么能叫不用线勾的画做“没骨画”呢?叫它做没线画是对的,叫做“没骨画”便欠妥当了。

这大概是由于唐宋间某些画人强调笔墨(包括色说)可以分开各尽其用而来。他们以为笔有笔用与墨无关,笔的能事限于勾线,墨有墨用与笔无关,墨的能事止于涂染;以为骨成于笔不是成于墨与色的,因而叫不是由线构成而是由点块构成——即不是由笔构成而是由墨与色构成的画做“没骨画”。不知笔墨是永远相依为用的;笔不能离开墨而有笔的用,墨也不能离开笔而有墨的用。笔在墨在,即墨在笔在,笔在骨在,也就是墨在骨在。怎么能说有线才算有骨,没线便是没骨呢?我们在这里敢这样

---

① 1839年法国达格尔发明照相术后,欧洲有一些画家认为绘画也应突破色障,从简单的明相(即明暗调子)中求存物的真象。英国拉斐尔前派就曾以摹写照相的灰色调子著称于时。

② 清方薰《山静居画论》:“今人水墨画谓之白描,古人谓之白画,如袁蒨有白画天女东晋东僧像,展子虔白画王世充像,宗少文白画孔门弟子像。”

③ 清唐岱《绘事发微》说:“墨色之中分为六采。何为六采?黑、白、干、湿、浓、淡是也。……墨有六采,而使黑白不分,是无阴阳明暗;干湿不备,是无苍翠秀润;浓淡不辨,是无凹凸远近也。”

④ “浅绛昉于董源,盛于黄公望,谓之吴装。传至文(征明)、沈(周),遂成专尚。”说见清王概《芥子园画传》。董,钟陵人,黄,常熟人,故称吴装。

⑤ 南唐徐熙善写生,尝游园圃,详察花鸟情状,用淡墨画之,殊草草,略施丹粉而已。神气远出,生动异常。其孙崇嗣、崇勋、崇矩能继其学,世称徐体。

⑥ 宋初黄居寀在画院,他的主子极爱他的画,尝用他的画体做校艺标准,因成所谓院体画式一派,即勾勒填采风致富丽一派。徐崇嗣则传其祖轻淡野逸之风,不华不墨,迭色渍染,号“没骨派”,张帜于院外。但创没骨法者并非徐崇嗣,而是唐杨升。

说：假使“赋采画”或“水墨画”真是没有骨的话，那还配叫它做中国画吗？

从以上说话中可以知道：一、叫“貌色”做“赋色”（赋，解作授予或给予）的理由，二、色是怎样赋的，三、“水墨画”是怎样一种画。现在有人提倡混合“赋采画”、“水墨画”成为一种“采墨画”，实则两种画的形式风格是不可能合而为一的。如提倡者原意不是要消灭“水墨画”，以为绘画必须具备各种采色的话，最好还是让它们在互不相妨中分途进展吧。

复次，说“置陈布势”[①]法。

“置陈”是指画中形的位置和陈列。画中形以渗透作者情意的气力为质，力的奋发叫做势，“布势”便是指布置发自形内的力量。“置陈”以“布势”为归，“置陈”法应该就是“布势”法，不讲究“布势”而空谈“置陈”是难以达到“置陈布势”的要求的。

顾恺之论画壮士说“有奔腾大势”，论三马说“其腾踔（跳跃）如蹑（蹈）虚空，于马势尽善也”，论七佛及夏殷与大列女说“二皆卫协手传，伟而有情势”，又《画云台山记》说“使势蜿蜒如龙，……当使赫巘崇隆，画险绝之势，……后为降势而绝”，即说明这些画的“置陈”是因“布势”得势而称尽善的，是因所欲得之势不同而随变“置陈”形式的。“置陈”法向有二类，一张一敛，即因“布势”法只有二类，一张一敛。张如壮士、三马、云台山等，敛如七佛及夏殷与大列女。张的力量是向外伸，状如辐射，会使人对之有大感、动感和“画外有画”的感觉。敛的力量是向内集，状如辐凑，会使人对之有深感、静感和“画中有画”的感觉。故可说：画变有方，一敛一张，竭画之变，一张一敛。恺之论画孙武说：“寻其置陈布势，是达画之变也。”不也就是说画之变只有从“置陈布势”中去寻求去会悟吗？

过去论画者尝称某画尚气，某画尚神，或某画以气韵胜，某画以神韵胜。按画的内容每画不同：有必要而且可能使它完全显露的，在制作时就须作气而使势张；有不必要而且不可能完全显露的，在制作时就得凝神而使势敛。故所谓尚气尚神的画，实就是势张势敛的画。张的一般形式有四向展延的，也有展延向上向下、或向左右的。敛的一般形式有取众星拱极式的，也有分立其心而使相应相连的。张敛既异其式，运毫状态当然也就不同。张是常如风驰疾，水流急而着迹劲利的，敛是常如虫蚀木，蚕吐丝而着迹艰涩的。南朝宋王微《叙画》说：“夫言绘画者，竟求容势而已。”诚如所说，画的构成除求容势外张而尚气，容势内敛而尚神外，难道还有他求，还有他决吗？

前面说过：中国画作者是一向用不定位置法、不定视点法和兼用俯视法来写形的；是一向主张一画一形的。——尽管画中形有多个，总是当作一个形看，当作一个有好多支体的整体看的。所以画中个别形的缀法和整个画的“置陈”法就永被视作一事。又因“置陈”不受透视法则约束的纵横远近的个别形，使纵而近的居下，远的居上，愈远的愈上，横而近的居右或左，远的居左或右，愈远的愈左或愈右，而是兼用俯

---

① “置陈布势”和谢赫说的“经营位置”，又和书法的结体局实异辞同旨。因经营总以得势为归，故可说经营就是在布势。布局也总以得势为归，故也可说布局就是在布势。

视法的,所以在按“布势”的需要,延长或缩短上下左右各个别形间的距离时,就愈得自由地求尽疏密变化的能事,而使疏能疏到“疏可走马”,密能密到“密不通风”,因而构成纵高能达随所欲高的立的卷轴画,横长能达随所欲长的横的卷轴画。

宋沈括《梦溪笔谈》说:“李成画山上亭馆及楼塔之类皆仰画飞檐,其说以为自下望上,如人平地望塔檐间见其榱桷,此论非也。大都山水之法,盖以小观大,如人观假山耳。若同真山之法,以下望山,只合见一重山,岂可重重悉见?兼不应见其溪谷间事。又如屋舍,亦不应见其中庭及后巷中事。若人在东立,则山西便合是远境,人在西立,则山东却合是远境,似此如何成画:李君盖不知以大观小之法,其间折高折远自有妙理,岂在掀屋角也!”这以小观大或以大观小法实即俯视法。假非俯视,又何从看见重迭峰峦间的一切景物呢?过去所说高远、深远、平远的山水画,确都是用这和不定位置、不定视点法结合在一起的俯视法构成的;确都是貌写真山,如董源写江南山,米芾写南齐山,李唐写中州山,马远、夏珪写钱塘山,赵吴兴写苕雪山,黄子久写海虞山,而在画面上却视同假山来布置的。“先立宾主之位,次定远近之形,然后穿凿景物,摆布高低。”①或取山水专用的自然分疆式,或用三迭式,或用两段式②,式虽有别,而取势用意相同。如说:“凡势欲左行者必先用意于右,势欲右行者必先用意于左,或上者势欲下垂,或下者势欲上耸,具不可从本位径情一往。”③必求做到取势得势,用意得意,而后才能“随手写出皆为山水传神”④。间有用平视法的,那仅限于只写近境不写远境的山水画,或但就平视所及而分远近的山水画。

如上述“置陈布势”的形式得分若干种,某种形式适宜表现某种内容。但适宜表现某种内容的某种形式在同样两图中却不会完全相似,则因同样两图中的某种内容在一次又一次通过作者自已情意写出时,是决不会没有一些变动的。所以,每一种形式就又会有多种变化。中国画的构图就一向不拘守某种某种的定式,而在从元代以来偏重结构趣味即形式趣味的画中,且可看到每一种形式随着趣味的不同,而有更多样的变式。

不注意内容表现徒注意形式结构的趣味是错误的,但在注意表现已竭能事,或在无碍表现的条件下兼注意形式结构的趣味是可以的,形式结构的趣味又即元后画人最喜说的笔墨趣味。因所谓笔墨趣味,实就是指组织某种某种形式时利用笔墨的刚柔、粗细、繁简、燥湿、浓淡、明暗等对比成趣说的。这和内容的表现虽无直接关系,但

① 宋李成《山水诀》有这几句说话。

② 明道济《画语录》:“如自然分疆者,‘到江吴地尽,隔岸越山多’是也。每每写山水如开辟分破毫无生活,见之即知分疆。三迭者,一层地,一层树,一层山。望之何分远近?写此三迭,何翅(啻)印刻?两段者,景在下,山在上,俗以云在中,分明隔作两段。为此三者,先要贯流一气,不可拘泥。”

③ 见明顾凝远《画引》。

④ 明董其昌《画旨》:“读万卷书,行万里路,胸中脱出尘俗,自然丘壑内营,自成郛郭,随手写出,皆为山水传神。”

能增加形式美，也就间接增强形的感染力。所以说，在不妨碍表现的同时注意及之是可以的，不仅可以，有时还至感需要。

最后说到中国画与中国书的关系，说画的"置陈布势"是取法于书之"结体布局"的。画的用笔是完全同于书的，这话可置信吗？观殷初文字[①]大小参差，间以图画（象形字），以全文为一字，每个字与字间就已具有巧妙的组织，相互照应，一气贯通，由此看来，可谓"书画同源"。从张彦远在《历代名画记》"叙画之兴废"中所说的"图画之妙，爰自秦汉，可得而记"的这段话里，足证秦汉之前是无画可记的，画之有法是后于书的，而又同于书的。那么，说中国画的基本结构法是取于书的，也就没有什么不可信了。张彦远"论顾陆张吴用笔说"说："顾恺之之迹，紧劲连绵，循环超忽，调格逸易，风趋电疾，意存笔先，画尽意在，所以全神气也。昔张芝学崔瑗、杜度草书之法，因而变之，以成今草书之体势，一笔而成，气脉通连，隔行不断。唯王子敬明其深旨。故行首之字往往继其前行，世上谓之一笔书。其后陆探微亦作一笔画，连绵不断。故知书画用笔同法。陆探微精利润媚，新奇妙绝，名高宋代，时无等伦。张僧繇点曳斫拂，依卫夫人'笔阵图'，一点一画别是一巧，钩戟利剑森森然。又知书画用笔同矣。国朝（谓唐代）吴道玄古今独步，前不见顾陆，后无来者，授笔法于张旭，此又知书画用笔同矣。"[②]即说明最初号称"画圣"而为后世宗法的顾、陆、张、吴用笔，就是有时取法于草篆而作气疾弛，有时取法于楷隶而凝神徐进的。那末，说画的用笔是完全同于书的，也就无庸质疑了。按用笔有广狭二义，狭义指勾线说，广义指构画说；二义常相兼赅。彦远在这里说的用笔，和他在《论画六法》时所说的"夫象物必在于形似，形似须全其骨气，骨气形似皆本于立意而归乎用笔，故工画者多善书"的用笔正同，就都是指兼赅二义的用笔说的。兼赅二义的画的用笔既无异于书，而又是从书出的。因此，凡习中国画者不可以不从研究书法入手，也不可以不从研究兼赅二义的用笔入手。

不过话说回来，画的用笔虽从书出，而画笔的"横变纵化"，"前矩后方"[③]，却非书所能赅。故工画者多善书，工书者不必多善画。这就是说凡习画者不仅要研究书法，还要研究非书法所能赅的画法。研究画法，得用谢赫所说的"传模移写"法，但戒如某

---

① 以罗振玉《殷文存》为据。

② 东汉张芝字伯英，学崔瑗、杜度草法，善作一笔飞白书，笔力飞动，神变无方，世称草圣。唐张旭字伯高，工草书，每大醉狂呼疾走而后下笔，或以头濡墨作书，时人呼为张颠。自言见公主担夫争道而得笔法。观公孙大娘舞剑器而得其神，亦称草圣。凡取张势而尚气的画，宜用草篆笔（散篆为草，故称草篆）。顾、陆、张、吴均善用之，故皆传有所谓疏体画。晋卫夫人亦称李夫人（李矩妻），字茂猗，师钟繇，工隶书及正书（楷书）。王羲之、王献之书法皆夫人所传。王献之字子敬，羲之第七子，工楷隶、草篆，亦善画。凡取敛势而尚神的画，多用楷隶笔，顾、陆、张、吴亦善画。凡取敛势而尚神的画，多用楷隶笔，顾、陆、张、吴亦善用之，故皆传有所谓密体画。

③ 宋王微《叙画》说："横变纵化，故动生焉；前矩后方，而灵出焉。"这是指笔势的纵伸横展、前进后退、有变化有方法而说的，矩是法，方也是法。

些以专工模仿相标榜的行家们误认“画家末事”[①]为画家本事。

结束语

上述“写形”、“貌色”、“置陈布势”法是中国画家自己造作的构图法,省称中国画法,是构成任何一种“画格”的中国画都适用的基本法。

作者禀赋不同,修养不同,因而用同法构成的中国画就会有多种“画格”的不同,如所谓“逸格”、“神格”、“妙格”、“能格”等[②]。这合“品格”、“风格”为一的“画格”,是止存于用渗透作者情意的笔力构成的能够在表现“实对”同时显示作者自己的画中——即用中国画构成的中国画中,不是用中国画法构成的非中国画中固不贵有这样的“画格”,也就不会有这样的“画格”。

这样说,具有多种“画格”的中国画就只能用中国画法来构成,不能用非中国画法来构成吗?是的!不用中国画法就不能构成具有多种“画格”的中国画!

此稿写自病中,两年来改写数次,仍感写得太简略、不通俗,然已倦甚,不能更写。

1957年7月志于江苏师范学院　吕凤子

---

① 张彦远《论画六法》说:“至于传模移写乃画家末事。”凡事非根本要务皆叫做末,与本相对;画家末事乃是写神致用。

② 宋黄休复《益州名画录》说:“画之逸格,最难其俦。拙规矩于方圆,鄙精研于彩绘,笔简形具,得之自然,莫可楷模,出于意表,故目之曰逸格尔。大凡画艺应物象形,其天机迥高,思与神合,创意立体,妙合化权,非谓开厨已走,拔壁而飞,故目之曰神格尔。画之与人各有本性,笔精墨妙不知所然;若投刃于解牛,类运斤于斫鼻,自心付手,曲尽玄微,故目之曰妙格尔。画有性周动植,学侔天功,乃至结岳融川,潜鳞翔羽,形象生动者,故目之曰能格尔。”昔朱景玄列逸品于神、妙、能品之外,兹乃列逸格于神、妙、能格之先,这可见从宋来一般评画者对于逸格的崇尚了。

五师学生美术作业图画和手工作品

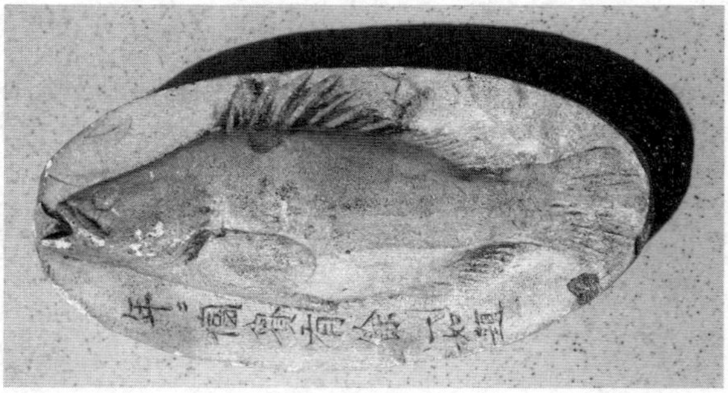

林静写生

林静

学生作文

（选自《全国学校国文成绩文库》）

说明：《全国学校国文成绩文库》（甲编一集），古邗卢寿篯选辑，上海中原书局出版，铅印竖排，分三册，共十六卷。出版日期可能在民国十五年（1926年）。该书实际上是一本全国中学生优秀作文选，入选作品的作者，均为全国各地普通中学和中等专业学校的学生。从目录看，编者将作文分为经义类、原理类、史论类、合论类、广论类、陈说类、序跋类、书牍类、通启类、辩释类、问答类、书后类、传状类、游记类、杂记类，共15类，似以议论文为主，记叙文为辅，兼顾应用文。入选佳作近600篇，而八中、五师的学生佳作为53篇，几近占十分之一。每篇作文后的评语，均系原校教师所写。

（1）经义类

曾子曰慎终追远是言在上之自尽其道也继之曰民德归厚其故何欤

江苏省立第八中学校一年级乙组　江人龙

民俗之厚薄奚自乎自乎一二人之心之所向而已一二人之心厚则天下与之俱厚一二人之心薄则天下与之俱薄明乎此可知曾子曰慎终追远民德归厚之义矣夫人孰无父母于其终也自当慎之于其远也自当然之凡人皆然矧其为在上者是不过自厚于亲耳与民无与也而谓德及于民且能使民之德亦归于厚何耶盖者民见上之所行以行者也上有好者下必有甚果其本身作则反之于己而一心由是尽者推之于人而风俗即由是敦也君子德风小人德草草上之风未有不偃者大学传云上老老而民与孝上长长而民与弟德盛化神夫固有不期然而然者曾子之言诚不我欺也

全从题之夹缝着想自能不将上下文说成两撅用笔又异常修洁更从何处着一点涨墨浮烟(戴子秋评)

曾子曰慎终追远是言在上之自尽其道也继之曰民德归厚其故何欤

江苏省立第八中学校一年级乙组　居　鸿

表端则影正表欹则影斜非影之或正或斜也表为之也物且然况上下之感应者乎曾子曰慎终追远民德归厚矣夫民自民而上自上也上之慎终追远是上之自尽其道与民无与也而谓民德归厚何哉不知风俗敦庞虽自古称为郅治而原其所以致此者莫非在上之本身作则也孔子曰上好礼则民莫敢不敬上好义则民莫敢不服上好信则民莫敢不用情君子德风小人德草草上之风未有不偃者也尧舜帅天下以仁而民从桀纣帅天下以暴而民亦从可见民之所为必视上之所为也上有好者下必有甚为者矣由是以观上不能自处于厚而欲民德之归厚庸可得乎

将民德归厚之故实能说系所以然缚题极紧用笔亦颇浑厚(戴子秋评)

孟武伯问孝孔子告以父母唯其疾之忧试即其义浅释之

江苏省立第八中学校第八届一年级甲组生 刘承汉

人之厕身社会也凡百事业莫不由健康之身体而成故父母对于其子幼而襁抱长而抚育所以为之调护其身体者无微不至昔孟武伯问孝孔子告以父母唯其疾之忧旨哉言乎盖父母之爱子也日日以人子之身体为念即日日以人子之疾病为忧设其子不幸而罹疾即不免忧思终日耿耿不寐然则为人子者当如何自卫其身以解父母之忧乎则守身之道不可不谨矣吾侪负笈远方父母之忧我也更甚苟一不慎酿成疾病父母闻之必有难已于忧者呜呼吾人以求学故不能承欢膝下晨昏定省旷职良多清夜扪心弥滋内疚而更以采薪之痛重劳父母以焦思于心安乎观孔子答孟武伯之言当知所注意矣

前中说理明晰词意稳成入后本至性以发为文章固自可贵笔亦摇曳生姿(朱献之评)

孟武伯问孝孔子告以父母唯其疾之忧试即其义浅释之

江苏省立第八中学校第八届一年级生 周 中

自来为人子者遇父母有疾时率皆寝食不安忧不自胜甚至汤药亲当割肝疗疾非借此以博孝子之名也盖对于父母之疾不如是则其心不安耳呜呼其亦知父母对于子之有疾其忧有更甚于此者乎人子当如何保养身躯体亲心以为心不贻父母忧乎昔孟武伯问孝孔子告以父母唯其疾之忧盖以武伯为世家子日沈酣于膏粱醉饱之中稍一不慎病魔即得而祟之孔子言此正以使之讲求卫生却病于无形也且疾之当谨亦不独武伯宜然也凡为人子者身体苟稍有不适其父母即引以为忧况疾之甚焉者乎疾之小者忧其大疾之轻者忧其重疾之未来者忧其将至疾之已去者忧其复来人子一日不能免于疾父母即一日不能已于忧欲释父母之忧须谨己身之疾况吾侪人校肄业朝出暮归时贻父母以倚门椅闾之望抚躬自问负疚良多若更以毁伤身体之所为背父母而行之不孝之罪百身莫赎矣以是知父母唯其疾之忧一语不独为武伯之龟鉴吾辈亦当引为座右铭也

起处从对面说人天然陪衬入题后还清题面语能扼要中路推开立论清言霏玉遒劲异常入后就个人说情文相生词亦腴润收笔不抛荒本题尤合(朱献之评)

子告子荀子之言性者分别证实而论别之

江苏省立第八中学校第五届第四年级学生　　包文郁

性字向有两界说一为义理之性善性也一为气货之性恶性也何以言之考诸孟荀告子之言可以知之矣孟子之言性曰恻隐之心仁也羞恶之心义也恭敬之心礼也是非之心智也仁义礼智非由外铄我也我固有之也又曰口之于味也目之于色也耳之于声也鼻之于臭也四肢之于安佚也性也有命焉君子不谓性也告子之言性曰性犹杞柳也义犹桮棬也以人性为仁义犹以杞柳为桮棬又曰生之谓性食色性也荀子之言曰人之性恶其善者伪也人之性生而好利有疾恶有耳目声色之欲则人之性恶明矣合两说而论之孟子之言性是主张义理之性而否认气质之性也告子荀子之言性是主张气质之性而否认义理之性也主张义理之性故曰性善主张气质之性故曰性恶孟荀以后凡主张性善者皆宗孟子之说主张性恶者皆宗荀子之说此古今论性之大概也

先叙述后论断极有章法一丝不乱佳作也(桂蔚丞评)

性字向有两界说一为气质之性一为义理之性二者孰善孰恶试援孟子告子荀子之言性者分别证实而论别之

江苏省立第八中学校第五届第四年级生　　黄　临

性也者与生俱生也故发乎己者谓之性性之界说向有二种孟子主性善告子荀子主性恶各执一说斯数子者皆狃于一偏孟子所谈是义理之性荀子告子所谈是气质之性盖人之性实兼二者而有之也恻隐之心羞恶之心恭敬之心是非之心人皆有之此义理之性也生有而耳目口鼻之欲好利之心此气质之性也扩充其义理之性则其行皆合于善纵任夫气质之性则其行事皆蹈于恶人之性盖善恶混也今有人焉见一童子将入井则必挽之回使不入井是其性善也俄而见道旁有遗金焉又必从而争夺之是其性恶也二者之性同出于一人但一时从义理上是性善也由是观之是人各具一义理之性及气质之性□□□□□□□□□□□□□□□□□□□□□□□□□□□□□□□□都章恻隐节只言夫义理之性也荀子性恶篇告子杞柳章只言夫气质之性也人之性实如太极图具黑白二种也人性兼善恶两种虽尧舜亦不废欲色之性宋儒所谓气质之性也虽盗跖亦具有仁义之性宋儒所谓义理之性也孟子不承认食色之性为性故只言其善荀子不承认仁义之性为性故只言其恶其实举古今中外之人各人之性皆具善恶两种如太极图一般一半白一半黑也

作者能见及此笔又达得出十分透辟是说理题上乘文字(桂蔚丞评)

（2）原理类

原 盗

劫人之财窃人之物得谓之盗乎曰不能盖所谓盗者必具有为盗之资格为盗之能力为盗之学术为盗之经验斯可以谓之盗彼劫人之财窃人之物岂得谓为盗欤论其种类因资格之深浅而有大小之别因能力之厚薄又有强弱之分至于真伪则以学术之程度而异焉有形与无形则以经验之多寡而不同焉夫世界一盗场也万物一盗薮也人类一盗主也无时而非盗之时无事而非盗之事不过有大小之别强弱之分真伪之异有形无形之不同而已矣虽然人人处于盗之中事事居于盗之内岂无法以挽救之乎是盗之不可以不追其源穷其本也明矣盖盗也者非其人甘于为盗也实其心之习于盗也是以去人之为盗必先正人之盗心正人之盗心必也崇尚道德便其不□于邪途而纳之于正轨其庶可乎况盗者不必具盗名若者盗权则美其名曰党争若者盗国则易其称曰亲善呜呼今之所谓文化进步者不过造成一盗世界而已耳盗之为义甚简盗之为害实无穷吾敢为天下正告曰欲弭盗先正心

思清笔健感喟无穷(胡子笸评)

（3）史论类

始皇汉武晚好神仙宗旨安在试详论之

江苏省立第八中学校第五届第四年级　焦席祀

人生所最不快意之事又为尽人所不能免者其惟死乎生时之聪明才智足以建大功立大业其所享用者足以置广厦衣文绣以及声色狗马之充其玩好姬妾奴婢之供其使令生人之乐尽于斯矣一旦奄化虽千百倍于此又何从而享受之哉呜呼死之事亦大可痛矣苟遇一二神仙授人以长生之术则富贵可以久享何怪世人之羡慕也夫始皇汉武贵为天子富有四海且值四夷内属天下承平之际正大好消受世间幸福时也所惜春秋日高岁不我与坐视富贵不久将不属乎我可不惧哉是故求仙之举非得已也以海市蜃楼目为蓬莱三岛数遣方士入海求之甚或驾幸岱宗冀得仙人踪迹耗无算之国帑作无益之干求要皆以得不死之方为目的孰意仙人未至而鬼伯已来所谓广厦也文绣也声色狗马姬妾奴婢也一旦皆归于为有矣讵非人愚乎然武帝征和四年下诏曰天下岂有神仙尽妖妄耳一切求仙之使皆罢之由是以观汉武犹胜于始皇焉

推出两雄心事说得真切可以破历来读史之疑团（桂蔚丞评）

（4）广论类

罗兰夫人谓天下许多罪恶皆假自由以行试申其义

江苏省立第八中学校一年级乙组　　滕兆云

自由者极美之名词罪恶者至劣之污点两者適相反而绝不可合也而罗兰夫人独谓天下许多恶罪皆假自由以行果何说哉岂自由亦有弊欤抑误认自由者之弊耳盖自由无明定范围故人易流于不德豪而黠者往盗为口实用是窬闲荡检倒行逆施无不假自由以行之焉殊不知此之所谓自由非自由也实自肆也然则必如何而后始可自由乎曰我自由人亦自由我而侵犯人之自由是即我之罪恶也自由离无明定之范围实则以道德为主宰以法律为前提已所不欲勿施于人其中有恕道存焉非然者人人误认自由人人肆行无忌则罪恶丛生天下由斯多事矣此罗兰夫人所以慨乎其言也世有好谈自由者乎请先明自由之界限可耳

朴实说理不作浮光掠影之谈此极有功候之文字也(戴子秋评)

(5) 陈说类

略述金曜日校长训话之宗旨

十月四日金曜日也上午七时诸生集于礼堂听校长训话其宗旨在于赴京会议时提议中学分文宝二科以为诸生前程计赴京之后尤望诸生在校谨守规则不可有无意识之举动发生窃谓斯言也固吾辈学生所当遵守者也夫吾辈学生必先能遵守规则而学业方可望成就犹之方圆由规矩而成五音由六律而正也无如今之学生侮慢师长者有之败坏学风者有之以一时之忿而伤同学之感情者更有之校长深知其弊故特召诸生而训之试问吾校学生果皆能遵守规则乎我不敢知曰吾校学生不能遵守也亦不敢知曰吾校学生必能遵守也但学生须谨守规则一语实为吾辈求学之前提非然者就令勤于求学吾恐不以规矩不能成方圆不以六律不能正五音也此次训话吾等学生谨识诸心而永矢弗喧也吾不识吾同学中亦有赞同吾言者乎

后幅发挥透切不作浮光掠影之谈余亦明适

试各述个人之小史

江苏省立第八中学校一年级生　　江人龙

人龙年十九矣髫龄善病五岁尚食乳家人悯其弱也年九岁始命入塾师授以诗经论语诸书而又不加讲解对之茫然惟事嬉游而已与某某相友善至塾必过其家其父走卒也习染不良于是人龙之操行一蟹不如一蟹矣翌年父命转学于陈师师严甚凡背诵讲解苟不熟即重责坐是学业固渐进而操行亦渐良十三岁负笈至沙沟小学校入高等科卒业升学某校因国学之程度幼稚弗人若也往往黎明即起夜半不寐殚精力于国学用是罹咳疾归休载余病始瘳今应本校入学试验猥蒙录取将来当如何端品力学方可副家庭之期望耶略述小史犹不胜□□焉

简当不支用笔亦骎骎入古(戴子秋评)

试各述个人之小史

江苏省立第八中学校一年级生　　沈　锡

小史者即有生以来所更历之事也锡在襁褓时之无不识菽麦不辨即有小史亦无从述之及长稍具知识人学读书亦不过昂首高歌毫无心得塾师既不督责而己亦不研求数载光阴等于虚掷然有一细事不妨为吾师道之一日锡方自塾归有馈蒸豚者家君诏之曰锡汝今日书熟乎熟则以啖汝回顾吾妹牵衣立母旁大母年七十扶杖相视而笑融融洩洩一室生春诚家庭之乐事也嗣是五六年来而小学而中学大宁负笈远遊未亲色笑虽白云亲舍时切驰思然自问此十七年中学业知识毫无寸进而马齿徒增言之颜汗遑有小史之可言哉今既辱承讯问故约以答之

绰有文情中幅尤饶逸趣(戴子秋评)

辟中秋祀月之谬

江苏省立第八中学校一年级生　　陶官云

之药奔月而为嫦娥吴刚斫月中桂树唐玄宗游月宫闻霓裳羽衣曲等事遂以为月有神而附会之欤殊不知月为地球之卫星并无灵爽之式凭也且近日飞行机发明于大空界无所不睹固无所见其为神者而人祀之何也乃中秋之夕家家陈列瓜果焚香拜祝其无知之妇孺无论矣间有一二明达之士亦多随俗而浮沈僕僕亟拜甚矣哉其愚也孔子曰非其鬼而祭之谄也左氏春秋曰神聪明正直而壹者也微论月无神祀之为不当即有神祀之亦为愚故吾得从而断之曰迷信

持议明通后幅尤有断制(戴子秋评)

学生宜遵守规则说

江苏省立第八中学校一年级生　　孙光成

今之学生莫不谓规则之宜遵守而卒之违背规则者所在多有此何故耶岂其于规则或未尽知而出于偶然耶抑知之而故犯耶殆非也盖彼之所谓规则有形之规则也有形之规则只可范人之身而不足化人之心所恃以维持不敝者其为无形之规则乎无形之规则维何道德是也欲遵守有形之规则当先遵守无形之规则若仅遵守有形之规则而不遵守无形之规则则阳奉阴违恶见其能遵守也然则如之何而后可曰扩充其道德之心而已矣凡一举一动先自问其能否无愧于良心无妨于公众然后斟酌而出之乃为遵守无形之规

则无形之规则能遵守有形之规则自能遵守矣又何待以有形之规则缚之乎吾侪方当学生时代持身之基础未立尚无判别是非之定识岂易默守无形之规则故学校不得不以有形之规则裁制之今日在校能遵守有形之规则将来置身社会即可遵守国家之法律久之无形之规则自能持之勿失虽从心所欲亦不窬乎有形之规则矣以是知范人以有形之规则其效浅束己以无形之规则其效深吾同学诸君宁愿受制于有形之规则而貌为谨勅乎抑愿率循于无形之规则而不假强为乎

以有形之规则与无形之规则伴说识见高人一层行文则起笔不平中幅朗畅后幅愈逼愈紧笔力遒劲异常(朱献之评)

学生宜遵守规则说

江苏省立第八中学校一年级生　　刘恩霈

学生者他日之国民也将来国家之治否全视今日之学生以为断学生之价值可谓重矣乃今日之学生失其价值虽校则尚不能守将来出而任国家之事吾知其亦不能遵守法律也故欲人能守国家之法律必先为学生时能守校中之规则欲遵守校中规则非具有定识定力不为功若随波逐流为一二人所愚弄明知规则之不可不遵守而故违犯之皆定识定力不足之故也窃思彼为害群之马者今日败坏学校者小他日败坏国家者大今日为学校之巨蠹他日即国家之奸雄呜呼中国至今日衰弱极矣转弱为强全在今日之学生以负有责任之学生而不相遵守规则若此中国之前途其不至于愈贫愈弱也几希可不惧哉

理明词达中幅语尤精警(朱献之评)

述乡里农商近事之见闻

江苏省立第八中学校第六届第三年级　　陈福乾

自黄河从而吾乡农利失海运开而吾乡商战败及于今辄谓淮南瘠土无农利之可与江北僻壤无商战之可谋其知当年鱼米之产额冠东南盐运之殷富甲天下耶某不敏负笈异方久违桑梓然遇关于我父老兄弟生息之琐事细闻未敢或漠然置之爰集见闻以志吾乡农商之一斑淮阴之细川无多田皆穀麦直至淮安以南始有产稻者每岁由清镇小输运出之产物以豆麦为大宗其代价之收入固可供我江北人民生息而有余独连年或旱或水遂并此而坐失老弱转于沟壑少壮流于盗贼居不安枕行难由道在执政者视之已同化外任遣三数庸官疲吏坐敲吾民之脂膏在吾江北人民视之其何能一日安于心乎振农之远谋非俟导淮以后不可灌溉固不能持久远也然提此刍议已十余年久不解决恃以济今日燃眉之急恐犹三年之病求七年之艾地利虽不便人工固在苟从学识上培养则将来农事或可更敝而易新现除淮阴省立第三农校外涟水尚有乙种农校一然终不能普及吾乡人

君子之列身教育界者盍急图之果使天产丰富则不仅农业振而商事亦将由此以兴生物多则财源畅矣所仍困难者转输与交通耳运河原有航商数家驶以小轮往来便之然偶遇水涨则不敢驶行以妨堤工水涸又难启轮近来冬间河冻更有历两三月而不能通消息者若此往来之便尚不可恃遑云乎商业之交通顷闻宝应卢绍刘先生拟集资筑路行摩托车于瓜清之间果使钜创有成实为通商之大利又闻淮阴与淮安行有电气公司之创设此则仅为繁华之趋步非与商治本之策也他若扬州有江北商务日报之刊使果通行亦未尝非江北商务发达之机奈未知其内部何如未敢有以断定其利弊淮安西乡有荒地数千万顷直沿洪泽之滨延袤于皖北有曹广权先生者已集资设公司着手垦植粗有成效矣旧友曾有练习其中者为言大概例皆取法于东西洋之有成效者深愿长持不懈俾他日中国农业之革新还自吾江北始也课业苦系难遍历乡里撰为实地考察之记述此传闻知不免于讹谬矣

记事清疏

试各述已身之经历及其志愿

江苏省立第八中学校二年级生　　厉鼎颐

鼎颐家居仪征今已十五矣回忆六岁时始稍有记忆之能力在家识字未出外求学至七岁乃入初等小学校肄业四年卒业十一岁升入本城第一高等小学校肄业校址距家不远每日往返并不觉有所苦痛在校课程尚能领略但性情乖僻与人落落不相合稍不适意辄与之争师长率以是责余处之期年稍知交友之道不若前之孤峭矣同学始与余为友暇时或互相研究学术或互相游戏性情乃因之一变而学业亦受益非浅三载卒业因年龄尚幼故在家补习一年前半年尚自补习后以无约束故遂怠惰矣乃于去岁一月间随同二兄在上海中华小学校补习晚间二兄乃督率补习中英算各科及暑假期近乃返扬州第八中学校应试幸录取于兹二年矣至若余之志愿惟思本校卒业后升入大学以图将来生活之能力造家庭之幸福耳盖处今日之国家能求己身目前之生存则为幸矣成曰国家前途之幸福系乎吾辈青年吾以为不然何则国者人之积也人不能自立即无以立国欲救其危亡之国当自人民能各自立始故鼎颐之志愿如此然能否达此目的是又未可逆睹矣

前幅自述颇有情趣余亦可存(胡子�评)

试各述已身之经历及其志愿

江苏第八中学学校二年生　　赵思忠

思忠来广陵时年甚幼父早殁家道中落无力延师从兄读天资愚钝日事嬉游年余仅读毕论语兄以思忠之愚也乃送入初等小学教师管理甚严动辄得咎不敢嬉戏操行学业

亦因之而有进益焉卒业后入高等同学甚多约二百余人其中品学优良者固多而道德卑劣者亦复不少思忠以所交非人学业无进步心窃忧之后得益友之劝戒乃知前非稍除旧日之恶习毕业以后因家中叔祖病故与家人回湖南因之得见长江之浩渺天堑之险要与夫洞庭之浩大衡岳之雄伟实思忠平生所未得见者亦思忠平生最乐之事也去岁入中学今年升入二年级而思忠之品行学业果能有二年级之程度耶恐名实不能符也自此而后誓当努力发奋图强俾毕业以后得升入大学不为无业之民此则思忠之志愿也呜呼吾侪今日履安顺之境当求学之时家庭无故曾无尘俗之累以牵之乃吾人之大幸若犹暴弃自甘不知奋勉不亦负教师之训诲及家庭之希望也耶

中幅修洁可诵余亦明晰(胡子笣评)

学以为己说

江苏省立第八中学校二年生　王　睿

人不可以不学而学尤不可以不知□□□□已然后可以谓之学然后可以谓为有用之学今之学者摘句寻得谓之非学也然止于记问之末而已笺经释传不得谓之非学也然囿于考据之微而已非吾所谓为己之学也吾之所谓为己之学者德之未修也学焉以益之识之未裕也学焉以进之去恶德捐细行博文而约礼增闻而广识经术政事之大典章制度之繁与夫鸟兽虫鱼草木之名靡所不通夫然后德益而学进穷则可以独善其身达则可以兼善天下此所谓身心性命之学而古先圣哲所以期之于后者也嗟乎世之求学真能为己者盖寡矣非为名而学即为利而学虽以子张之贤尚有干禄之问公孙宏之博洽犹存阿世之见贤达且犹不免而况下此者欤至如后世含英咀华杨芬摛藻虽文辞赡丽博洽可风然或毗于靡或伤于薄或并其放浪形骸与褊狭不纯之弊而亦著之言乎为己殆未能焉而晚近以来学子又远不古若率皆盗名欺世务虚而忘实是以学术思想鲜有进步而民族文化亦遂不能日新然则求学而不为己固不仅关系于一人也可不慎乎

真体内充言皆有物此境良不易到可喜之至(胡子笣评)

学以为己说

扬州第八中学学生　程赓祚

孔子曰古之学者为己朱注为己欲得之于己也今人未有不知学为应用计者然因应用计遂不欲得之于己而竞为寻章摘句以求有合于人识者有盗名欺世之忧焉盖名利之心人皆有之惟其有名利之心遂视学之应用为他日求名求利之用试观今之学者动曰吾人之学当为社会计为国家计而试叩其所学果为国家计乎果为社会计乎非自欺即媚世于实际毫无裨益第为阿世苟容猎取浮名之准备耳此足与言学耶如知其为国家计为社

会计当为学之时正宜祛此浮而无实之学致力于有用之学以求有得于己况为己者非必不为人也惟其能为己始能为人不然则空疎无具而任职于社会必不能处置裕如既不能处置裕如即不能收美满之效果又安能造福于社会国家虽一己之名利且无从得矣为人为己两者俱失曷足贵乎古人以幼学壮行为贵今人则不然呜呼此今人所以不古若欤

圆转自如语意亦紧(胡子笸评)

砚说

扬州第八中学校四年级学生　　楼□诒

或有短砚者曰位为通侯爵不可谓不尊邑封即墨地不可谓不广生于山谷间一旦遭际时会鲜克有终任挫折之频加信邪谗而污白夫白圭有玷难掩其瑕斯其节不固矣恶得与吾徒游乎子盍逐之余乃喟然叹曰文王□里之日勾践石室之时其所忍者小而其所全者大砚亦如是而已何病焉夫白羽虽白质殊轻兮白玉虽白空守贞兮未若兹砚赋性方正砥砺廉隅有心文化之精进不惜劳苦其体躯漆身而黧面藏垢而纳污任众□之岔集犹独行而特立况夫磨而不磷涅而不缁非有大过人者曷克致之子不喻此遑逐之为

饶有意境似唐人咏物小品(桂蔚丞评)

砚说

扬州第八中学校四年级生　　房兆骙

风云得手花草传神世人皆谓三寸管之力而陶泓先生亦与有功焉使无先生之雕琢砥砺涵养游泳磨人磨墨正己正心奚能置身于六艺之府徘徊于辞林之间哉与先生处愈久则道愈深交愈切则学愈广故举世之人虽交有厚薄无一不乐与先生俱也其最亲之友毛颖即墨侯是也先生家端溪广交游今端溪之上其子姓尚蕃衍焉

有昌黎毛颖传笔意(桂蔚丞评)

孟子不尊周说

江苏省立第八中学校四年级生　　焦席祀

孔子作春秋而乱臣贼子惧盖尊王者褒之无王者贬之一字之褒贬皆视尊王与否而定不稍苟也春秋曰元年春王正月其称周室辄曰天王仲尼之尊周盖如此也我国素重君臣之伦仲尼欲挽世道而正人心尊周之义可不加意乎迨由春秋而战国诸侯吞并大国仅七孟子出而以王道说人君其对梁惠王则曰王如行仁政则可王天下矣对梁襄王则曰天

下定于一齐宣王问毁明堂则曰王如行王政则勿毁之夫天无二日民无二王设齐梁各国皆南面称帝其将如周天子何此岂孟子之宗旨悖于仲尼乎是又不然盖孟子之不尊周其时势有不得不然者也春秋之时王纲虽坠一息尚存犹可借尊周以号召诸侯此仲尼所以许齐恒晋文也战国之时诸侯地方千里周室曾不及其什一周德既衰虚名徒拥且民为贵君为轻周既无力以控御诸侯安可以保宇内之万民哉非孟子之不尊周实欲尊之而不得耳天下既析为七国势均力敌日寻干戈其势必合而为一天下乃能底定孟子以王道说诸侯借尽保民之心耳其不尊周岂得已哉如执是以咎之苛矣

通达时事将孟子所以不尊周之故发挥得十分透辟句句光明俊伟洵切理餍心之作（桂蔚丞评）

（6）序跋类

拟昌黎送廖道士序

江苏省立第八中学校第五届第四年级　　焦席祀

邹鲁之地泰岱峙焉清河注焉名山大川钟灵毓秀于此是故有孔子孟子出承先圣之道毓作万世之表师虽曰人杰实由地灵也郴之州衡岳耸于西湘江流其北山川雄秀为南服冠矿物具水银丹砂钟乳之富植物擅松柏橘柚竹箭之奇虽邹鲁犹逊之意必有魁梧奇伟之士生于其间才足以济世功足以庇民乃能为山川生色然今卒不一见岂山川之灵秀特及于物而不及于人耶抑其人虽得山川之闲气而孔孟之教不及被乎其邦耶郴人廖师学道衡山求服气练形之术所谓魁梧奇伟首非斯人欤乃用之不得其当吾深为廖师惜也爰序以告之

眼光如炬寻出孔孟为主脑议论绝大足以牢□万有涵盖一切具此手眼足以方驾古人不必句规而宇仿之也(杜蔚丞评)

（7）书牍类

邀友人赏菊启

江苏省立第八中学第八届一年级　　黄克新

某某仁兄赐鉴金桂已残秋容黯淡不羞老圃幸有黄花卓卓然抱贞秀之姿不与百花竞艳于春日东篱啸傲晚节留香无如世少渊明知音难过虽三经阴中不乏雅人之迹然人淡如菊者不数数见彼即爱菊菊未必引之为同调足下务为秋实不尚春华高旷之怀与菊同之菊遇足下固相得而益彰谅足下亦乐与菊联邂逅之缘也用特奉邀希即不吝玉趾联袂偕往一觇寿客之丰采幸毋交臂失之此公布时祉

将菊之身分抬高方可显出喻意确有见地至其造句工整灭尽雕琢之迹犹其余事（朱献之评）

邀友人赏菊启

江苏省立第八中学校一年级生　　孙光成

启者木叶微脱寒气袭人又届吾人赏菊时矣夫菊花之隐逸者也昔人有云怀此贞秀姿卓为霜下杰诚不诬矣仆愧无靖节之才亦有东篱之好屋后小圃种植殆遍暇辄饮酒其间孤芳自赏然以仆之未能免俗对之适以增愧殊觉有负于菊足下胸怀淡泊高洁之风不让黄花独步菊遇足下亦必欣得知己用特折简奉邀倘荷辱临与寿客结同心之契仆愿为介绍谨当扫径以待不胜翘企之至

前半朗润后半语有注射笔亦遒劲（朱献之评）

拟贺徐大总统就职电文代

江苏省立第八中学校二年生　　王　睿

北京徐大总统钧鉴顷读内务部公电知我大总统于灰日就职某等逖听之余曷胜雀跃窃谓国体改革七载于兹而变乱相寻扰攘无极袁氏不德帝制自为张勋逞兵谬谋复辟近又南北失和锋刃相见操同室之戈起萧墙之甲迭经兵祸我民之力殚矣我民之生蹙矣天祐中国恭戴我公就总统之职公之声望早已洋溢海隅而此次出山尤抱弭兵之旨将来调和南北去尔诈我虞之见为国利民福之谋则公之有造于中华者其有极乎敢贡芜词敬祝民国万岁我大总统万岁

意惬词圆不支不蔓(胡子笣评)

拟贺徐大总统就职电文代

江苏省立第八中学校第七届二年级生　　许鸿远

北京徐大总统钧鉴粤自武昌起义全国同风庆山河之复旧看玉步之更新壹是人民百端欣颂孰意元年以后乐少忧多帝制之害既起于前复辟之说更踵于后吾民之痛苦殆已无可诉矣前奉内务部通电欣悉我大总统依法当选并择吉于双十节就职某等窃谓是即我大总统瞻前顾后隐寓与民永享共和之心也从此日月光华风云爰护虽复国家大事犹春秋非蟪蛄所应知然而时局太平同韶光却岭梅之先觉敬勖光采曷任瞻依

日光玉洁一片晶莹佳构也(胡子笣评)

与友人书

江苏省立第八中学校一年乙组生　　江人龙

羽仙仁兄足下秋风瑟瑟触处生愁我辈旅人若闭门枯坐岂不闷煞月前伴卿来与作蜀冈游乐甚惜不能多流连离悰未罄殊懊愦也龙自失败后一篇痛心史挥之不去铲之又生每独坐神情辄怳怳未审爱我者有以教之否也不日回里拟作平原十日饮借以浇傀儡吾兄能与之□□征雁南飞先乞以好音示我肃请著安立盼同玉

苍凉沈郁古色古香雅近有正味斋手笔(戴子秋评)

约友探梅小启

江苏省立第八中学校一年级乙组生　　居　鸿

北风烈白雪飞手酒一卮诵疏影横斜水清浅暗香浮动月黄昏句似此青绝之境仿佛遇之然徒寄之想像间究不若亲历之愈也足下亦素抱爱梅癖者盍偕往史阁部祠为问梅花岭中春光曾否到枝头也风雪灞桥慎毋令古人独占焉

清新俊逸绰有风神绝妙之小品也(戴子秋评)

约友探梅小启

江苏省立第八中学校一年级乙组生　　江人龙

吾扬北郭史阁部祠素以梅花声于时者快雪时晴春光暗逗未审南枝曾否着两三花也愿与足下寻我梅友倾杯大嚼问天生傲骨特立冰雪中较彼趋炎附势者何如世不乏赏心人尚其惠然肯来毋令林和靖笑其后也

笔情雅炼寄托摇深不图于小品中得之(戴子秋评)

致同学书

江苏省立第八中学校第八届一年级生　　刘承汉

某某学兄伟鉴犹记初秋分袂时辱荷设筵见招曾几何时而已飒飒西风黄花零落矣回忆曩时同砚母校聚首终朝此乐何极吾兄乃先我升学师校云天暌隔今虽毕业归里任职母校弟又远来邗江不克时亲謦咳恨何如之所幸吾兄归掌教鞭出其绪余以嘉惠后学足慰故人之念兹闻校内校友会童子军组织均已完备必由大力所生持前曾函询方君未邀答覆心颇怅怅盖弟虽负笈在外无日不念及母校也母校近状若何风便尚希告我此请文安

前叙思友之情缠绵悱恻后述及己之不忘母校意自可嘉行文亦极爽朗(朱献之评)

劝友人勤学书

江苏省立第八学校一年级生　　江乾滏

锡琳学兄惠鉴握别以来已将半稔昨友人来述及足下近况颇详惟言外有不满于足

下之意以为足下近稍怠忽于学问仆窃以聪敏如足下应勉为好学深思之君子仆素与足下交称莫逆不妨切直言之姑无论是否严实但良材须准绳墨美玉必加琢磨学问之成非特恃乎天资尤有赖于人力古人所以称为绝学者皆由勤勉而来足下□能矢以勤劳虽求胜古人不难苟自矜太过恐不免流于怠惰之弊此则非仆所望于足下者也肃此敬请文安

能勉人尽力于学自是诤友之道非好学者不能为此言行文亦情词恳切笔力圆足(朱献之评)

家书 报告到校以来之概况

江苏省立第八中学二年级生　　王　睿

父亲大人膝下敬禀者九月一日校中开学男负笈入校编入二年级肄业于兹已两周矣本学年所著重之学科为国文英文代数国文系胡先生教授代数系董先生教授英文则仍为徐先生代数课本为英人海尔氏及拉爱特氏所编者篇中文字悉为英文然文法平易男虽钝鲁尚能领悟焉至于英文昔者用中文诠注刻下则改用英语解释且练习造句会话等事较之一年级时之课程盖加深矣然现时虽觉困难苟能率循不懈孜孜求之他日必可获左右逢源之乐区区之劳瘁亦何能辞矧勤苦乃学生之天职耶运动一事校中现颇注重赛跑跳高蹴踘击技无日无之尤以田径赛为最盛焉上学年国文教员骆先生于六月间病逝男颇痛悼骆师勤于教职教育学生诱掖后进惟恐不至虽以男之不肖不才尚不侪诸不可教之列而时加青睐惜天不假之以年顿失良师天实为之谓之何哉时届仲秋寒热无常望大人珍重男在校一切自当谨慎放心勿念肃此敬请福安男睿谨禀

饶有精警之色是善于叙述者也(胡子�评)

答友人责余荒学书

江苏省立第八中学校第六届第三年级生　　王维岳

辱赐书规以所不及谓学子宜以勤业为心不当以荒嬉为事爱我深情跃然纸上岳虽不敏能不愧感窃恐过听敢略陈焉夫分阴是惜岁不我与之语经傅言之详矣及时修砺免为良材之言足下勉之勤矣且此待治河山非青年不足以救之而救之之道又非学不足以为之足下视岳岂违圣训背忠告坐视神州阽危而不思尽匹夫之责者欤足下与岳处有年矣凡我所为必能洞照而离群索居几岁余耳足下思之岳即流于恶能如此之速乎噫我知之矣他人之言此者短我也足下之责我者爱我也短我者而我之为我自若也爱我者我能不自陈其实以安君之心乎特函左右以表铭感而自戒慎幸足下察焉

情真意切精警非常(高　廪评)

(8)辨释类

就本校校训四字之义择而释之

江苏省立第八中学校一年级乙组　　陶官云

凡学校无不有校训余在小学校校训曰诚毅勤劳余固乐而奉之也及负笈本校校训为诚毅勤朴与母校甚相符焉不禁念及母校而益思有以守之谨分释之以示不忘

诚　诚者入德之门也大学曰欲修其身者先正其心欲正其心者先诚其意子思子曰诚则明矣司马光曰吾终身奉之而无怠者厥惟夫诚由是以观诚之一字小之可以修身齐家大之可以治国平天下心有所未尽非诚也行有所不慊非诚也必言忠信行笃敬始不失为诚焉吾之所宜注意者也

毅　曾子曰士不可以不弘毅任重而道远孔子曰刚毅木讷近仁可见毅也者有坚忍不拔之义存焉颜子之拳拳服膺子路之勇于改过毅也即苏武之不降匈奴张骞之得通西域亦毅也吾人苟富有毅力日求进步不稍退却庶不为艰难困苦所阻焉

勤　勤者亦人生之最要也昔大禹惜寸阴陶侃惜分阴皆足为吾人之模范况流水不腐户枢不蠹故周公称文王永年而归美于无逸吾人于青年时代若优游岁月一旦光阴已去老大徒悲悔之晚矣左氏春秋曰民生在勤勤则不匮至哉言乎

朴　朴者尤持身涉世之本也尝见夫青年子弟好事奢华其浪费之金钱无论矣而靡丽纷华之境最足以沈溺其心大禹之菲饮食恶衣服卫文公之大布之衣大帛之冠非啬也恐流于奢侈而丧志也虽然世之以吝为朴者更误矣

陶官云日本校校训可谓尽美尽善矣诚以立身仁之端也毅以应事勇之端也勤以求学智之端也而朴之一字于学生尤有关系焉谨志之为一已勉并为吾同学勉焉

前不突后不竭中间分疏谋篇极为完善而分疏四字处各能引经据史不作浮光掠影之谈尤征功候(戴子秋评)

释　争

江苏省立第八中学校二年级　　王兆俊

天地一争场也古今一争局也世事一争端也为士者争名在官者争位立国者争雄人争财鸟争食皆因其可贵而起贪心其理一也是故赏罚明而争功者生贵贱分而争位者炽贤愚判而争名者起为之斗斛以量之则并斗斛而争之焉为之权衡以称之则并权衡而争之焉即为之礼让以矫之为之廉耻以正之则并廉耻与礼让而亦争之焉世之杜争者曰尚仁义曰崇道德自以为善矣而不知争者且泯泯纷纷惟所欲为又曰行忠厚曰言和平自以为能矣而不知争者益扰扰攘攘肆无忌惮盖不反本而欲求其息事宁人也难矣上古之世百姓熙熙不知物之可贵也今则人非怀葛世异义农欲防争之作必先齐物之等今试以功望为可耻则世无争名之士矣以爵禄为可羞则世无争位之官矣以强霸为可恶则世无争雄之国矣夫买珠者不贵珠而贵椟椟岂有美于珠哉贵之斯美矣人人各足而觊觎不生人人不羡而攘夺自免人类之繁衍无已时则争之嚣陵亦无已时谓争为恶德者非谓争为美德者亦误余故为释之以明其义之实无界说云

陈义甚高笔亦足以副之佳构也(胡子笵评)

(9)问答类

渊明所记桃花源今在湖南桃源县沅江南岸固实有其地也渔父再至何以迷津仙迹欤寓言欤岂渔父之标帜未几就湮抑先代之逸民或谋扃户也试各抒所见平心论之

江苏省立第八中学校第五届第四年级　万府祥

余读渊明桃花源记观其所谓渔父再至迷不得路之语初思之以为必无此地此事也特渊明以晋时天下大乱思得一绝境如桃花源者居之故作此寓言耳既而思之此地此事固实有之而渔父再至所以迷津者其故盖有二焉渔父一常人耳其所谓处处志之者谅不过以木头竹竿为标帜无测量计算之法也夫无测量计算之法而徒以木头竹竿为标帜乌得不失踪乎既曰失踪自不复得路矣此其所以迷津者一也抑洞中之人皆秦代遗民居此绝境无兵革之扰赋税之事与世人久断往还今一旦为外人所知窥得门户虽告以不足为外人道然不能使渔父不言也渔人言之则世人知之官吏亦知之兵革赋税之事从此发生焉彼遗民欲自乐于其中不可得矣故其俟渔人之出也旋扃其户则世人不得再至而彼等乃得优游自乐于其中此其所以迷津者二也余故谓渔人所至之地渊明所记之事均实有之非仙迹亦非渊明寓言也

说理透辟使笔如舌是绝妙文(桂蔚丞评)

佛氏耶回之教专以鬼神立说孔子独言敬鬼神而远之试申其义

江苏省立第八中学四年级生　刘鸿勋

世有鬼神耶吾不得而知之也世无鬼神耶吾不得而知之也鬼神之说庸人惑之然而主张斯说者不在庸人如佛也耶稣也谟罕穆德也皆世之所谓旷代豪杰也而彼皆极主张之然则鬼神者诚不敢信其无然而无形可见无声可闻以无形无声之物而断以为必有则又愚者之所不出也然则孰为近曰孔子之言为近孔子曰务民之义敬鬼神而远之孔子之意谓鬼也神也有耶无耶固不必加以探索敬之所以从众从俗而已圣人之所知非神道盖

人事也人之生也上寿不过百年其中寿或不及百年者不计焉经天纬地之事业生人之所需小之在一身一家大之在一国一天下此百年数十年中其足以供切究资实行者其事固已日不暇给此之不求而从事于荒渺无稽之鬼神夫鬼神无也于我奚损鬼神有也于我亦奚益使举世之人不务人事相聚而谈鬼神其于一人之身心性命及天下之大苍生之众究何补也掷光阴于虚牝而所治之学问有无效果尚在或然或不然之天吁亦愚矣郑子产有言曰天道远人道迩人生日用之事人道也鬼神之有无天道也迩且弗明于远者奚论焉昔季路请祷子曰丘之祷久他日问事鬼神子曰未能事人焉能事鬼敢问死曰未知生焉知死诚以人寿有限人道难尽彼佛氏耶回天资卓毕生研究鬼神之学终不能洩天地之秘其治人事抑已疏矣此所以佛氏耶回之教不如孔教孔子之以人道立盖不欲驱天下人耗心血于无用之地也

文气汪洋浩瀚笔如牛弩能挽千钧之重虽造句不尽完美而笔姿盘囷兀律树义正大其意境颇近昌黎柳州作也(桂邦杰评)

本级国文程度不齐其劣者恐有留级之患而每周教授时间只有此数欲施补救其道何由试各抒所见以对

江苏省立第八中学校第八届一年级生　刘承汉

中国当闭关时代无所谓科学也仅国文而已故士专于一而国文可底于大成自欧风东渐科学之势力日益澎涨国文遂有愈趋愈下之势非漠视国文也时间为他科学所占耳今之掌学务者深知其弊以国文为主要科可谓得基本矣予自惭国文之程度甚劣既未深窥唐宋诸家之奥亦难与同学相颉颃长此以往后悔莫追不得不□补救之方而作亡羊补牢之计焉夫国文非旦夕所可奏功心志不专固难获益即心志专矣而眼界不广资料不富作文时仍不免于枯涩吾侪在校既无博览经史之暇教授国文之时间又有限不施补救恐终无进步之可言惟有于课余之暇熟读平时选授之文冀收万一之效耳管见如此不知有当于万一否

超数行气势雄厚说理亦认明通后幅词意深稳笔尤摇曳生姿(朱献之评)

改良社会当以何者为先试各就见闻所及略抒己意以对

江苏省立第八中学校一年级生　周文杰

呜呼社会之卑窳至于今极矣而最大之恶习则首在奢华朝入茶社夕饮酒肆挥霍不遗余力者饮食也奢华也夏则丝罗冬则狐貉讲求必期尽善者衣服之奢华也他如婚丧之事交际之间亦无不穷奢极侈纵其意之所之推之牧围厮养之贱负贩仆隶之徒亦几相染成习不务节俭曾亦思节俭可以兴家奢华足以荡产乎试观于宋仁宗之□蟹晋武帝之焚

衮为人君者尚以节俭为当务之急彼富贵不如宋仁宗晋武帝者其宜知节俭更可想见矣嗟夫吾人置身社会中当为社会生利之人不当为社会分利之人即不然学术浅陋无生利之能力不得不为分利之人亦宜力戒奢华崇尚节俭守先人固有之业免异日贫窭之忧如是则有用之金钱不致消耗于无形而社会奢华之恶习可以立除不言改良而改良之效即寓于其中矣有维持社会之责者曷不于此加之意乎

奢侈为近今社会之恶习作者能见及此而痛切言之具有卓识行文亦词句圆惬有意到笔随之妙(朱献之评)

学生何以不宜早婚试言其故

江苏省立第八中学校一年级生　王德同

昔晋文公安于齐姜而不思图伯乐羊子思其家室而怠于向学此二人实有过人之才智且不免于怀安况学生之才智不及晋故公乐羊子万万纳妇而后吾知其必恋恋于闺房之爱而忘远大之图也呜呼学生者将自任以天下之重者也留此身以有待即当励所学而无荒及时以勤业犹虞不足而顾可使之失时乎专心以求道尚难深造而顾可使之纷心乎古者男子三十而娶固为体育之关系起见亦虑其以早婚阻学业之进步故为此定制以限之也今之学生纵不必拘守此说亦宜授室于学成以后若年未及冠遽谐伉俪恐将移其爱慕学校之念转而缱绻于琴瑟之和易其借助他山之心转而绸缪于璋瓦之弄读书寡益学道无成匪特无可为一己自立之具抑亦无以副国家育才之心则早婚实为学生之陷所也奈何为学生者明知其为陷阱而故蹈之耶吾愿持此义为普天下青年学生正告之

说理透辟词句亦极烹练(朱献之评)

本校于孔子诞日开国文大会试说明其用意之所在

江苏省立第八中学校一年级生　孙光存

目欧学东渐人皆专攻英算各科而不暇孜孜于国文长此以往国文恐有江河日下之势本校于孔子诞日开国文大会乘良好之时机以引起人之竞争心用意亦云善矣夫天下事莫不成于竞争心竞争心重则事半功倍无须多费时日同学相聚一堂则个人之竞争心重各级同题试验则每级之竞争心重县有奖品分别等差以给之则各人之得奖心与名誉心又重持此竞争心以研究国文何患国文之不精耶而此会必于孔子诞日行之者盖因四教以文居首孔门之所重在文开此会即以表尊孔之意使学者知国文之不可忽也

前路明畅中后词意透辟笔亦警快(朱献之评)

本校于孔子诞日开国文大会试说明其用意之所在

江苏省立第八中学校第八届一年级甲组生　　刘承汉

国文为吾国之国粹人人所应注意者也近今各学校虽列国文于主要科然每周教授不过五六小时故国文之进步甚少且学者偏重科学往往漠视国文长此以往国粹将不可保存本校深恐其蹈此弊特于孔子诞日开国文大会优者给奖有差是亦古者以文会友之遗意其激发吾人进取之志为何如也吾同学得此一番之愤励国文庶几有进步矣且孔门四教文居其首今值圣诞日复会文于一室是亦纪念之一法乎吾愿诸同学各抒伟见为吾校光焉

词意明畅入后语尤警策用笔亦圆转自如(朱献之评)

（10）杂记类

国庆日记事

江苏省立第八中学校一年级甲组　　梅允武

十月十日国庆日也本校遵章庆祝且执旗旅行所以纪念也余于是日晨诣校行庆祝礼甫入校门见诸同学已先至咸欣欣然有喜色俄而齐集礼堂行庆祝式秩序井然礼毕整队出履声橐橐旗影翩翩军乐悠扬步伐有序道旁观者如堵莫不交相誉曰此第八中学校之学生也非经平时之训练曷克臻此少焉至辕门桥见商店之悬旗志庆者寥若晨星呜呼彼蠢蠢惟利是图之巨腹贾亦岂知今日为吾国至可庆幸之纪念日乎是可慨矣虽然吾人借执旗旅行以伸庆祝之意较之巨腹贾诚知大体矣一回顾宇内大势险象环生能毋忧从中来吾人具世界眼光不于根本上解决求共和基础之巩固徒斤斤为形式上之庆祝将天下兴亡匹夫有责之谓何转不免为巨腹贾所窃笑矣

前中叙笔简炼后幅因商家之不知庆祝引出学人感想颇有卓见词句亦极圆愜（朱献之评）

本校欢迎会记事

江苏省立第八中学校一年级乙组　　张凤城

十一月二十四日全省师范附属小学主事会议于扬州本校即于下午八时开会以欢迎焉及时教职员学生群集礼堂与来宾互行敬礼首由校长致欢迎词继由来宾演说之旨各不相同有赞美者有谦谢者有讨论社会之情形者有陈说办学之困难者演说毕校长致谢词因开会之时间甚长恐莅会者困倦于是作种种之余兴以娱乐佳宾来者莫不欢欣而愉快未几遂茶会而散余退而思之本校今日之开会欢迎非独为联络感情已也亦以今日莅会之来宾皆全省师范附属小学之主事即全省小学之精神所寄也昔德意智战胜法兰西俾斯麦归功于全国之小学生可见小学生之关系于国家为甚大也今本校开会欢迎各主事即欢迎小学生亦即欢迎中国之蒸蒸日上也爰记之以示弗喧

后路就小学主事着想说得关系非常重要是能以一茎草化丈六金身者前中叙事亦明爽(戴子秋评)

本校开庆祝欧战和平会记事

江苏省立第八中学校一年级生　　孙光成

欧战迁延四载迄今日而始败素蓄野心之德意志以归于和平之局此非协约国所当庆祝者乎我国亦协约国之一故捷讯传来政府即通令全国庆祝本校于十一月十四日下午休课一时许开会全体齐集礼堂行庆祝式奏乐唱歌气象融融职教员生徒相继演讲意深词澈娓娓动人既毕董师复实验理化借压力不足久恃之理以与德皇失败之事相附会颇饶兴趣余因之有感焉拿破仑雄视全欧终致失败今又有德皇威廉第二蹈其覆辙则信乎公理之必胜强权强权之不敌公理也夫战事之起协约国之军士非勇于德也协约国之器械非利于德也协约国之君主非若德皇之威震全球也协约国之军势非若德之屡获战胜也然而血战数年德卒以来因河左岸之败遂致一挫而不可收拾何哉非协约国之能胜德实公理之能胜强权也噫德之强盛称雄欧西德皇之威力震骇全球乃一违公理危亡之祸立至则凡强盛不如德威力不如德皇者更不可穷兵黩武以百姓为刍狗而思逞其雄心矣余故于开会后濡笔记之

起笔不平叙开会事颇简洁中后意固精当笔亦快利其说到国事处毫不粘滞寓实于虚有神妙欲到秋毫巅之势(戴子秋评)

本校开庆祝欧战和平会记事

江苏省立第八中学校第八届一年生　　周文杰

自奥塞之□开而欧战起欧战起而各国胥受其影响来因河左岸一役德军大败因之休战构和而今而后□界大同不复有战争矣凡协约诸国莫不庆祝和平中国为协约国之一故亦表同情吾校校长因于下午开庆祝欧战和平会开会时职员与生徒所演讲者率皆谓强权不敌公理德国之败无非因其穷兵黩武不顾人道难逃公理之诛也其后董先生演讲理化以物理之实验比附欧战之必和及吾国南北将来之结果诚足以开人智慧已而唱校歌奏军乐遂闭会余于此时不禁有所感矣南北诸公各恃兵力争持不已曾亦思强权武力之不足恃在德固已然乎设不早定和平之局吾恐抱德皇吞并之志者终必蹈德国之覆辙而受他国之干涉矣吾极望和议早成以安生灵以培元气则吾他日之庆祝南北和平必较今日之庆祝欧战和平尤为踊跃也

起笔气势雄厚中幅词意圆适后路题面固不抛荒寄慨遥深亦可于言外见之收笔尤警醒(朱献之评)

国庆日记事

江苏省立第八中学校一年级生 姚公书

双十节为吾国之国庆日本校循例放假晨八时行庆祝式后即集合全校生徒执旗旅行队长为黄君修仁顾君钜仁等诸教师殿之盖寓有督队之意焉出校门巡行街市整齐严肃无异军行而军乐之锵鸣旌旗之飘拂尤足令旁观者啧啧称羡行可数里至万寿寺则见禅堂寂静佛像巍峩花木幽深碑碣斑驳别饶佳趣就坐啜茗休息移时乃□队归一路炊烟缕缕络释不绝盖已近午餐时矣呜呼今何日耶非铲除专制肇造共和之日耶吾侪何幸生当学生时代得随诸师长后聊申其鼓舞之忱也彼困于西南烽火未由负笈就学者闻吾人优游于化日光天之下当亦代为欣慰矣

前路叙事简明中幅琢句工整秀色可餐入后语有寄慨用笔亦不粘不脱(朱献之评)

记本校近事二则

江苏省立第八中学第八届一年级生 萧承慈

本周火曜日午后四时开讲演会由讲演组主任指定五人讲演余皆旁听余亦入座听讲讲演者首为杨君豫立次为潘君德钦孙君多颀张君同庆又次之周君玉坤其最后者也讲演时义理正确议论崇闳至于口齿之清爽姿态之合宜犹其余事讲演毕遂闭会

本校有外操场纵广约十余亩特辟以练习运动者也暑假以来未事练习荆棘丛生若令一二人除之恐非月余不能竣工校长以其为时过久而本校又亟于练习运动也因率全校学生前往芟刈之分学生为四队以除草之多寡比较其成绩盖寓游戏竞争之意焉于是锄者刈者坐而拔者负而行者络绎相属不逾时草已尽去并拾其瓦砾而投之场外其成绩最优者为第一队教员传令整队校长作而言曰是场之草甚多今以全校之人从事删除顷刻毕事生等于此可知合群之益矣因欢呼再四而归

第一则层次分明叙笔简洁第二则前路朗畅中后词意警辟(朱献之评)

中秋赏月记

江苏省立第八中学第五届第四年级生 黄修仁

戊午岁负笈邗江就学于省立第八中学校食宿于校中时维仲秋三五月圆千里离乡诵佳节思亲之句抑郁无聊回修廊以小步见初月之已明于是出北郭揽胜景扁舟荡漾聊慰愁思缘杨城边箫管似沸瘦四湖畔画舫如梭远树濛溟似烟似雾废塔倾仄欲动欲摇玉

兔高悬寒露濯而愈资银蟾反照余波浴而益清吁嗟乎春华去骎骎荣枯只在转瞬尘缘皆梦梦得失何足介心问念闲桥头佳人何在吊紫泉宫裏帝业奚存邱陇穹隆是昔日之歌台舞馆也人有古今而月圆如故岂不恸哉俄而良夜已深掉舟以返微闻寺钟动孤雁鸣犹为之凄然欲绝也

先说赏月随后拓开去说凭吊古今时有佳语如敲铁板拨铜琶唱东坡大江东去句也（桂蔚臣评）

(11)游记类

游清凉山记

江苏省立第五师范学校学生　　武　福

余至金陵之后六日既游莫愁湖便道之清凉山昔南唐后主避暑处也沿途崎岖凡数折抵山麓有长□□□□□扫叶楼余拾级上登楼环眺丛竹苍翠烟岚萦拂西南眺莫愁湖如大镜置地上鸟声钩辀时入耳际清风徐来烦襟顿涤同人戏欲赋诗余谓好景不可多得宜各饱眼福尚有暇作草开虫吟耶众笑而止折入道左不数武至九华庵佛殿数楹有旃檀气僧人接客颇殷勤并详语余等山上诸胜谓一拂祠在山东麓因病上下之劳无往者俄变军笛高鸣整队归回顾斯山似黯然销魂送余等远去□既归记之聊志雪泥鸿爪云耳

起笔摹柳州体神采奕然余清晰(李涵秋评)

红桥踏青记

江苏省立第五师范学校本科三年级生　　姚之玺

碧草如茵繁花织绣流莺送媚舞蝶眩姿斯时也携良友载芳醪行歌相偕穷览幽胜洵足以涤尘襟而遣世虑矣扬州古号名区北郭外尤胜回峦抱秀流波漾光市嚣之声所不能到置身此地无殊仙境以故骚人墨客每岁春日咸以此为骋怀游目之所七年四月四日值旧历清明节曹君后仁约余为踏青之游因步出北门郊原极目视线顿为之展丝丝柳绿点点桃红露凝草而成珠风吹麦以生浪行行重行行越绿杨村约里许而红桥至矣是桥昔为板桥四周皆红兰故名今改建石兰修虹卧波凉礳濯日西北平山法海诸胜宛然在目时有钟呗声落天际然试思昔所谓朱栏跨岸绿杨盈堤酒帘掩映为胜游之地者今则瓦砾纵横徒使人追吊而已嗟夫沧海桑田世事多变名园胜地不过一时之乐耳惟超举物外牢笼百态者斯为真乐士生今日若不自得于中将何往而非病若坦然不以物伤情又将何往而非快苟能乐己之乐顺吾天而怡吾神何必濯长江之清流挹西山之白云穷世间之胜而求一

时之乐哉未几暮色苍苍归鸦绕树似促余以归者遂与曹君携手联□别此桥而归既归感而书此

前幅研词選句极意刻画后幅感喟今昔思想超妙有庄生濠上之趣(叶贻穀评)

【1927—1949】

（四）

江苏省立扬州中学

周厚枢校长生平原始资料照片

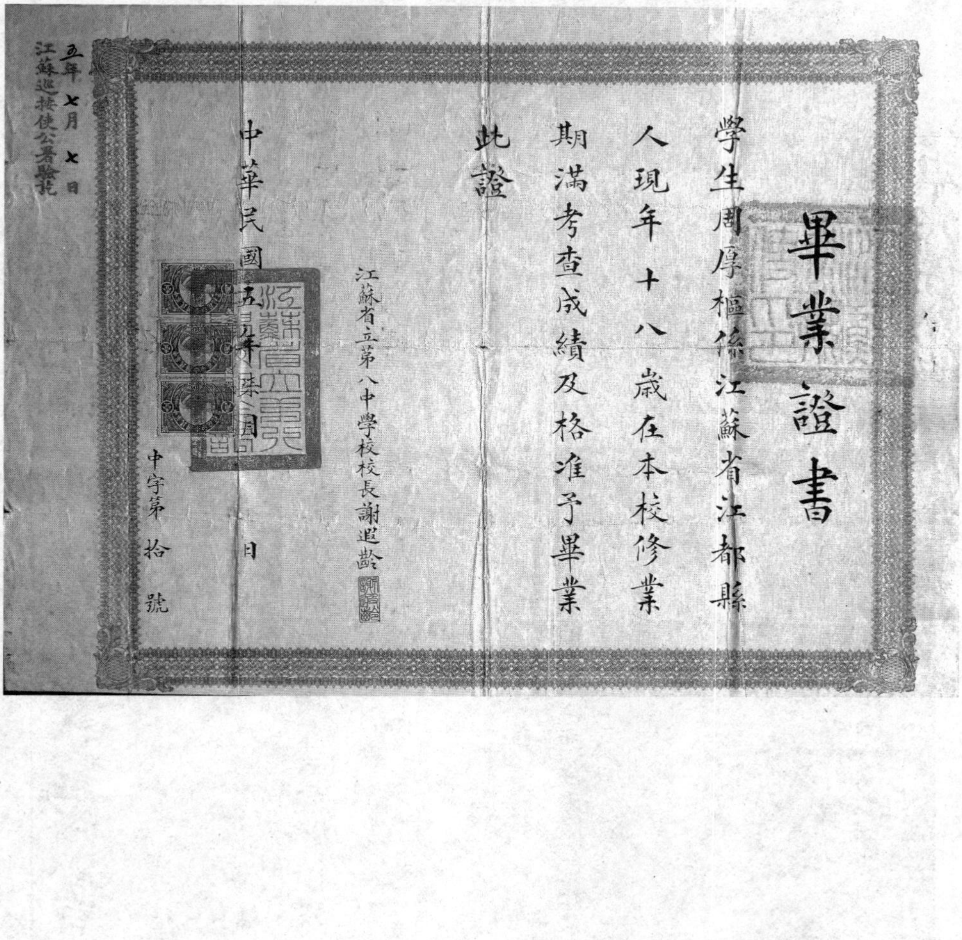

畢業證書

學生周厚樞係江蘇省江都縣人現年十八歲在本校修業期滿考查成績及格准予畢業此證

江蘇省立第八中學校校長謝遐齡

中華民國五年柒月　日

中字第拾號

五年七月七日
江蘇巡按使公署驗訖

學業證書

學生周厚樞在本校肄

業期滿考查成績列入

乙等此證

江蘇省立第八中學校校長謝進齡

中華民國五年七月 日

第拾號

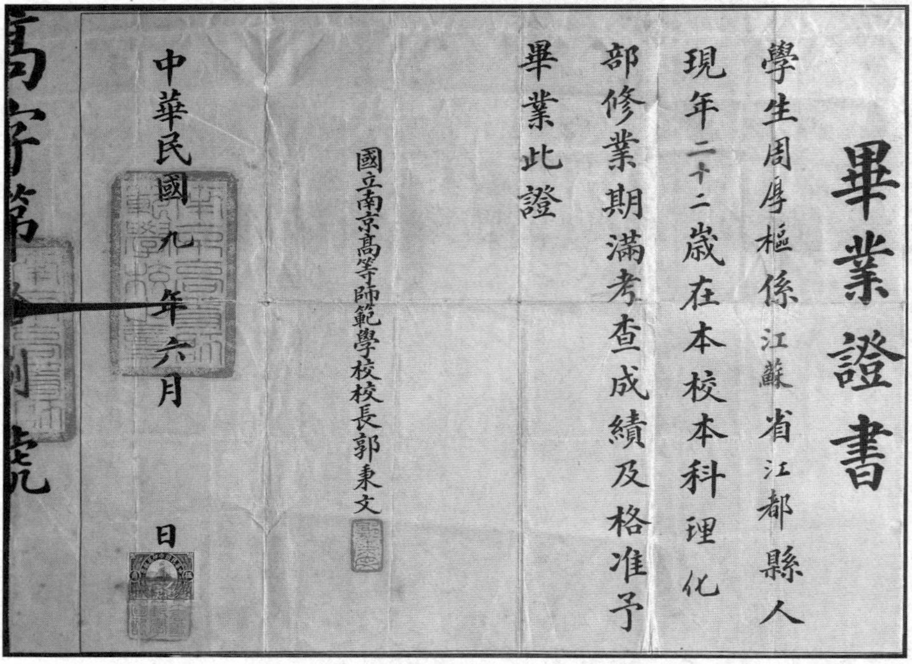

畢業證書

學生周厚樞係江蘇省江都縣人

現年二十二歲在本校本科理化

部修業期滿考查成績及格准予

畢業此證

國立南京高等師範學校校長郭秉文

中華民國九年六月 日

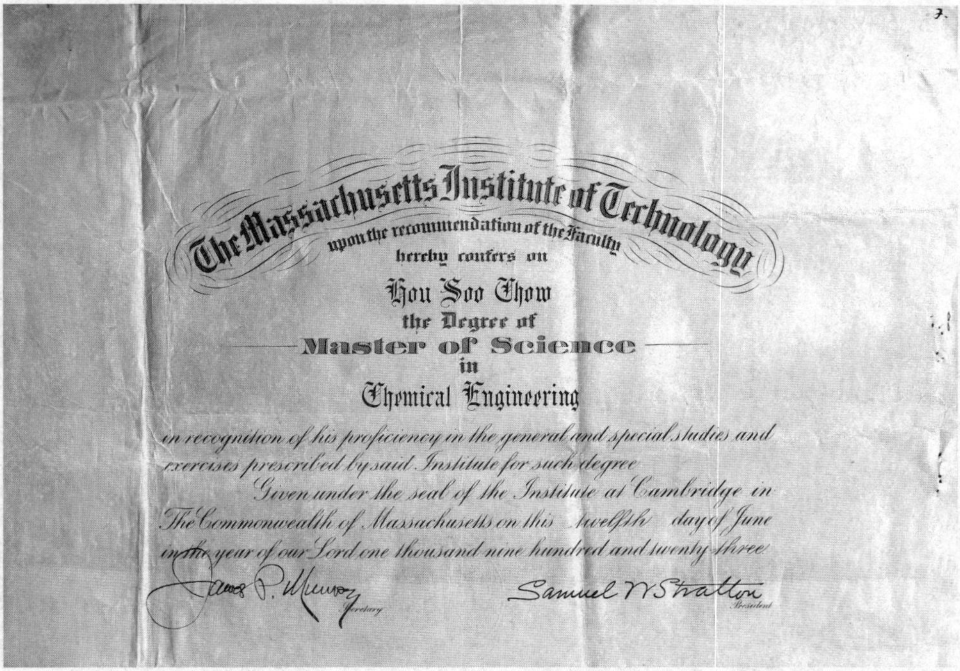
The Massachusetts Institute of Technology
upon the recommendation of the Faculty
hereby confers on
Hou Soo Chow
the Degree of
Master of Science
in
Chemical Engineering
in recognition of his proficiency in the general and special studies and exercises prescribed by said Institute for such degree
Given under the seal of the Institute at Cambridge in The Commonwealth of Massachusetts on this twelfth day of June in the year of our Lord one thousand nine hundred and twenty three
Secretary
Samuel W Stratton
President

3.

MASSACHUSETTS INSTITUTE OF TECHNOLOGY
SCHOOL OF CHEMICAL ENGINEERING PRACTICE
CAMBRIDGE, MASS.

FIELD STATIONS AT
EASTERN MANUFACTURING CO., BANGOR, ME.
PENOBSCOT CHEMICAL FIBRE CO., GREAT WORKS, ME.
MERRIMAC CHEMICAL CO., SOUTH WILMINGTON, MASS.
REVERE SUGAR REFINERY, CHARLESTOWN, MASS.
BETHLEHEM STEEL CO., LACKAWANNA PLANT, LACKAWANNA, N.Y.

September 4, 1923.

TO WHOM IT MAY CONCERN:

This is to introduce Mr. H. S. Chow who has been a graduate stutent here at the Institute for the past year and during these past two months has carried out some work in the School of Chemical Engineering Practice Stations at the Revere Sugar Refinery, Charlsetown, Mass., and the Merrimac Chemical Company, Woburn, Mass. ~~and the Merrimac Chemical Company, Woburn, Mass.~~ Mr. Chow is anxious to see as much of American industry as possible before his return to China and any thing you can do to help him in this regard will be greatly appreciated.

Sincerely yours,

R. T. Haslam

R. T. Haslam,
Director.

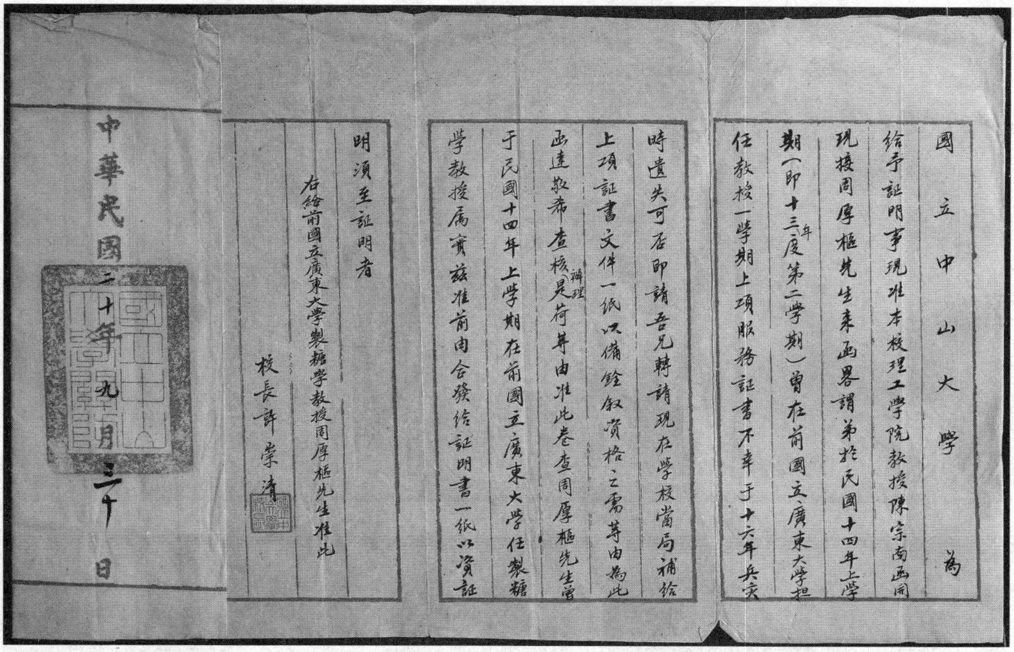

國立中山大學　為
給予證明事現准本校理工學院教授陳宗南函開
現接周厚樞先生來函畧謂弟於民國十四年上學
期（即十三年度第二學期）曾在前國立廣東大學擔
任教授一學期上項服務證書不幸于十六年兵燹
時遺失可否即請吾兄轉請現在學校當局補給
上項證書文件一紙以備銓敘資格之需等由為此
函達敬希查核辦理是荷等由准此卷查周厚樞先生曾
于民國十四年上學期在前國立廣東大學任製糖
學教授屬實茲准前由合發給證明書一紙以資證
明須至證明者
右給前國立廣東大學製糖學教授周厚樞先生准此
校長許崇清
中華民國二十年九月三十日

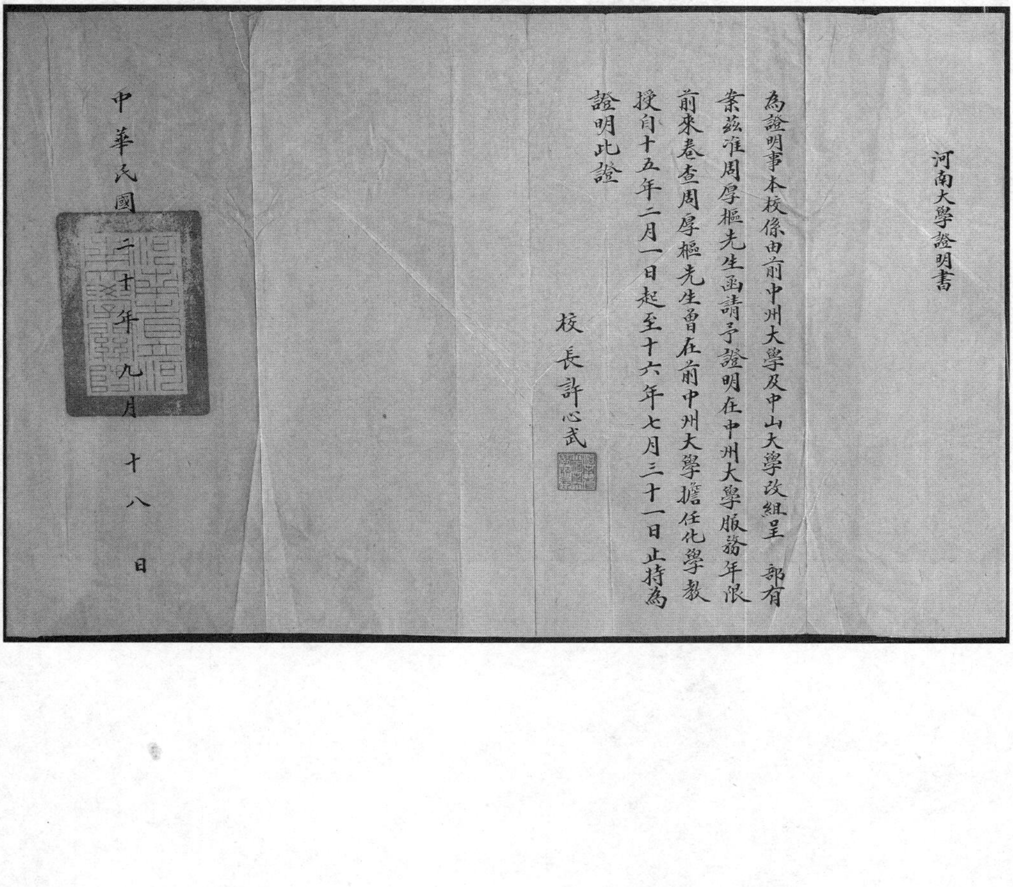

河南大學證明書
為證明事本校係由前中州大學及中山大學改組呈　部有
案茲准周厚樞先生函請予證明在中州大學服務年限
前來卷查周厚樞先生曾在前中州大學擔任化學教
授自十五年二月一日起至十六年七月三十一日止特為
證明此證
校長許心武
中華民國二十年九月十八日

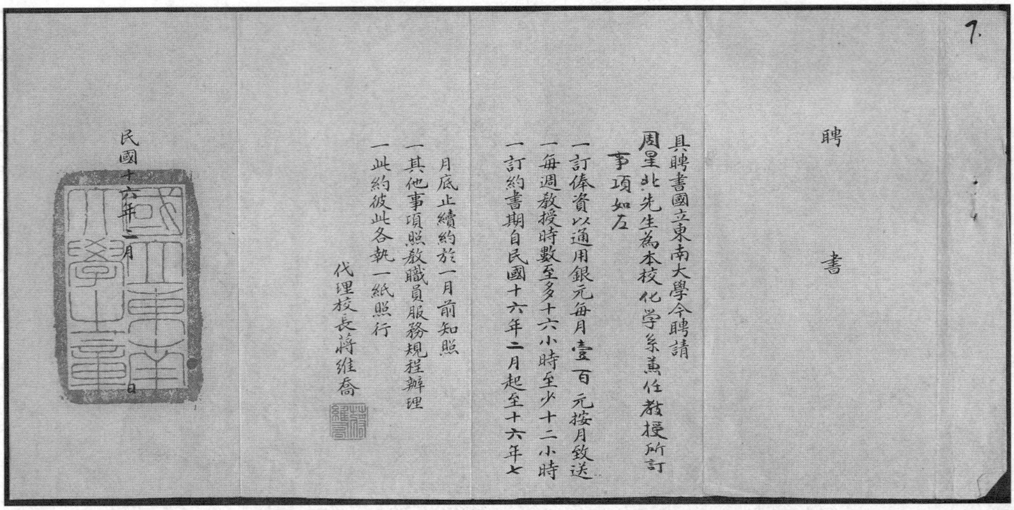

7

聘書

具聘書國立東南大學今聘請
周星北先生為本校化学系兼任教授所訂
事項如左
一訂俸資以通用銀元每月壹百元按月致送
一每週教授時數至多十六小時至少十二小時
一訂約書期自民國十六年二月起至十六年七
月底止續約於一月前知照
一其他事項照教職員服務規程辦理
一此約彼此各執一紙照行
代理校長蔣維喬
民國十六年二月　日

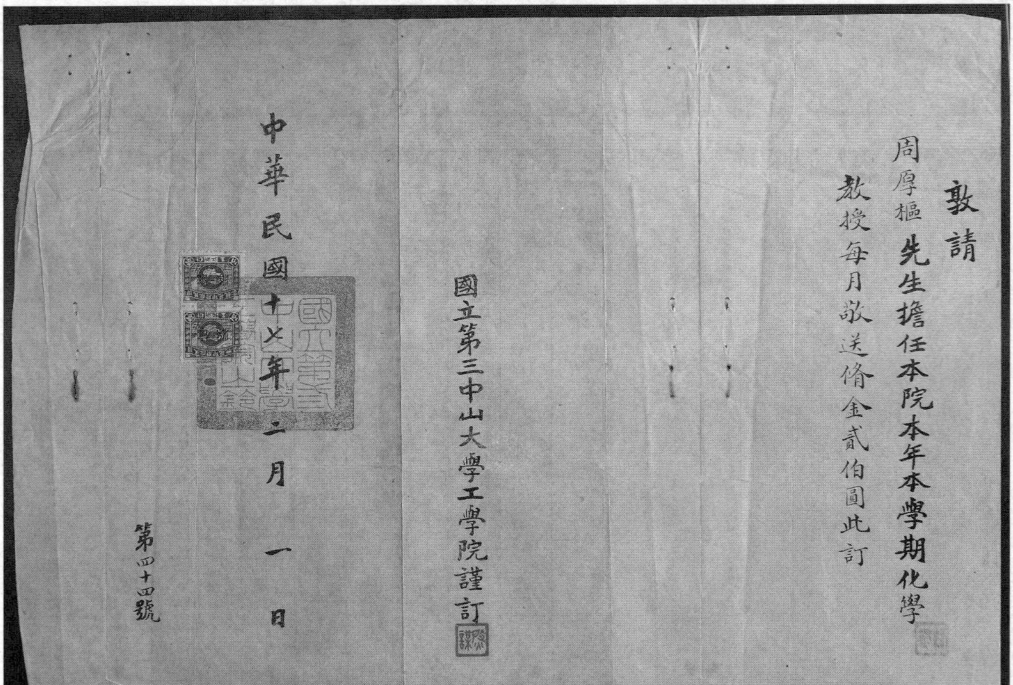

敦請
周厚樞先生擔任本院本年本學期化學
教授每月敬送脩金貳伯圓此訂
國立第三中山大學工學院謹訂
中華民國十七年二月一日
第四十四號

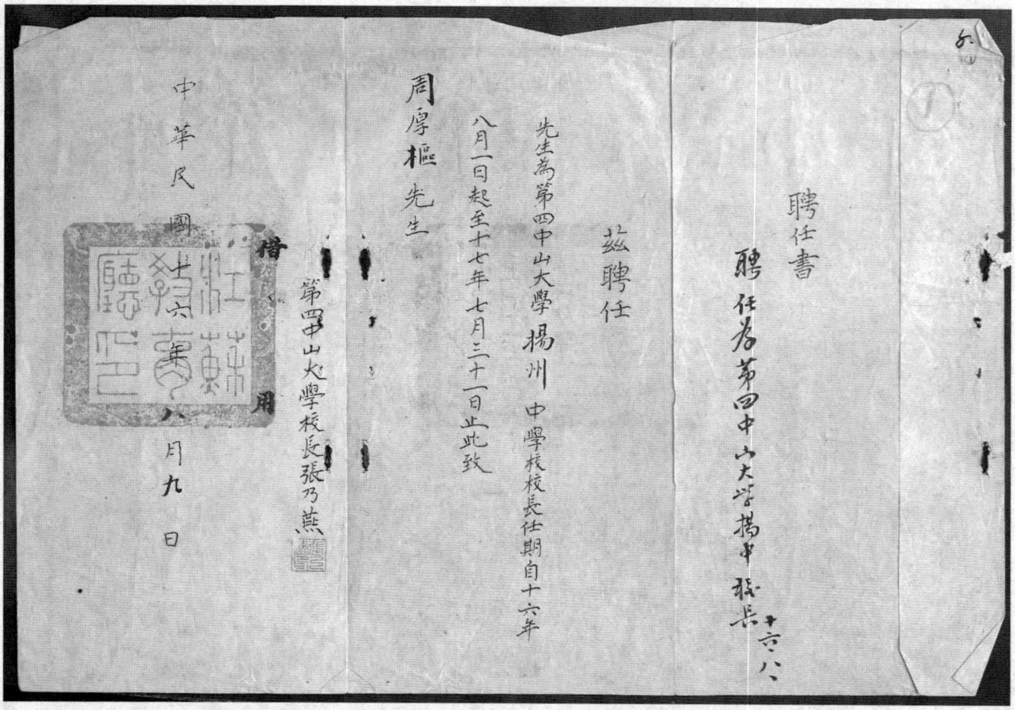
聘任書

聘任為第四中山大学揚中校長 十六、八

茲聘任

先生為第四中山大學揚州中學校校長任期自十六年八月一日起至十七年七月三十一日止此致

周厚樞先生

第四中山大學校長張乃燕

中華民國十六年八月九日

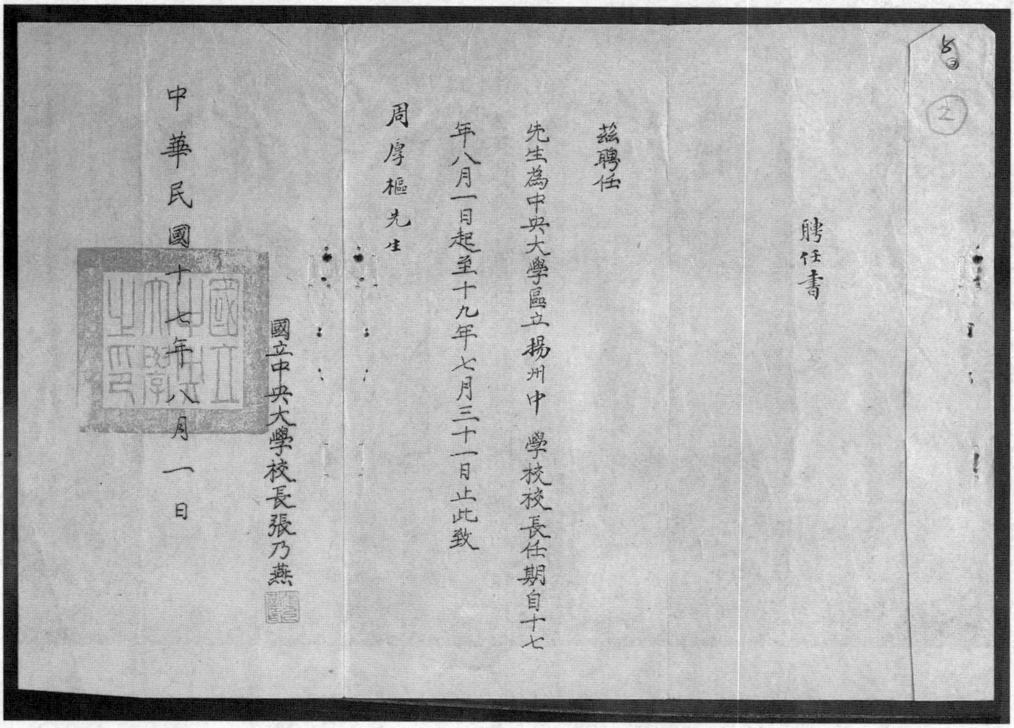
聘任書

茲聘任

先生為中央大學區立揚州中學校校長任期自十七年八月一日起至十九年七月三十一日止此致

周厚樞先生

國立中央大學校長張乃燕

中華民國十七年八月一日

逕啓者茲續聘

先生擔任中央大學區立揚州中學校校長一

職務祈

慨允檢送聘任書一件並希

詧收為荷此致

周厚樞先生

附聘任書一件

張乃燕

中央大學區教育行政院用箋

第　頁　年　月　日

本件年資已核計退休金

總理遺囑

余致力國民革命凡四十年其目的在求中國之自由平等積四十年之經驗深知欲達到此目的必須喚起民衆及聯合世界上以平等待我之民族共同奮鬥 現在革命尚未成功凡我同志務須依照余所著建國方略建國大綱三民主義及第一次全國代表大會宣言繼續努力以求貫徹最近主張開國民會議及廢除不平等條約尤須於最短期間促其實現是所至囑

江蘇省政府委任狀

第二七二號

茲委任周厚樞為省立

揚州中學校長此狀

中華民國十九年七月三日

江蘇省政府主席 葉楚傖

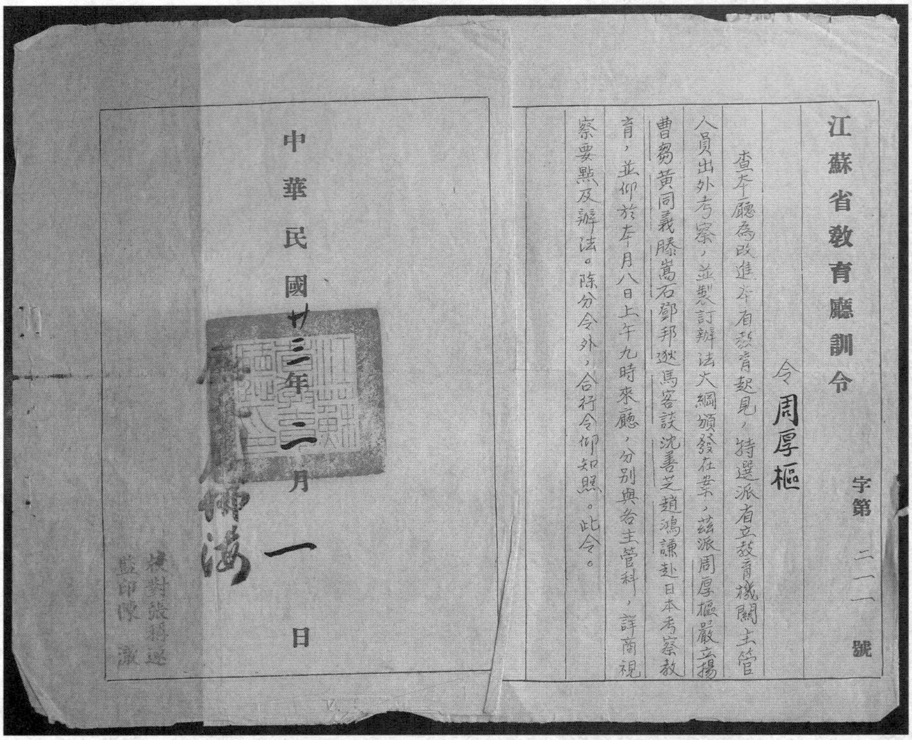
江蘇省教育廳訓令 字第二一一號

令周厚樞

查本廳為改進本省教育起見，特選派省立教育機關主管人員出外考察，並製訂辦法大綱頒發在案，茲派周厚樞、嚴立揚、曹芻、黃同義、滕嵩石、鄧邦逖、馬客談、沈善芝、趙鴻謙赴日本考察教育，並仰於本月八日上午九時來廳，分別與各主管科，詳商視察要點及辦法。除分令外，合行令仰知照。此令。

中華民國廿三年二月一日

廳長周佛海

校對張錫逖 監印陳澂

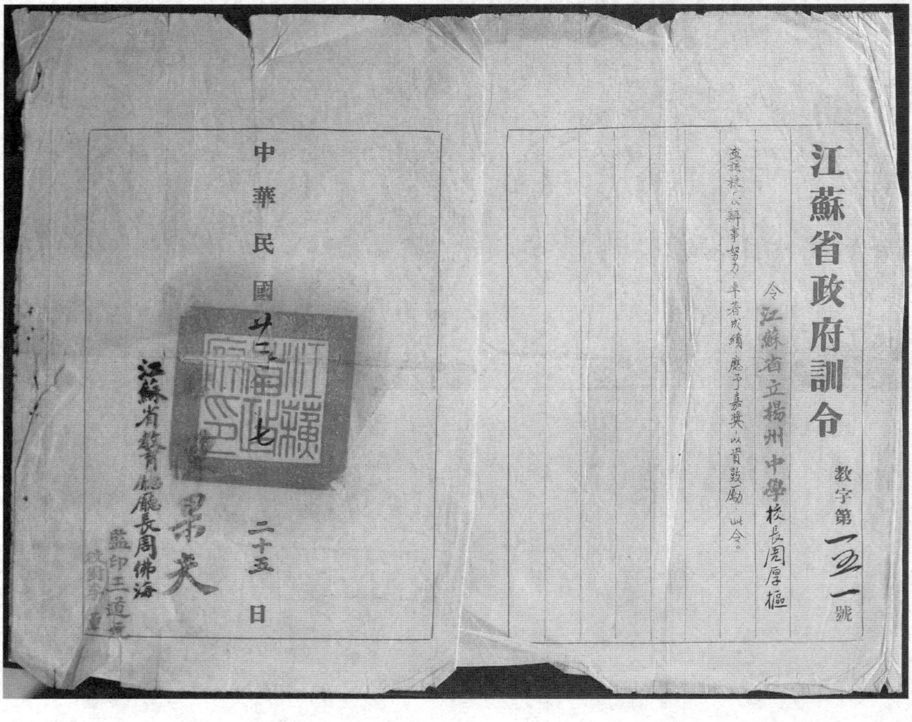
江蘇省政府訓令 教字第一五一號

令江蘇省立揚州中學校長周厚樞

查該校長辦事努力，卓著成績，應予嘉獎，以資鼓勵。此令。

中華民國廿三年七月二十五日

果夫

江蘇省教育廳廳長周佛海

監印王道

校對

畢業證書

兹有學員周厚樞在本團第一期訓練期滿特給此證

國民政府軍事委員會
廬山暑期訓練團團長　蔣中正

中華民國二十六年七月十八日

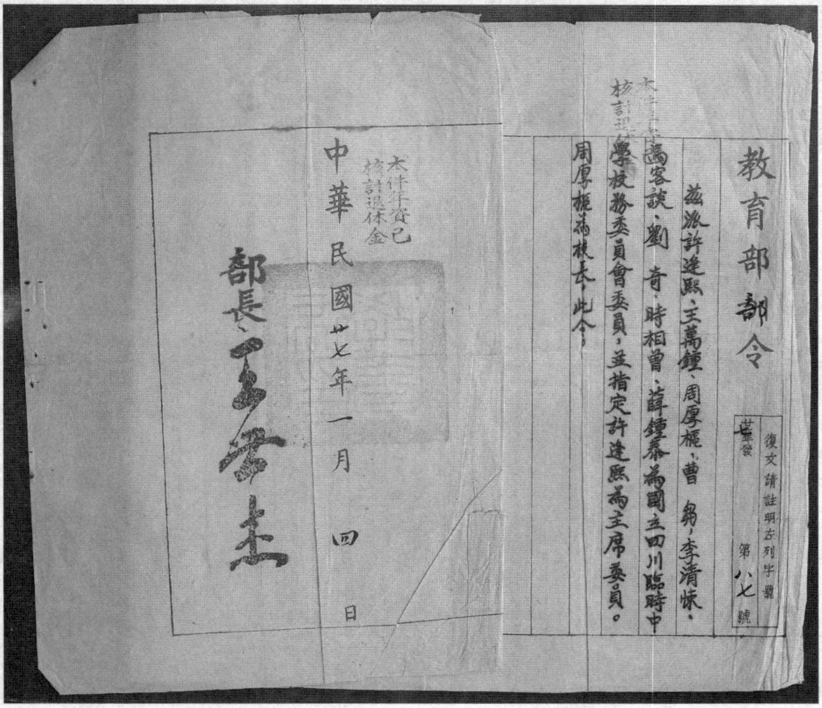

教育部部令

復文請註明左列字號
卄七年發　第八七號

兹派許逢熙、王萬鍾、周厚樞、曹芻、李清悚、蕭客談、劉奇、時相曾、薛鍾泰為國立四川臨時中學校務委員會委員，並指定許逢熙為主席委員。周厚樞為校長。此令。

本件年資已核計退休金

部長　王世杰

中華民國廿七年一月四日

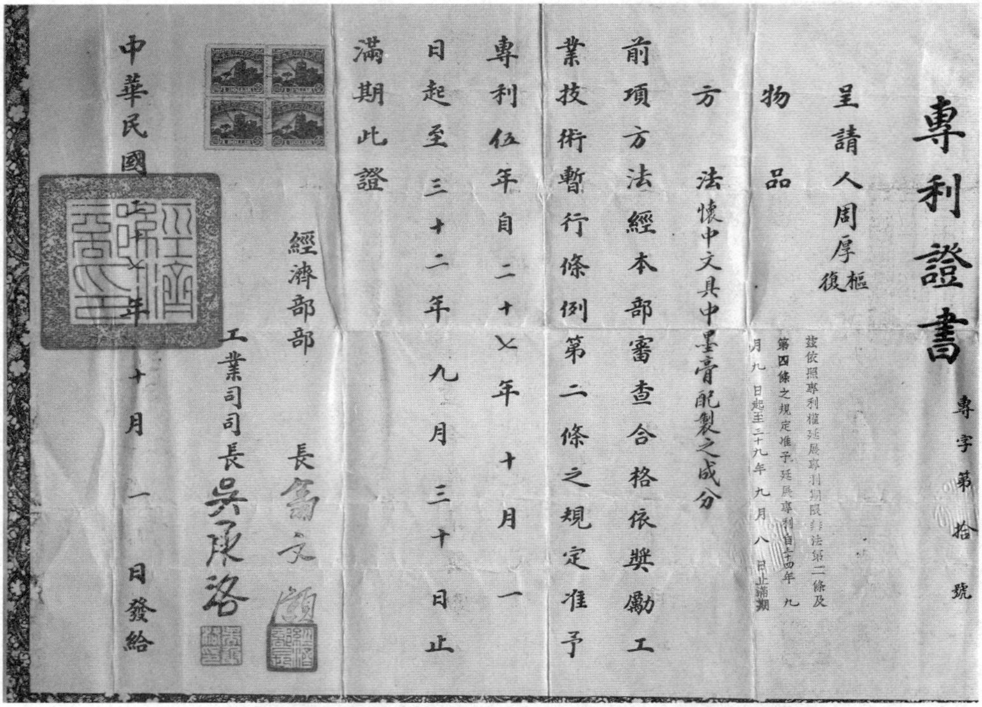

專利證書

專字第拾號

呈請人周厚樞 復

物品

方法 懷中文具中墨膏配製之成分

前項方法經本部審查合格依奬勵工業技術暫行條例第二條之規定准予專利伍年自二十七年十月一日起至三十二年九月三十日止滿期此證

茲依照專利權延展專利期限辦法第二條及第四條之規定准予延展專利自三十四年九月九日起至三十九年九月八日止滿期

經濟部部長 翁文灝

工業司司長 吳承洛

中華民國二十七年十月一日發給

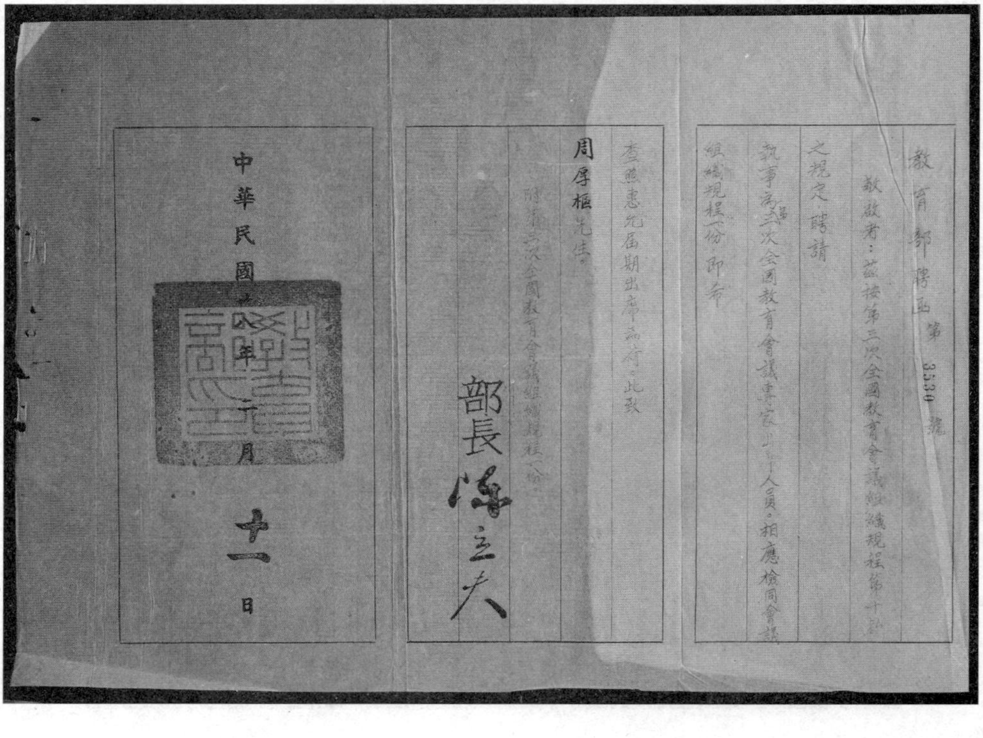

教育部聘函 第3530號

敬啟者：茲按第三次全國教育會議組織規程第十[illegible]之規定，聘請執事爲第三次全國教育會議專家[illegible]人員。相應檢同會議組織規程一份，即希查照惠允届期出席爲荷。此致

周厚樞先生

附第三次全國教育會議組織規程一份。

部長 陳立夫

中華民國二十八年十一月十一日

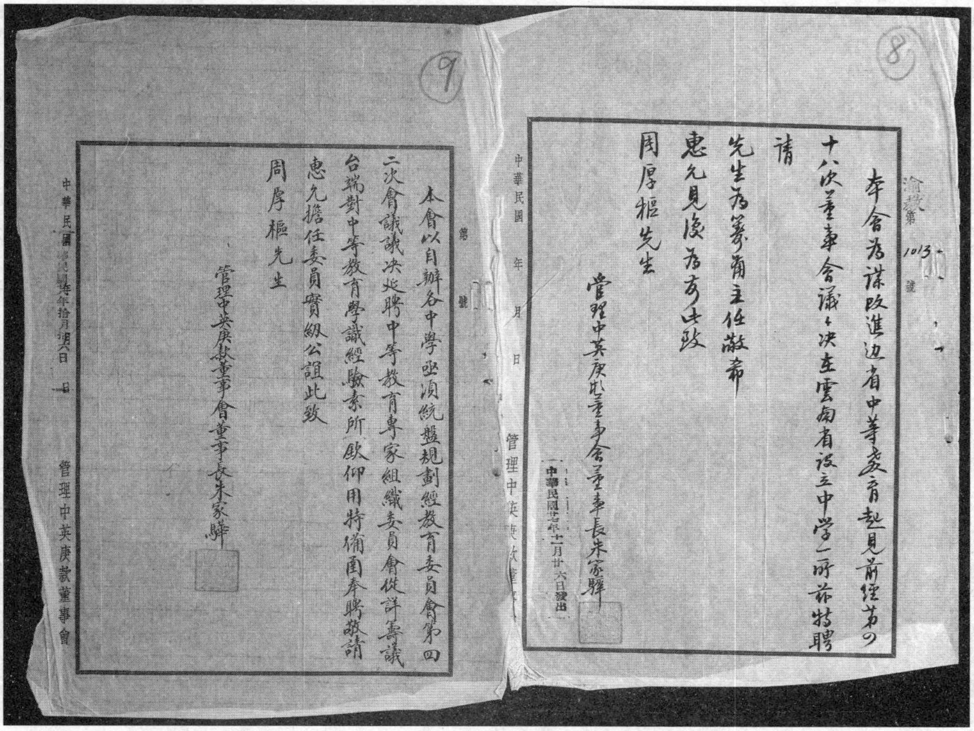
(8)

渝教第1013號

本會為謀改進边省中華教育起見前經第の十八次董事會議決在雲南省設立中學一所茲特聘請

先生為籌備主任敬希

惠允見復為荷此致

周厚樞先生

管理中英庚款董事會董事長朱家驊

中華民國廿七年十一月廿六日發出

中華民國　年　月　日　管理中英庚款董事會

(9)

本會以自辦各中學亟須統盤規劃經教育委員會第四二次會議議決延聘中等教育專家組織委員會從詳籌議

台端對中等教育學識經驗素所欽仰用特備函奉聘敬請

惠允擔任委員實級公誼此致

周厚樞先生

管理中英庚款董事會董事長朱家驊

中華民國[illegible]年拾月[illegible]日　管理中英庚款董事會

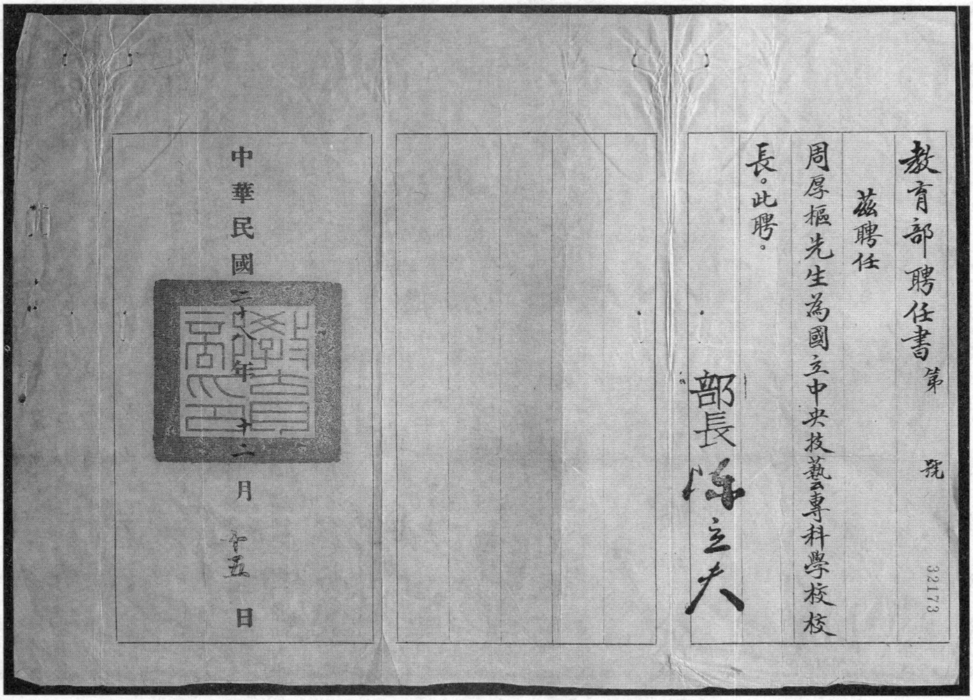
教育部聘任書　第　號　32173

茲聘任

周厚樞先生為國立中央技藝專科學校校長。此聘。

部長陳立夫

中華民國二十八年十二月廿五日

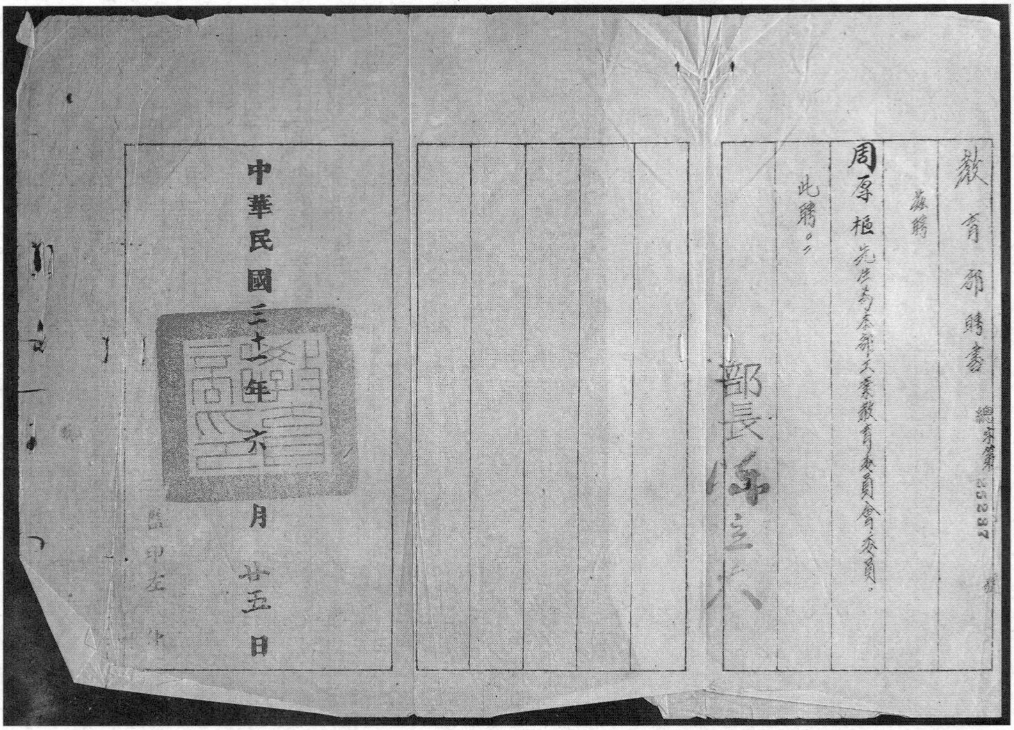

教育部聘書

總字第25287號

茲聘

周厚樞先生為本部天業教育委員會委員。

此聘。

部長 陳立夫

中華民國三十一年六月廿五日

監印左仲

教授證書

第一三二六號

姓名 周厚樞 性別 男

年齡 四十五歲 籍貫 江蘇江都

該員經本部依大學及獨立學院教員資格審查暫行規程審查認為合於教授資格

此證

教育部部長 陳立夫

中華民國三十二年七月一日

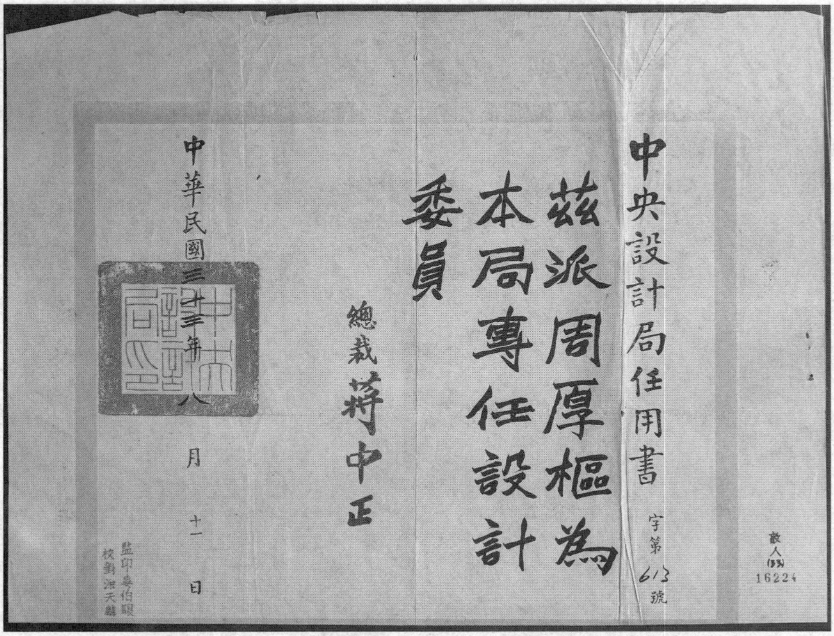

中央設計局任用書

字第613號

茲派周厚樞為本局專任設計委員

總裁 蔣中正

中華民國三十三年八月十一日

監印 吳伯暇
校對 汪天鵬

敘人(33)16224

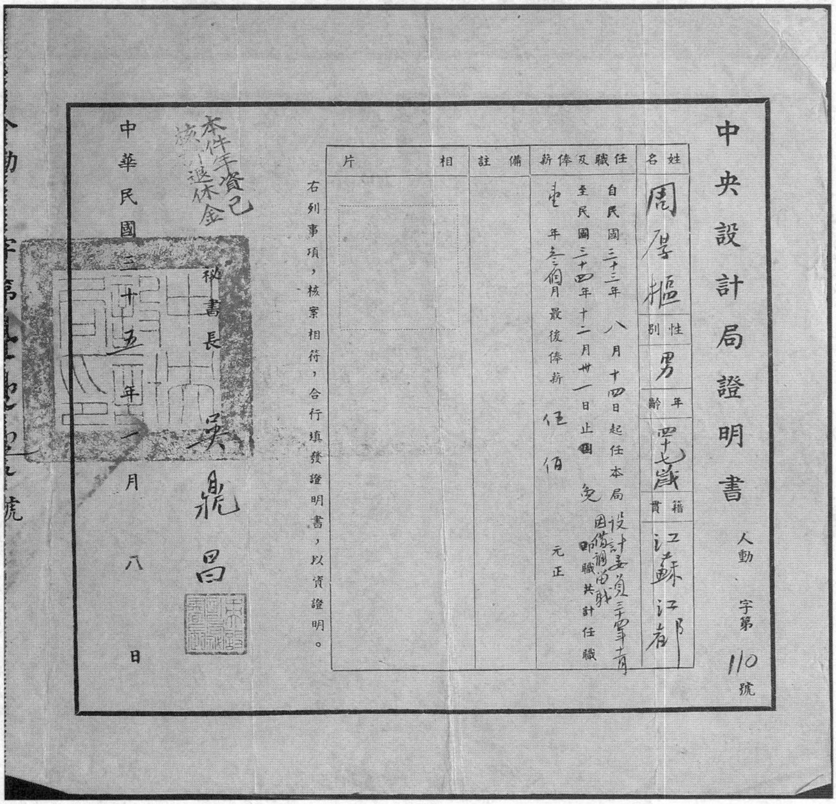

中央設計局證明書

人動字第110號

姓名	周厚樞
性別	男
年齡	四十七歲
籍貫	江蘇江都
任職及俸薪	自民國三十三年八月十四日起任本局設計委員三十四年十二月至民國三十四年十二月卅一日止因機構調留職免職共計任職壹年叁個月最後俸薪伍佰元正
備註	
相片	

右列事項，核案相符，合行填發證明書，以資證明。

秘書長 吳鼎昌

中華民國三十五年一月八日

本件年資已核計退休金

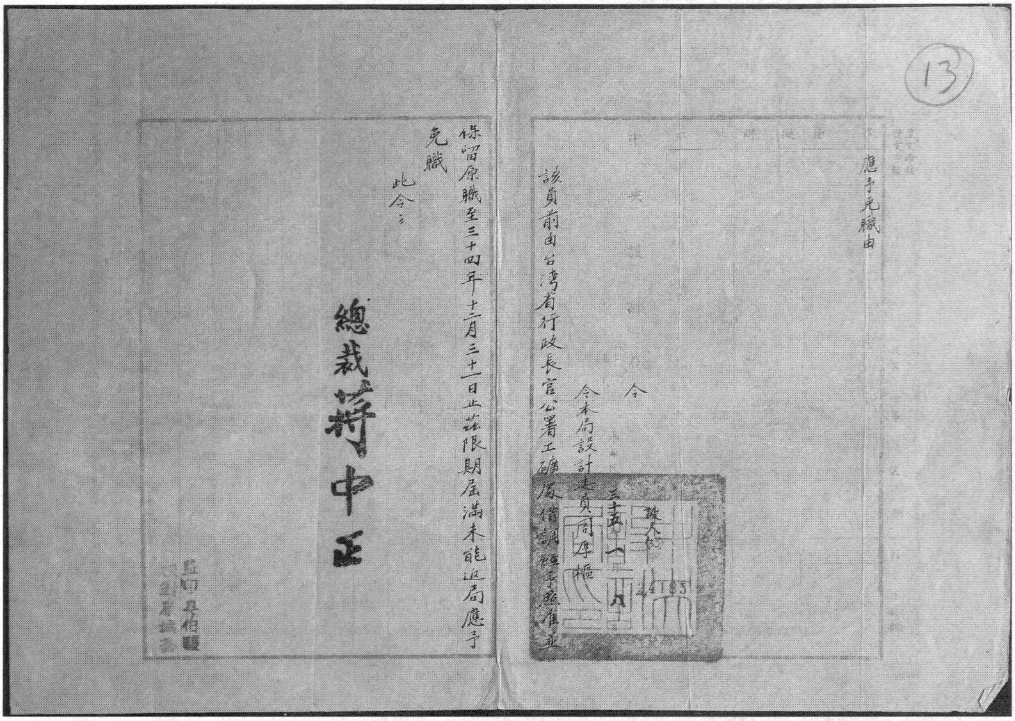

中央設計局令

應予免職由

令本局設計委員周厚樞

該員前由台灣省行政長官公署工礦處借調，轄字照准並保留原職至三十四年十二月三十一日止，茲限期屆滿未能返局，應予免職。

此令。

總裁　蔣中正

監印　吳伯

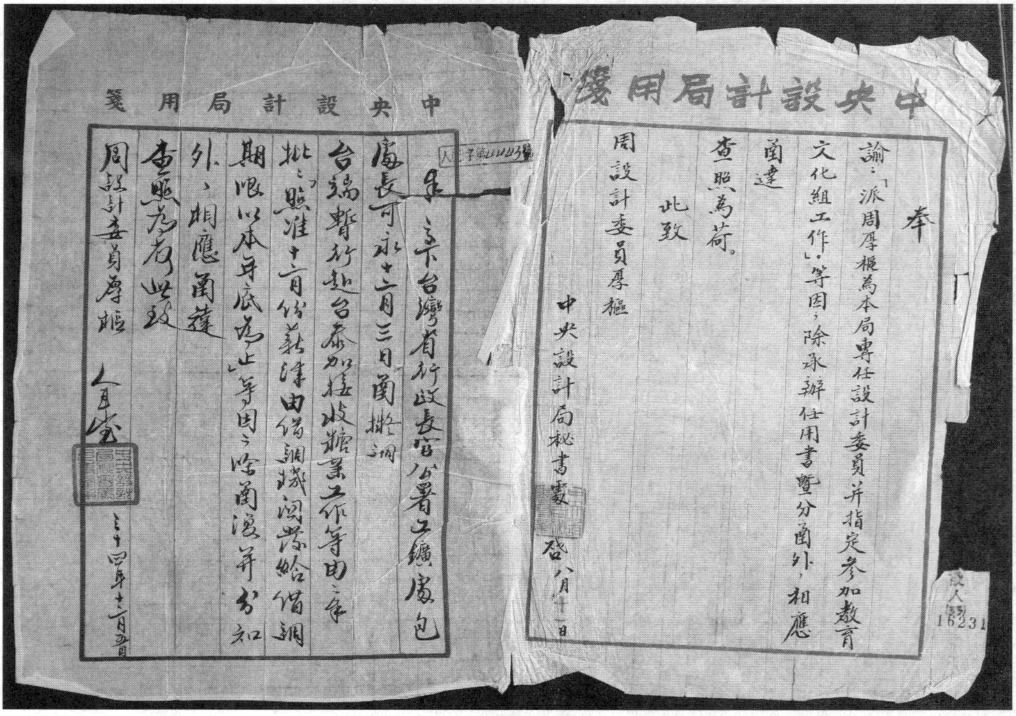

中央設計局用箋

案准台灣省行政長官公署工礦處包處長可永十二月三日函擬調台端暫行赴台參加接收糖業工作等由，奉批：照准，十二月份薪津由借調機關照給，借調期限以本年底為止。等因，除函復并分知外，相應函達查照為荷。此致

周設計委員厚樞

人事室

三十四年十二月五日

中央設計局用箋

奉

諭：「派周厚樞為本局專任設計委員并指定參加教育文化組工作」等因，除承辦任用書暨分函外，相應函達查照為荷。

此致

周設計委員厚樞

中央設計局秘書處　啓　八月廿一日

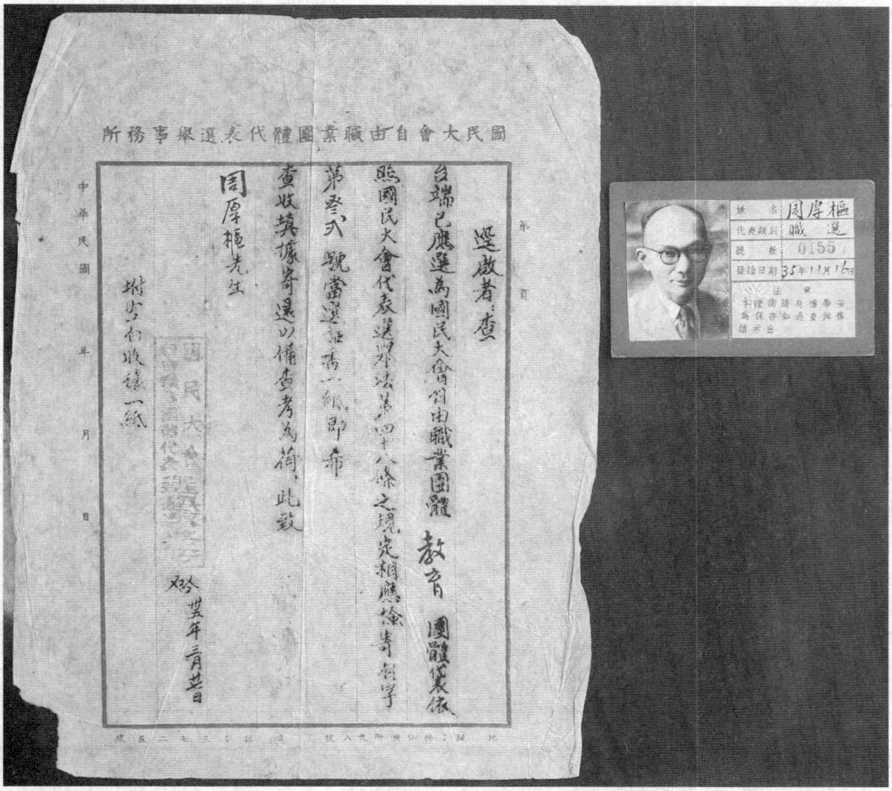

國民大會自由職業團體代表選舉事務所

逕啟者：查
台端已應選為國民大會自由職業團體 教育 團體代表，依照國民大會代表選舉法第四十八條之規定，相應檢寄有字第叁弍號當選證書一紙，即希查收填據寄還，以備查考為荷，此致
周厚樞先生
附收據一紙
中華民國卅五年三月廿日

姓名 周厚樞
代表類別 職選
號數 0155

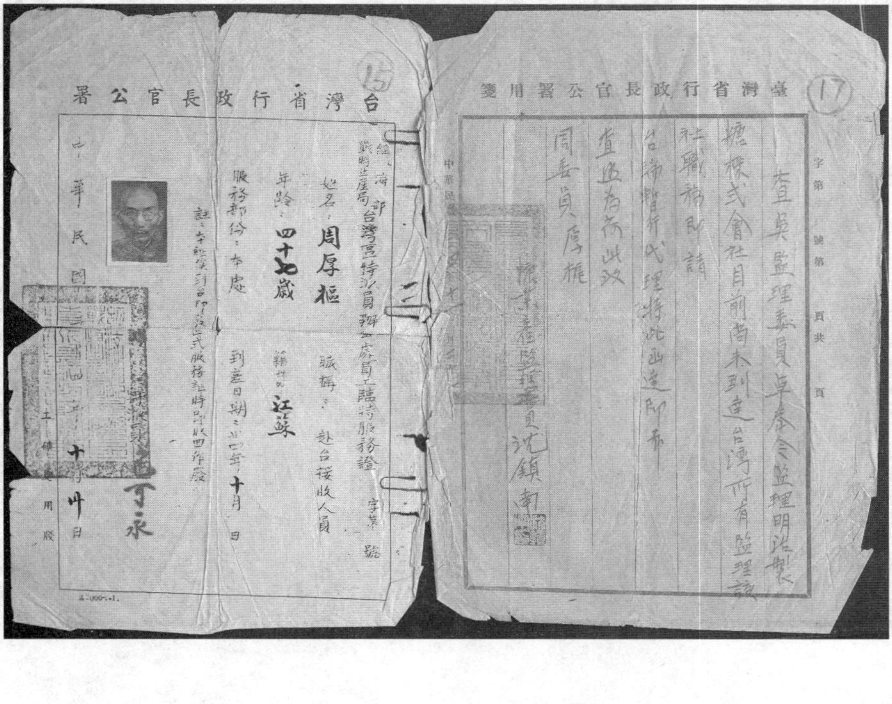

台灣省行政長官公署

經濟部戰時生產局台灣區特派員辦公處員工臨時服務證 字第 號
姓名：周厚樞
年齡：四十七歲
籍貫：江蘇
服務部份：本處
職務：赴台接收人員
到差日期：卅四年十月 日

臺灣省行政長官公署用箋

查吳監理委員卓奉令監理明治製糖株式會社，目前尚未到達台灣，所有監理該社職務，請台端暫行代理，將此函達，即希查照為荷，此致
周委員厚樞
糖業監理委員 沈鎮南

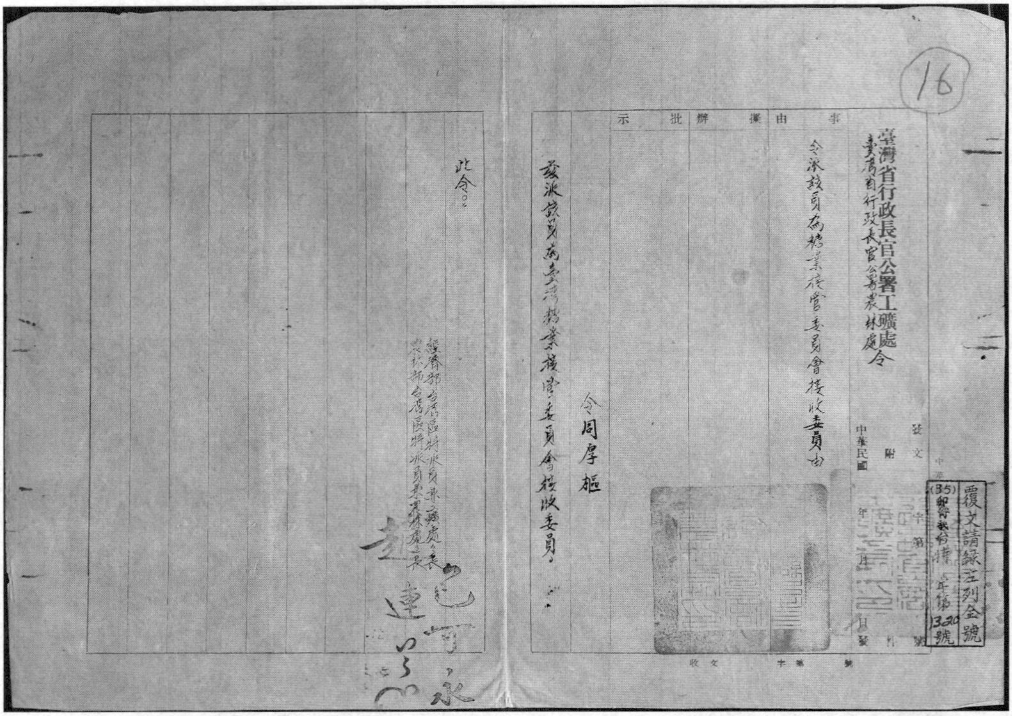
臺灣省行政長官公署工礦處令
臺灣省行政長官公署農林處令

事由　擬辦　批示

令派該員為糖業接管委員會接收委員由

令周厚樞

兹派該員為台灣糖業接管委員會接收委員。

此令。

經濟部台灣區特派員兼工礦處處長
農林部台灣區特派員兼農林處處長

覆文請録左列全號
(35)卯寒秘台擣字第1320號

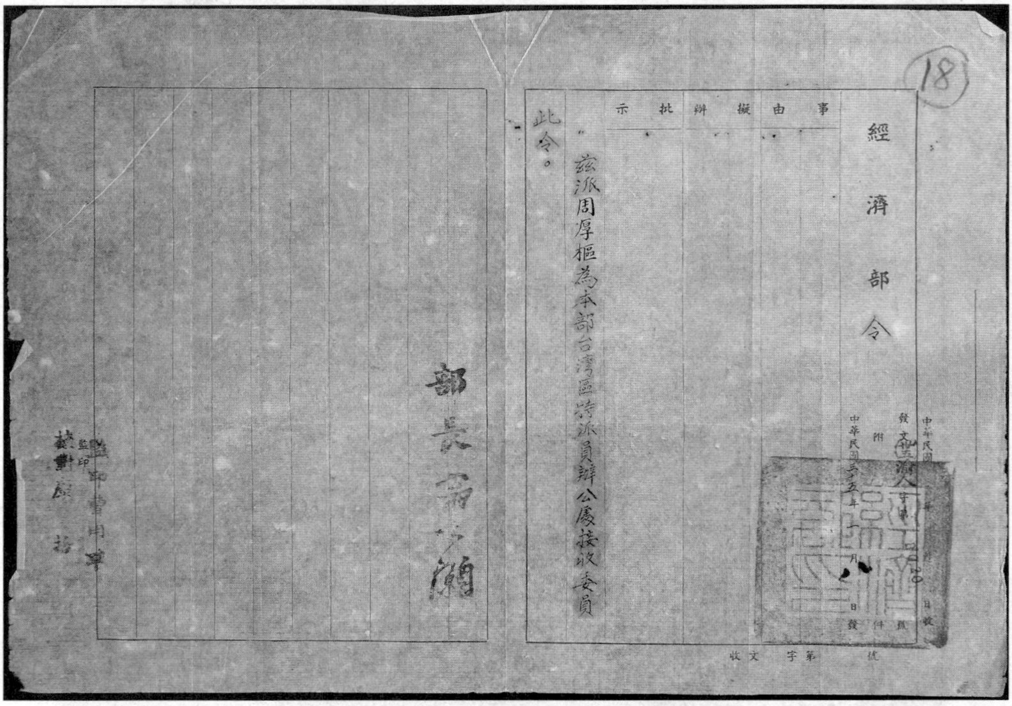
經濟部令

事由　擬辦　批示

兹派周厚樞為本部台灣區特派員辦公處接收委員

此令。

部長 翁文灝

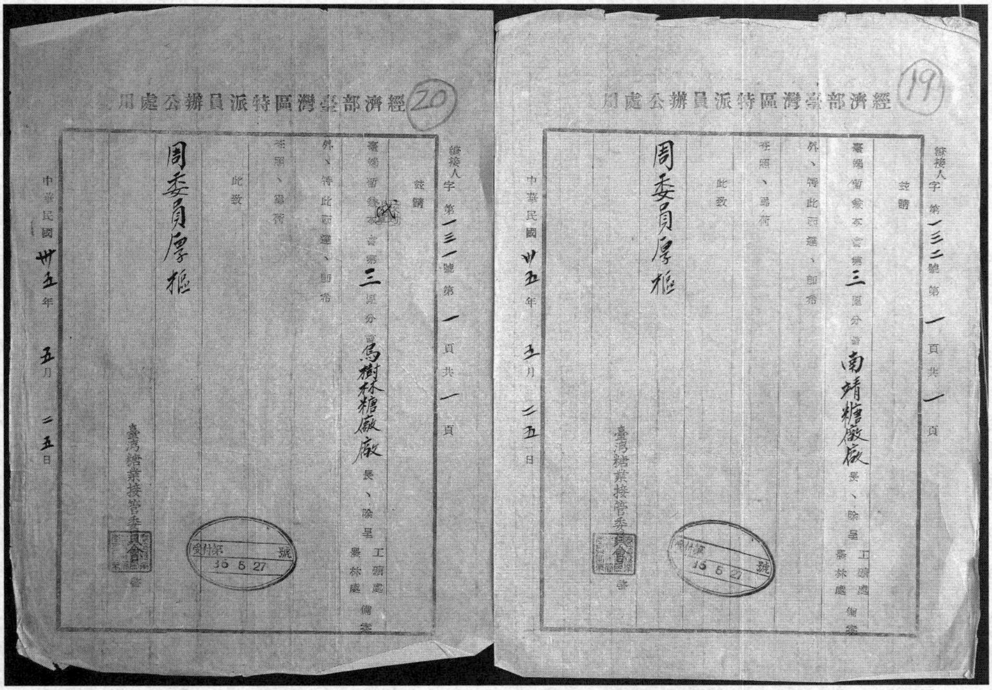
經濟部臺灣區特派員辦公處用箋
糖接人字第一三一號 第一頁 共一頁
簽請
臺灣省糖業公司第三區分公司馬樹林糖廠廠長、除呈工礦處農林處備案
外、特此函達、即希
查照、為荷
此致
周委員厚樞
臺灣糖業接管委員會 啓
中華民國卅五年五月二五日
收件第 號
35 5 27
經濟部臺灣區特派員辦公處用箋
糖接人字第一三二號 第一頁 共一頁
簽請
臺灣省糖業公司第三區分公司南靖糖廠廠長、除呈工礦處農林處備案
外、特此函達、即希
查照、為荷
此致
周委員厚樞
臺灣糖業接管委員會 啓
中華民國卅五年五月二五日
35 5 27

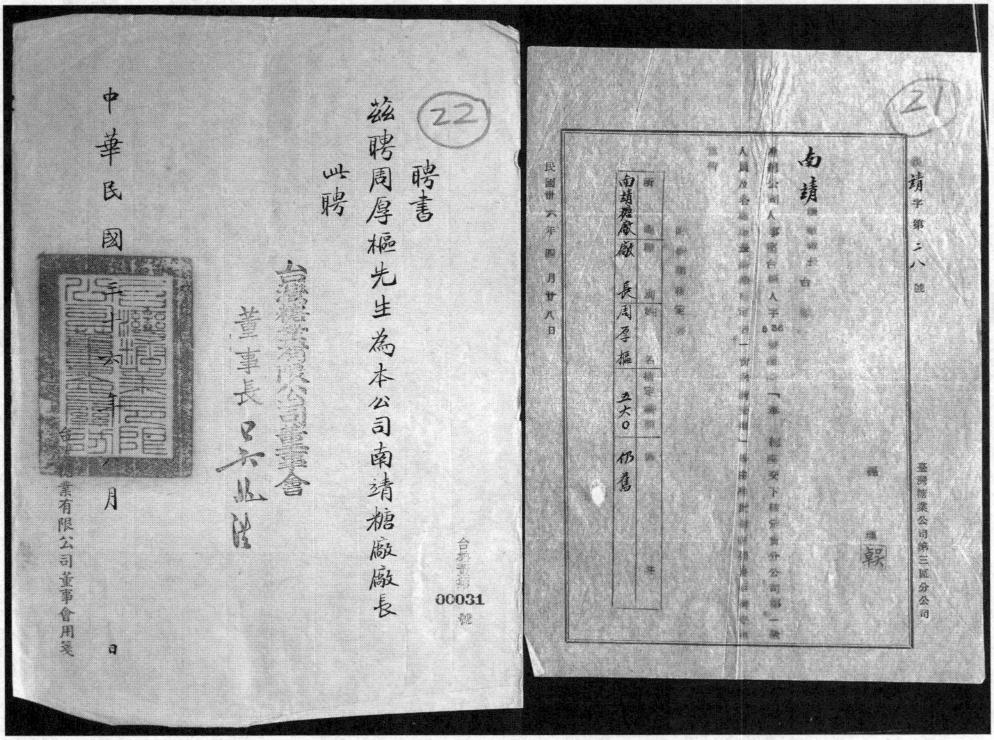
聘書
茲聘周厚樞先生為本公司南靖糖廠廠長
此聘
臺灣糖業有限公司董事會
董事長
中華民國三十六年 月 日
臺灣糖業有限公司董事會用箋
00031 號
南靖
靖字第二八號
南靖糖廠廠長 周厚樞 五六〇 仍舊
民國卅六年四月廿八日
臺灣糖業公司第三區分公司

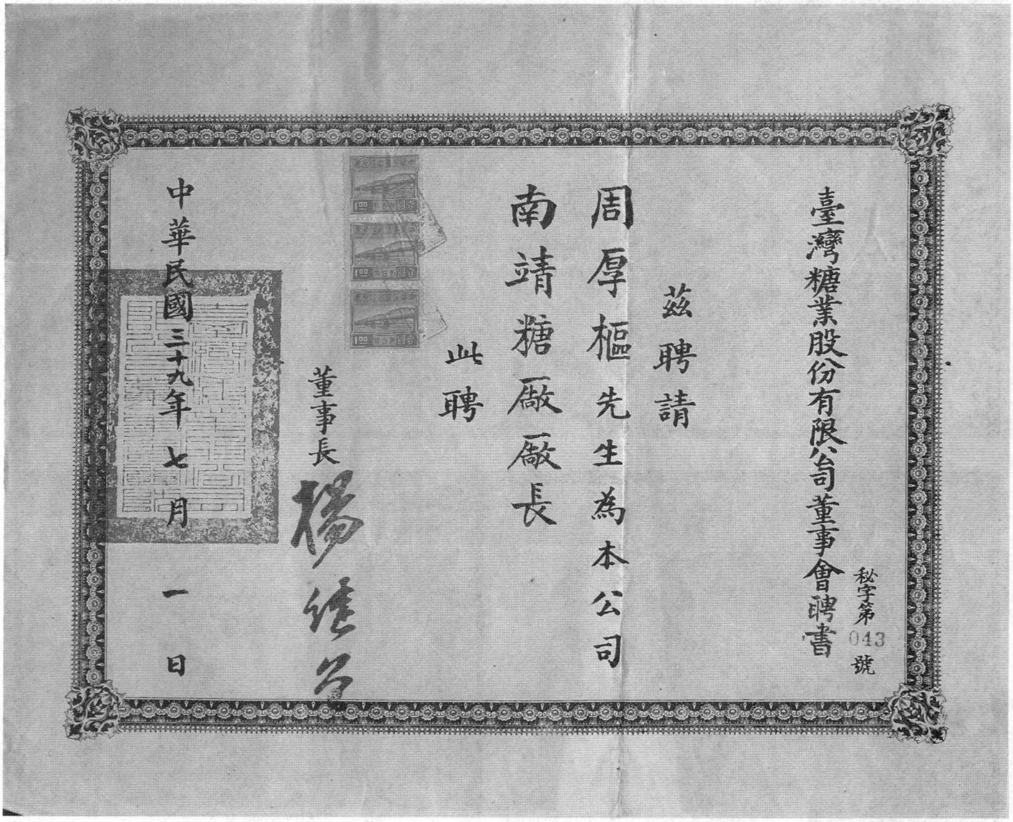
臺灣糖業股份有限公司董事會聘書

秘字第043號

茲聘請

周厚樞先生為本公司

南靖糖廠廠長

此聘

董事長 楊繼曾

中華民國三十九年七月一日

臺灣糖業股份有限公司董事會

台灣（39）董秘纂字第75號 第 頁 共 頁

電報掛號 四七四三（臺北）

24

茲聘

台端為台灣糖業股份有限公司南靖糖廠廠長

相應函請

查照為荷

此致

周厚樞先生

臺灣糖業股份有限公司董事會

民國卅九年十二月廿日

中華民國 年 月 日

電話 二三七九、二四六〇 二四六一

地址 臺灣省臺北市延平南路六十六號

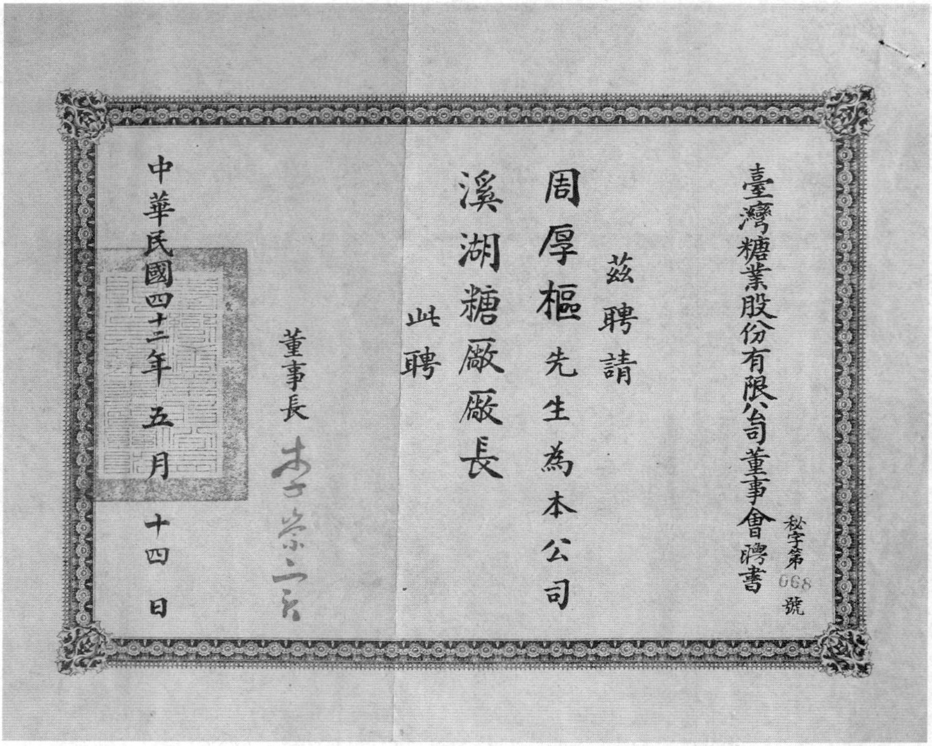

臺灣糖業股份有限公司董事會聘書

秘字第668號

茲聘請

周厚樞先生為本公司

溪湖糖廠廠長

此聘

董事長 李崇年

中華民國四十二年五月十四日

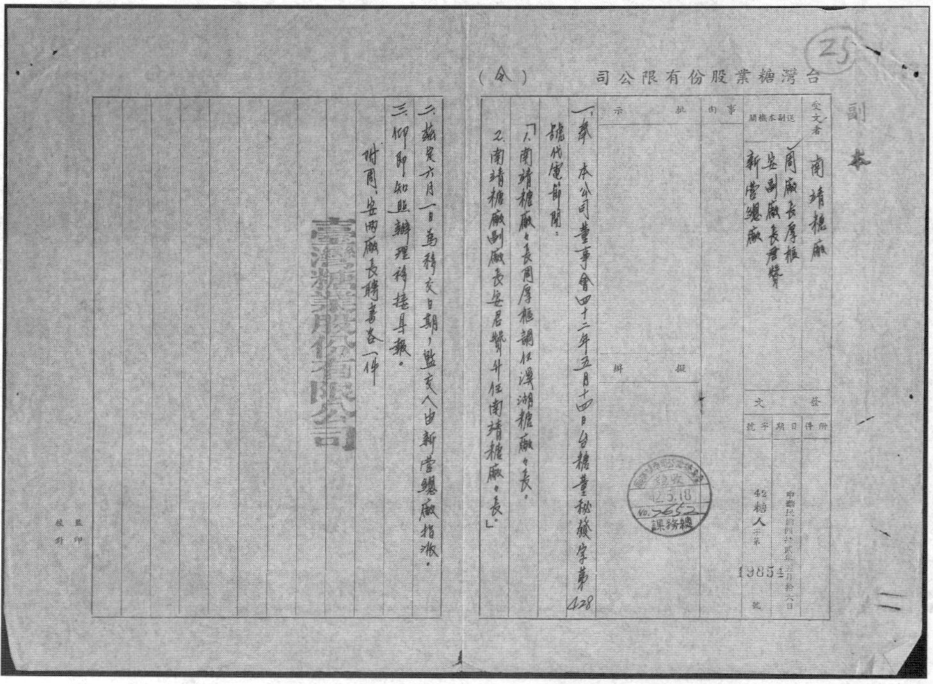

台灣糖業股份有限公司（令）

副本

受文者：南靖糖廠

送副本機關：周廠長厚樞 安副廠長君贊 新營總廠

一、奉本公司董事會四十二年五月十四日台糖董秘發字第428號代電節開：

「1.南靖糖廠廠長周厚樞調任溪湖糖廠廠長。

2.南靖糖廠副廠長安君贊升任南靖糖廠廠長」

二、擬定六月一日為移交日期，監交人由新營總廠指派。

三、仰即如照辦理移接具報。

附周、安兩廠長聘書各一件

臺灣糖業股份有限公司

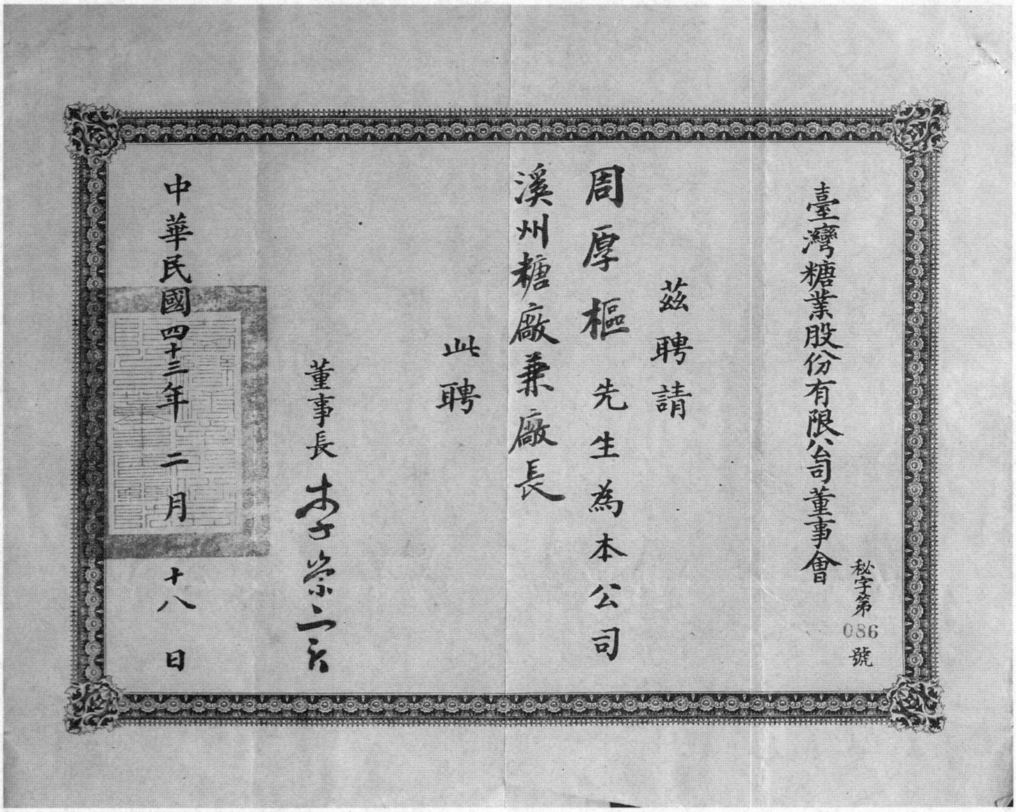

臺灣糖業股份有限公司董事會

秘字第086號

茲聘請

周厚樞先生為本公司

溪州糖廠兼廠長

此聘

董事長 李崇年

中華民國四十三年二月十八日

26

副本

臺灣糖業股份有限公司人事室（函）

受文者：溪州糖廠

抄送副本機關：

事由：奉董事會核定原任溪州糖廠廠長金貞觀調任虎尾總廠副廠長遺職由溪湖糖廠廠長周厚樞兼任函請查照辦理

批示：

擬辦：

字號：43糖人字第5618號

月日：中華民國肆拾叁年貳月廿叁日

附件：

一、本公司爲適應業務需要經奉董事會核定「原任溪州糖廠廠長金貞觀調任虎尾總廠副廠長，所遺溪州糖廠廠長一職由溪湖糖廠廠長周厚樞兼任」

二、茲定於三月一日辦理交接並派本公司會計處副理陳鎮學爲監交人

三、除分函外檢發聘函乙件即請查照轉發

四、副本寄台中總廠，周廠長厚樞，金廠長貞觀

（印：臺灣糖業股份有限公司人事室）

監印

校對

頁共　頁

周廠長厚樞

存档

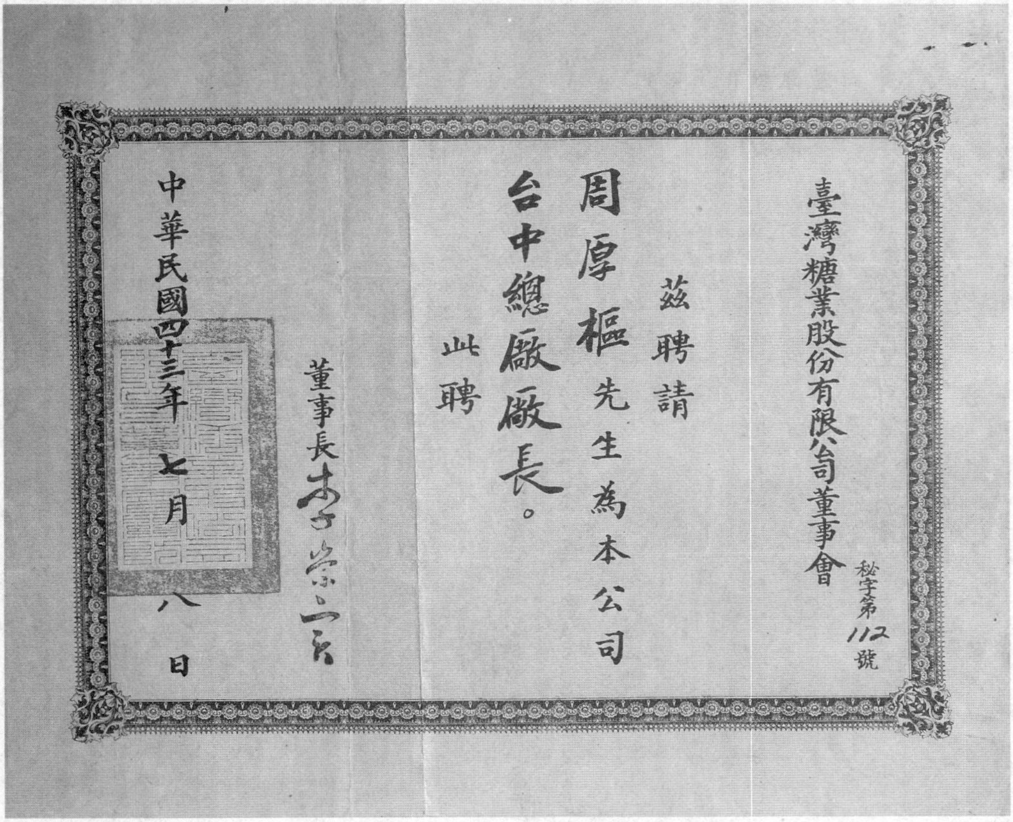
臺灣糖業股份有限公司董事會

秘字第112號

茲聘請

周厚樞先生為本公司

台中總廠廠長。

此聘

董事長 李崇年

中華民國四十三年七月八日

最速件

27

臺灣糖業股份有限公司人事室（函）

受文者：周廠長

抄送副本機關：溪湖糖廠 蔣總稽核宗福

事由：奉派 貴廠長升任台中總廠廠長請查照辦理由

批示

擬辦

一、糖業試驗所盧所長守耕申請退休經奉決定照准遺缺派吳協理卓兼任吳協理所遺台中總廠廠長兼職，派溪湖糖廠周廠長厚樞升充周廠長遺缺派台中總廠黃副廠長綺堂接充，黃副廠長遺缺調新營總廠鍾正工程師幼棠接充，並經呈奉 董事會台糖(43)董秘發字第一一六號代電照辦等因

二、茲定於七月十五日為交接日期並請蔣總稽核宗福為監交人除分函外相應檢發 貴廠長秘字第一一二號聘函一件即請查收辦理并報備為荷

臺灣糖業股份有限公司人事室

監印 校對

字號：43糖人字第30463號

月日：中華民國四十三年七月拾日

附件：如文

第 頁 共 頁

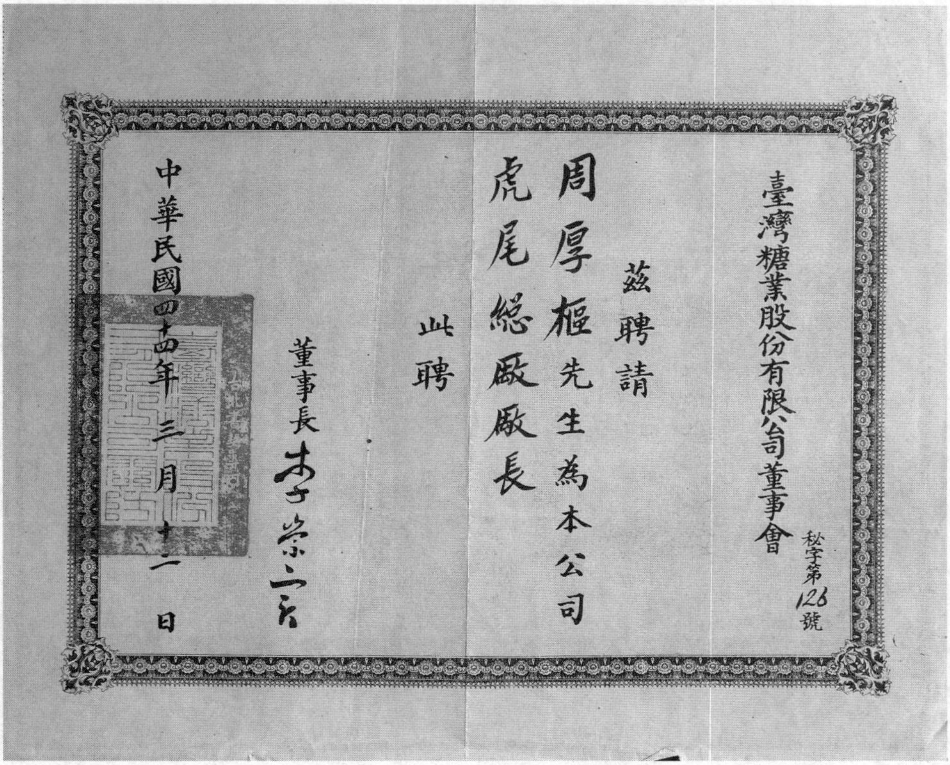

臺灣糖業股份有限公司董事會

秘字第126號

茲聘請

周厚樞先生為本公司

虎尾總廠廠長

此聘

董事長 李崇年

中華民國四十四年三月十二日

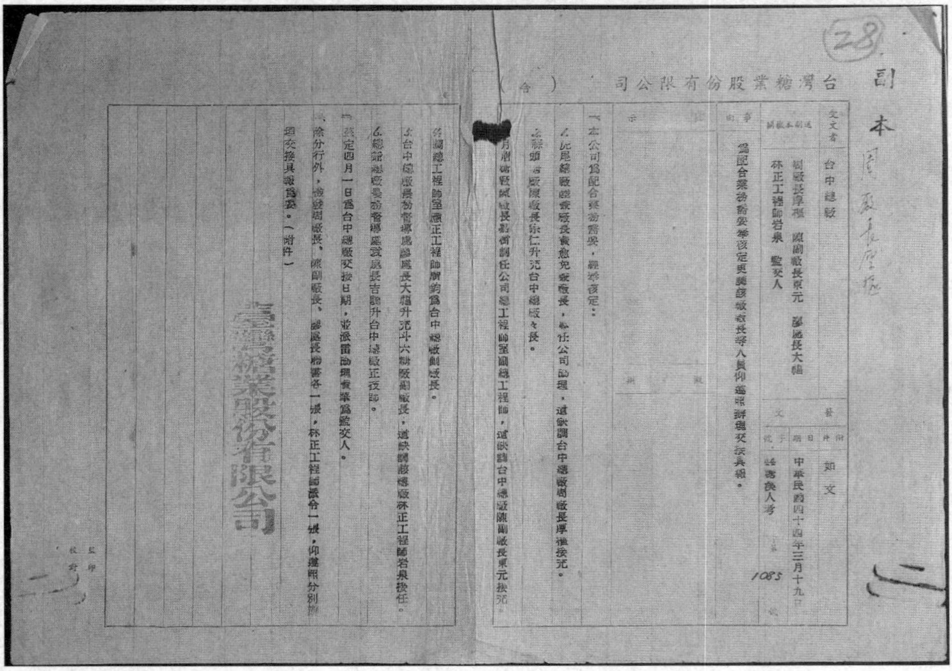

副本

台灣糖業股份有限公司（令）

受文者：台中總廠

副本收受者：周廠長厚樞 陳副廠長東元 廖處長大福 林正工程師岩泉 監交人

事由：為配合業務需要核定更調該廠廠長等人員仰遵照辦理交接具報。

發文 日期：中華民國四十四年三月十九日 字號：44糖人考字第1085號 附件：如文

一、本公司為配合業務需要，經核定：

1.虎尾總廠廠長黃愈允免兼廠長，調任公司助理，遺缺調台中總廠周廠長厚樞接充。

2.蒜頭[illegible]廠陳廠長宗仁升充台中總廠廠長。

3.[illegible]月潭[illegible]廠[illegible]廠長[illegible]調任公司總工程師室副總工程師，遺缺調台中總廠陳副廠長東元接充。

4.調總工程師室[illegible]正工程師[illegible]為台中總廠副廠長。

5.台中總廠[illegible]處長大福升充斗六糖廠副廠長，遺缺調該總廠林正工程師岩泉接任。

6.總[illegible]處長吉[illegible]升台中總廠正技師。

二、茲定四月一日為台中總廠交接日期，並派[illegible]為監交人。

三、除分行外，檢發周廠長、陳副廠長、廖處長派令各一張，林正工程師派令一張，仰遵照分別辦理交接具報為要。（附件）

臺灣糖業股份有限公司

監印 校對

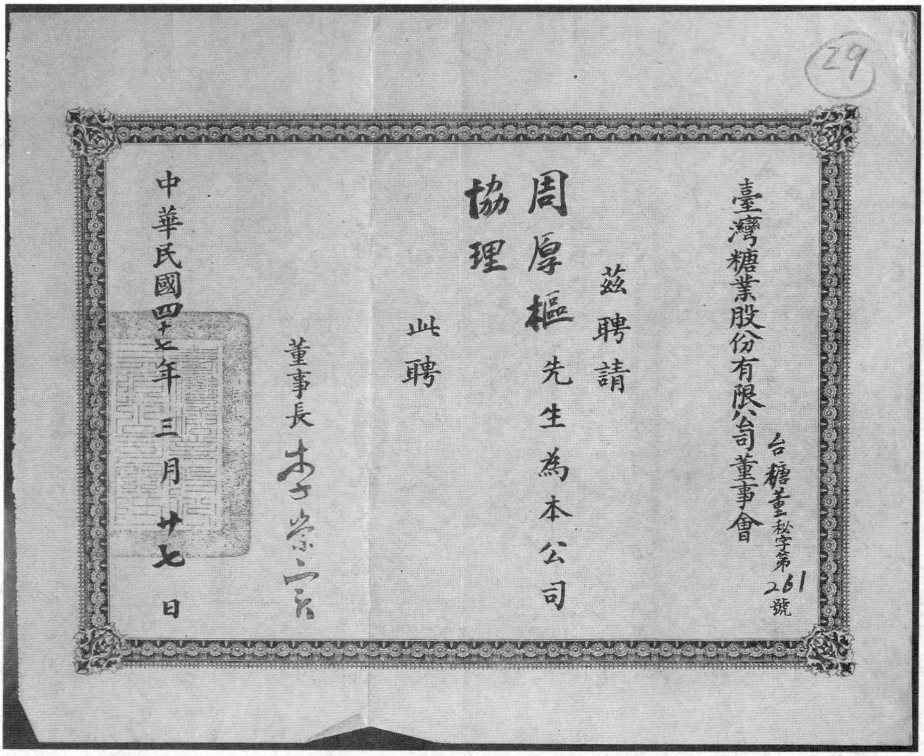

臺灣糖業股份有限公司董事會　台糖董秘字第261號

茲聘請

周厚樞先生為本公司

協理

此聘

董事長　李崇年

中華民國四十七年三月廿七日

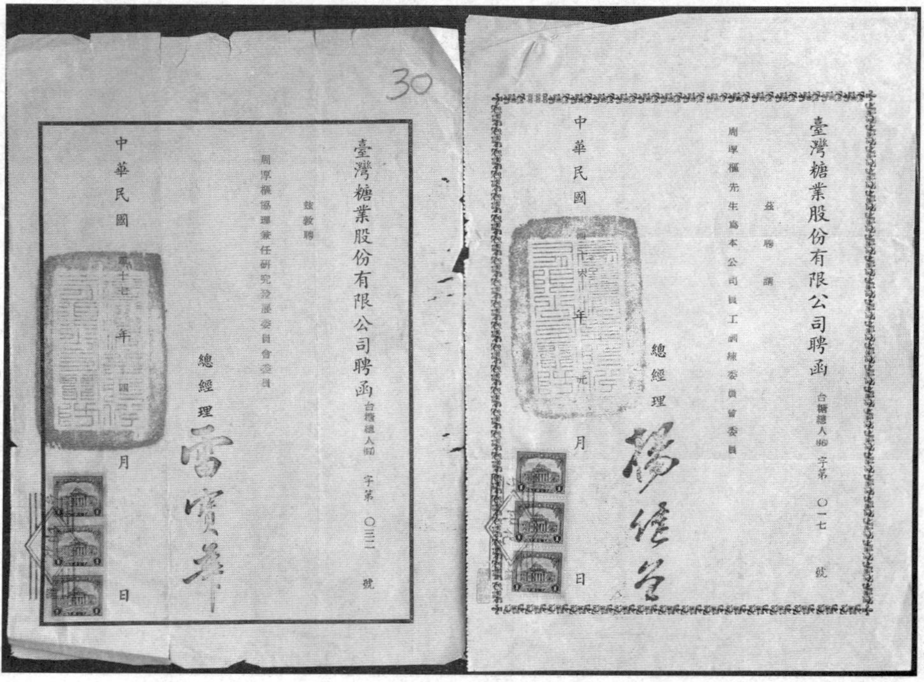

臺灣糖業股份有限公司聘函　台糖總人(46)字第〇三二號

茲敦聘

周厚樞協理兼任研究發展委員會委員

總經理　雷寶華

中華民國四十七年四月　日

臺灣糖業股份有限公司聘函　台糖總人(46)字第〇一七號

茲聘請

周厚樞先生為本公司員工訓練委員會委員

總經理　楊繼曾

中華民國　年　月　日

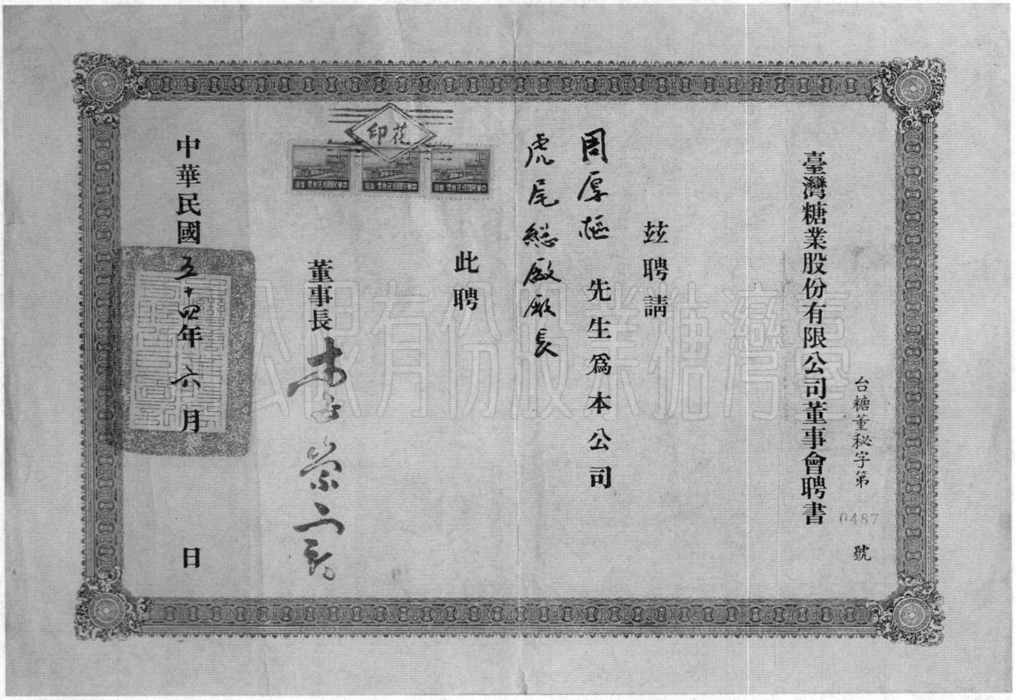
臺灣糖業股份有限公司董事會聘書

台糖董秘字第0487號

茲聘請

周厚樞　先生爲本公司

虎尾總廠廠長

此聘

董事長

中華民國五十四年六月　日

臺灣糖業公司

職位歸級通知單

中華民國52年10月8日 (52)溪人職字第266號

姓名	周厚樞	職位類別	分類職位
職組	企業管理	職系	企業管理
職等	十五等	薪級	十五等一級
職稱	十五等企業管理師		
職務	(1)督導總廠區業務 (2)主持總廠廠務		
服務部門	虎尾總廠		
歸級生效日期	五十二年六月一日		
起薪日期	五十二年六月一日		
根據文件	(52)溪人職字第213-6-177號令		
備註			

總經理　　人事處長　　填發人

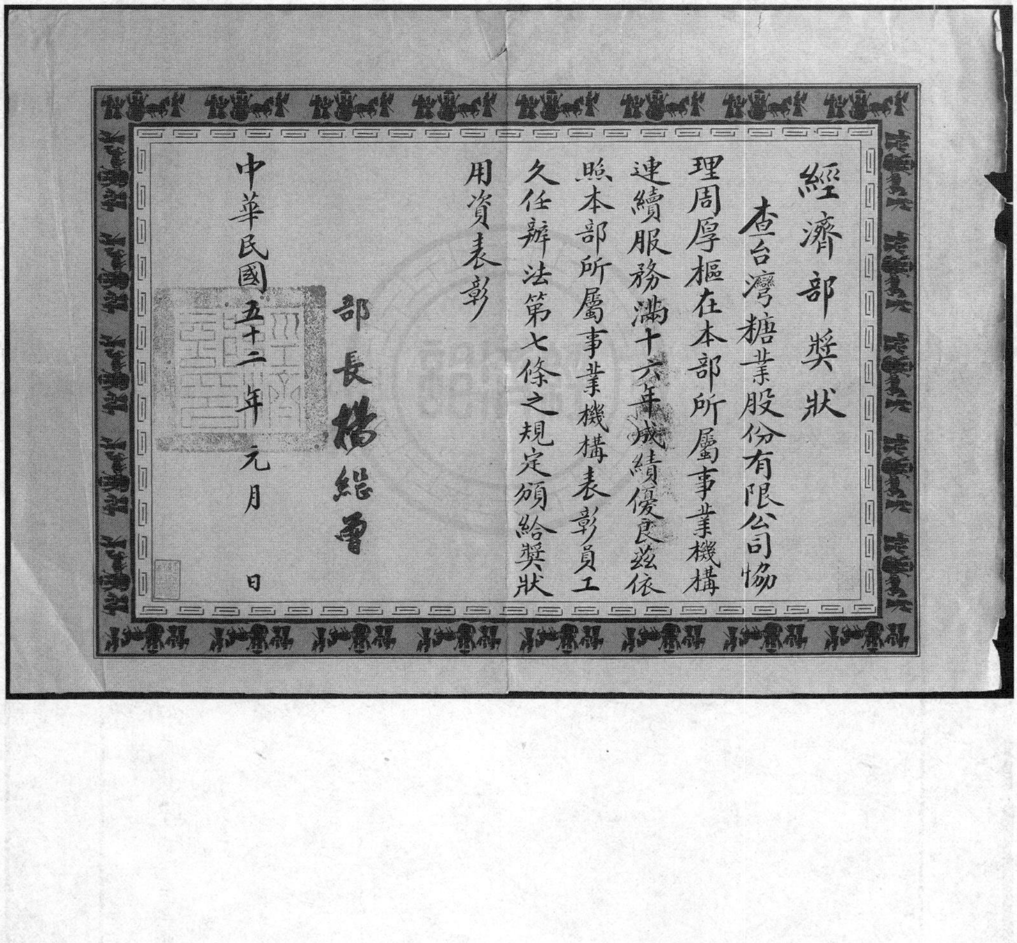

經濟部獎狀

查台灣糖業股份有限公司協理周厚樞在本部所屬事業機構連續服務滿十六年成績優良茲依照本部所屬事業機構表彰員工久任辦法第七條之規定頒給獎狀用資表彰

部長　楊繼曾

中華民國五十二年元月　日

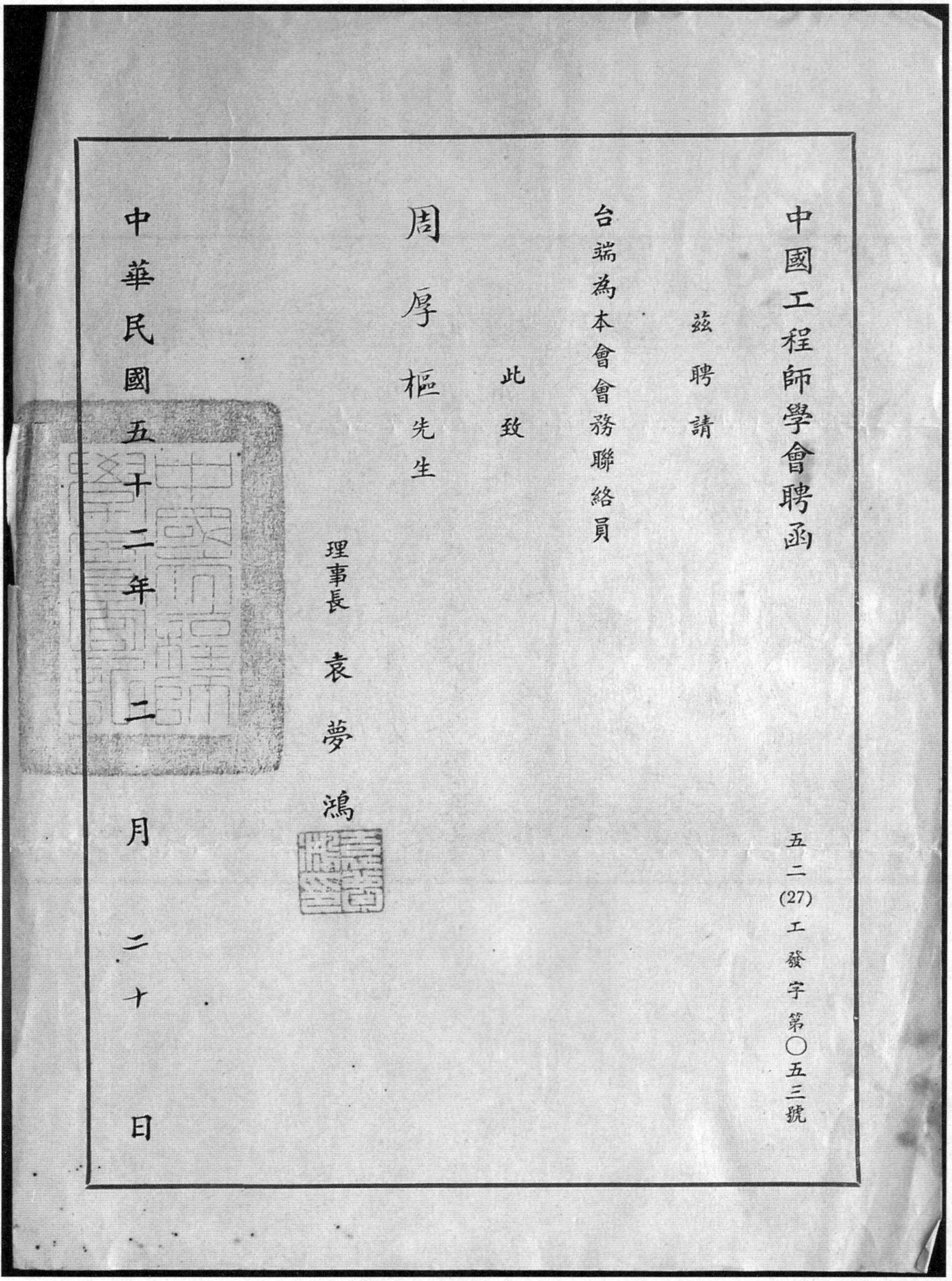

中國工程師學會聘函

五二(27)工發字第〇五三號

茲聘請

台端為本會會務聯絡員

此致

周厚樞先生

理事長 袁夢鴻

中華民國五十二年二月二十日

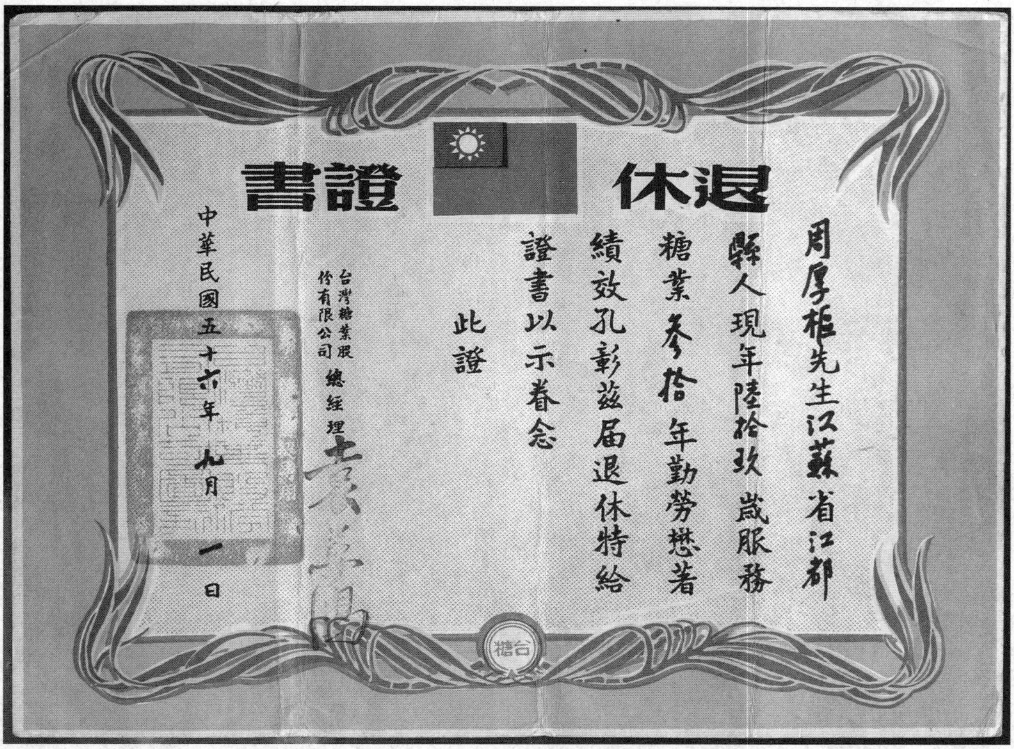

退休證書

周厚梔先生江蘇省江都縣人現年陸拾玖歲服務糖業叁拾年勤勞懋著績效孔彰茲屆退休特給證書以示眷念

此證

台灣糖業股份有限公司總經理

中華民國五十六年九月一日

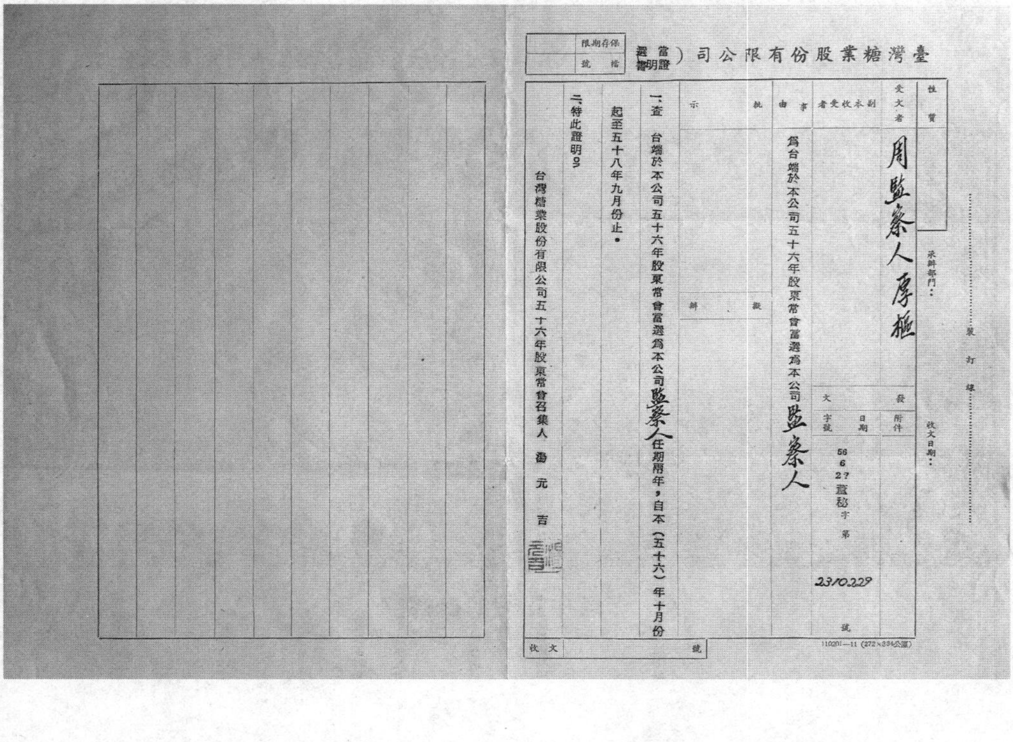

臺灣糖業股份有限公司（當選證明書）

保存期限　檔號

受文者：周監察人厚梔

性質

副本收受者

事由：為台端於本公司五十六年股東常會當選為本公司監察人

批示

擬辦

發文日期：56 6 27　字號：壹秘字第 2310329 號

一、查台端於本公司五十六年股東常會當選為本公司監察人任期兩年，自本（五十六）年十月份起至五十八年九月份止。

二、特此證明。

台灣糖業股份有限公司五十六年股東常會召集人 潘元吉

收文　號

承辦部門：　收文日期：　裝訂線

110201—11 (272×384公厘)

1966 年 10 月于台湾虎尾扬州中学校友校庆合影，次年 9 月周校长去世

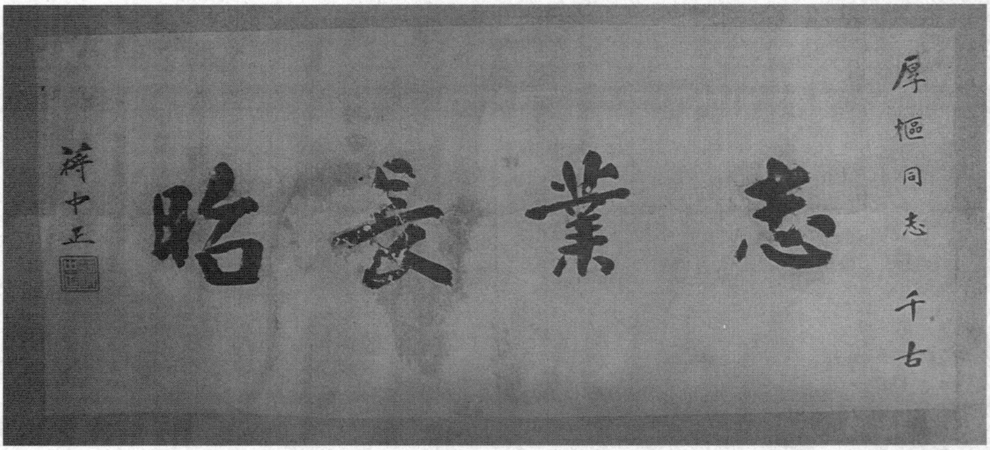

蒋中正写的挽幛

本校校歌

【说明】

扬州中学《本校校歌》

作词：徐公美

作曲：王宗虞

创作时间：民国十七年四月

照片出处：原载 1928 年《一年来之扬中》

歌词：襟江带海，从古数扬州，今更作人文渊薮。看黉宫近接，讲舍遥分，知负笈尽多俊秀，更幼儿淑女兼收，宏造就。问光芒何似？刚好有二分明月，高涌海东头。

树人堂早期明信片

正面:

背面:

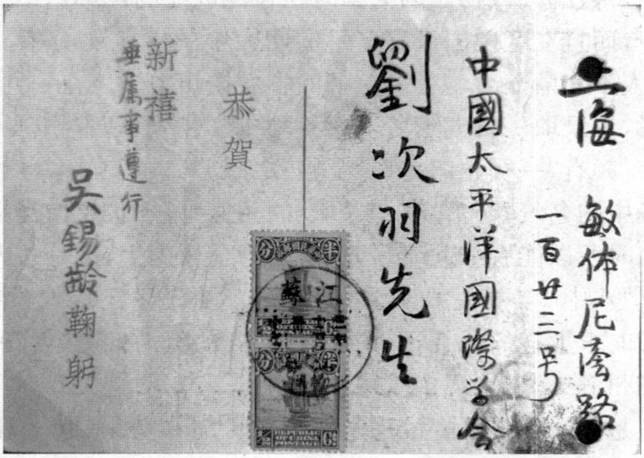

1932年树人堂落成。当年寄赠捐献者明信片一张,正面为树人堂摄影,借以致谢及留念。邮件寄出日期为"廿一年十二月卅一日"(邮戳),收信人刘次羽。

明信片收藏者巫 庆,辗转提供线索及照片者:丁东明、巫庆、周杰、罗娟。

图片正面文字:树人堂,江苏省立扬州中学师生合作物质建设之一,前部科学馆后部大礼堂——民国二十一年十月十七日落成。

又闻,巫家和刘家为姻亲。

省立扬中梦忆三则

旅美校友 胡声求

本人在一九三七年八月离开扬州,一别五十四年。去年(一九九一年)十一月回扬州几天,蒙扬州中学现任校长萧咸宁先生及扬中领导,盛宴款待。并陪同观看树人堂奠基石文字:“江苏省立扬州中学大会堂及科学馆奠基纪念,中华民国十九年(一九三〇)十月十七日,周厚枢”。这一次在一九九一年十一月七日,重见基石上周校长的签名。距当年奠基签字日期,已是六十一年又二十一日。无限今昔之感。

值兹扬中九十年大庆之夕,在各方密锣紧鼓,筹备庆祝声中,回味五十多年前旧事。就记忆所及,略述往事数则,以志校庆纪念。

一登龙门,身价十倍

谈起当年扬州中学校长周厚枢先生,几乎在扬州无人不知道他的大名,莫是北半个江苏省屈指可数的大人物。因为当时在长江以北的江苏,省立扬州中学,是独一无二的最高学府,而且在全中国最有名气的四大中学中名列前茅。几乎全国教育界与青年学子,无人不知鼎鼎大名“一等一”的省立扬州中学。在一九三二年夏天,有好几千人报名投考,只录取一百五十名普通科高中学生,我以高分被录取,排名甲组前几名,欣喜若狂。颇有“一登龙门,身价十倍”之感。

由当年扬中的名气,与被扬中“录取”的骄傲感,不难想像当年扬中周厚枢校长的地位。扬中当时所以能有如此盛名,不但因为全校师生,多是一方之菁英。而且又有原来江苏省立“八中”与省立“五师”的好基础。更是由于周校长在好基础上,创造更浓的求学、求知、求上进的风气,发扬光大,不断的努力推进、创新的成果。

去年在扬州五天,多方观察接触。仅扬州一市,便是大专高等学府林立。非复当年“省立扬中”是独据江淮区的最高学府景象。时移势易,起了环境性的变化。俗语说:船多不碍港。默祷我们扬中,在如林的高等学府群中,继续过去传统,仍是一方之秀。

人力车,巧相遇

我在扬中高中部就读三年,因为是走读生,接触面不广,而且当时班上年龄非常不齐,有的大我七、八岁至十几岁。我身材最小年龄也最轻,与同学间交往不多。在班上几乎感觉到很少有我的存在。只好实行本级导师韩闻惆先生的话“想要从人海中创新事业,必须在实学上下死功夫",用考一百分来引起人家的注意。

对周厚枢校长方面,只在纪念周演讲台上,看到他高高在上,少年书生丰貌,言语严肃,而风度翩翩,神采飞扬。令人有"可望而不可及"之感。在校三年,没有与周校长讲过一句话,虽然我是很高分数毕业,毕业册上有我童稚形的照片,但是我不知道他是否认识我。

毕业后那年暑假的最后几天,我和父亲在扬州富春茶社附近逛街。忽然听到"叮当"一声响亮而低沉的时髦包车铃声,破空而过。随即看到一部燦灿闪光的全新包车迎面奔来,应铃声而停下。车上客精神饱满,向我满脸堆笑,一见之下,赫然是在我心中三年"可望不可及"的扬中周厚枢校长。在我万分惊喜未定的一刹那,他已下车,对我举手示意说:"胡声求同学,你好!几个月不见了,恭喜恭喜,昨天我还和教务处万彝香先生谈到你。"我和父亲对这突如其来的话,不知如何作答,也不知道这位大名满江淮的周校长为何如此客气,当街停车,边下车、边向我以非常和蔼的口吻问好,我只好微笑静听下文。"这位是你的……""是家父。"我回答。他马上向父亲拱拱手说:"原来是胡老先生,失敬失敬。你的公子了不起。昨天在他的档案里,看到你老先生是我们同行前辈,也是办学校的。真是家学渊源,了不起,了不起。"其实,父亲办的是小巷子里的半私塾式"四年制"初级小学,总共只有一个教室。那能和当时举国闻名的扬州中学相比!那时在扬州尚没有小汽车或公共汽车,街上多是破旧的人力车,全城没有几部像周校长私人专用的豪华全新包车;连车夫也是全新制服,面目清秀而清洁整齐,比一般灰头土脸的人力车拉车夫,有一种说不出的气派。所以,在"叮当"响亮的包车铃声破空而来之后,那辆燦亮闪光的包车突然当街停下,已经引起了好多看闲的路人,围了一个大圈圈。我父亲一向非常喜欢面子,现在当着众人,由位高权重的扬中周校长,用满面春风的态度,高声说恭维话。父亲当时,真是乐不可支。但是对周校长如此态度,仍不知是何原因?只好客套几句,再静听下文。"昨天我们教务室统计本届毕业生投考大学成果,"周校长接着说:"令公子以高分考取了全国各区所有的名大学,南方的交大,北方的清华,杭州的浙大,华中的武汉,以及首都的中央。此外,在全国唯一的'上海天厨'办的大学公费奖金会,由几千人报考,只取十名的名单上,令公子也高高考中。这是你老先生的光荣,也是我们的光荣。"到此,父亲和我才恍然大悟。父亲连声说"那里那里,这是周校长教训有方,小儿得以追随跟进,应当登门叩头道谢。"彼此再客套了几句。周校长说要赶到校中开会,改日畅叙,微笑拱拱手上车,"叮当"一声,那辆包车便一溜烟去了。

这一次"街上巧相逢",真是意外,是我另一次与周校长在咫尺之内,欢笑谈话。也是第一次看到周校长的轻松一面的丰貌。

蒋夫人在白宫、美国军电代邮,在台重逢

一九四三年,我到美国的第三年以后几个月,在大战时期,利用华侨人力资源与美国军事预算的经费,我在旧金山创办中国飞机厂。在美政府"每年制造十万架军

机”的大计划下，每年生产一千多架“A二六”型战斗、驱逐、轰炸三用轻型军用飞机。

就在那时，蒋夫人宋美龄来美游说。住在白宫作客，和罗斯福总统闲话。罗问宋夫人：“你是否知道，有位中国青年博士，为我们联军设厂制造军用飞机？”蒋回答：“我知道，他是胡声求。他的厂当然全是由你们出钱；但是我们政府也在鼓励他。我们外长宋子文已安排他特级外交官身份，方便他随时搭乘美京与加州间来回的飞机。旅行费用透过中国空军毛邦初将军付帐。”此事，曾由美国之音在重庆广播，并由中国报纸转载。

没多久，在四川工作的周厚枢校长，来函相贺，并述他的近况。因此，我对半个地球以外的周校长，获得联系。不久，周校长又来信，说他希望来美考察。我当然非常希望见到他。我透过加州斯泰塞少将及惠娄上校，用“中国飞机厂”及“加州造船厂”联名，再加上美国加州军事生产司令部批准，以军用电报代邮，聘请周校长来美，做我们的顾问。副本交美国驻华大使，请他就近协助。这是我与周校长又一次的愉快接触。

一九六〇年，我到台湾“兵工研究院”讲学。周校长当时任台湾五大企业之一的台湾糖厂总经理，特为集合扬中校友盛大欢迎。并在他的虎尾总厂，豪华的日据时代日本“天皇招待所”，留我住了几天。除了做专题演讲几次以外，我又由他安排，参观了由前扬中工作导师王伯源（恩泉）主持的南部各厂。这是最后一次和周校长的几天接触。回美不久，周校长便与世长辞。哲人已逝，惆怅无限！

扬州中学美女表演“大姑娘洗澡”

我在扬中三年时期，还有一些有关扬州及扬中的花边轶事，可以一写。那是在我读完扬中高二的暑假中，有一天下午，我在街上沿路看到一堆堆的人群，指手画脚，嬉笑怒骂、高谈阔论，说是看到大姑娘当众脱衣，在瘦西湖表演洗澡。表演的是扬州中学千娇百媚的美貌女学生，而且是免费表演。所以今天中午，有成千上万的人，涌到大虹桥附近，一饱眼福。这是一件惊天动地的新闻，也是一件耸人听闻的荒唐事件。我想，在我们庄严饱学的周校长背后，那能有这种事情发生。

那时，因为京浦、平汉两条铁路，取代了扬州附近的大运河南北交通。扬州市况逐渐落后，新闻闭塞，民风守旧。扬州街上没有汽车，没有煤气，没有自来水，没有家用电话，没有一间正式的电影院，除了树人堂以外，没有一间大会堂。当然，没有游泳池。男女学生同班上课，但绝对不谈话，在街上见到，也作为不认识。街上当然绝对看不到衣着暴露的女士。一切，比上海要落后好多年。

要看大姑娘洗澡，那只是梦想。在过新年几天，城中闹区旧教场广场上，摊贩杂耍林立时，有所谓“西洋景摊子”。看客透过放大镜看木柜中一幅幅的照片，有风景名胜、战争、各式照片；在没有警察巡逻时，偶而可能看到一幅所谓“大姑娘洗澡”，也不过是一个大约两尺高的长澡盆，看到大姑娘露出的头、手和脚，引起人遐想而已。在这种风俗环境中，忽然可以看到妙龄美女，当众脱衣解带，跳入水中洗澡。难怪闹得满城轰动。事后知悉，原来是一传十，十传百，传言脱离了事实。

事实是在我扬中高二上学期，来了一位由山东青岛中学转学女生潘玉箫。据说她在青岛海滩游泳比赛，得过冠军。看到扬州没有游泳池，她建议在瘦西湖大虹桥北，水面宽广的地方，用竹架隔出百来米水面，作为夏季临时露天游泳池。并且穿了时髦泳装表演跳水及游泳，籍以提倡扬州人游泳兴趣。事经教局及扬中许可。当时扬州风气闭塞，大惊小怪，加以以讹传讹，庸人自扰，闹出了天大的笑话。

结言

兹为庆祝扬中九十周年大庆，我把五十多年前的旧事，就记忆所及写出来，一方面表达我对建校有功的周校长怀念之诚，一方面作为扬州及扬中今昔之比较与参考。但是，我在海外居住五十多年，中文生疏，如有字句不通顺之处，敬请多方指教。谨志。

校友通讯录登记

姓名：胡声求

性别：男

离校时间：1935 年夏

工作单位、职务、职称：

（一）美国大学联合研究院院长

（二）美国西南矿场资源公司董事长

（三）美国大学基金会董事长

（四）美国环球农业基金会理事

（五）美国科技大学顾问

（六）台湾财团法人联大科技研究中心董事长

（七）上海商业海外联谊会名誉会长

毕业纪念手册

（民国廿五年初三）

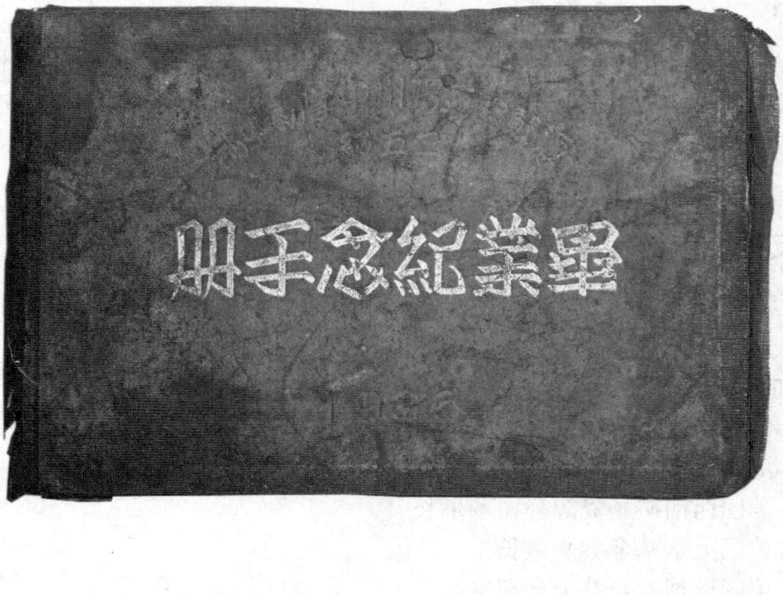

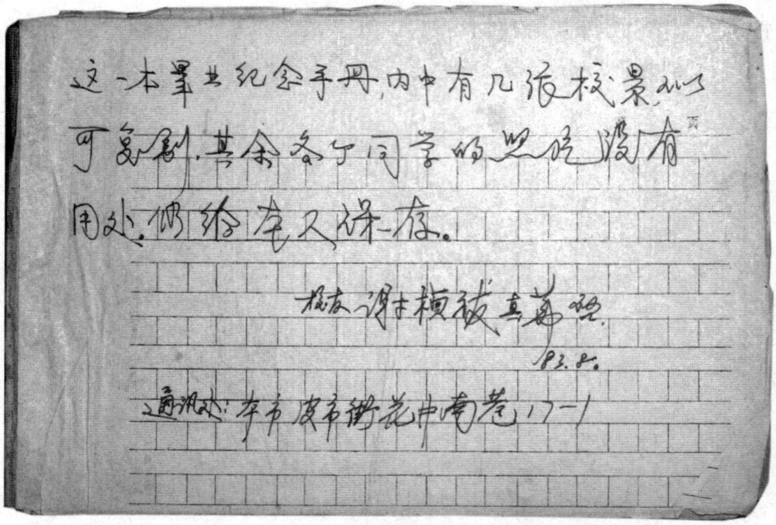

这一本毕业纪念手册，内中有几张校景可以可复制，其余各个同学的照片没有用处，仍给本人保存。

校友 谢槙被真菊照

83.8.

通讯处：本市皮市街花中南巷17-1

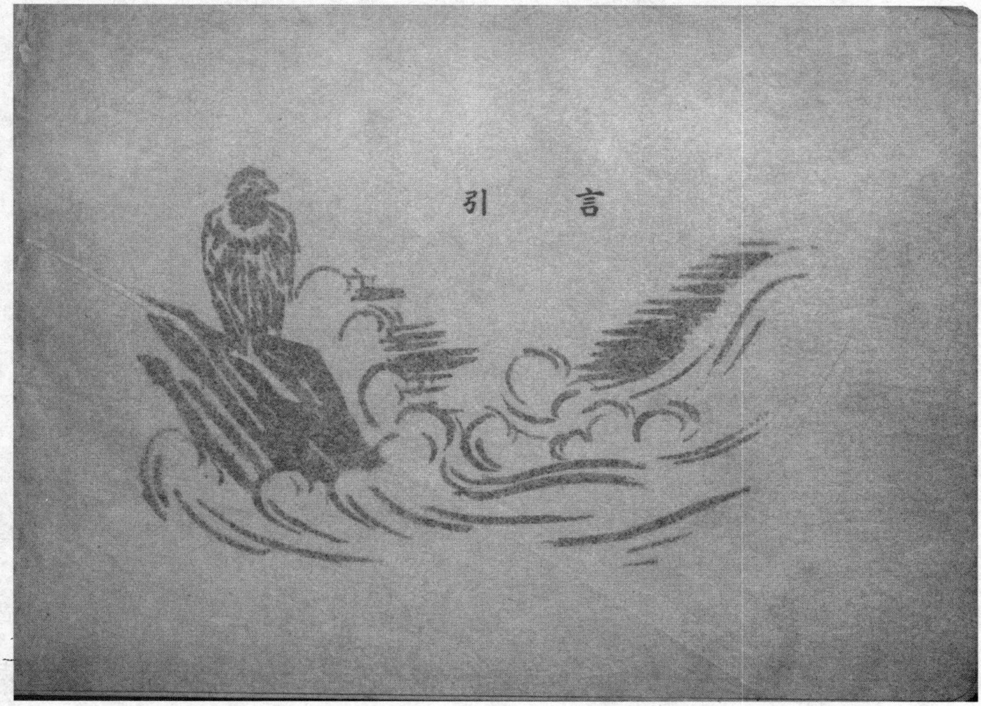

引　言

硬 幹！ 苦 幹 ！實 幹！

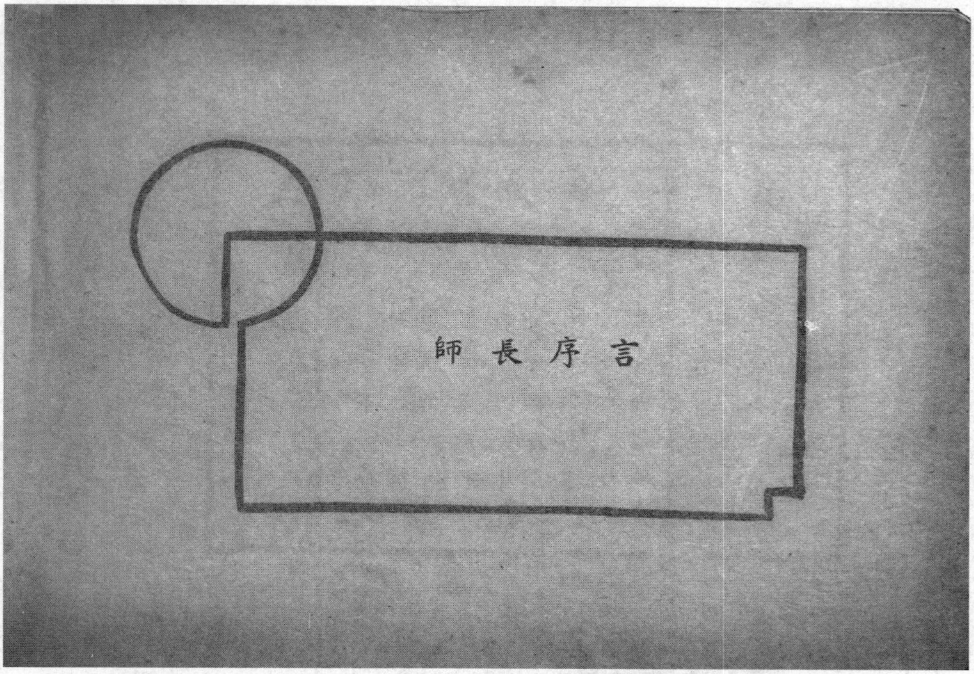
師長序言

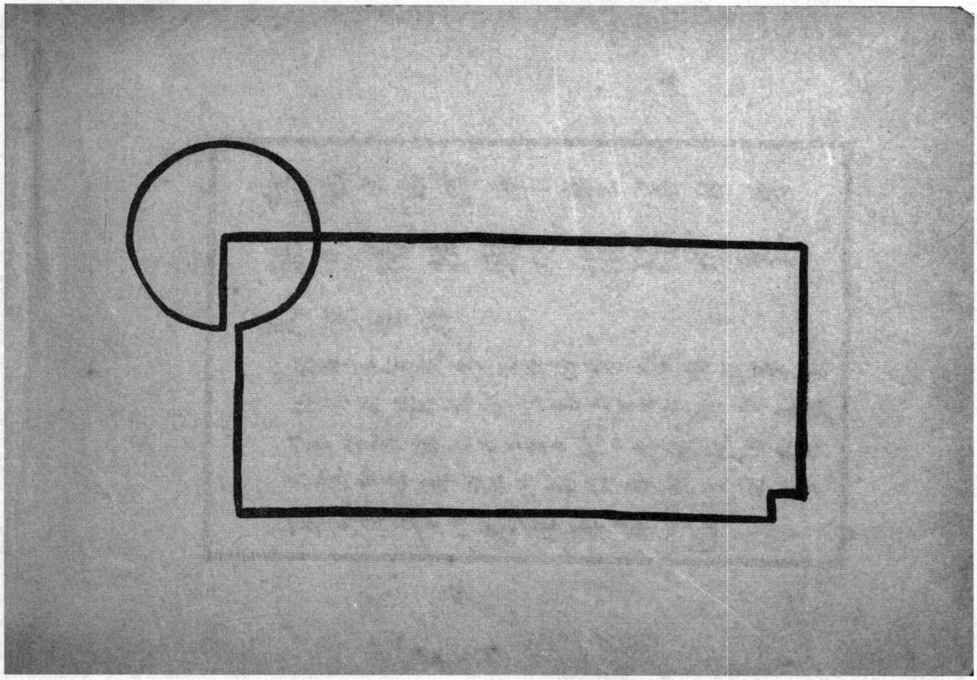

降低生活標準豐富自身能力犧牲個人權利力爭民族生存

揚中三年級學生行將畢業編印畢業紀念刊藉誌雪鴻之爪也特書數語以弁其首諸君學業上雖小有成就但人生大道正長希共以此數語自勉　民國廿五年六月五日江都周厚樞

二五級全體同學以卒業期近，爰集各人小影彙爲一冊，索序於余，余曰：「諸君此舉，殆以卒業後，風流雲散，不復聚處，將留此影以示不忘乎？雖然，吾人立身宇宙間，不在形體之集合，而在精神之團結；諸君同學三載，情好無間，茲當判袂，更留肖影於斯冊之中，其謀所以團結者，可謂至矣！苟保此精神，永矢弗墜，天涯地角，猶處一堂，則雖無此冊可也」。遂爲之序。

廿五年六月　徐瑞祥

本居初三畢業同學，編輯紀念冊既竣，羣進而索序於予，予以平日與諸君相處，其所以勉諸君者，亦既竭予之忠告矣，今雖欲有言，實苦無以爲詞。諸同學固請不已，因爲之言曰，人生貴自立，尤貴能自檢；彼居弗能自食其力，行弗能遵循常軌者；皆以其於青年時代，忽乎此二者也。今君諸畢業於初中，卽將來謀自立之基礎，高中大學，循序漸進，勢所不難；予所引以爲慮者，卽自檢力之不克養成耳。予三年來導諸君以自治自動自覺，要其歸亦惟欲諸君能自檢而已。舉凡學業品行，能時時自檢，卽能達寡過之地步，立身處事，爲國爲家，能如是，斯亦足矣，諸君其勉旃。

民國廿五年六月韓文慶序於揚中二院

諸君嘗從余習數學矣，數學之道，在於了解公式，明悉定理，知乎是，則任何難題，皆可迎刃而解，反之鮮克有成者也。余謂爲人之道亦然。夫爲人之公式如何乎？曰忠恕而已。爲人之定理如何乎？曰誠篤而已。己所不欲，勿施於人，忠恕之道也。言忠信，行篤敬，誠篤之道也。爲人之道，固不止一端，能斯二者，亦庶乎其可矣。諸君入校求學，本學所以爲人，今畢業離校，乞言於余，余不文，謹述爲人之道以告之。

廿五年六月萬青芝序於揚中

民國二十五年六月初三同學畢業，賦此贈之。　陳學東

三載芸窗同聚處，質疑問難相笑語。一朝勞燕各西東，黯然惜別心酸楚。憶昔來時何艱辛，跋涉長途值盛暑，試場鏖戰逾千人，拔尤選俊得百五。一堂濟濟多佳士，咿唔弗輟能攻苦。春去秋來閱歲時，幾人中道遭艱阻，昔時桃李半凋殘，紛紛零落知何所。眼底惟留百鍊金，一一光明如寶炬，或擅藝術或文章或長運動或歌舞，德業進修無已時，百尺岑樓此基礎，雲程萬里任翱翔，此日送君南浦去，臨歧握手何所言，殷勤惟道慎前路。大廈將傾賴衆扶，願君共作擎天柱。

自 修 室

三年級宿舍

樹 人 堂

高 中 校 門

重 光 楼 →

← 體 育 館

伯懷路上

畢業紀念亭

盥洗室

初中校門

重光樓與一區樓→

←一區樓

師長照片

校長
周星北先生

初中教導主任

徐耀周先生

訓育主任

二五乙級導師

韓巢曾先生

二五甲級導師

萬青芝先生

二五丙級導師

陳嘯青先生

團體照片

省立揚中二五甲級畢業紀念攝影 二十五年五月廿四日

省立揚中初中部二五乙級畢業紀念攝影 二十五年五月廿四日

江蘇省立揚州中學初二五丙級畢業紀念 廿五年六月攝

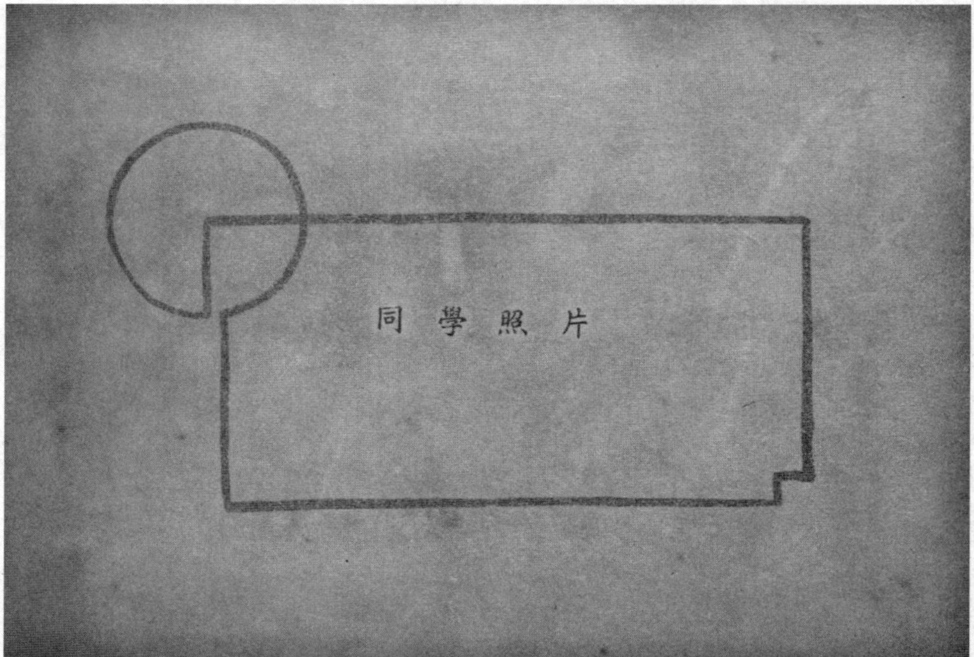

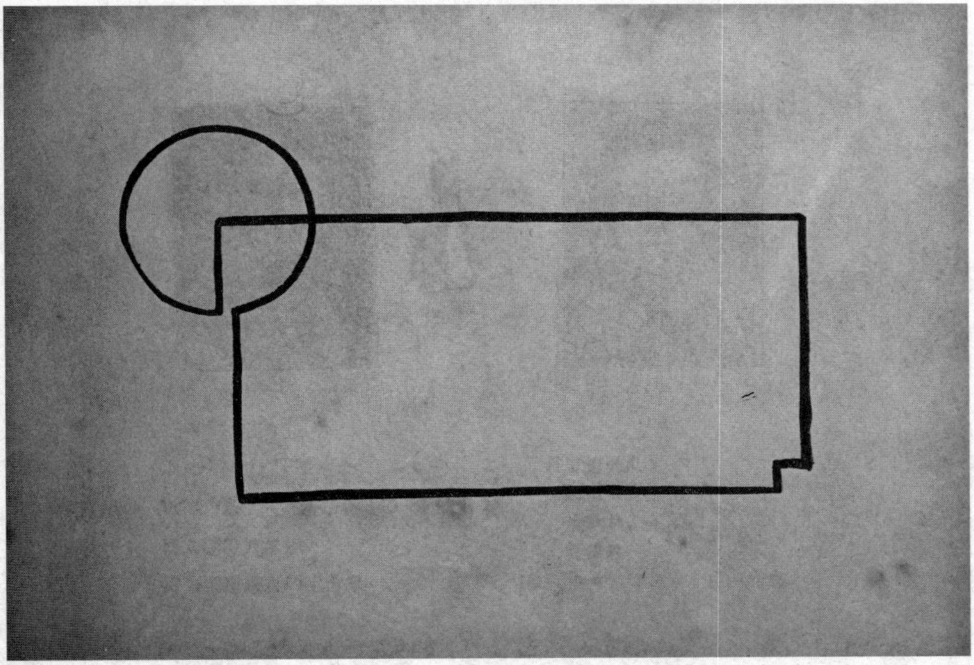

王　　慧

遍地瘡痍，
國難方殷，
吾人應努力求知，
好做國家未入的生力軍。

王　卜　漢

君思想純正，
品學優良，
沈默寡言，
喜讀書，
故同學咸敬愛之。　—吳作民—

丁　鴻　遠

余性魯鈍，好讀書，不求甚解．或以勤學相慰勉，然余亦只知其意，而愧未能也。

于　在　純

在校三載　品學優良
勇於服務　意志堅強
臨難不變　應付有方
鍥而不捨　幸福無疆

～～崔道錄～～

牛　永　昌

君品學優良，爲衆推許；而誠以接物，和以待人，故人尤樂與之交遊云。　—禎吉—

王　列　庠

君性豪爽，喜運動，擅管樂，尤能勤于學，忠于友，敬于長，師生共推爲模範青年。

——孫修本——

王 士 華

余喜讀書，不常活動，以致體力稍遜于人，然人謂我體弱，余固不願聞也。

~~~~士華自傳~~~~

王 文 華

學術救國，體育救國，君咸富此能力，斯復興民族之先鋒。

~~~~戴堯夫~~~~

王 位 東

與君同學三年，知君最深，力大，才大，志大，君有此三大，吾儕望塵莫及矣。一牛永昌贈一

王 洪 範

我沒有高亢的嗓子；
祗有實幹的精神，
我沒有強健的身體；
祗有鍛練的苦心。

~~~~洪範自傳~~~~
~~~~

王　恩　泉

毛　振　環

王恩泉君傳　—戴堯夫—

貧賤不能移其志！環境不能變其志！日征月邁奮其志！做人讀書立其志！

振環兄

我認爲——

科學是救國的工具，

努力是成功的準備。

—望兄苦幹！

~~~張所由~~~

王　富　生

王　禎　吉

言忠信，行篤敬，

待人以誠，處世以貞，

願以刻苦之精神，致力於科學之發展。

—張成山贈—

待同學，具熱忱。

服務時，守忠誠。

勤學業，持以恆。

喜運動，擅技能。

懷大志，期有成。

—永昌—
~~~

王 德 慶

君早失怙恃，備嘗艱苦，然能敦品力學，刻苦自勵，吾知君必能達光明之境也。

~~~所由~~~

王 穆 之

温柔若處子，瀟灑出風塵；丹青稱妙手，舉止見天眞，未言先莞爾，和藹無與倫。

許國志謹識

尤 鍾 驥

君性聰穎，富記憶力，遇試必名列前茅，服務級會，能不辭勞苦，此余之畏友也。

—國 謨—

茅 於 勤

昧者憎其暴躁，
識者知其剛直，
慷慨激昂，
義以爲質，
願君珍重，
守而勿失。 ~~~崔道錄~~~
~~~

朱保如

自傳

余好爲幽默語以中傷人，復富冬烘迂腐氣，嗣當佩弦以自惕也。

朱崇熹

心田純潔、性情豪爽，
知過則改，努力向上。
永持勿失，前途無量。

王富生 張成山 贈

朱顗曾

余性好靜，不喜運動，平日惟以書畫自娛，近以體弱期從茲振奮，其猶未晚耶。

～～顗曾自傳～～

李馨

他活潑天眞，他神志清明。
這便是他未來偉大事業的嫩芽啊！

～～楊家慶～～

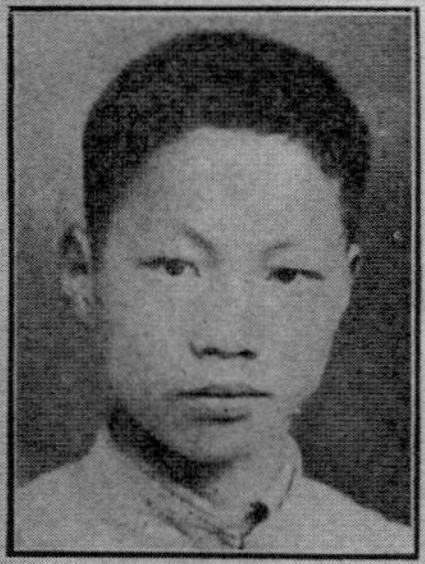

李　文　瀚

余性頑固，與人語，每以忤人，當三復白圭之篇，以免屢憎於儕輩也。

李　世　勤

——青年人，不是像山般靜止，
就是像風般飛揚。
但。他呢？
却是個折衷啊！——
——趙　誠——

李　年　生

李君在吾級中，年最幼，而天眞活潑，其求學也，虛己下人，孜孜弗輟，誠可佩也。

—曹思聖—

吳　作　民

三年同學兩情投，月夕花晨把臂遊；
此日臨歧無別語，願君更上一層樓。

——王卜漢——

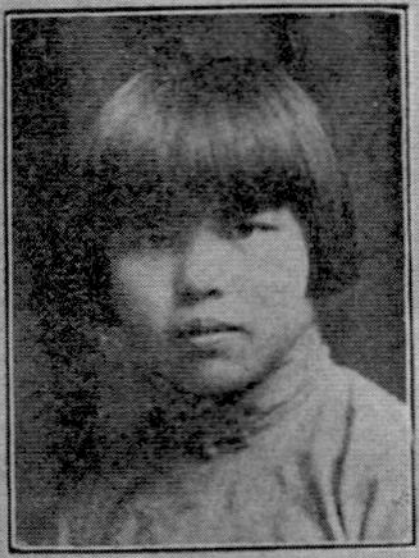

李 庚 申

申姊，天性誠篤，居恆以為善自勵，喜書法，工數理，尤好科學，誠女生中之高才生也。

—嚴慧中—

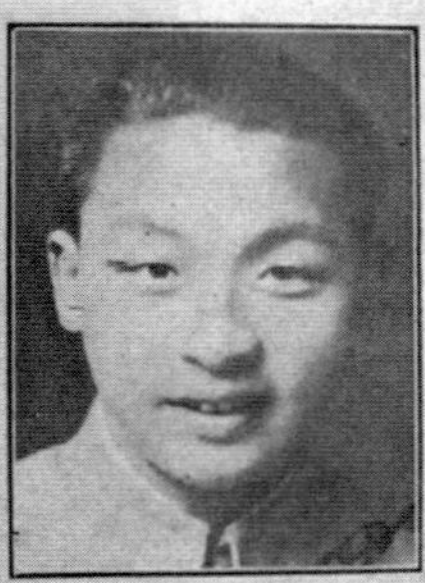

吳 萬 全

活潑天眞，多藝多能；
音樂著譽，運動蜚聲；
美術勞作，無與比倫。

--周忠讜—

吳 繼 宗

我的意志～～～堅強
我的思想～～～純潔
本着大無畏的精神
幹我未來的事業

繼宗自述

袁 驊

篤學愼行，　瀟灑自如，
不為威屈，　不為利誘，
處事誠而不懦，　與人恭而不諛。

～～姜啓偉～～

居　乃　栴

性情和，待人親，對事忠，既有音樂天才運動興趣，又能辨別是非有勇於知方。

周于儉謹識

周　于　儉

立身厚重不遷，處事精明幹練。
勤以爲學，　信以交友。
有識見，　有胆量。
斯志士也。

邵　和　高

天資聰穎，行動活潑，機警的思想，高尚的志向。吃苦中苦，爲人上人，願君勉之。

～～張所由贈～～

周　忠　謨

其爲人，甚和易；學業優，人所器；身體高，有力氣；擲三鐵，稱妙技；籃足球，拿手戲。　一萬全一

吳　建　元

好學力行，　　誠篤溫良，

五育兼優，　　運動尤長，

今日是球場健將，他年爲戰地男兒。

~~~袁　驊~~~

周　保　華

周君保華，秉性馴良，埋頭苦幹，

發憤圖強，朝乾夕惕，日就月將，

品端學粹，何用不臧。

~~~戴堯夫~~~

周　冠　祖

天性爽直　言笑不苟

敦品力學　今之益友

楊翏題

房　啓　嵩

余性懦弱，在校三年，無所表現；

今後當努力自勉！

~~~啓嵩自述~~~
~~~

周敦和

君篤實沈着，有君子風；不特三育兼優，且能和環境奮鬥，我理想中的勝利者。

~~~~顧彭林~~~~

芮嘉聲

君好學力行，秉性率眞，待人和氣，辦事熱心，志在服務社會，造福人羣，可佩也。

~~~~朱崇熹~~~~

袁應龍

望之儼然，卽之也温，
虛衷樂善，勇於助人，
科學頭腦，刻苦精神。

~~~~崔道錄~~~~

石之璜

言忠信，行篤敬，富貴不能淫，
貧賤不能移，威武不能屈，
非曰能之，願學焉。

~~~~之璜自傳~~~~

姜啓偉

馬雋宏

天性剛直，接物以誠，
服務公益，不敢後人，
酷愛運動，不慕虛聲，
孜孜學業，冀獲裁成，
～～袁驊～～

性喜詼諧，態度不莊；
不喜修飾，意氣不揚。
前途未定，嗟我徬徨！

曹善祥

胡澤丰

舉動粗疏，性情浮躁，獲罪良朋，多緣桀驁。誓佩韋註，永除驕傲。
～～自述善祥～～

澤丰生性幽靜，惟遇運動或考試時，輒嶄然露頭角，是殆所謂一鳴驚人者耶。　　許國志謹識

胡　國　興

余愛好音樂，苦不能精，處事間有戇直處，人因以傻目之，然余則笑而不答也。

國興自述

范　嘉　穀

頑皮是他的本能；
活潑是他的天性；
他不知何謂畏懼，
惟知書本中是他所存着的新生命。

~~~繼宗~~~

孫　方　鏐

身材雖小，腦力實強；
數學深造，理化擅長；
德智並茂，品行優良。

一程其昌一

徐　世　萍

萍兄，敦厚篤實，和藹可親；明於理，勤於學。交友久而能敬，同學皆樂與之遊焉。

~~~楊鑫敬書~~~

孫　秉　鈞

體格健康，學業優良，
待人誠懇，品行端詳，
素負衆望，稱冠同堂，
我將沒齒不能忘。
~~~堯夫贈~~~

孫　修　本

身似寒梅異衆芳，
冰天雪地散清香；
天生傲骨難諧俗，
不管風凄與雨狂。
~~~王列庠~~~

徐　時　冕

平時沉默寡言，
遇事鎮靜而有理智，
他喜歡實驗，研究，發現，
眞是一個學者。
~~~盧樸題~~~

郝　肇　福

待人，有嚴有翼，　持己，無怠無荒，
文章推巨擘，　學業冠全堂，
斯人如此　沒齒難忘
~~~戴堯夫~~~

徐　鴻　池

余無所長，惟願吃苦耐勞，努力邁進。

唐　麗　春

麗春和而不柔，儉而不吝，推誠待人，與余交最篤，常以品學相砥礪。　～～～士華～～～

許　槑

健全的體魄，我沒有；
流利的口才，也沒有；
處世的方法，更沒有。
我有的是什麼？　自傳

梁　鋆

鋆兄性豁達，有大志，待人誠懇，服務熱心，敦品力學，不稍懈怠，斯爲有爲青年。

—嚴德芹—

陳　鑅

性情和藹，吾友鑅君，
長於數理，尤喜國文，
出類拔萃，鶴立鷄羣。
~~~訓　勵~~~

章人傑

傑弟性儉樸，好讀書，宅心仁忠，閒靜少言。與余同寢室三年，未嘗有間言也。　—煥美—

張允林

其待人也誠，　其持身也慎，
聞過則喜，　作事必忠，
喜讀書，　好網球，
余之個性若是。
自傳

章元愷

我願效法那勤苦的園丁，
去斬除棘荊，
扶植生長。
去改造環境，
除暴改良。　—元愷—
~~~

陸 永 諧

志氣既高　天資亦好
前途遼廓　努力探討
～～～崇熹～～～

張 成 山

性能忍，儀態莊。志氣高，學業良。
待人和，能謙讓。發言論，頗堂皇。
德智體，無不彰。　王位東贈

張 所 由

蘇洵云：『大丈夫不爲將，當爲使。』聞君有折衝樽俎之志，洵不愧大丈夫矣。　～～～童永仁～～～

陳 忠 笄

我之自敍　陳忠笄
不訴苦是我的銘言
不灰心是我的口號
我要從我倔強的個性裏
找着前途的光明

陸 君 賢

從他得到「智」「善」「美」「忠」獎章，可以看出他是一個：

天才生！ 君子人！

藝術家！ 有爲者！

~~~戴堯夫~~~

張 炳 文

炳文同學，性和藹，善演說，好學不倦，惟用功過度，以致身體不強，殊可惜也。

~~~李庚申~~~

曹 思 聖

曹君性爽直才智過人而刻苦自勵始終不懈性尤機警實爲吾儕所不及云

—鍾驥—

張 振 泰

遊戲則樂以忘憂，讀書則發憤忘食；觀其容，若不可卽，聽其言，則溫然可親也。

~~~崔錫成~~~
~~~

張 敏 伯

滿目淒涼
遍地荆棘
余惟有努力求知
盡余未來之責任

許 國 志

讀書窮日夜，立身重節義；溫良見性情，卓犖負奇氣；願以身許國，取名許國志。 楊鑫謹識

黃 從 周

從周，好文章，喜數學，以果毅自持，不隨流俗，廓然有大志，於同學中，余最敬愛之。

—丁鴻遠—

張 順 英

順英，性聰敏，能強記，競賽觀察屢獲蘇省冠軍，而其幽閒貞靚，頗有閨閣氣味云

—德芝—

梁　培　智

智兄！愛好音樂，尤喜幻術，惜未能深造。素抱快樂之人生觀，故往往不拘小節。 ~~~德芹~~~

黃　道　官

道官兄，生性恬淡，與人無忤，在校力學不倦，尤能操流利之英語，同學咸器重之。 郝肇福

張　煥　美

煥美，性亢爽，好詞章，工書法，尤喜運動，與余同窗五載形影不離，情同手足。 —壽亞—

張　愛　華

殘燈搖曳影丁零，
回溯已往百感生：
雖具有熱血恨無勇，
雖存有遠志惜無恆。
—自傳—

崔道錄

威武不能屈吾志，華靡不能動吾心，
假塞孤特，　惟覓知音。
時勢催逼，　努力邁進。
—自序—

崔成錫

崔錫成小傳

胸懷磊落，肝膽照人，善辭令，雄辯滔滔，好讀書，力學不倦，是同學中經濟才也。

~~~張振秦~~~

衿德芝

德芝天性穎悟，博聞強記，嗜音樂，尤富有文學天才，是本級女生中之翹楚也。　潘緘

郭錫仙

錫仙品學兼優，八歲喪母，能刻苦自立。宅心仁厚，待人若己，與友交，久而益密。

—許槑—
~~~

強 耀 先

耀先好學文，初來時未窺門徑，近已斐然成章，努力勿懈，吾知其必更有進也。

—富生—

楊 黎

學識是我們作事之基礎，
寒窗苦讀是學生們應具之精神，
遵校規，聽師言，更是我們的本分。

董 永 仁

愚公移山，精衛填海；
願持此志，勉爲健者。

自傳

程 光 普

君天性誠篤，爲學尤具毅力；
審問，愼思，三年來有如一日，
此種精神，余弗及也。

黃從周敬書

程 其 昌

楊 家 慶

程君其昌小傳　　孫方鏐

程君溫和謙抑，植身接物，足爲同學表率。又富於同情心，視同學如兄弟焉。　　一和高一

君品學兼優，出類拔萃。
口才敏捷。
態度和藹。
實吾儕之秀也。～～李馨作～～

楊 瑄 久

楊 鳳 翬

健 康 是 現 代 民 族 的 需 要
智 識 是 發 揚 文 化 的 泉 源
我 要 努 力 求 得 牠
光 大 中 華

處世率眞，待人和平，
刻苦耐勞，好學力行，
氣魄偉大，體格超尋，
志在邦國，造福人羣。
～～芮嘉聲～～

楊　鑫

瀟灑見風姿，靈秀英才質；不為塵俗侵，雅志寄泉石，丹青繪畫工，悠然頗自得

~~~~許國志謹識~~~~

楊　維　誠

立身重誠樸，言談多爽直；處事能率眞，求學務篤實；識君歷三年，三年如一日。

~~~~許國志謹識~~~~

葉　陽　生

生性魯莽　獲罪多方

事後追悔　中心皇皇

~~~~葉陽生~~~~

賈　淑　貞

賈君淑貞，性柔和而忠實，諸學科中獨好數理，又善短跑，同窗者莫不與之善。

~~~~德之作~~~~

趙　誠

誠兄！秉性忠厚，氣宇軒昂，不拘小節，落落大方，與之相識三年，未嘗有間言耳。　～～國志～～

臧　文　齡

君美丰姿，長于運動，尤精撐竿跳，竹聲起處，白衣黑褲健兒，高飛空中，俯首四矚，若曰：「孰謂中華爲病夫之國哉？」

～～趙庚申～～

趙　庚　申

他以好笑著名，但並不和藹可親，性燥而無涵養，愛他的朋友們！能向他盡些忠告去陶冶他的性情嗎？　～～趙庚申～～

趙　家　騮

天資聰穎，作事留心。

性喜詼諧，好抱不平。

常快樂，不憂鬱。

此君天性。　——懷瑾——

潘 絾

絾友，性率直，秀外慧中，天眞活潑，善抒情描寫文字，而明理達義，尤有足多者。

——德芝——

潘 道 噹

君喜攻數理，每一讀之，輒發憤忘食，樂以忘憂，儼然爲今之亞幾米德也。 ——楊家慶——

潘 懐 瑾

意志堅強 體魄壯健
不好浮華 而喜文藝
更願君努力邁進 ·

~~~家驄~~~

劉 雨 森

少說話，多做事，
好讀書，喜運動，
君之爲人，誠可畏焉！

~~~戴堯夫~~~

劉　趾　仁

自傳

余性爽直，不喜以術愚人，愛運動惜不能專，他人咸以「愚夫子」目余，余亦弗與較也！

鮑　訓　勵

吾友鮑君　言論詼諧
服務忠實　博學多才
意志堅固　不靡不回
~~~陳　鑠~~~

謝　孝　萃

昔劉念臺云：「心須樂而行須苦，學問中人，無不從苦處打出。」予願持此以自勉。

蔡　國　謨

國謨年少英俊，器宇軒昂；
在校三載，品學優良；
不吐不茹，不柔不剛；
說幽默話，似林語堂。
~~~朱鍾驥~~~

謝　禎　紱

紱兄，喜運動，尤善短跑；然毫無運動員氣慨，斯誠可謂難能可貴矣！　〰〰許國志謹識〰〰

盧　　樸

喜，不忘人；　怒，不尤人；
哀，可以感人；　樂，可以動人。
喜怒哀樂表現出他個人。

〰〰孫秉鈞〰〰

盧　壽　亞

壽亞：早失恃，刻苦自立，讀書務實事求是。交友，以誠信相尙。與余厚，助余實深。

——煥美——

薛　作　雲

救國必須讀書！
讀書便是救國！

戴　堯　夫

吾友堯夫　秉性冲和
善文工書　共仰才多
方期砥礪　乃賦鸝歌
別恨綿綿　慼也如何
——郝肇福——

戴　犖　生

好學近乎智
力行近乎仁
知恥近乎智

蕭　淑　珍

歎息是弱者的聲音；退後是落伍的特徵；我不怕荊棘難行，不敢灰心，
努力前進！前進！

顧　彭　林

君文質彬彬　有丈夫氣概　不但富有天才　且具善良品格　誠吾儕之良友也
〰〰周敦和〰〰

嚴　慧　中

嚴君，志氣高大，性情豪爽，讀書努力，待人接物，均極誠懇，實足爲吾之模範也。

～～符德芝～～

嚴　德　芹

芹兄，性豪爽，尚節操，最愛慕古俠義士，待人忠誠，喜古文，擅數學，尤工書法。

～～梁鎏～～

龔　七　言

「鍛 鍊 身 體， 準 備 殺 敵；
努 力 讀 書， 便 是 救 國。」

～～張所由～～

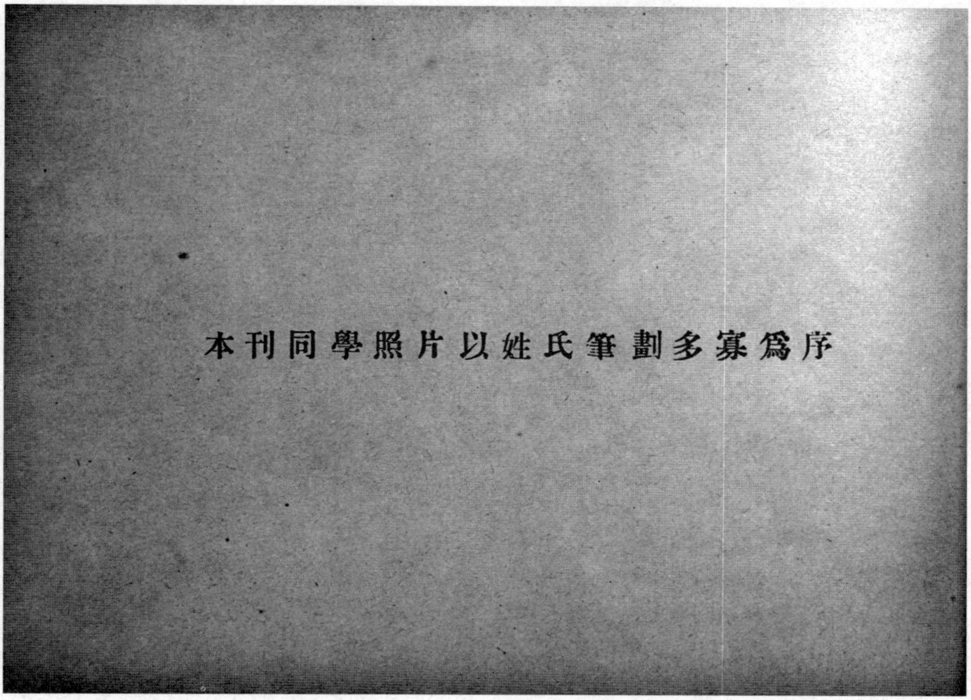
本刊同學照片以姓氏筆劃多寡爲序

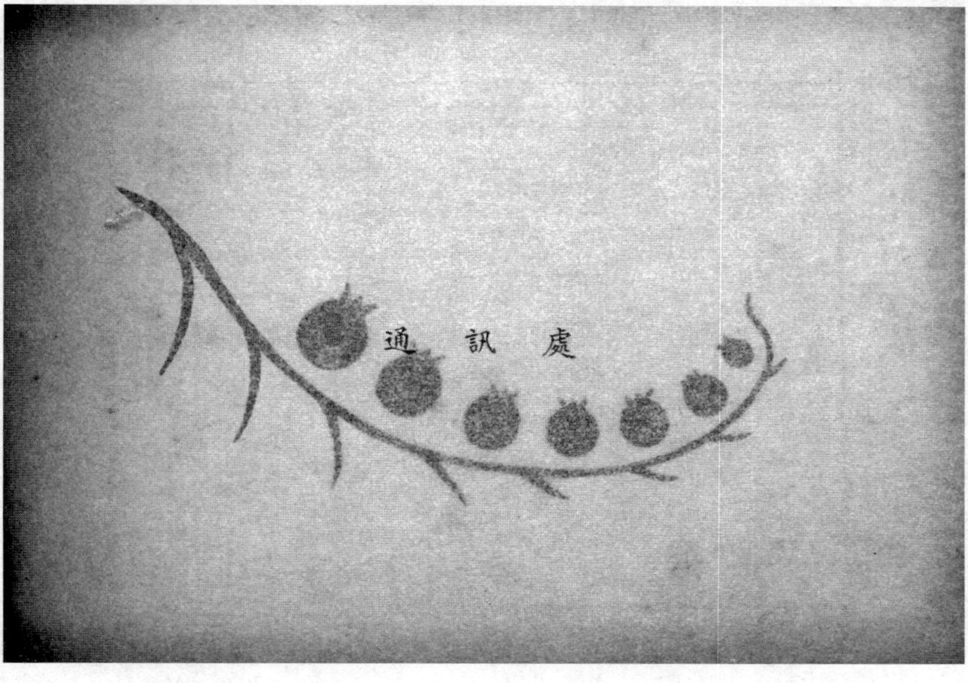

本校現任教職員一覽表

姓名	表字	年歲	籍貫	通訊處
周厚樞	星北	三八	江都	揚州府東街
徐瑞祥	耀周	三〇	鹽城	揚州舊城古巷十二號
韓文慶	巢曾	三四	鎮江	鎮江中華路十四號
萬頤祥	青芝	三九	安徽鳳陽	揚州達士巷
陳學東	嘯青	二七	鹽城	鹽城亭子巷八號

初中部三年級甲組學生一覽表 (計四十一人)

姓名	表字	年歲	籍貫	通訊處
王慧		一七	江都	揚州中小街四十五號
范嘉穀		一六	河北鹽山	揚州舊城七巷四號
曹善祥	象禎	一五	泰縣	泰縣姜堰第二模範小學
馬雋宏		一八	江都	揚州龍頭關永興里八號
葉煬生	萬里	一七	江都	揚州小十三灣五號
鮑訓勵	勖齋	一七	泰縣	揚州左衞街六四號
張敏伯		二一	江都	揚州小牛彔巷十二號
潘道瞻		一五	寶應	寶應城內東三元巷十七號
石之璜		一七	泰縣	泰縣白米梁部莊
吳繼宗		一六	儀徵	儀徵龍和集
陳鑠	矍吾	一七	江都	揚州大東門蔡官人巷三十號
袁驊		一七	東台	東台安豐杜家巷口立德堂號轉
楊瑄久		一九	江都	揚州東關街南牌坊巷十四號
朱保如	錫九	一六	江都	揚州玉井二〇號
趙庚申	孝侯	一七	江都	揚州北門正誼巷三號
李文瀚	浩然	一七	江都	揚州院東街五號
蕭淑珍	美玲	一八	江都	揚州天寧門街四十一號
臧文齡		一六	江都	揚州府東街三十四號
劉雨森		一七	安徽歙縣	杭州東都司街十九號
郝肇福	寄梅	二〇	淮安	寶應東門大街中家巷二號
薛作雲		一八	漣水	漣水轉百祿溝張同生藥號轉
周冠祖	正全	一八	江都	揚州下舖街九號

張愛華		一九	丹陽	揚州南河下一〇四號	
楊家慶		一八	江都	揚州府東街廿三號	
李 馨	逸山	一七	高郵	揚州府東街四十三號	
王文華		二一	安徽巢縣	揚州楊總門七十二號	
楊 鏊	德孫	一七	江都	揚州轉大橋王家莊或鎮江大橋王家莊	
崔道錄	鏡清	一九	東台	東台富安同春茶漆號	
陳忠笄	子偕	一八	儀徵	揚州花園巷十四號	
盧 樸	鈍民	一八	高郵	高郵界首鎮姚大生寶號交	
陸君賢		一九	安徽合肥	泰縣稅務橋東	
孫秉鈞		二〇	東台	東台沈照鎮宗祠巷	
周保華		一八	邳縣	隴海東段八義集西周圩	
戴堯夫		一九	寶應	寶應天平鎮七號	

潘懷瑾	種丹	一九	江都	江都仙女廟磚橋潘家伙
趙家騮	駿卿	一七	鎮江	揚州中小街四十二號
吳建元	彬如	二〇	江都	江都大橋吳家橋
姜啓偉		一九	鹽城	泰縣沙溝協昌號交
崔錫成		一八	淮陰	淮陰花門橋前巷元號
于在純	約坡	一八	鎮江	鎮江薛家巷

初中部三年級乙組學生一覽表（計三十九人）

姓名	表字	年歲	籍貫	通訊處
李庚申		一七	江都	揚州皮市街小芝蔴巷一一〇號
李年生		一五	鎮江	揚州大武城巷廿六號
龍七言		一五	高郵	高郵井巷
朱崇熹	天白	一六	漣水	清江西門內出水巷二號
邵和高		一五	安徽休寧	武昌洛珈山武漢大學教員住宅三二五號
程其昌		一六	鎮江	鎮江山巷內大巷十四號
張炳文		一六	高郵	揚州瓊花觀八十五號
陸永諧		一六	高郵	界首石橋口公興號
毛振環		一七	寶應	寶應朱家巷北首東北巷內
曹思聖	景宣	一七	泰縣	興化縣天后宮巷首嚴宅轉
孫方鏐	公肅	一八	安徽壽縣	揚州育嬰堂巷三號
徐鴻池		一八	漣水	漣水百祿溝書店轉交
袁應龍		一七	泰縣	泰縣大白米曹莊
吳作民		一六	泰興	泰興大西門水關口
童永仁		一七	江都	江都宜陵鎮西街
張所由	觀之	一八	高郵	高郵張家莊永盛恆
芮家聲		一七	寶應	寶應氾水鎮牌坊巷
楊鳳鳴		一八	阜寧	鎮江火鑪樓巷八號
孫修本		二〇	東台	泰縣時堰
徐時冕		一八	興化	興化稅牛橋下
茅於勤	儉文	二〇	鎮江	揚州南門街一六〇號
謝孝萍	鹿庵	一六	泰縣	泰縣胡家集轉馬家橋

顧彭林	鵬鄰	一八	江都	揚州李官人巷八號
王卜漢	瑞雲	一七	泰縣	泰興宣鎮桂義隆轉交
王恩泉		一九	江都	江都大橋謝橋轉泥墩莊
王位東	心傑	二〇	山東汶上	淮北新浦中央銀行電話房轉三羊港放鹽處
王禎吉		一五	寶應	寶應北門街二三六號
王德慶	修業	一九	江都	揚州馬監巷三十一號
房啓嵩		一八	高郵	高郵臨澤鎮恆吉昌交
張成山		一八	邳縣	邳縣灘上保生堂轉交耿埠
戴犖生		一八	江都	揚州南門街十二號
牛永昌		二一	江都	揚州宜陵鎮燈籠巷湯步雲轉
趙　誠	實甫	一八	江都	揚州教場買春巷十三號
吳萬全	恆芝	一九	江都	揚州丁家灣花土地廟巷六號

周敦和	介侯	一七	秀水	揚州石榴巷八號
周忠謨	彥興	一六	江都	揚州左衛街五十四號
王富生		一九	六合	六合北門街夏庚興號轉交
李世勳		一八	江都	揚州舊城九巷十一號
強耀先		二〇	六合	六合北門大街廿號

初中部三年級丙組學生一覽表（計三十九人）

姓名	表字	年歲	籍貫	通訊處
許　森		一五	江都	揚州運司街新民里八一號
王穆之		一七	江都	揚州東關街一七九號
章元愷		一六	江都	揚州院大街卅八號
胡澤豐		一八	金壇	揚州院大街九十六號
丁鴻遠		一八	泰縣	姜堰集元祥布號
尤鍾驥		一九	江都	邵伯竹巷口源泰祥茶葉號轉
章人傑		一八	高郵	寶應東門申家巷卅四號
張允林		一八	江都	邵伯喬墅
王列庠		一九	六合	六合新篁鎮陶泰和交
蔡國謨		一七	江都	揚州花園巷十二號
黃道官		一六	泰縣	姜堰大埨莊
楊維誠		一九	江都	揚州東鄉郭村
梁　鑾	秋濃	一八	鹽城	揚州甘泉街史巷六號
楊　鑫	紹錢	一七	浙紹江興	揚州大原十六號
梁培智		一九	南京	揚州清白流坊九號
王洪範		一八	鎮江	鎮江城內水陸寺巷十七號
程光普		二〇	六合	六合竹鎮集同永元號轉交
徐世萍		二〇	沭陽	沭陽東關土橋元記寶號轉上馬台
嚴德芹	擷之	二〇	儀徵	揚州埂子街一三二號
胡國興		一七	江都	揚州木香巷十號
張振泰		一八	泗陽	江蘇沭陽馬廠德源永坊
謝楨綬		一九	江都	揚州小東門粉妝巷二號

盧壽亞		二一	寶應	汜水王通和李家莊
張煥美	明曾	一九	高郵	高郵北市口仁懋衣莊
朱顗曾		一九	寶應	寶應南門外後街二十六號
周於儉		一九	湖北天門	十二圩中興街
居乃栴	湛華	一九	寶應	寶應西門城脚根王家旗杆
劉趾仁	愛生	一八	江都	揚州永寧宮卞家巷廿五號

（五）

江苏省立扬州中学·苏北分校

《扬州中学还校纪念专刊》

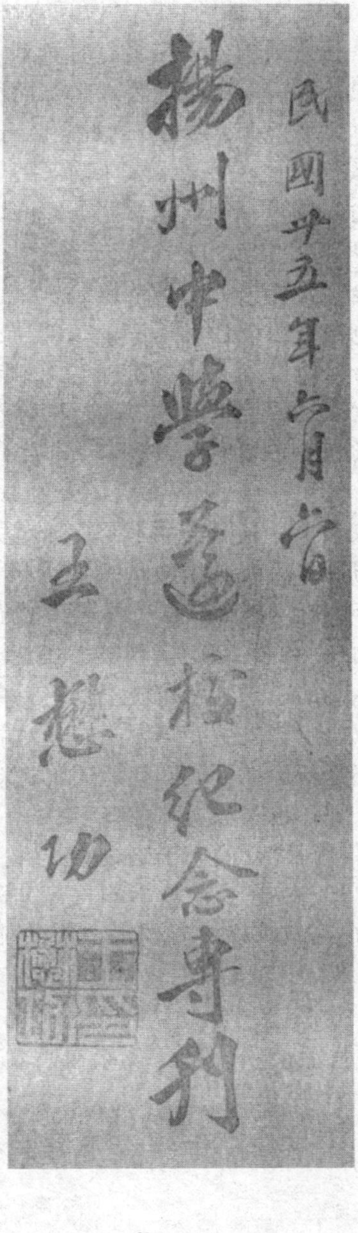

省立扬州中学还校纪念碑

天道以来复而攸利，人事以刚长而顺行。是以元吉修身。象占不远。法天行健。德懋自强。矧以道在树人。任兼救国。纵连会有时而剥复。而化育不离于须臾。烈风雷雨。虞帝以弗迷而绩成。零雨东山。周公以来归而民说。马季常重游东观。益征著述之宏。韩昌黎再入学官、弥切荒嬉之戒。此吾人于还校以后。亟思有以追步其前轨。光大其洪基也。宗英不敏。回忆十数年前。随周校长星北公后。偕同人服务于此间。潜心讲授。合力经营。不避艰辛。同声邪许。始得于两院之堂斋寝膳诸建筑外。增置工程、体育、两馆。重光、自省、校友、三楼。更创设女子生活部校舍。其规模之弘大。设备之完全。不特为苏北各中校冠。亦且为全省中校冠也。乃自岛夷入寇。烽火飙滕。金丝响寂。虽以迁泰迁沪。校帜犹张。靡室靡家。士心愈固。终以海洋难作。讲席撤离。宗英与同人逼处淮东边境。亦复敌氛时扰。施教难安。综计八年抗战时期。至有七次迁移校址。以境地言。等于苟活草间。以兴趣言。不啻习礼树卜。虽曰艰苦备尝。犹幸弦歌未辍。未始非今日还校之先兆也。犹记上年秋。胜利来临。河山还我。凡工作于地下者。共庆复员。逃难于四方者。咸思归里。宗英亦奉檄来扬。接收旧校。只以王师未至。降虏犹留。豺狼之盘踞依然。狐鼠之猩羶未洗。为临时讲习计。暂假县中故址。俾青年学业无荒。嗣经几度协商。得以收回一部。于三十五年岁朝。迁还大汪边本校。然而庭宇荒芜。墙屋倾圮。昔日之斋堂楼馆。均不蔽风雨矣。旧有之图书仪器。悉沦于灰烬矣。值兹物价腾踊。修葺所需。非万万金不办。乃请于省主席龙城王公。教育厅长澄江陈公。允拨以白金二百万。先事补苴。兼以执事诸先生。协力匡襄。乃能苟完于今日。迩值景风扇物。蕤宾纪时。国俯启还都之新运。吾人亦宜建还校之新猷。虽当前之建设。未遑尽复旧观。然不朽之事功。则在将来努力。兹订于每年一月十五日。举行还校纪念典礼。而今年则于六月六日补行之。同人于诸艰历试后。得瞻此教育之重光。遇以屯而始亨。道以穷而既济。其心良苦。而事不能忘。宜录其实以泐子石。俾后之览者。有所述焉。爰系以辞曰。巍巍扬校。汝南立教。五师八中。冶金光耀。树人堂高。春风万窍。泽沛江淮。何来野烧。八载流离。亦学亦斅。风雨来归。馆粲慰劳。回溯艰难。破涕为笑。讲读有常。功成毋傲。千万青年。企求辅导。岁月无荒。英贤可造。教育曙光。从兹永照。镌石琢词。以资则效。

国民二十五年五月

日省立扬州中学校长朱宗英撰

本校之今昔

朱宗英

自广州誓师北伐，转瞬势渐江淮，十六年秋，第四中山大学区大学行政院，将省立五师暨八中合组为省立扬州中学，任命周星北先生为校长，周先生自美归国，历任教授，奕奕清誉，士林仰戴，接钤以后，披荆斩棘，排除万难，惨淡经营，骎骎进展，蝉联十载，声绩卓越，廷揽名宿，百有余人，毕业学子，数以千计载籍丰富，堪称琅嬛福地，仪器精妍，无与伦比、黉舍巍峨，极尽构筑之能事，花木畅茂，景境幽雅，同人热心教学、循循善诱，菁莪多士，弦诵不辍，师生教勉，蔚成浓厚读书风气，积久精华，端仕教师克尽厥职，学子迈力潜修，日芜城自古名都　绾毂南北，人文会萃，民风淳朴，诚青年读书之佳境。讵料剥复难测，七七事起，岛夷秣马，禹域板荡、绿杨城郭、沦陷敌手，万事抛弃，师生星散，嗟！我百年树人之扬中，一变而为暴日森严之军营矣，往事烟云，不堪回首，同人心凛战祸惨烈，国祚式微，然同仇敌忾　维繁本校命脉，责无旁贷，遂于二十七年秋吴陵复课、东山再起，旭日光芒然敌鲸吞蚕食，贪婪无厌、铁鸟逞威，屡遭轰炸，廿八年秋，本校迁沪　苏北设留分校，辗转于小纪坂抡塘头诸镇，八年之中，七易校扯，敌伪压迫，不时惊扰，风声鹤唳，无有宁日，且下河港汊纵横，交通梗塞，目睹烽火洂天，杀人无数，令人心折骨惊，数载颠沛，艰苦备尝，然我风雨同舟一心一德之师生，忠贞不渝，矢志撑指诗云，“风雨如晦，鸡鸣不已。”此之谓欤。

三十年冬，美日宣战，沪上本校停顿。三十二年教育听正名分校为省立扬州中学。

去秋奉檄返扬，接收伪扬中校舍校具，继续办理。令春迁回大汪边原址，墙倾垣圮，屋宇零落，典籍仪器，荡然无存，抚今追昔，不禁怃然。爰亟鸠工缮葺。近略可观，复蒙 廿五军黄军长热忱爱护饬属平治圆场：产除荒秽，精神物力惠助颇多，刻虽设备简陋，公帑支绌，同人茹苦含辛柴米难济而师生情感融洽，聚会，堂，朝夕相处，无异家人，此实无上之欣慰也。

辄忆周校长辛苦刱办，犹如物当春夏，滋生繁荣，功绩辉煌，自予承之以来，不啻令转商杀，枝枯叶谢，风物箫疏，所能保存者，惟余待春向荣之根耳，胜利以还，河山再奠，本校迁复原址，聿逢青阳，滋荣有望，向祈上下精诚一体，协力奋进以冀步武前修，私衷无愧，愿共勉之。

民国卅五年仲夏撰十本校口字楼

一年来之教务概况

姚仲仍

（一）组织

本校自去秋迁扬后暂假伪苏北公立扬州中学复课教务训导仍照战前合一化组织成立教导处内设教导主任一人训育主任一人体育主任一人导师及教务员若干人又因土木工程科三级俱全学生人数较多设工科主任一人协助办理主要会议三分种(一)教导会议由教导主任召集之(二)导师会议由训育主任召集之(三)工科会议出工科主任召集之其他各学科分科会议因初迁扬城经费未有把握致课程未能全部恢复暂设国文英文数理化社会学科四种分科会议由各该分科会议出席人员互推主席一人主持其事以谋教学之改进上学期终了奉令成立训导处加强管理与思想训练于是本学期教训事项分处办理为取得联系关系仍合组办公以收统一之效而教务方面因迁回本校学级增多事务纷繁增设教务副主任一人体育方面因范围扩大连动场所破坏不堪亟待整理另成立体育处由体育主任专门筹划一切并示体育之重要学科方面除军训暂缺外其他悉照部定标准设置故各分科会议亦增设艺术一种又将上学期数理化分科会议改为自然学科分科会议一年来教务组织变更大率如斯

（二）学级及学生数

本校去秋奉令接收伪苏北公立扬州中学时即与省一临中(即现时省立南通中学)联合招生当经会议决定本校招收高中普通科四级(普三普二各一级普一二级)土木工程科一二三年级初中七级(初三一级初二初三各三级)计十四级录取新生计高中二百二十八人初中三百六十二人厥后又奉令举行无证件试验一次以资救济失学青年录取名额计高中一百十三人初中九十四人招生以后因各方请求收纳试读生二十一人总计上学期高中学生三百四十三人内女生六十二人初中三百四十八人内女生六十三人本学期迁回原址办理时奉令招收插级生并增设学级当经招委会决定高普二普一各增一级初三初一各增一级计增四级连原有十四级计十八级各级录取人数计高中五十八人初中一百五十六人招生以后因后方学生陆续返里请求转学本校为救济起见酌量收纳计二十四人总计本学期高中九级学生三百八十九人内女生七十人初中九级学生四百三十三人内女生九十九人此本校一年来学级举办之经过也

(三) 教学实况

教学方面仍照战前办理除体育音乐外各科均有作业作业又可分为课内课外两项课内包括各种练习簿笔记制图绘画木刻剪贴等项课外包括史地公民表解阅读札记化学表解大小字练习等项而课内每周作业之次数以各科时间多寡而定该项决定上学期均由各分科会议议决适过施行本学期为整齐划一加紧习作起见则由教务处规定在开学时即制定各级学生作业检阅简章按期考查并加盖检阅证所认缺陷者即本校向以理工科著名因仪器损失致工科与理化实验报告尚付缺如此学生作业之概况也至于考试方面仍本本校过去精神注实严格每学期都有临时考试月考学期考试外在学期中间举行混合考试一次其考试方式无异人学试验各科成绩所占百分比亦特大在学期开始时又举行复习考试一次其用意在督促各生于假期内努力温习免致荒废故成绩考查亦甚为严厉有两项主要科或三项非主要科不及格者不得升级上学期因此留级者计有一百四十八人此考试方式之概况也现时所最感困难者即各级学生程度不齐在此复员过程中为应有之现象亦无足怪但为国家人才计亦不得不加以整顿故本校去秋复校伊始即采取渐次淘汰主义一方面顾及学生程度实际情形一方面顾及国家今后教育主旨统筹政策酌于调整使一般学子渐进于优良境域庶不负国家之培植社会之期望也

(四) 整理计划

今春本校迁回原址房屋大部分经修理后尚属完好但内部图书仪器标本种种设备损失一空在教学方面至感困难本校同人有鉴于此在上学期因有科学实验所之建议本学期因有图书征募委员会之成立但限于经济均未能达到目的故今后提高学生程度问题仍属空谈盖欲提高学生程度不得不充实工具而工具之购置又非本校师生经济能力所能胜任是有待于各方人士赞助进行在现时国家整个经济凋敝期中当不能照理想实现然而聚沙成塔集腋成裘亦非无济于事也关于上列两项计划今后本校师生当努力以赴更希我苏省教育当局与夫社会热心教育者予以一臂之助也

一年来之训导概况

严涤生

去秋抗战胜利本校返扬复校因原有校舍仍为敌寇盘据乃奉令接收伪苏北公中先行开学除旧生百余人外举行编级试验两次录取各生居住扬城者固多远道来学者亦复不少阙多余教室为临时宿舍之用外籍学生差得安居惟以学生之来源复杂投机取巧意志薄弱者颇不乏人此殆为八年来缺乏严格训练之普遍现象也本校有鉴于此乃决定实行教训合一制设训育主任一人各级级任导师一人与教导处合组办公以图相辅为用每周举行导师会议推行训导工作拟定德目作为训导之中心今春还校以来依

厅令实行教训分制遂成立训导处设训导正副主任各一人增设舍务员及女生指导员改导师会议为训导会议以资加强组织增进效能更有新生活运动促进会之组织推行新生活运动而辅训导之不足兹以复校时近十月谨将训导实施概况胪列于后

甲对于思想行为方面　每周举行纪念周精神谈话及各级公共谈话作为三民主义之服膺中心思想之灌注纯正行为之指导并责令学生按时填记生活周记定期举行个别谈话以图了解各生之心性日常之行动而收潜移默化之功

乙对于体格方面　每日寄宿生与通学生分别举行晨操课外活动则各级按预定时日轮流出席以谋体魄之健全行动之敏捷并分期举行劳动服务两学期以来已一再举行大扫除谋环境之整洁复因还校伊始遍地瓦砾由全体师生合力平治清除两次藉以养成刻苦耐劳之精神

丙对于自治活动方面　各级有级会之组织互选正副及分组干事执行级务发表级刊养成服务之精神研究之兴趣寄宿各生更组织炊事委员会及室长会议谋膳食之改进内务之整洁维持秩序之安宁而培养自治之能力

丁对于管理方面　各种集会俱由各级导师负责点名缺席次数则由训导处分期统计公布或作个别通知公共场所如宿舍膳堂等由导师轮值巡视关于请假事宜由导师女生指导及宿务员分别办理所有各项管理章则业经拟定公布施行

戊对于考查方面　操行勤惰缺席整洁等俱定有奖惩标准以作客观之评定

以上所举各端虽已尽力推行惟以学校经费拮据措施不易如宿舍之破损窳叹则榻位不能有划一之排列学生床铺则式样大小各各不同更何整齐之可言膳堂则椅凳全无环立而食秩序之维持不易礼堂狭小席次不足拥挤现象在所难免自修室固因房屋不敷支配面用具又付缺如不得不暂与宿舍合并以致管理亦殊不便简陋就简权为之计云尔

本校工科教训概况

王恩泉

本校工科，创始于民国二十年秋。时值开校五周纪念也。先是前校长周星北先生，鉴于职业教育之重要。技术人才之需要。爰有土木工程科之设立。仪器设备历年添置。举凡工厂水力材料试验诸室。规模皆具。堪称完善，星北先生。方拟扩展范围。招收学子。于民国二十六年添设械电工程科。计划始行。授课示及三月。不幸敌寇侵入。扬州失陷。学校东迁泰州。仪器设备未及随行。工科因之一度停顿。迨本校在沪复课。工科又行恢复。于敌氛恶劣环境中。仓卒之间。会有一届学生毕业。及上海沦陷。学校停办本校一部份教师。为救济忠贞失学之青年。创设树人补习学社。土木工程科。仍附设其中。斯时余为社长。惨淡经营。备尝艰苦。虽身受缧绁之灾。而忠贞之心。失志不移。出狱之日。树人停闭。犹忆数百学子。踵门劝慰。依依泣诉。至今思之。犹恍然若梦也。民国三十四年秋。敌军降伏。天日重光。本校在扬州复课。土木工科卿仍为一级。惟仪器设备。损失殆尽。经年以来。教训各方。殊少建树。爰将管见所及。缕陈于后。幸自以教之（甲）教训方针，胜利以后。国家建设。至臻重要。技术人才。需求殷切。工程干部人员。训练为先。本校工科学生。平素教训。人格方面。注重民族观念之正确。旧有道德之保存。服务方面。注重身心勤劳之培养。待人诚笃之训练。体格方面。注重营养食物之选择。卫生项目之研求。技术方面。注重丰富智识之教导。优良技能之运用。至于教训目标。胪列于下。

（一）高尚人格之养成（二）服务精神之学习（三）健强身体之锻炼（四）优良技术之培养

（乙）课程编制　本校工科课程。分三级编订。一年级课程。为普通基本科目。数理化各科。于此一年内授究。二年级课程。为工程基本科目。三年级课程。为工程设计科目。三年之中。国文，英文，测量，制图，开科。循环诵习。由浅入深。务希学习者年自学习。藉收融会贯通之效。而国英两科。平日更注重应用文字之练习。至于各科内容及教学进度。会由本校各科教师。积历年教学之经验审慎编订。实行以来。颇能合用。惟去岁在扬复课。编收之工科学生。因以往所习课程。多杂乱无次。故本学年所习各科。略有参差。不能尽与所订之科目符合。

（丙）教材选择　高级职校教本。各大书坊。向无完善之整套编制。以是本校工科。数理各科采用普通教本惟以每周教学时数较少。不能与普通科相提并论。教材之中。对于切实应用者。讲授甚详故工科各年级学生。数理演题之繁。无有出其右者。工程各科教本。素所采用者。概分三类。中文教本。苟能适用者。尽量采用。此其一。自编讲义。集国内外各科教本。撷其英华。译为综合教材。此种选材。本校工程教本。已有中数种。（如拙著之最小二乘式及土石工学等。）此其二。国外教本。教学时因高中学生英文程度较差。进度颇慢。而学者读书效率。反而因之降低。故非至不得已时。是项教本。绝不采用。此其三。国英教本。三年级选材。以应用文为主。学生学习兴趣。极为浓厚。公民教材。以总理实业计划为主。与本国地理同时教授。藉收相得益彰之效。

（丁）课外活动　工科学生。大都希望于中学阶段结束后。求得一职业练习之机会。土木工程人员。终年之职守。不外测绘、设计、监工三者。辛勤劳顿。缜密审慎。非有健强之体格。服务之精神不为功。故工科学生。对于体育颇感兴趣。本届全校运动会中。工科三级。成绩甚佳。此其因也。再者课外研究及阅读。本校设有工科学生课外阅读室。及工科作业展览室。一切组织。则由工科学生自行管理。教师从旁督促。成效颇能差强人意。其主要办法。于每学期开始时。由各级学生自动将所藏不需用之书籍。送交课外阅读室。继续分类。按时开放借阅。旨在互相观摩。搜集、整编，管理等事。概由学生轮流担任。借以养成服务之精神。他若工科作业展览室。每周所展览之成绩。俱为学生平日之制图。经教师批阅后。陈列室内。工科学生。课外流连其中，更能切磋研磨。辅助教学之不足。

（戊）仪器设备，工科仪器。举凡经纬、水平、平板、六分、流速仪等。在二十六年以前。每供应六组学生之应用。战事期中。密藏于苏北乡间。胜利伊始。卒为匪军觊舰。损失一空。现所存者。仅经纬、水平、仪各三组。自不敷实习之应用。加之国库支绌。无力添购。不得已采取轮流实习制。至于结构模型。对于教学两力。皆甚重要。苟能经费补宽。备办工厂一所逐项添置。为益富非浅鲜也。

复校后之体育与童训

徐建石

倭奴屈膝、山河重光、流浪八年之本校、于调歌欢呼声中、应时回扬、数载坎坷，欣获逢源、世事沧桑，殊有今昔之感也、兹逢远校之期、谨将复校后一年来之体育童训概况。陈述于后、尚祈海内贤达。进而教之

一、设备方面

工欲善其事、必先利其器、体育及童子军训练、需要物质供应之处尤多、本校于抗战以前、各项设备、均极完美——童子军用具之充实　尤为全国各校所仅见、复校以后、在羊巷前江都县立初中校舍上课、教室及办公处所、勉敷应用、惟运动场地在校门以外、而积既小、瓦砾尤多、而贩夫走卒、往来杂遝、游民顽童，嬉攘众观，在在足以影响运动、使教学两方、均有阻碍、复校之初场面仅有篮球架一副、单杠木柱一根，及小型球门两个、后经雇工修理，倾者扶之、旧则新之、整治场地以外、新辟网球场一处、以供学生锻练身体之用、其他用具、仅有跳架一副、及篮排球各一而已、童子军设备可称绝无、复校伊始百端待理、经济拮据、无法购置　训练时应用物品全由童子军自理、本学期还校大汪边后、首先辟设篮球场、排球场各四处、然后平整足球场 、修理跑道，添设跳坑，并设单杠二副、双杠一副、其他运动用具　逐渐添置　渐臻完备、校中所征体育出费　完全由体育处支配　悉充购备运动用具之需、在校学生、既有广大之场地可以运动、复有各种球类可资应用、是以兴趣盎然、课余之暇、时见青年健儿、活泼泼地驰骋于斜阳影里也

二、实施方面

A体育　甲、体育正课　遵照部令，高初中每周每级各二小时(女生合级上课高初中分别编制、)上课时、强迫跑步十分钟、然后团体操作、或分组运动、乙、早操寄宿生学及通学生分别举行、每四周换教材一次、寄宿生并须跑步十分钟、丙、课外运动以学级为单位、由体育处排定时间及项目、按时到场运动、丁、各项比赛　于课后举行、由体育处教师到场指导

B童子军、本校主办之中国童子军第六〇团、抗战前素具光荣历史、在敌伪势力下、会经一度中断、复校后加紧训练、按照中国童子军颁布之二级课程标准、初中一年级实施初级训练初中二年级实施中级训练、初中三年级实施高级训练每周每级训练

二小时、各课训练习完竣后、令童子军表演实习、以考核其成绩、各级学生、分别编组童子军中队及小队、并选举队长，以增强其服务之能力

三、组织方面

本校当局、以统一事权起见、于本学期另设体育处、由体育主任及体育教师童军教练共同合作、办理关于体育童训之事项、每二周举行会议一次、商讨各种进行方针：前后已经开会五次、如体育成绩考查规程、课外运动办法、及借用运动器具规定、及本校秋季运动会章则，均经本会拟订后、提交校务或教务会议通过施行，此外另由校长聘请本校各部主干人员、组织体育委员会、由体育主任担任主席、举行会议，商讨关于体童方面重大之事项、本学期于运动会前曾经开会一次、议决要案甚多、

综上所述、不过荦荦大者、惟以限于篇幅、不能详加阐扬、至希阅者鉴所宥之、则幸甚矣。

一年来之事务概说

宫颐百　吕绥之

去年秋,本校奉令返扬复校,乃于九月十日,函江都县府,协同接理羊巷伪苏北公立扬州中学校舍,旋即开始办理招生,布置各室,修理房屋,及筹备开学事宜。本校校址,原在大汪边及旧府署尔处,分设一二两院。该两处自抗战以来,即为日寇占据,日本降服后,复为军队驻所。而羊巷房屋,又实不敷用,当即商请二十五军黄军长,请即腾让,以重教育。旋蒙允许,先交还一院,遂于今年一月下旬,开始迁移,动员五日,全部迁入。黄军长鉴于本校设备不敷,复请江都党政接收委员会,将敌人一部份之木器家具,移交本校应用,故又忙于点收,费时数日。所收各物,完损参半,虽不甚适用,然亦不无小补也。校舍外表虽仍属旧观,未易形位,惟其中各室板壁,或增或损,变动甚多,颇不适合学校之用。而地板破烂,仰尘脱落,四壁污损,墙隅毁坏,更属处处皆是。因八年来为敌盘踞,彼直未加修理也。兹以经济所限,只有先其所急,故将口字楼,南楼,先行招工承包,整理内部,乃于二月四日开始兴工,每日派员轮流督促,以免偷工误时,致碍开学日期。厨房宿舍炉灶水井,事属刻不容缓,亦同时动员,经时两旬,焕然一新。校门原为铁制,自倭奴占领,为其拆毁,遂无门矣。无门则出入无阻,故司阍者深感不便爰特建板门一座,以简单坚固壮观省费为主。图由工科主任王伯源先生设计。树人堂屋顶大梁,因压力日益加重,以致铁板破裂,若不设法提吊,危险堪虞,甚或有全部倾坍之忧。为保安全计,虽处于经济拮据之下,不得不法外设法,以消后患。以上各项工程,所费工料约在二百数十万元,公款仅有半数,余尚未有弥补之方也。主要校舍、四周外墙,日人均满涂柏油,以避空袭目标,黑白斑斓,观瞻不雅,但因省帑空虚极未加修涂。实憾事也。本校空地树木成林,在抗战期间,为敌人砍伐殆尽,现虽已栽植树苗,日加灌溉、冀其长成;恐十年后,犹不能恢复昔日之旧观,斯实为最痛心者。学生课桌,在上学期即不敷应用,本学期奉令增加四班,故添置课桌椅三百十套,以应急需,计费百余万金。口字楼南楼,一字楼全部电灯材料耗四十余万金。兹俱就荦荦大者略述梗概。总之,自复校以来,将及一稔,在此期中、事务艰难繁重,规划经营,尤甚草创。盖为经费所限,仅能补苴掇拾,权应目前之急需而已。无米之炊,巧妇难为,非虚语也。

一年来之经济概况

傅德炤

去秋本校奉檄返扬复校其时规定高中七班初中七班每月补助费十八万二千元员工生活代金共十三万一千二百元在开学之初甚于初创补助等费既未能按月发放而逐日急需之开支又刻不容缓结果同人生活等费致亦不能如约支付两月之间已感觉经济维持非易淮南行署奉令裁撤本校八九两应补助经费仅以七成实发无形中遭受影响及至十月乃奉教听训令规定本校三十四年度每月经费十二级计算但自复课以来全体员工俸薪及办公费等均按照十四级支配因此结至三十四年十二月底止计已实亏十三万余元之多三十五度开始本校迁回大汪边原来校址旧有口字楼南楼等屋经过敌伪盘踞以后毁坏不堪势不得不酌予修理再加迁移用费等共已实支二百八十余万元迭呈教厅予以补助仅蒙先后批发二百万元计又实亏八十余万元再本年度奉令增加四班连前共十八班原有课桌桌椅及床架即已不敷应用遂添置多套计又亏数十万元再遂月经费原奉厅令规定每月底薪九千九百九十元工资六百三十元办公费十四万元特别办公费二千元总台十五万二千六百二十元当即遵照规定编制预算呈核后不料物价飞涨数月及令已增高数倍以上即以全校电灯茶水两项而论已超出全部办公费用经济已属万难维持兹又奉令前次预算经行政院核定教职员底薪一项每月又核减四百七十元若连同俸薪加成相差数字更属可观数月以来同人薪津均根据前项规定配发现时又难以向同人扣回照此计算将来之亏欠更不堪设想嗣后应以何法补偿积亏尚不知有何良方耳

校舍整理委员会工作报告

王恩泉

本校原有校舍。自三十五年一月十五日起。向军政当局。将一部份房屋先行接收。接收工作。分为两部。第一、房屋部份。计接收口字楼,树人堂,一字楼,南楼,校友楼,及饭厅各部。第二、什物部份。计接收桌椅用具共四四七件。所有接收之房屋。毁损不堪。所有接收之什物。破碎零落,满目荒芜。景况凄凉。校舍依稀。环堵萧索。回忆当年。不胜今昔之感。接收以后。处境极为繁杂。先是本校朱校长以省库支绌短期内招工修葺。经费无出。适值扬州留亡招致所。觅屋开办。商之于朱校长。假以口字楼一座。暂时借用。并允以修饰内部。如期归还。但商协未妥。而招致所竟迁入办公。斯时本校同人。睹此情形。焦急异常。于是一致主张。全校迁回大汪边上课。故于旧历年底。不顾困难。集师生之全力。一举迁回。同时招致所亦他迁移去校。舍整理工作。从此开端。整理工程。分为五期、第一期为校门之建筑。土木部份。由唐顺记承包。造价一四五〇〇元。油漆部份。由孙万兴承包。造价三九九〇〇元。第二期为口字楼及南楼内部之修缮。修缮工程。计分墙壁天花之粉刷。窗牖门户之添配。楼板楼梯之翻钉门锁之装置。土木部份由唐顺记承包。造价一一九四五〇〇元。油漆部份。包价四六七〇〇〇元。上项一二两期工程。统于二月内大部完成。二月二十六日开学。上课时各部已焕然一新次。第二期为饭厅厨房之修建。造价三〇七九〇〇元。第四期为树人堂礼堂屋顶之修理。爰礼堂中部。屋顶因载重过甚。不胜拉力。横梁中部截断。危险堪虞。四月中本城驻军。二十五军。借树人堂为干部训练班。黄军长儒将风度。关怀教育。慨助百万元。因作树人堂之修理费、工程设计、极为经济。屋顶上装置单系吊架一座,用铁环将截断之横梁拉上。礼堂内部不碍观瞻。截断横梁,从此不致再行下陷。第五期工程为学校内部树木之种植。及还校纪念典礼之筹备。树木种植由朱校长恭裁其事支配调度。辛苦异常。而纪念典礼之筹备全校师生。参与其事。共襄此举。爰将工作情形。述其梗概。藉资参考。

课外活动指导委员会计划

吴人文

宗旨

遵照厅命，利用学生课余时间，组织一切学术的，社会的活动，以辅助正课之不足，增加研究兴趣；及服务社会精神，实行学校民众化，生产劳动化，扫除文盲等三大教育要策，并旁及各项休闲活动，以纯正之消遣娱乐，调剂学校生活；使求学治事娱乐，三者打成一片，为本会之宗旨。

组织

指导委员，由校长聘任本校教员及校外专家每月举行例会一次，计划一切。各项活动组干事，由各组成立时推选之，负责本组进行事宜，必要时得出席指导委员会例会，其他文书会计事务，由本校原任职员兼。各项活动之设立，以富有教育意义，适合学生心理，及不抵触学校行政为原则，而加以严密之管理。又各项活动之参加，除体育外为避免妨碍正课学业，学者不得认选两种以上。

活动分组

（一）民众育组　联合本地行政机关，调查本校邻近各保甲住民，不分男女，凡年龄在十六岁以上，四十五岁以下，不识字或识字不多者，劝导入学，并得自选工余时间分日夜两班上课，入学者自备纸张笔墨，其他费用均免，参加本组活动者由指导员指定日夜轮值服务。

（二）话剧组　戏剧为综合艺术，为社会教育最大之利器，以学校教育论，其成效亦超过一切；本组之设立，研究与表现并行，搜集简易而富有时代性的中外新进剧作，按月公开上演　次，对于正确之国诸，剧本之表白，以及灯光，化装，装置，配音等，无不认真训练与改进，指导员除本校教师，尚有本地话剧之协助，前途发展，殊无限量，为扬城话剧界之生力军。

（三）歌咏组　成立男女合唱队：分高音，中音，低音，最高音，最低音等部练习合唱名曲，除每学期定期表现熟练歌曲，必要时得参加话剧组，每月混合表现，以求增多机会，普及音乐艺术，每学期终，并有歌咏比赛，提高学者兴趣，及考核成绩。

（四）国乐组　丝竹俱全，亦为混合制，成绩表现时期同前。

(五)口琴组　独奏。合奏兼顾,训练一切口琴上最新技能,乐器除自备一种外,其他合奏乐器及乐谱,由本会供给,每学期有定期表现,及独奏比赛,与歌咏组同。

(六)园艺畜养组　分花卉园艺,蔬菜园艺,及动物饲养三部,注重作业精神,与生产技能之获得,利用学校余地为园艺栽培场所,厨房饭堂之残余为畜养动物之饲料,生产品利纯,除一部充本会经费,余都分配给本组参加者,实现生产目的。设备:动物豢养,有鸡舍羊舍,猪舍,蜂房等;园艺部,有高低温床,菜园,毛氈花坛,杂栽花坛,堆肥室,农具舍等。本组活动,分室内学术研究,及室外场地实习,双方兼顾。日常工作处理,为园艺之灌溉,动物之喂饲保管等,本组参加者均有轮值服务义务,即在假期内,亦不能例外,须定时到校照顾;此生产工作必需有恒久之责任心,尤以本组为然。

(七)英语会话组　本组指导除本校教员为主,尚有留扬英籍外人为助,以求发音,语气,习惯等确切,练习时间,绝对不用国语,充分发挥本组研究精神。

(八)国画组　具有光辉画学历史之扬城,迄今风尚犹存,现代作家,在国内画坛,占有相当地位,不乏其人,本组导师、为扬城名家,学者以平素耳濡目染　已有初步根基,一经名师指导,突飞猛进,成绩可观,实非偶然。

(九)书法组　吾国书道,存世界艺壇,可称独步,脱离凭借形象,纯粹自由发挥最高艺术精神,以个情之表现,最为显明,其精奥诚非外国人可了解。进国内此道之普遍,自古已然,惜欧风东浸后,竞尚便利与实用,钢笔铅笔焉能发挥书法之精美,挥毫临池,于青年学子中已不多见,谅百年后,此道不继,不单欧柳苏王,无人追随、即普通门联扁额,亦难觅能挥笔者。本校地位虽微,志存挽救颓风尽一部保留旧有文化力量,特设立本组。对于初学者,先坚其基楚,而后再循序临摹各作家拓本,以求广博精进,并征集不少古今名作,以供观摩,现本组创立之始当乏可观成绩,倘指导正当,不久的将来,定有贡献,以达挽救书道衰微之颓风,提倡较世界任何新艺术有独特境地之吾国旧有书法。

(十)应用化学组　本校理化学科,在过去素以著称,惜在战后,设备破坏殆尽,目前在经费万分艰难情形下,若撙节一切开支,略添应用仪器与药品,并成立本组,实用学科智识,制造各种简易化工艺如肥皂洋烛,牙粉,牙膏,鞋油,雪花膏等成品均可推销市场,不难稍获盈余;实现生产目的训练职业技能,与应用智识能力。

(一一)时事评论组　采集团讨论制,临时由导师提出论题数则,并加以说明,参加者顺序发表意见,互相评判,发言者每次至多以十分钟为度,其有错误或怀疑处最后再由导师加以剖明及纠正;普遍训练学者日常注意时事问题及培养以言语发表意见之能力。

(一二)野外写生组　本组除艺术陶养目的外,俾学者补修风景描写技能,以便建筑设计装景应用,参加者只限工科学生,惟以出外写生,往返费时,上课日殊少,敷余时间,足为本组支配,练习时间可选例假日举行。

(一三)体育组　因重视健康教育,本组之参加为强迫制、惟以场地及设备关系,每生每周轮值课外运动，暂以两次至二次为限，运动项目及各级轮流表，另详体育处公布之课外运动规程。

将来拟添立之活动各组

（一）木刻组（二）水上运动组（三）摄影组（四）女生家事组（五）土产工艺改良组（六）国术组（七）刊物出版组（八）印刷组

活动时间

除有特殊情形，如夜班之民众教育组，工科之野外写生组均规定每日课后四时二十分至五时十分，每周活动次数除体育外，每生均以一次为度。

成绩考核与平时稽查

无故缺席及迟到早退，其规程与正课同；每学期成绩总评超等，给以物质或荣誉奖励，如不及格者无课外活动学分。

经费来源

（一）学校津贴，约占行政经费百分之五为限。（二）生产品盈利，占全数百分之五十。（三）展览品售价，占全数百分之三十。（四）话剧公演及音乐演奏之门票费（五）外界自由捐助。（六）按月一次全校师生膳食樽节费。（办法另详）

本校一年来理化教学实况及未来一年中教学实施方针

胡季洪

蒋委员长说:“无科学即无国防、无国防即无国家”,又在他的著作中国之命运一书里,看到十年计划人才物资表,可以明了建设新的中国,要和世界列强有同等的地位,必定须要科学建设,科学建设的成功,必定须要大量的科学人才;这些科学人才的发源地,就是中等学校的普通科,本校同人深知负了这样重而且大的责任,没有一天不慄慄危惧,恐怕荒废了青年的时光,贻误了青年的前途,损失了国家的人才,时时设法改善教学方法,充实内容,一方面顾及学生以往的根基,一方面顾及现代的标准,以求能达到合理的成绩。

抗战八年中,学生不能安心求学,各科智识程度,都不能吻合最低标准,而对于理化学科的智识,尤多疏忽。所以在这过去的一年里,对于学生理化智识的贯输,颇感困难。实际的情形,有下列几点:

一、没有实验仪器和材料,完全靠着书本的记载讲述,事倍而功半,本学期在学校经济十分拮据中设,设法购买了很少的药品做了几个简单的示教实验,就能引起了学生学习的兴趣不少。

二、缺乏合标准的教本,由教者编纂讲义或写笔记,但是讲义或笔记的缺点,就是不能把图表,尽量的画出来。

三、学生在过去理化智识太低,再加上学期开学日期稍迟,所以教学进度不得不稍稍迟缓,除掉很少数的学生不能按步跟着研读外,大多数学生都还能认真学习,按时练习,孜孜研究,相当浓厚,尚能使教者得到不少的安慰。

四、缺乏参考书籍及图表,本学期开始时勉力设法购买了数十本但是学生因智识水准不够,以及课内教材的忙碌,也就无暇顾及了,补救以往困难,拟定了以后一年内,教学方针的六点:

一、提高标准,加速进度,要同战前相平

二、合标准的书籍,在暑假前规定让学生可以早点设法购买,或在暑期开始时,学校里设法替学生办妥,除去课本内教材再加补充材料和习题,以资熟练。

三、高三设理化选习课程,提高理化程度,作将来读大学理工课程的基楚,但将来不愿入理工科之学生及成绩不够的学生,不得选习。

四、购置实验材料,关于这点　教育当局能有整个计划筹办,最为合理,不然,就利用暑期,举行游艺会,或开映电影,筹集资金,购置至少限度的所需材料,这是要希望热心教育的人和教育常局予以协助及便利促成这个有重大意义的举动。

五、多购最新出版的图书及杂志，以增进教者及学者的新科智学识，就是所谓“教学相长”的一句话了。

六、多请国内有名学者，讲述新科学智识，引起学生研究理化的兴趣。

一年来之消费合作社

姚卓民

发起经过

合作社，在新社会制度，是有不可磨灭的功绩。人数多的团体组织哩，这种组织，是不可缺少的，我们有这个信念。在一次的谈话哩，伯源曾提到这个问题，我们当时计议怎样在学校里建立这一个组织，很顺利地在校务会里通过，并推举出筹备员，来负责筹划。

大家的功课，都很忙碌，为了办事力量集中起见，特聘了一位，专负责日常的营业事宜。

因为大家的经济拮据，资本暂定法币五十万元，每股法币壹千元，计五百股。认股的有教职员，同学和校工，虽然每人的股数很少，然而确渗透了整个的学校，每个部落，达到了每个人皆是社员的效果，股东大会上，依法推选七位理事，组织理事会并公推常务理事三人。五位监事，组织监事会，并公推常驻监察一人。

理事会，每周举行一次例会，理监事联席会，每月举行一次，借以审核过去一月的营业账目，和下月的计划。

营业状况

现在的营业分为不列数项

1. 教科书及参考书，图表，地图
2. 杂志，报纸
3. 笔记，练习用簿，算学演草用纸，绘图用纸
4. 文具及运动器材
5. 日常生活用品
6. 食品

除上列所举的以外，我们并办了“寄售部”，一切都和外间的寄售商店一样，成绩到很有可观，实际上，这样的贸易，很适合战后贫乏社会各阶层间的对流。

将来的计划

虽然，事业很小，但大家兴致很好，我们的愿望能在短期间内做到

1. 资本—要增资到法币壹百万元至二百万元

要举办较多的事，当然经济是首先必要的条件。

2. 饮食部的添设—本校地址偏僻本城西部，除去寄宿生外，很多的通学生，每天来回的奔跑尤其是午膳的问题，需要合宜的解决。

3. 生产部的创办—生产事业，可从下列各方面(较为简单)先进行起来；

1. 养蚕

2. 养蜂—蜂蜜

3. 饲养乳牛—新鲜牛乳及牛油

4. 种植菜蔬

5. 种植果树及饲养猪，养兔，养鸡等等

在以往，本校有女子生活学校，留有很好的成绩，供献给社会。

我们不但要恢复旧观，更要发扬光大。

本校抗战期间损失概况

抗战期中本大汪边及旧府署两处校舍为敌寇盘踞者历时八稔所有高初中全部校具资产等完全损失谨将损失数量及种类举其荦荦大者开列于后以见损失之惨重与复兴之急迫也

(一) 学桌椅(单人卒) 一四〇〇套
(二) 长椅(五人座) 四〇〇张(内有铁架椅三百张)
(三) 办公抬 一五〇张
(四) 办公长椅 一五〇张
(五) 大餐桌 一〇张
(六) 圆凳 八〇〇张
(七) 公事抽橱 八张
(八) 文书柜 一〇张
(九) 图书架(十尺长六尺高) 二〇张
(一〇) 仪器实验台(本制瓷砖面)三二张
(一一) 仪器储藏柜(包含生物理化工科仪器在内) 一六张
(一二) 钢琴 三座
(一三) 风琴 六座
(一四) 铁床 六〇〇只
(一五) 木架床 八〇〇只
(一六) 饭桌 六〇〇只
(一七) 精密天平 一二架
(一八) 生物显微镜 八架
(一九) 物理仪器 全部(件数暂难稽考)
(二〇) 化学仪器 全部(件数暂难稽考)
(二一) 压力试验机(工科试验用) 一座
(二二) 试力试验机(工科试验用) 一座
(二三) 材料试验仪器(工科试验用) 全部(件数暂难稽考)
(二四) 水力试验仪器(工科试验用) 全部(件数暂难稽考)
(二五) 工科仪器 全部(件数暂难稽考)
(二六) 图书 全部(件数暂难稽考)

省扬中苏北分校的记忆片断

朱嗣藩

我姓朱名嗣藩，号镇卿。一九一七年生于苏北涟水朱家楼北一牛吼地的朱后园的农村家庭里。自我记事时便时常听家人提起朱宗英从省扬中毕业，并考取北京清华大学。此后扬州中学盛名便植根于我的脑海，令我向往。

我八岁入读轶仁家叔创办的朱家楼中学附属小学，当年朱家楼中学十分红火，培育了叔父朱宗英、家叔宗贵（文革后任江苏电视大学校长）家叔轶伟（朱凡，曾任湖南长沙大学校长、湖南省宣传部长等职）还有如苏尚功、苏尚门、左立昌等前辈。平时我在校成绩在全班名列前茅，自信报考除扬中以外的普通中学稳操胜券，家父只允许报考扬中，我决心一试，结果名落孙山。三年后，涟水县中学毕业，正值三七年日寇入侵。经表叔左立昌介绍至涟阜沭灌政治大队学习，主要学习毛泽东论持久战、游击战术等，学习期满，我编入陇海纵队南京队。由于我的任务特殊，需经常离队发展人员和筹集枪支，单独行动，情况十分复杂，最后我与部队失去联系。在我十分迷惘万般无奈之下，在我爱人的劝说下，着人送我至泰州岳父孙级三处。岳父将我安排在二纵司令部工作，任接待员，收发信件等工作。二纵司令颜秀五，是我爱人的师叔，我岳父为参谋长。当时国共合作，一致对外。颜秀五和我岳父同新四军的关系密切。经常和陈毅将军会面，陈毅每到泰州，都住在颜秀五家或我岳父家里，和新四军的交往十分频繁，记得 1939 年的一天晚上，新四军管文蔚司令、梅司令、惠浴宇县长等带领幻影队来到泰州塘头二纵司令部，宣传爱国主义教育，两军联欢活动。在司令部，由我接待他们，他们平易近人、和蔼可亲、倍感温暖，给我留下深刻印象。

不久我便调离二纵司令部，接任泰州沈家渡税务所所长一职。我接管沈家渡税务所不久，得知为避日寇骚扰，叔父朱宗英先生带领省扬中师生在泰州里下河地区小纪坂埨一带艰苦办学，我立时想去探望。得悉师生生活异常艰苦，我将所内事物整顿就绪，备了百余斤茶食糕点等，带一名税警，雇一小船，赶往学校所在地小纪，看望多年不见的叔父母及在校师生。叔父见到我既欣慰又惊讶，问我何时来泰州，我便告知我岳父孙级三及司令颜秀五等情况，并和新四军陈毅将军的关系。叔父随后向我介绍了年纪最长的许老师，他的日常生活都由叔父母照顾。（听说许老师是双料大学毕业）谈及三七年扬中迁址经过，为避免日寇骚扰，扬中全体老师商讨学校迁往何处为宜。叔父首先提出，小乱居城，大乱居乡的历史经验。建议迁往泰州里下河地区，那里离城市偏远，且又是水乡，交通不便，日伪势力相对薄弱，有利学校生存。当时跟随朱宗英先生迁至泰州小纪的省扬中分校老师都有着共同的特点,一、不畏艰难困苦,有办好学校的决心。二、他们重义轻财,都有着为人师表的高尚情操。我当日临别,目睹了扬中师生的艰苦生活状况,特邀请叔父一家及在校老师到泰州我家中度暑假,叔父面露难色,我连忙对叔父说,侄儿那里多几个人吃住没问题的。叔父约我同去泰州我岳父孙级三处拜访。我岳父得知朱宗英先生带领省扬中师生在小纪坂埨一带艰苦办学一事,知其不易,深感敬佩。不是至亲,初次相识,感到格外亲切,设宴款待。当即向全体师生捐献大米百余担,以表敬意,并嘱有何困难,尽当告知,当尽力解决。在此后的几年里,时常为扬中师生提供一些便利和帮助。我当时的条件较好,1940年至1945年每到假期,都将叔父全家及在校老师接到家中生活,开学后再送返学校。因此与扬中也结下了情缘。

1945年夏,日本宣布无条件投降,抗日战争终于取得胜利。迁至泰州里下河的扬中分校积极准备复校工作,其时恰逢暑假放假,老师都回家度假了,只有个别工友留校,叔父十分着急,他问我:“听说王耀卿(江都县县长)要你去那工作,有这回事吗?”我说我还没有答应他,叔父说你愿意随我去扬中工作吗?学校拟聘用一名对工作认真负责,能吃苦耐劳的事务人员。我想在省扬中工作,终日与老师学生在一起,我会学到很多东西,提供了长知识的学习机会,正是我乐意的。所以我欣然应允,并辞掉江都县县长王耀卿的邀聘。翌日我随叔父朱宗英校长从泰州赶往扬州,当日我们来到大汪边,走进原省扬中学校大门,一眼向树人堂望去,前后左右一片荒野。向前走去,草齐腰深,低头望去,坑坑洼洼多处积水。砖头瓦砾凄凉一片。此刻我不禁想起十多年前我报考扬中时那美丽整洁的校园,怎能不令我感今怀昔!当我们走近树人堂前,有几个日本兵坐在那里,他们刚看到我们走近,就赶忙起立敬礼。(因为我当时穿着军服,在二纵司令部奉调接替税务所,五年二任一直保留司令部原有军籍,后来部队调离泰州音讯不通,我与部队失去联系也就自然消失了),鬼子已完全失去了往日的凶相。我和叔父转脸走进口字楼,上下教室内外查看,课桌椅等破损残缺严重,估计短期完全修复是不可能的,但整平校园场地,暑后复课不成问题的。修理课桌椅的工作可去找唐禄师傅(树人堂就是他带领工人修葺的)。叔父令我住进校内东边的单级部。我不分早晚带领工友,整理校园,清洁死角,还要防范校内安全,当时校内情况复杂,除了几个如惊弓之鸟的鬼子兵,还有二三十名国军士兵进进出出,还有一个远征军少校营长带着家属和孩子住在校内。谈起来还是本家,他经常跟我谈远征途中所遇奇事。当时学校情况虽复杂,都无碍于暑后开学复课。复课生源及聘任师资的人选无一不在我叔父的深思熟虑的规划之中。

暑后终于复课,部分班级在大汪边省扬中原址,部分班级临时暂用羊巷校舍。1946年春在羊巷的一齐回归大汪边。

(节选自朱嗣藩《风雨人生扬中情》,题目为编者所加)

寻访省扬中苏北分校历史遗迹小记

时间:2014.5.15

事由:寻访江苏省立扬州中学苏北分校历史遗迹。抗战时期,省扬中部分师生,为躲避战火,曾辗转里下河一带,坚持上课。

同行者:郑万钟、蒋念祖、陈国林、李友仁、张铨、陈银和司机小许。

经过:先寻小纪"都天庙"。七时半出发,小车由瘦西湖路开上启扬高速,直驶向小纪镇。都天庙在何处?下高速再问人。等下了高速不久,看见一个骑车的,小纪镇政府?摇头。小车前行又回转,在一碧汪洋的麦海里寻路。问"懂事的",遇到个上年纪的,说现在的小纪镇范围大得多,老小纪镇,到修车处左转。开到派出所问问,都天庙?两个民警也不知道。开到镇政府,问讯处也茫然;民政科该知道都天庙吧。抗战时期省扬中曾在都天庙办学,我们说明来意后,他们说老樊年纪大些会晓得,找他。几个人大门口吆喝,樊××!樊××!门关着,背后不远处走来个约摸70多岁的人,头发花白。都天庙?——都天庙早没啦。小时候在里头玩过,前面有大水塘,捞鱼摸虾,游泳什么的。现在,身底下是派出所、土管所和大马路。小车再开回到派出所,旁边是土地管理所大楼,小车走的路就是他们说的大马路。于是陈银忙着拍照片。总算找到了"都天庙"。

再走访兴化坂埨。离开小纪镇,开上宁通高速,奔兴化周庄。驶过粉红杜鹃花盛开的周庄街道,右转找坂埨"移风寺"。问人,"移风寺"?"你们敬香的?向前开!"开了一段,没影子,陈国林跳下车敲农家的门询问。寺在前面旷野里,孤零零的几间房。不管三七二十一,开过去。没有路,要进寺就得走已栽了瓜秧的沙堤。遇见一个浇瓜秧水的农妇,说寺里今天没人。定睛远看,矮屋山墙上三个大字"移凤寺",心里一咯噔,"移风寺"的"风"怎么变成"凤"字!不规范的黑体字占了半面墙,对着马路,倒也醒目。又问钥匙谁管?谁敬香谁开门。我们意识到,移风寺的遗址上已经新建了老太太们敬香的"移凤寺"。走过去看看吧。过了沙堤,沿小路,披开两边半人高的油菜走到寺前。土黄墙壁,红漆大门、腰门,铁将军把门。简陋粗劣,所谓寺,怕不及讲究的土地庙。寺前三间灶房,烟囱不冒烟,山墙上的"移凤寺"三字用墨汁刷的。我们这一群虔诚的人,围绕寺墙转,窥视里面,想发现什么,在大门口有两块石雕(门当),寿字龙纹比较精致。这大概是移风寺的遗迹吧,多角度拍些照片带回去。毕竟到了"移风寺",大家便高高兴兴合了影离开。

都天庙遗址上的新建筑

移风寺遗址上的新建筑

殿前石鼓(门当)

坂埝粮库

明德中学遗址上的新建筑

寻访同行者(右起:陈国林、李友仁、郑万钟、蒋念祖、张铨)

坂埨古街在水凼里,汽车开不进。小许守车,余者进街寻“坂埨粮库”。小镇古色古香,污水破船,不免萧条。窄街不短,一直向东拐个弯即是。一进铁门,豁然开朗,但空空荡荡,有点像学校放假的样子,这就是抗战时期我们扬州中学师生上课的地方!一溜房坐西朝东,尽头又一溜房坐北朝南,呈大L形,空出个不小的操场。细看东向房,青砖小瓦,颇有年岁;朝南的,屋顶大瓦,该是后来盖的。既然来了,就在这儿照张集体照。这时南边走出来个人,我们说明来意,他只说这里是粮库,因为交通不便,2003年废弃了。问他朝南的一溜房,大瓦何时换的。他说瓦是新的,下面半截墙是老的。问别的,不知道。看来再“榨”也榨不出油了,回头。

走回到窄街,对面来个老者。机会来了,郑万钟迎过去拉呱。老者姓田名长丰,他略带神秘地说,粮库原来是田实芳家的大宅,抗战时曾借给省扬中师生上课,解放后“冲”了,后改为粮库。解放前小镇上田、蒋、吕三个大姓,有两家澡堂,言下之意过去坂埨也有过骄人的繁华,省扬中在移风寺上课的师生也要上街来洗澡。……由老者的话可以得知,当时上课的学生还不少,一部分在“移风寺”,一部分在镇上田家的大宅里。寻访大概就是这样,有心人总会有收获的。告别老者,已饥肠辘辘,快开到泰州去吃饭。

最后看明德中学旧址。过了午时,沿街觅食,心倒不慌。熟地方,在体育场对面。上世纪80年代初,曾到那里拍过省扬中在泰州借明德中学复校的遗迹照片。饭后,蒋念祖泰州人,过家门而不入。在他的引导下,汽车在大马路上向前开,到了体育场,放慢速度找明德中学旧址。明德中学蒸发了!怎么回事?解放初,明德中学成了驻泰部队司令部的营地,而房子还是抗战时期的老样子,只是用途变了。眼前没有老房子,于是几个人过马路挨家问。一个门卫说,这里是新的住宅小区,叫我们看前面的大石头,真的,供在翠绿的剑兰丛中,上面大笔红字“溢景园”。那里面就不去了,也算到了明德中学,拍张石头照片走路。

塘头、孙家庄,同样是苏北分校播迁中师生上过课的地方,这次来不及寻访了。回程路上,思绪万千。历史正背我们远去,徒呼奈何。然而,历史是什么?照柯林伍德的说法,历史是有思想的行动。抗战中,我们的前辈冒着生命危险,带着学生,艰苦备尝,难道是为了掏学生口袋里的钱或是什么的?想到这里,我们又感到欣慰,因为过去仍然活着,我们还在不断对校史思考着。

扬州中学校史研究室

2014.5.